KLAUS BRINKBÄUMER / CLEMENS HÖGES

# Die letzte Reise

## Der Fall Christoph Columbus

*Buch*

500 Jahre nach seinem Tod versuchen Wissenschaftler, die vielen Rätsel des Falls Christoph Columbus mit den heute zur Verfügung stehenden Mitteln zu lösen: Taucher und Unterwasserarchäologen untersuchen ein geheimnisvolles Wrack vor der Küste Panamas, das erstmals Aufschluss über die Karavellen des berühmten Seefahrers zu geben verspricht. Historiker forschen in spanischen Archiven nach den Spuren der Geldgeber für die Reisen, Molekularbiologen untersuchen Columbus' mutmaßlichen Leichnam. Was geschah wirklich auf seiner vierten und letzten Reise, als Columbus Meuterei, Stürme und Verrat überstand, als er seine vier Schiffe nacheinander verlor und schließlich krank, fast blind und dem Wahnsinn nahe auf Jamaika strandete? Im Licht neuester Erkenntnisse schildern die Autoren Triumph und Tragödie des großen Entdeckers.

*Autoren*

Klaus Brinkbäumer, 1967 in Münster geboren, arbeitet seit zwölf Jahren für den SPIEGEL, zur Zeit als Auslandsreporter. Er gewann mehrere Journalistenpreise und ist Co-Autor von Bestsellern wie »Reiche Steffi, armes Kind – Die Akte Graf« und »11. September – Geschichte eines Terrorangriffs«. Er ist Segler und Sporttaucher.

Clemens Höges, geboren 1961 in Bonn, seit 1990 beim SPIEGEL, war Washington-Korrespondent und Auslandsreporter. Zur Zeit ist er Leiter des Ressorts Deutschland. Er schrieb zahlreiche Titelgeschichten und Artikel über maritime Themen. Er ist Hochseesegler und folgte Columbus' Spuren in der Karibik.

Klaus Brinkbäumer / Clemens Höges

# Die letzte Reise

## Der Fall Christoph Columbus

GOLDMANN

Mitarbeit:
Marc Brasse, Karl Vandenhole



1. Auflage
Taschenbuchausgabe April 2006
Wilhelm Goldmann Verlag, München,
in der Verlagsgruppe Random House GmbH

Umschlaggestaltung: Design Team München
unter Verwendung der Umschlagmotive der Hardcoverausgabe
(gestaltet von Thomas Bonnie, Arne Vogt/DER SPIEGEL
und Berndt & Fischer, Berlin)
Umschlagabbildungen: BKP (2); SPIEGEL TV
KF · Herstellung: Str.
Druck und Bindung: GGP Media GmbH, Pößneck
Printed in Germany
ISBN 10: 3-442-15365-4
ISBN 13: 978-3-442-15365-7

www.goldmann-verlag.de

# Inhalt

# Prolog

*In Santa María de Belén hatten wir nie richtig Zeit gehabt,*
*die Schiffe zu überholen, zu verpichen und zu kalfatern.*
*Das rächte sich nun, als wir Puerto Bello erreicht hatten.*
*Dort mussten wir auch die „Vizcaína“ zurücklassen –*
*die Holzwürmer hatten schon den Schiffsboden zerstört.*
*Auf zwei Schiffen wurde nun die ganze Mannschaft*
*zusammengepfercht, sie mussten die Vorräte aufnehmen,*
*die wir noch besaßen, und – das Gold.*

Aus dem Bericht des Diego Méndez, 1503

## Diver's Haven, Panama, 1996

Heute soll es ein Hafen sein, so etwas wie Heimat also, Heimat für Taucher aus aller Welt. Für Christoph Columbus lag hier vor 495 Jahren das Ende der Welt. Weiter entfernt war die Heimat für Christoph Columbus nie.

Diver's Haven heißt der Ort heute, der Hafen der Taucher. Diver's Heaven, der Himmel der Taucher, so sprechen die Leute den Namen aus. „Santa Gloria“, so hatte Christoph Columbus die Bucht genannt, und dann muss er sich in den Wochen danach gefühlt haben wie von Gott verlassen, von seinem Gott, jenem Gott, der ihn doch auserwählt hatte, das glaubte Columbus. Es waren höllische Zeiten für ihn: Columbus war krank, er sah kaum noch etwas, und seine Schiffe zerfielen ihm unter den Füßen, Tausende Meilen von Spanien entfernt.

Und heute, knapp 500 Jahre später: Ist dies nun der Himmel für James Norris oder das Ende seiner Träume? Ist der Himmel der Taucher in Wahrheit auch seine kleine, ganz private Hölle?

James Norris hatte versucht, in Portobelo an der Karibikküste Panamas Fuß zu fassen. Er wollte dort eine Tauchbasis eröffnen, er hatte schon das Land gekauft und das Haus gebaut. Doch dann kam die Mutter jener Frau, von der er das Land gekauft hatte, und sagte, dieses Land habe der Tochter leider niemals gehört, nein, das sei alles ein Irrtum, denn das Land gehöre ihr, der Mutter, und dann kamen die Klagen, und die Gerichte eröffneten Untersuchungsverfahren, und so lange durfte die Tauchbasis nicht öffnen und …

„So ist Panama, genau so, exakt 478 000 Dollar habe ich verloren, das war alles, was ich hatte", sagt James Norris, und übrigens, sagt er dann, Nilda Vázquez hieß die Frau, von der er das Land gekauft hat, „auf Nilda kommen wir noch mal zurück".

James Norris ist ein braun gebrannter Kerl mit langen, blonden Haaren, 50 Jahre alt, er trägt eine Reebok-Mütze und einen Ohrring und auf dem Oberarm eine Tätowierung: Meerjungfrau vor Sonnenaufgang.

Panama war der Traum des James Norris. James Norris kommt aus Alabama, früher war er „Entertainer", sagt er, Animateur in Ferienclubs. Und Panama, das hieß Freiheit für ihn, keine Regeln mehr, ein eigenes Tauchresort, die schönsten Riffe der Welt. Panama war der Himmel, dachte er.

Und darum hat er nun, im Sommer 1996, als sein Geld weg ist und auch sein Haus in Portobelo, genau zwei Möglichkeiten. Er könnte heimkehren nach Alabama, geschlagen und gescheitert, oder er könnte es noch einmal versuchen. Nein, er hat natürlich nur eine Möglichkeit. Er versucht es noch einmal.

James Norris fährt die Küste entlang, immer weiter nach Osten. Es gibt hinreißende Buchten hier, weiß der Sand, grün die Palmen, blau das Meer, es ist nur alles verdammt weit weg von der Zivilisation. Wie sollen die Taucher hierher kommen, die Touristen, ohne die eine Tauchbasis leider nicht funktioniert? Andererseits: Das Land ist billig hier.

Von Panama City braucht man mit dem Auto anderthalb Stunden bis nach Portobelo. Von Portobelo braucht man etwa eine Stunde, bis man in Nombre de Dios ist und damit in der Dritten Welt. Von Nombre de Dios braucht man noch einmal 20 Minuten, bis man im Diver's Haven ist. Es gibt viel Staub auf diesem Weg und eine Menge Schlaglöcher. Es ist nicht wirklich gemacht für Massentourismus. Andererseits: Es ist schön hier.

Hängematten hängen zwischen den Palmen. Hühner und Hunde laufen herum, ein Volleyballnetz ist aufgebaut, und wenn man von den Tischen vor James Norris' bunt bemaltem Haus aufsteht und 30 Sekunden lang läuft, dann steht man im Karibischen Meer.

Es ist der Himmel der Taucher.

Als er anfängt mit dieser Tauchbasis, macht James Norris das, was jeder Gründer einer Tauchbasis macht: Er fragt die Fischer der Gegend, wo die meisten Fische sind. Es ist eine dieser klassischen Taucherregeln: Fische sammeln sich an Riffen und Wracks, also dort, wohin auch die Taucher wollen. Die Fischer nennen James Norris fünf, sechs Stellen in der Bucht von Nombre de Dios, und James Norris nimmt Schnorchel und Flossen und erkundet die Gegend.

Er sieht es, als er direkt darüber ist.

Das Wrack ist alt, das sieht er sofort. Es ist überwachsen, es gibt Kanonen. Er hat keine Ahnung, was das Wrack bedeutet, es interessiert ihn auch nicht. Für ihn ist das Wrack bloß ein Haufen im Meer, nicht spektakulär und nicht tief gelegen, James Norris will tauchen und nicht forschen.

Und dann erzählt James Norris seinem Sohn, was er gesehen hat. Johnny Norris heißt dieser Sohn, er ist ein hübscher Kerl, muskulös und braun gebrannt, einer, der sich gern rumtreibt, und einer, der die Frauen mag.

Und dann schwängert Johnny, der Sohn, eine sehr junge Einheimische. „Du musst sie heiraten", sagt James Norris, der Vater.

„Warum?“, fragt Johnny, der Sohn, „ich werfe mein Leben nicht weg, nur weil ich einmal gefickt habe.“

„Du heiratest sie, oder ich kenne dich nicht mehr“, sagt James Norris.

Und dann packt Johnny seine Sachen und geht. Und er rächt sich. Er hat gehört, dass eine Frau aus Portobelo, Nilda Vázquez ist ihr Name, und ein amerikanischer Schatztaucher, Warren White ist sein Name, die Küste nach Wracks absuchen.

Johnny erzählt den beiden, dass sein Vater in der Bucht von Nombre de Dios ein Schiff gefunden habe.

Dies ist die erste Geschichte von der Entdeckung der „Vizcaína“.

Es ist ein verdammt altes Schiff, sagt Johnny, der Verräter.

## Nombre de Dios, Panama, Juni 1998

Die zweite Geschichte von der Entdeckung der „Vizcaína“ handelt von Warren White, dem amerikanischen Schatztaucher, und in dieser Geschichte spielt James Norris, der Mann aus dem Diver's Haven, nicht mit.

„James wer?“, fragt Warren White.

Warren White sagt, dass niemand ihm von der „Vizcaína“ erzählt habe, auch nicht der Sohn dieses Tauchers namens James Norris, er kennt sie beide nicht, weder den Vater noch den Sohn, sagt Warren White.

Es ist Sommer 1998, es ist einer dieser sonnigen Nachmittage vor der Küste Panamas, die vor drei Jahren, 1995, dazu geführt haben, dass Warren White hier blieb. Es ist schon ziemlich spät, kurz vor vier, das Wasser ist nicht mehr klar, sie haben nur noch zwei Stunden Licht auf der „Golden Venture“, dem Schnellboot mit diesem Kran, der Kanonen aus dem Wasser heben kann. Und Anker. Und Gold. Was man halt so findet in den Meeren der Welt.

Es ist also zu spät, um heute noch nach einem Wrack zu suchen. Es ist aber ein bisschen früh für das erste Bier. Die „Golden Venture" liegt in der Bucht von Playa Damas, dem Strand vor Nombre de Dios.

„Dort hinten ist ein Riff", sagt Wesley, Warren Whites Sohn, 22 Jahre alt an diesem Sommertag. Wesley sagt: „Lass uns gucken, ob wir ein paar Hummer finden."

Warum nicht? „Okay", sagt Warren White.

Badehose, Maske, Schnorchel, Flossen, mehr brauchen Vater und Sohn nicht. Und dann liegen sie auf dem Bauch an der Wasseroberfläche und suchen den Grund nach Hummern ab. Sie lassen sich treiben, hin und wieder machen sie einen Schlag mit den Flossen, das Wasser ist 20 Grad warm.

Und dann sieht Warren White den Haufen im Sand.

Er sieht zwei kleine Kanonen dort unten im Sand.

Er sieht die Anker.

Er sieht die fette Bombarde, diese Kanone, mit der Ende des 15. Jahrhunderts 20 Kilogramm schwere Steinkugeln durch die Gegend geschossen wurden.

Er denkt: Das könnte sie sein.

Warren White ist ein schwerer Mann mit sehr vielen Sommersprossen auf Armen und Beinen. Er trägt eine beigefarbene kurze Hose und ein graues T-Shirt und eine mächtige Goldkette mit einem Anker und eine Brille, er hat graues Haar und einen Schnauzbart, er trinkt Diet Coke, er schwitzt.

Warren White, Jahrgang 1947, kommt aus Miami, Florida. Sein Vater war Kapitän auf Segelschiffen, auf Schnellbooten der U. S. Navy, auf Öltankern, und sein Großvater war Schiffbauer. Warren White ist ein Typ, der an der See und mit der See groß wurde. Er weiß nicht mehr, wann er schwimmen lernte, *„it was no big deal"*, sagt er, er war zwei Jahre alt, das hat seine Mutter ihm erzählt. Seine ersten Wracks half Warren White zu heben, als er 13 Jahre alt war, 1960, der Hurrikan

„Donna" hatte die Florida Keys verwüstet und mehr als 150 Boote und Schiffe versenkt. „Kein schlechtes Geschäft", sagt Warren White.

Nach der High School war er vier Jahre lang bei der Marine, auf einem Zerstörer und auf einem Atom-U-Boot. Dann war er sieben Jahre lang Polizist in Fort Lauderdale. Dann ging er aufs Miami Day Junior College und auf die University of Arkansas, Elektroingenieur wollte er werden, aber er brach das Studium ab, als die Angebote von den Ölkonzernen kamen; die Ölkonzerne brauchten junge Leute, die tauchen und unter Wasser reparieren konnten, was zu reparieren war. Dann hatte Warren White ein kleines Hotel in Montana, 80 Meilen nordwestlich vom Yellowstone-Nationalpark, 1995 verkaufte er es.

Und dann zog er auf seine Yacht, die „Makado", 18 Meter lang, ein Haus auf dem Meer. Und seine Frau Frankie zog mit ihm. Sie wird schnell seekrank, sie kriegt Atemnot unter Wasser, sie ist klaustrophobisch, sie macht das alles trotzdem mit, sie liebt Warren sehr.

Sie segelten im Pazifik und durch den Panamakanal, sie segelten im Atlantik, und als sie ein paar Reparaturen machen mussten im Hafen von Colón, da blieben sie eine Woche, einen Monat, ein Jahr, und inzwischen wollen sie hier alt werden. „Unfassbar schön ist Panama", sagt Warren White.

Christoph Columbus, sagt Warren White, habe ihn schon fasziniert, als er ein kleiner Junge war. „Ein Mann, der ins Unbekannte segelt, Mann, was für eine Geschichte", sagt er, „viermal ist er losgefahren und viermal zurückgekehrt fast ohne Instrumente, was für ein Seemann!" Wenn White mit seinem Bruder Jack beim Whiskey saß, sagten sie oft: „Eines seiner Schiffe müsste man finden."

Warum wurde nie eines entdeckt?

Warren White hat da eine Theorie. Er glaubt, dass Columbus ganz bewusst falsche Fährten gelegt habe. Columbus schrieb zum Beispiel, dass er die „Capitana" und die „Bermuda" in der St. Ann's Bay auf Jamaika zurückließ, Hunderte Taucher haben dort gesucht. Nichts.

Columbus schrieb, die „Vizcaína" habe er in oder bei Portobelo zurückgelassen, und Hunderte Taucher waren dort, sogar Mel Fisher, der Held aller amerikanischen Schatztaucher. Nichts.

Warren White glaubt, dass Columbus eben gerade nicht verraten wollte, wo die Wracks lagen.

Warren White sagt: „Columbus rechnete immer damit, dass er vielleicht ein halbes Jahr oder neun Monate später zurückkehren würde, es konnte immer passieren, dass er dann Dinge von den Wracks holen würde. Außerdem war er sehr misstrauisch: Ein Mann, der die eigene Mannschaft im Unklaren darüber lässt, wo sie sich gerade befindet, der Karten und Aufzeichnungen einsammelt, damit er und nur er die Kontrolle behält, der will auch das Wissen über Wrackstellen für sich allein behalten. Die ‚Vizcaína' gehörte nicht der Krone, sie gehörte Columbus, an Bord waren Kanonen. Warum sollte irgendeiner der vielen Kapitäne, die Geld aus seiner Entdeckung machen wollten, auch noch auf die zurückgelassene ‚Vizcaína' stoßen?"

Das ist ein neuer Ansatz. All die Expeditionen, die 1992, zum 500. Jahrestag der Entdeckung Amerikas, ausgerüstet wurden, um endlich ein Wrack des Columbus zu finden, bauten auf exakten Textanalysen. Was hat Columbus geschrieben, was schrieben sein Bruder und sein Sohn, was steht in den Akten der Gerichte?

Warren White ist Seemann und Praktiker, und er kennt die Küste Panamas. Warren White sagt: „Columbus schrieb davon, dass in der Bucht von Portobelo 5000 Indianer waren. Er hatte blutige Kämpfe hinter sich. Er wollte die ‚Vizcaína' vermutlich reparieren. Würden Sie ein Schiff in einer Bucht reparieren, in der Sie mit Speeren und Pfeilen und vielen Toten rechnen müssen? Nun, vielleicht würden die Spanier so etwas tun, aber gute Seeleute niemals."

Also? „Er kannte die Bucht von Nombre de Dios, er wusste, dass dort Platz für schwierige Manöver ist", sagt Warren White, „Seeleute kehren gern dahin zurück, wo sie schon einmal waren."

An jenem Junitag schnorcheln Warren und Wesley White noch ein wenig über dem Wrack herum, und sie übernachten in der Bucht von Nombre de Dios. Er sei von Anfang an sicher gewesen, dass dieses Wrack die „Vizcaína“ des Christoph Columbus sei, sagt Warren White, denn alles passe: Da sind viele Kanonen, einige geladen, da sind die Anker, die noch so liegen wie damals, quer über Deck, dieses Schiff lief nicht auf ein Riff, es sank langsam.

Er hat keinen Beweis, sagt Warren White, eine Schiffsglocke oder ein Namensschild gebe es nicht. Aber er weiß, was er gesehen hat. Er weiß, dass dieses Wrack alt ist, das sieht einer wie er, ungefähr 500 Jahre alt, das erkennt man an den Kanonen. Und er weiß, dass im Umkreis von 75 Kilometern vor ungefähr 500 Jahren kein zweites Schiff gesunken ist, zumindest wurde niemals ein anderes gemeldet.

Nur die „Vizcaína“.

Dies ist die zweite Geschichte von der Entdeckung der „Vizcaína“.

Und am Abend jenes Sommertags 1998 isst Warren White Hummer. Die Viecher saßen auf den Ankern des Wracks, sie saßen da wie Trophäen.

## Nombre de Dios, Panama, Oktober 2001

Es gibt noch eine dritte Geschichte von der Entdeckung der „Vizcaína“. Das ist die Geschichte der Nilda Vázquez.

Nilda Vázquez sagt, sie sei erstmals mit Columbus in Berührung gekommen, als sie 1992 die Jubiläumsfeiern der Provinz Colón organisierte, 500 Jahre Entdeckung Amerikas. Nilda Vázquez sagt, sie habe einen Tauchshop gehabt, „Diver's Haven“, den ihr dann ein verrückter Amerikaner namens James Norris abgekauft habe, aber leider konnte der nicht bezahlen, also musste sie vor Gericht und ihm die Immobilie wieder abnehmen, schade. Ein Dieb sei dieser James Norris, sagt sie, Möbel, Kabel, Tauchausrüstung, alles habe er geklaut, „äh, wo war ich?"

Die „Vizcaína".

Ja. Jedenfalls las Nilda Vázquez 1992 natürlich auch von der „Vizcaína", und wie viele andere tauchte sie in der Bucht von Portobelo nach dem Wrack.

Vergebens.

Nilda Vázquez hat schulterlange braune Haare, ist ziemlich mollig, trägt eine tief ausgeschnittene weiße Bluse. Sie ist 53 Jahre alt im Oktober 2001, sie hat sich ein schönes rosafarbenes Haus an die Einfahrt zur Bucht von Portobelo gebaut, ein Haus wie ein Palast, Scherben, Münzen schmücken ihre Wände, allerlei Zeug, das so herumliegt auf dem Meeresboden. Nilda Vázquez ist Witwe, ihr Mann war bei der U. S. Army und starb 1999. Nilda Vázquez ist Geschäftsfrau, sie handelt mit Immobilien, ohne sie geht wenig in Portobelo.

Sie sagt, es sei schon richtig, dass Warren White das Wrack gefunden habe, aber er habe es nicht erkannt.

Sie sagt, sie habe Warren White gefragt, ob er interessante Wracks an der Küste Panamas kenne; Warren White habe ihr ein paar Stellen genannt und ansonsten keine Ahnung gehabt, „und ich sagte ihm, das Schiff in Nombre de Dios müsse die ‚Vizcaína' sein".

*He said: „What?"*

*I said: „Yeah, the ‚Vizcaína' of Christopher Columbus."*

Die beiden fahren zur Wrackstelle, sie tauchen zusammen, sie sammeln ein paar Kanonen ein. Und Scherben.

Archäologen sind nicht dabei.

Immerhin legen sie das Zeug in Becken mit Süßwasser. Die Becken lässt Nilda vor einem Gebäude aufstellen, in dem sie früher mal ein Restaurant hatte, damals, als die Amerikaner noch in Panama waren.

Das ist die dritte Geschichte von der Entdeckung der „Vizcaína".

Drei Geschichten oder drei Versionen einer Geschichte sind das, die drei Menschen erzählen, die an der Karibikküste Panamas leben. Welcher dieser drei Menschen das Wrack als Erster gesehen hat, wer von ihnen als Erster den Namen „Vizcaína" aussprach, das lässt sich schon ein paar Jahre später nicht mehr klären.

Diese drei Geschichten – oder besser: diese drei Versionen der Geschichte von der Entdeckung der „Vizcaína" – sagen eine Menge aus über Panama, über Ohnmacht und Neid, Filz und verpasste Chancen.

Vor Gericht streiten die Regierung, Behörden und Leute wie Warren White und Nilda Vázquez darüber, wer welche Rechte an dem Wrack hat. Der 500. Jahrestag des Untergangs der „Vizcaína" verstreicht. Und ein Schiff, das möglicherweise eine Weltsensation ist, liegt in der Bucht vor Nombre de Dios, und nichts geschieht.

Keine Universität schickt ihre Leute, die Unterwasserarchäologen tauchen hier nicht, es gibt nur Gerüchte, aber keine Beweise, keine Untersuchung, nichts. Und natürlich gibt es keine Pläne, das Schiff zu bergen.

Die Columbus-Experten glauben die Gerüchte von der Entdeckung der „Vizcaína" nicht. Wieso sollten sie auch?

James Norris, den Taucher aus dem Diver's Haven, kümmert der Haufen in der Bucht von Nombre de Dios nicht weiter.

Warren White, der Schatzsucher aus Miami, behauptet, es sei die „Vizcaína", aber beweisen kann er nichts.

Die Geschäftsfrau Nilda Vázquez ... Bitte, wer?

Und darum wird die Geschichte von der Entdeckung der „Vizcaína" zu einer dieser Geschichten, die kurz hochkommen und dann wieder verschwinden, ganz einfach, weil niemand daran glaubt. Niemand schreibt darüber, niemand forscht, niemand hebt das Schiff ans Tageslicht. Was bleibt, sind die Meldungen in den Weiten des Internet, Jahre alt. Wer in den Suchmaschinen „Vizcaína" eingibt, findet sie. Aber wer macht das schon?

Es gab ein Gerücht, und es ist verpufft. Die Frage ist, ob das Gerücht deshalb falsch sein muss.

# 1 Ein Wrack

## Nombre de Dios, Panama, Januar 2003

Es leben nicht viele Menschen in Nombre de Dios, 3500 vielleicht, die genaue Zahl kennt niemand. Eine weiße Kirche gibt es in Nombre de Dios, Symbol und Relikt des Zeitalters der Kolonialmächte, und es gibt acht Bars, aber keine Gäste. *Se vende*, „Zu verkaufen", steht vor den Hütten und Bauruinen, es gibt keine Käufer. Die Plastikstühle stehen herum, die Besitzer lehnen an ihren Tresen und trinken ihr Bier selbst.

Es gibt keine Arbeit in Nombre de Dios, keine Touristen und kein Geld. Die Frauen von Nombre de Dios waschen die Windeln ihrer Kinder im schlammigen Fluss. Es ist neun Uhr am Freitag, dem 24. Januar 2003.

Nombre de Dios ist ein Dorf am Ende der Dritten Welt. Nombre de Dios, von Gott und der Menschheit vergessen, liegt an der Karibikseite Panamas, 15 Meilen östlich von Portobelo und jenseits dessen, was in Europa und Nordamerika „Zivilisation" genannt wird.

Vielleicht liegt es ja daran, dass niemand reagierte, als Ende 2001 ein Schatztaucher aus Miami die Meldung ins Internet hievte, er habe die „Vizcaína" entdeckt. Ein paar Schlagzeilen wurden verfasst, CNN meldete den Fund, doch mehr passierte nicht. Vielleicht war Nombre de Dios einfach zu weit abgelegen.

Vielleicht liegt es aber auch daran, dass Jahr für Jahr irgendwo irgendwer verkündet, er habe einen sensationellen Fund gemacht: Mal ist es ein Brief, mal die Schiffsglocke der „Santa María", mal das Original eines Logbuchs, und immer wieder mal ist es ein Wrack – Hauptsache, es hat mit Christoph Columbus zu tun.

Archäologen und Columbus-Experten hören kaum noch hin, wenn sich wieder einer dieser Wichtigtuer meldet, da es bisher doch meist Fälschungen waren. Schatztaucher geben ihren Funden ganz gern spektakuläre Namen, damit sie ihre Artefakte besser verkaufen können, es ist ja keine Frage, dass sich für eine Kanone von einem Columbus-Schiff mehr Käufer finden als für eine Kanone von einem namenlosen Wrack.

Nun also die „Vizcaína"? Sonst noch etwas? Und wie heißt noch der Mann, der sie gefunden haben will, Warren White? Klar, ausgerechnet.

Warren White lebt in Colón, Panama, und gilt in der Szene derer, die den Grund der Ozeane absuchen, als Abenteurer, als Hasardeur, als Schrecken aller Archäologen, denn Warren White ist einer jener Schatztaucher, die die Wracks der Weltmeere schon mal mit Sprengstoff bearbeiten, weil sie unter den Wracks Münzen und Gold vermuten.

Keiner glaubte ihm, weil ihm keiner glauben wollte.

Alle, die sich tummeln in dieser Szene der Unterwasserforscher, haben schließlich irgendwann einmal nach einem Columbus-Schiff gesucht. Ein Columbus-Schiff, das wäre so etwas wie die letzte und größte Trophäe. Und wissenschaftlich interessant, o ja. Sie haben es versucht, alle, und es ist ja auch nicht so, dass man gar nichts wüsste.

Neun Schiffe verlor Christoph Columbus auf seinen vier Reisen in die Neue Welt.

Die Archäologen wussten zum Beispiel, dass die „Santa María", das Flaggschiff der ersten Reise, jenes Schiff, mit dem Columbus Amerika entdeckt hat, zerstört wurde: In einer ruhigen Nacht, als die Mannschaft und der Admiral der Meere schliefen, stand ein Schiffsjunge am Ruder, und die „Santa María" trieb vor dem damaligen Hispaniola, der heutigen Dominikanischen Republik, sanft dahin, und dann lief sie auf eine Sandbank; aus dem Holz ließ Columbus die erste Festung in der Neuen Welt bauen, La Navidad. Von dem Fort fanden sich Spuren, von dem Rumpf der „Santa María" fand sich – nichts.

Oder sie wussten, dass Columbus die „Gallega" im Kampf mit Indianern am Río Belén verloren hatte, an der Nordseite des heutigen Panama, etwa 200 Kilometer westlich von Nombre de Dios. Monatelang suchten die Forscher der Texas A&M University nach der „Gallega", sie gruben den Fluss um und die Mündung und irgendwann die halbe Bucht von Belén, aber sie fanden – nichts.

Kein Schiff des Christoph Columbus ist erhalten. Die Fachwelt weiß deshalb so gut wie nichts darüber, wie diese Schiffe aussahen. Gemälde gibt es, aber die entstanden Jahrzehnte später, und die Schiffe auf diesen Gemälden entstanden nach der Phantasie der Künstler. Nachbauten gibt es, aber die sind so, wie sich Seeleute im 20. Jahrhundert Schiffe aus dem 15. Jahrhundert vorstellten. Es gibt keine Baupläne, keine exakten Beschreibungen, keine Skizzen.

Bekannt ist, dass die „Santa María" ein wuchtiger, stabiler, schwerfälliger Pott war, Typ Nao, alles andere als wendig und deshalb im Grunde wenig geeignet für Reisen ins Unbekannte mit wechselnden Winden. Bekannt ist, dass Columbus ansonsten Karavellen segelte, Schiffe waren das mit einem Großmast und zwei oder drei weiteren, kleineren Masten, Schiffe, die an Bug und Heck scharf hochgezogen waren, Schiffe, die vermutlich klein waren, vielleicht 18 bis 22 Meter lang, Schiffe, die wendig waren und auch ziemlich robust. Der Vorteil der Karavellen gegenüber Schiffen wie der „Santa María" war, dass sie nicht nur stur und gerade vor dem Wind, das heißt mit Rückenwind, sondern auch mit seitlichem Wind segeln konnten; Columbus' Männer konnten mit vielen Leinen die Segel um bis zu 40 Grad zur Seite hin ausrichten, und deshalb waren die Karavellen flexibler. Und flinker.

Eng war es auf diesen Karavellen. Es wurde verdammt eng, wenn 30 bis 50 Männer ein Jahr lang auf einem ungefähr 20 Meter langen

Kahn hausten, ohne Klo und ohne Küche. Und selbst der Admiral der Meere hatte meist keine eigene Kajüte – der Admiral der Meere schlief hinten unterm Achterdeck mit den anderen.

Dies also weiß man, ansonsten ist die Seefahrt der Entdeckerzeit ein großes Rätsel. „Wir wissen mehr über griechische oder römische Schiffe als über die Schiffe der Entdecker", sagt Filipe Castro, Unterwasserarchäologe der Texas A&M University.

Wie waren diese Schiffe gebaut? Wie waren die Masten angeordnet, und mit welchen Segeln waren die Karavellen unterwegs?

Wie waren sie bewaffnet?

Wie groß, wie schwer, wie schnell waren sie wirklich?

Wie waren sie beladen, wie wohnte, wie aß, wie schlief die Mannschaft?

Wracks sind Zeitkapseln. Wracks konservieren Lebensweisen, Bräuche, Epochen, und manchmal frieren sie Katastrophen gleichsam ein. Und nun gibt es dieses Wrack. Die „Vizcaína"? Das weiß noch keiner. Eine Karavelle aus der Entdeckerzeit? Das ist wahrscheinlich. Eine Sensation? Unbedingt.

Denn die erste jemals gefundene Karavelle, das wäre ein enormer Gewinn für Archäologen und Historiker. Zum ersten Mal könnten sie herausfinden, wie die Schiffe der Entdecker konstruiert waren, wie sie segelten, wie die Menschen an Bord lebten. Und das Wrack von Nombre de Dios wird ihnen wohl noch mehr über die gesamte Epoche zeigen – wie Schiffbauer ihr Holz bearbeiteten, woher die Bäume stammten, aus denen sie das Schiff zimmerten, also auch, welche Handelsbeziehungen Spanien in seiner größten Zeit in Europa pflegte. Proviantreste werden zeigen, wie sich die Matrosen ernährten, aus den Ballaststeinen werden Fachleute schließen können, wohin das Schiff segelte. Denn die Seeleute bunkerten Ballast immer ganz nach Bedarf, und darum sammelten sie meistens schwere Steine an jenen Stränden ein, vor denen sie gerade ankerten.

Der Franzose Franck Goddio, eine Art Popstar der Wracktaucher, sagt: „Ein gesunkenes Schiff ist wie eine gut verkorkte Flaschenpost aus einer lange vergangenen Epoche. Bei Ausgrabungen an Land finden Sie in der Regel Ablagerungen anderer Zeiten über ihrem eigentlichen Ziel. Das ist oft ein elendes Durcheinander. Unter Wasser aber haben wir gebündelte Informationen über eine ganz bestimmte Zeit. Wracks sind wie Zeitmaschinen."

Und dieses Wrack wird die Wissenschaftler nun direkt in das Jahrhundert der großen Entdeckungen transportieren, in jenes Jahrhundert, in dem die Europäer die mittelalterliche Angst vor unbekannten Schrecken verloren, in dem sie anfingen, Wissen, Erfahrungen und Technik mehr zu trauen als den Worten der Bibel. Es war jenes Jahrhundert, in dem die Welt so zu werden begann, wie sie heute ist.

Wenn dieses Wrack die „Vizcaína" sein sollte, das erste jemals entdeckte Schiff von Christoph Columbus, wäre der Fund mindestens so bedeutend wie die Entdeckung der berühmtesten Wracks: Die „Titanic", die „Bismarck", die „Bounty", die „Whydah", die „Central America" und die Galeassen und Galeonen der spanischen Armada haben jeweils Zeugnisse einer ganzen Epoche mit auf den Grund des Meeres genommen. Jedes dieser Schiffe stand für eine Phase der Menschheitsgeschichte, über jedes wurden Bücher geschrieben und Filme gedreht. Denn Wracks erzählen Geschichten. Große Geschichten sind das, Geschichten von Träumen und Tragik, von Abenteuer, Demut und Größenwahn.

Gibt es eine größere Geschichte als jene vom Aufstieg und vom Fall des Entdeckers der Neuen Welt, die Geschichte von Christoph Columbus? Der Fall Columbus ist eine wilde, eine verwegene, eine grausame Geschichte, es ist eine Geschichte, die von Phantasie handelt und zugleich von Kleingeistigkeit und grotesken Fehlern, vom größten vorstellbaren Triumph und den Erniedrigungen und Niederlagen danach, von Liebe und zugleich vom ersten Völkermord.

Bis heute mussten ein Logbuch, das im Original nicht erhalten ist, Briefe und Gerichtsunterlagen diese Geschichte erzählen. Eine Menge Rätsel sind geblieben. Ein Wrack gab es nicht.

Und jetzt, es ist neun Uhr am Freitag, den 24. Januar 2003, nähert sich ein weißes Motorboot dem Dorf Nombre de Dios, das in einer lang gezogenen Bucht namens Playa Damas liegt. Das Meer ist ruhig und tiefblau, hinter den Hütten und den Bauruinen von Nombre de Dios geht es steil hinauf in den Dschungel Panamas.

„Wo ist es?", fragt einer der Männer an Bord.

„Hier ist es", sagt Jesse Allan und stoppt die Motoren.

Jesse Allan, Jahrgang 1952, hat blonde Haare, einen Schnauzbart und einen gewaltigen Körper, gewaltige Oberarme vor allem. Jesse kommt aus Grand Junction, Colorado, und war 24 Jahre lang bei der U.S. Army, am Ende war er Master Sergeant, Gehaltsgruppe E 8. Er war nicht irgendein GI, er war einer dieser ganz besonders harten Typen: Jesse Allans Spezialgebiet war die Befreiung von Geiseln.

Er war zweimal in Vietnam. Dann in Taiwan. Dann in Beirut, während des Krieges. In Syrien. Er war in der Türkei, wo aber nur der Stützpunkt für all die Einsätze in Iran lag. Er war in Saudi-Arabien, in Deutschland, in Dubai, in Kenia.

Und dann kam Jesse Allan nach Panama, das war der Stützpunkt für die Einsätze in Kolumbien, Ecuador, Peru, El Salvador und Honduras, und als Jesse Allan dann weitergeschickt werden sollte, diesmal nach Afrika, da sagte er seinen Vorgesetzten, er habe genug. Genug von allem. Genug vom Fallschirmspringen, vom Nahkampf, genug von den Leichen, genug Geld für ein Leben in Panama. „Amerika war ein fremdes Land für mich", sagt er, „Panama war Heimat geworden."

Panama, Verbindung zwischen Süd- und Nordamerika, hat 2,6 Millionen Einwohner, Panama ist 77 000 Quadratkilometer groß, so groß wie Österreich. Panama hat gewaltige Nationalparks wie „La Amistad" im Norden und „Darien" im Süden, Panama hat 2000 Kilometer Küste, den Atlantischen Ozean an der einen und den Pazifischen Ozean an der anderen Seite. In früheren Jahrhunderten galt der Río Chagres als Verbindung zwischen den Meeren, aber da mussten die Mannschaften immer noch viele Kilometer zu Fuß durch den Dschungel; 1914 wurde dann der 81 Kilometer lange Panamakanal eröffnet. Viele Jahrzehnte lang kontrollierten die USA den Kanal, weil der strategisch wichtig und daher sehr kostbar war: die Verbindung von Ost und West, die Wasserstraße nach Asien und nach Europa. 400 bis 500 Millionen Dollar brachte der Kanal dem Staat Panama jährlich ein, aber er machte die Menschen hier nicht glücklich: Sie fühlten sich bevormundet, sie wollten die Amerikaner aus ihrem Land treiben. Zum 31. Dezember 1999 ging der Kanal in den Besitz des stolzen, aber plötzlich sehr viel ärmeren Staates Panama über.

Das war die Zeit, als die amerikanischen Soldaten abzogen. Und Jesse Allan eröffnete eine Tauchbasis in der Nähe von Portobelo, „Twin Oceans Dive Center“ nannte er sie.

Dieser Jesse Allan weiß seit ein paar Jahren von dem Wrack vor Nombre de Dios, Fischer haben ihm davon erzählt. Natürlich fuhr Jesse hin und nahm Metalldetektoren mit. „Es war alt, keine Frage, denn da lagen Kanonenkugeln aus Stein“, sagt er, „aber weil wir keine Teller, Gabeln, Messer, Flaschen, Münzen fanden, nichts von alldem, was man sonst an Wrackstellen findet, dachten wir, dieses Wrack sei schon geplündert worden.“

Columbus? Die „Vizcaína“? Natürlich hat Jesse Allan die Gerüchte gehört, unter Tauchern spricht sich so etwas herum, aber er glaubt nicht daran. Er kennt Warren White, den Schatztaucher, der sich ganz gern mal wichtig macht, er war ja selbst hin und wieder mit Warren White unterwegs und weiß, wie der arbeitet – und außerdem weiß Jesse Allan, dass Columbus 1504 in seinem Brief an das Königshaus schrieb, er habe die „Vizcaína“ in oder bei Portobelo zurückgelassen.

„Nombre de Dios ist heute eine Stunde von Portobelo entfernt", sagt Jesse Allan, „aber damals war es eine Tagesreise. Man schrieb nicht ‚bei Portobelo', wenn es um eine Bucht ging, die 15 Meilen entfernt ist."

Auch dann nicht, wenn diese Bucht damals noch keinen Namen hatte, jedenfalls keinen, mit dem Königin Isabella von Spanien etwas anfangen konnte?

Auch dann nicht, wenn man das Schiff und die Bucht nicht mehr wichtig fand, weil man gerade auf Jamaika hockte, ohne Schiff und mit ganz anderen Sorgen? Oder wenn man die Bucht womöglich ja gerade nicht verraten wollte?

Auch dann nicht, wenn man Fieber hatte und Malaria?

Damals, 1504, schrieb Columbus an Königin Isabella:

*partí en nombre de la Sancta Trinidad la noche de Pasqua, con los navíos podridos, abrumados, todos fechos agujeros. allí en Belén dexé uno, i hartas cosas; en Belpuerto hice otrotanto: no me quedaron salvo dos, en el estado de los otros, i sin barcas i vastimentos, por aver de pasar siete mil millas de mar i de aguas, ó morir en la vía con fijo i hermano i tanta gente.*

Übersetzt heißt das:

*Ich brach in der Osternacht auf, im Namen der Heiligen Dreifaltigkeit, mit Schiffen, die verrottet waren, von Würmern zerfressen, voller Löcher. Dort in Belén musste ich eines mit vielen Gegenständen zurücklassen; in Portobelo tat ich das Gleiche. Es blieben mir nur zwei, die in der gleichen Verfassung waren wie die anderen, ohne Boote und Ladung, und mit ihnen musste ich entweder 7000 Meilen See und Wellen überqueren oder zusammen mit meinem Sohn und meinem Bruder und so vielen Menschen auf dem Weg sterben.*

Können solche Sätze, 500 Jahre alt, ein Beweis sein? Der Beweis für oder gegen die These, dass hier unter diesem weißen Motorboot in der Bucht von Nombre de Dios die „Vizcaína" liegen könnte?

Und nun reiben die Taucher ihre Masken mit einem Tropfen Shampoo ein, um sie vor dem Beschlagen zu schützen, und dann ziehen sie ihre Anzüge an und die Handschuhe, die Bleigurte und die

Westen, am Schluss die Masken und die Flossen. Sie sehen sich an und geben sich das Okay-Zeichen, mit Daumen und Zeigefinger formen sie einen Kreis.

Der Belgier Karl Vandenhole ist dabei. Karl ist seit zwölf Jahren zugange in den Meeren der Welt, ein Eisenflechter aus Gelsenkirchen brachte ihm 1991 in Sri Lanka das Sporttauchen bei. Karl wurde 1961 in Ronse in Belgien geboren und lebt seit 1984 in Hamburg. Er hatte mal einen Tauchladen im Stadtteil Eimsbüttel, er ist ausgebildeter Tauchlehrer und Unterwasserkameramann bei SPIEGEL TV, er hat über 2000 Tauchgänge hinter sich, er ist Mischgastaucher und einer dieser wenigen in der Szene, die immer hören, was neu ist und geheim. Er war in Panama unterwegs auf den Spuren des Piraten Henry Morgan, als ihn sein Hamburger Redaktionsleiter anrief und ihm von den Zeitungsmeldungen über die angebliche „Vizcaína" erzählte. So kam es, dass Vandenhole die nötigen Papiere besorgte und schließlich diese Expedition auf den Weg brachte.

Der Bergungsunternehmer Klaus Keppler ist dabei. Keppler verdient sein Geld mit dem Heben von Kränen und Yachten oder dem Reparieren von Klärwerken, aber seine Leidenschaft sind die ganz großen Geschichten: die gesunkenen Schiffe des Piraten Henry Morgan, die Gold-Flotte des Mexiko-Eroberers Hernán Cortés. Geschichten wie die von Christoph Columbus.

Klaus Keppler ist einer dieser modernen Abenteurer, die sehr viel Zeit und sehr viel Geld in aberwitzig klingende Unternehmungen stecken. Er ist Schatzsucher, aber einer der vorsichtigen, denn Klaus Keppler sprengt keine Wracks.

Und dann steigen die Taucher ins Wasser.

Es ist warm hier im Karibischen Meer, 20 Grad Celsius. Es ist ruhig, die Wellen brechen weit draußen, aber die Strömung ist stark. Es ist nicht besonders klar, das liegt an der Strömung und am sandigen Untergrund.

Es ist dennoch eine leichte Übung für jeden Taucher mit ein wenig Erfahrung, denn kaum hat man die Luft aus der Weste gelassen, kaum sinkt man hinab, ist man schon angekommen: Das Wrack, um das es geht, liegt etwa sechs Meter unter der Oberfläche. Es liegt da im Sand, sehr unscheinbar ist es auf den ersten Blick. Ein Haufen, grün überwuchert, ungeordnet. Sind das nicht einfach bloß Steine? Korallen? Etwa zehn Meter lang und drei Meter breit ist der Haufen.

Wer an Wracks denkt, denkt an Gänge und Decks, durch die man tauchen kann, an Wände, an denen man entlanggleitet zusammen mit Schwärmen von Fischen, an Seile und Ketten, an denen Korallen wachsen, bunt und leuchtend.

So sind Wracks aus Stahl, Schiffe, die seit ein paar Jahren oder Jahrzehnten auf dem Grund des Meeres liegen.

Nun, das hier ist irgendwie anders. Unspektakulär. Einfach ein sehr grüner und sehr plumper Haufen. Auf den ersten Blick.

Doch Tauchen ist kein Hochgeschwindigkeitssport, unter Wasser sieht alles ein bisschen anders aus, und deshalb bedeutet der erste Blick gar nichts in dieser Welt.

Die Taucher beginnen diesen seltsamen grünen Haufen zu umkreisen. Sie nähern sich und entfernen sich wieder. Sie untersuchen, wie der Haufen liegt. Sie lassen die Hände über das Geröll gleiten, und ganz langsam verstehen sie, was sie hier sehen. Es dauert ungefähr eine halbe Stunde, bis man zu verstehen beginnt.

Die oberste Schicht, die grüne Schicht, das sind die Ablagerungen, die es nun einmal gibt, die es geben muss, wenn ein Schiff seit 500 Jahren im Salzwasser liegt.

Doch unter dieser Schicht liegt ein Wrack wie kein zweites, ein Wrack, das das älteste ist, das jemals an Amerikas Küsten gefunden wurde.

Vorne, am Bug, sind die Anker, ineinander verhakt, große Anker sind das, für eine Karavelle wären sie erstaunlich groß. Der Bug ist auf den Strand gerichtet, Richtung Südwest, exakt 240 Grad.

Taucht man dann langsam von den Ankern in Richtung Heck, dann entdeckt man die Kanonen. Sie ragen aus dem grünen Haufen heraus, sie zeigen in alle Richtungen, 13 Kanonen zählen die Taucher schon bei diesem ersten Tauchgang. Es sind unterschiedliche Kanonen, schwere und deutlich kleinere, und die Art, wie sie auf- und übereinander liegen, könnte bedeuten, dass zumindest einige von ihnen zur Ladung gehörten.

Es ist überliefert, dass Columbus zuerst die „Gallega“ in Belén verlor und dass er die Ladung der „Gallega“ auf seine drei verbliebenen Schiffe verteilte.

Taucht man dann von den Kanonen weiter hinab, liegt man also flach auf dem Meeresboden, dann glaubt man kaum, was man sieht: Da liegen Tonscherben, da liegen Kanonenkugeln aus Stein, große und kleine, da liegen Kieselsteine, Steine, wie sie damals, als Segelschiffe noch keinen tief gehenden Flossenkiel hatten, als Ballast verwendet wurden, um die Schiffe zu stabilisieren.

Und wenn man dann mit der Hand über den Boden wedelt und den Sand aufwirbelt, dann sieht man die Bretter. Man sieht die langen Planken und, im 90-Grad-Winkel dazu und mit runden Nägeln aus Holz angebracht, die schmaleren Spanten, und sofort sieht man diese Kanäle und diese Löcher, die der *Teredo navalis*, jener im Mittelalter so berühmte wie berüchtigte Schiffsbohrwurm, in den Rumpf gefressen hat.

Wie war das noch? Von „Schiffen, die verrottet waren, von Würmern zerfressen, voller Löcher“, hatte Columbus auf Jamaika geschrieben.

Die Taucher bleiben rund zwei Stunden im Wasser, sie müssen in dieser Tiefe nicht besonders vorsichtig sein: Auf fünf Metern legen Taucher normalerweise beim Aufstieg ihren Sicherheitsstopp ein, um den Stickstoffgehalt im Blut abzubauen. Hier aber liegt das Wrack in fünf bis sechs Meter Tiefe, hier muss niemand auf Dekompressionszeiten achten. Hier brauchen die Taucher ganze fünf Sekunden, um aufzutauchen. Und sie klettern nicht sofort zurück ins Boot, sie beginnen noch im Wasser zu diskutieren.

„Das Ding ist alt, richtig alt", sagt Klaus Keppler, der Bergungsunternehmer.

Wie alt?

„Das Holz ist nicht beschlagen, es gibt kein Metall da unten", sagt Klaus Keppler.

Was das bedeuten kann, wissen alle hier oben auf dem Motorboot: Holzwürmer waren eines der größten Probleme der Spanier in der Karibik, denn Holzwürmer zerfraßen die Schiffe. Wegen des Holzwurms gab es 1508 einen Erlass des spanischen Königshauses, und nach diesem Erlass musste jedes Schiff, das sich auf den Weg in die Neue Welt machte, mit Metall beschlagen sein. Ist dieses Wrack also älter, wurde dieses Schiff vor 1508 gebaut?

Es war das Jahr 1503, als Christoph Columbus vor der Küste Panamas kreuzte. Verwirrt und verzweifelt. Im Fieberwahn.

## Sevilla, 1502

Er nennt die vierte Reise *„El Alto Viaje"*, die „Hohe Reise". Es soll die letzte Reise des Christoph Columbus werden.

Dreimal ist er zuvor in Amerika gewesen. 1492 hat er die Neue Welt entdeckt, es begann auf einer winzigen Insel der Bahamas, er nannte sie San Salvador. Nur drei Schiffe hatten die Spanier ihm, dem Fremden und Zugereisten, damals anvertraut, aber nach seiner Heimkehr feierten sie ihn. Zur zweiten Reise brach er 1493 mit einer Flotte auf, und natürlich war er der Kommandant.

Die zweite Reise, das war Christoph Columbus auf dem Zenit seines Ruhms und seines Könnens.

Aber er scheiterte, denn seine Leute meuterten, und die Indianer, die er nach Spanien bringen wollte, starben im Bauch seiner Schiffe, und das Gold, das er finden wollte, gab es nicht, jedenfalls nicht dort, wo er suchte. Marco Polo hatte ja von einem Indien erzählt, das wie aus Gold gemacht schien, es glitzerte und funkelte in diesem Indien, doch alles, was Columbus fand, waren Kokosnüsse. Na ja, und die paar Amulette, die er den Eingeborenen stahl, und die paar Körner aus den Flüssen der Karibik.

Er brach ein drittes Mal auf und kehrte in Ketten zurück: Der neue Gouverneur von Hispaniola, jener Insel, die 500 Jahre später zur Hälfte Haiti und zur Hälfte Dominikanische Republik heißen wird, ließ den Mann, der sein Vorgänger gewesen war, gefangen nehmen und nach Spanien zurückbringen. Und dort saß der Entdecker Amerikas dann auf dem Trockenen, entrechtet und entehrt.

Deshalb will er die vierte Reise, die heilige, die Hohe Reise.

Sie soll den Beweis erbringen für alles, was ihm wichtig ist. Dafür, dass Christoph Columbus ein Visionär, ein großer Admiral, ein Staatsmann ist. Dafür, dass er tatsächlich Marco Polos Indien gefunden hat und nicht irgendwelche wertlosen Sandhaufen; dafür, dass die Eingeborenen willige Sklaven sein würden; vor allem aber für die beiden Dinge, die ihm wirklich wichtig sind, wichtiger als alles andere: Gold will Columbus nach Hause bringen, und einen Durchbruch zwischen Pazifik und Atlantik will er finden, von Kuba nach China, wie Columbus hofft, ein wenig desorientiert fährt er durch die Gegend. Sein Vorbild ist Marco Polo, der hat diese Meeresstraße ja beschrieben, die von China zum Indischen Ozean führt.

Niedlich und komisch wird das 500 Jahre später klingen: so, als spräche der eine Entdecker von der Malakkastraße, dieser Meerenge zwischen Malaysia und Indonesien, und der zweite vom Panamakanal, diesem Monument und Beweis menschlicher Kraft und Phantasie – und als dächte der zweite, sie sprächen über ein und dasselbe Gewässer.

Damals aber gibt es noch keinen Panamakanal, es gibt kein Global Positioning System (GPS), es gibt nur wenige Karten, es gibt dieses ganze, gewaltige Wissen der modernen Seefahrt nicht. Es muss weitergehen hinter dem Festland, das glaubt Columbus, doch dass ein weiterer Ozean auf der anderen Seite Panamas liegt und damit zwischen ihm und Asien, das kann er nicht wissen.

Am 26. Februar 1502 bittet er Ferdinand von Aragón und Isabella von Kastilien um eine Flotte, am 14. März genehmigt das Königshaus die Expedition. Ferdinand und Isabella weisen Columbus sogar an, so schnell wie möglich nach Westen zu segeln, da „die aktuelle Jahreszeit sehr gut ist für die Navigation".

Das ist Unsinn. In der Karibik bricht bald die Hurrikanzeit an. Der amerikanische Columbus-Experte Samuel Eliot Morison interpretiert den Brief so, dass selbst Isabella, die ihn einst bewunderte für seinen Mut, diesen Columbus jetzt nur noch loswerden will, so schnell wie möglich.

Nach zwei Wochen ist die Flotte bereit.

Columbus hat sich Brigantinen gewünscht, das sind Schiffe mit wenig Tiefgang und längs gestellten, so genannten Lateinersegeln, mit denen man erstens Flüsse hinauffahren und zweitens ziemlich gut gegen schräg von vorn blasende Winde ankommen kann. Brigantinen sind sehr schick und modern zu jener Zeit.

Er erhält vier Karavellen, vier dieser kleinen, wendigen Schiffe, diesmal solche mit quer gestelltem Großsegel.

Columbus und sein Sohn Fernando segeln auf dem größten, dem 70 Tonnen schweren Flaggschiff, das der Admiral „La Capitana" nennt. Die „Capitana" gehört Mateo Sánchez, der ein Vollbürger von Sevilla ist und ein gutes Geschäft macht: Die Charter beträgt pro Monat 54 000 Maravedís (das lässt sich nicht leicht in Preise von 2004 umrechnen, aber wenn man die Goldpreise von 1502 und 2004 hochrechnet, würde die Charter 7200 Dollar pro Monat kosten). An Bord ist Diego Tristán, der schon auf der zweiten Reise dabei war. Tristán ist der Kapitän von 2 Offizieren, 14 Seemännern, 20 Schiffsjungen und 7 Schiffshandwerkern. Ein Trompeter ist noch dabei, wahrscheinlich braucht man so einen, wenn man würdevoll vor den Palästen des Kaisers von China ankern will.

Zur Flotte gehört „La Gallega", die Galizierin, ein Schiff, das neben den drei ganz normalen Masten noch einen vierten hat, hinten am Heck ist er an der Fußreling angebracht, und er hält ein Segel, das wenig größer als eine Flagge ist. Eine Kleinigkeit; ein paar hundert Meter bringt dieses Segel in einer Woche, mehr nicht. Aber bei so einer Expedition geht es um Kleinigkeiten – für Tüftler und Denker ist die Entdeckung neuer Welten so etwas wie die Formel 1 des Mittelalters. Die „Gallega" gehört Alonso Cerrajano, einem Vollbürger von La Coruña, 50 000 Maravedís pro Monat (rund 6800 Dollar im Jahr 2004) kostet die Charter. An Bord der „Gallega" führt Pedro de Terreros das Kommando, der viermal mit Columbus in die Neue Welt aufbrach und deshalb sein treuester Begleiter war. Terreros hat 26 Mann Besatzung, darunter 14 Schiffsjungen.

Zur Flotte gehört die „Santiago de Palos", von Columbus „Bermuda" genannt. Ihr Kapitän ist Francisco de Porras, der zwar ein lausiger und unerfahrener Seemann ist, aber der Bruder der Geliebten des Schatzmeisters von Kastilien – und der Schatzmeister von Kastilien bezahlt die Tour. Es ist eben wie 500 Jahre später: Auch in der Formel 1 des 21. Jahrhunderts werden ja Sex und Geld die Wege zu Posten und Macht öffnen. Francisco de Porras hat seinen Bruder und 31 Mann an Bord, darunter den Schreiber und Notar der Krone, Diego de Porras, und Columbus schickt noch seinen Bruder Bartolomeo dazu, als Aufpasser für die Dilettanten auf der Brücke.

Und zur Flotte gehört die „Vizcaína".

Die „Vizcaína" soll drei Masten haben und ein Schiff von 50 Tonnen Kapazität sein, mit Sicherheit lässt sich das nicht sagen, bevor man sie gefunden hat. Die „Vizcaína“ ist zu Beginn der Reise noch im Besitz von Juan de Orquiva, dieser Herr ist Vollbürger von Guetaria. Die „Vizcaína“ kostet im Monat 42 000 Maravedís Charter (etwa 5600 Dollar im Jahr 2004), und sie wird von Bartolomeo Fiesci befehligt, einem Freund des Admirals. Fiesci stammt aus Genua, er ist der Sohn einer vermögenden Familie. Die Fiescis gehören zu den großen Sippen Genuas, seit Jahrzehnten bestimmen sie mit, was in der Stadt passiert – die Familie Columbus ist eine kleine Familie.

Hier nun sind die Rollen vertauscht: Columbus ist der erste Mann, und Bartolomeo Fiesci ist die Nummer zwei.

An Bord der „Vizcaína“ sind ein Bootsmann, acht Seeleute, zehn Schiffsjungen, der Kaplan Fray Alejandro und drei Privatleute. Bootsführer ist Juan Pérez, Bootsmann ist Martín de Fuenterrabía. Insgesamt sind 25 Männer auf diesem Schiff, hin und wieder wird der Admiral von der „Capitana“ herüberkommen und den Zustand der „Vizcaína“ kontrollieren. Kapitän Fiesci verdient rund 4000 Maravedís im Monat, das sind, ins Jahr 2004 hochgerechnet, ungefähr 530 Dollar. Alle Seeleute erhalten ihr Geld für sechs Monate im Voraus.

Und dann brechen sie auf.

Es ist der 3. April 1502.

Sie halten im Hafen von Casa de Viejo und schrubben die Böden, und dann streichen sie alle vier Schiffe mit Pech.

Sie machen das sehr gründlich, sie wissen inzwischen, was in der Neuen Welt passieren kann.

Es wird ihnen nichts nutzen.

Keines der vier Schiffe wird die Küste Spaniens jemals wieder erreichen.

## Portobelo, Januar 2003

Die Schätze und die Wracks kamen später. Früher suchte Klaus Keppler im Wasser nach Leichen. Ungefähr hundert Leichen hat er gefunden, Mordopfer, Selbstmörder, Ertrunkene.

Klaus Keppler wuchs in Freiburg im Breisgau und am Bodensee auf, und als er 13 oder 14 Jahre alt war, fand er beim Tauchen seine erste Pistole. Dann schloss er sich der Tauchgruppe der Berufsfeuerwehr an, und am meisten genoss er es, wenn er unten auf dem Grund saß und die Schwimmer über sich beobachtete. „Es war meine Welt", sagt Keppler, „von Anfang an". Er probierte es mit Freitauchen und blieb fünf Minuten lang ohne Pressluft dort unten, und da sagte der Leiter der Gruppe: „So, Kleiner, ab heute bist du Taucher."

Und seitdem hat Klaus Keppler ein Leben geführt, das nahe heranreicht an jene Abenteuerromane, die er als Kind liebte, so nahe vermutlich, wie das einem halbwegs erwachsenen Menschen möglich ist.

Als Kind liebte Keppler Robinson Crusoe und den Seewolf. Und Long John Silver und Kapitän Ahab. Und als er Student an der Ingenieurschule Konstanz war, verdiente er sich sein Geld mit Tauchen. Mit der Suche nach Leichen. Und mit der Suche nach Wracks und versunkenen Schaufelbaggern. Er eröffnete ein Kieswerk in Nigeria, 1984 war das, und den Scheck für einen Fünf-Millionen-Dollar-Auftrag der Regierung hatte er schon in der Tasche, aber noch nicht eingelöst, als das Militär putschte und Klaus Keppler in einem Internierungslager landete. Zu jeder Hinrichtung wurde er auf den Hof gezerrt; er sah 9 Männer am Galgen und 86 Männer vor einem der Erschießungskommandos sterben, ehe sie ihn laufen ließen.

Diese Art Leben hat er geführt.

Klaus Keppler gründete die Firmen Keppler Nautic und Nautic Nord, er arbeitete für Staatsanwaltschaften und Firmen und Versicherungen und Privatleute, dann gründete er die Jade Group und die Sea Explorer AG und ging an die Börse. „Man braucht fünf bis zehn Jahre, um hineinzufinden in das Geschäft mit den Wracks, weil die Recherchen in Archiven und bei Reedereien einfach dauern", sagt er, „aber wenn man den Rhythmus gefunden hat, den Rhythmus aus Recherche, Diplomatie, Suche, Bergung, Restauration und Repräsentation, wenn man erst einmal so organisiert ist, dass man an verschiedenen Stellen auf der Welt in unterschiedlichen Stadien ständig vorankommt, dann ist es der schönste Beruf der Welt. Dann ist man den Entdeckern ganz nahe, dann fühlt man sich selbst wie ein Entdecker."

Klaus Keppler fand Schiffe wie die „Jamaica Merchant" des Piraten Henry Morgan, er fand Flugzeuge und Yachten, und er ist einer der wenigen Schatztaucher, die keinen Ärger mit Archäologen haben: Klaus Kepplers Trick ist die Kooperation mit Regierungen und Universitäten, er holt die Schiffe ans Tageslicht und organisiert Wanderausstellungen, und die bringen allen Beteiligten Geld. „600 Firmen gibt es weltweit in dieser Branche", sagt er, „und bis auf 20 oder 30 sind sie alle Raubritter."

Und jetzt sitzt Klaus Keppler hier in dieser Hängematte, unter einem Strohdach, er hat eine Zigarre und ein Bier in der Hand. Keppler hat einen runden Bauch und eine Brille, eine hohe Stirn und eine sehr tiefe Stimme, und er trägt eine blaue Schirmmütze der Sea Explorer AG, er trägt blaue Shorts und ein gelbes T-Shirt. Und er wundert sich über diese runden Messer, die auf dem Haufen vor Nombre de Dios lagen. „Rahmesser", sagt er, „wofür brauchte Columbus Rahmesser?"

Columbus?

„Ja, nehmen wir mal an, das Ding ist wirklich die ‚Vizcaína'. Wofür dann die Rahmesser?"

Es ist eines dieser Rätsel, die es immer gibt, wenn man ein Wrack findet. Man kann ja eine Menge tun. Man kann Fotografien und Zeichnungen anfertigen und damit in die Bibliotheken marschieren und vergleichen und forschen; man kann Karten und dreidimensionale Bilder vom Wrack anfertigen; man kann – jedenfalls bei einem Wrack, das in so flachem Wasser liegt wie dieses – eine Spundwand aufbauen und langsam das Wasser absaugen; man kann das Wrack bergen und restaurieren. Das alles wird Jahre dauern. Und immer werden Rätsel bleiben.

Die Rahmesser also. Sie sind geformt wie Sicheln, und die Frage ist, was die Rahmesser auf diesem Schiff zu suchen hatten. Klaus Keppler sagt: „Vielleicht dachte Columbus, er würde in Indien durch enge Durchfahrten segeln und müsste Dschunken im Nahkampf besiegen. Vielleicht waren die Dinger Ladung, zum Tauschen gedacht oder für die Besiedlung Indiens. Es kann sein, dass wir das niemals erfahren werden."

Bevor er hierher kam, hat Klaus Keppler alles gelesen, was er zu Columbus finden konnte. Das Bordbuch der ersten Reise. Die Briefe. Die Berichte des Sohnes, die Berichte der Begleiter. Keppler sagt: „Columbus war geschickt. Er war perfekt darin, das damalige Wissen einzusetzen. Er hatte ein Lotblei, Sanduhren, den Jakobsstab, mit dem er die Stellung der Sonne gegen den Horizont und damit seine Position berechnen konnte, und er hatte Kenntnisse von arabischer Astrologie. Wie weit er damit gekommen ist, ist beeindruckend. Aber auf der anderen Seite war er viel zu starrköpfig und zu stur, viel zu festgefahren. Er hat Lösungen und Möglichkeiten nicht gesehen, weil er lieber seinen Lügen glauben wollte."

Klaus Keppler liegt in einer Hängematte draußen auf dem Steg des „Twin Oceans Dive Center", drei Kilometer vor Portobelo. Das „Twin Oceans" gehört zu dem kleinen „Coco Plum Resort". Schlichte Zimmer gibt es hier, ein Bett, ein Waschbecken, eine Dusche mit dünnem Wasserstrahl – hierher kommt nicht, wer Luxus sucht, hierher kommt, wer tauchen will. Und träumen. Überall im „Coco Plum" hängen Muscheln, Anker und Fischernetze, und der schönste Platz ist draußen auf dem Steg, hier sind die Hängematten.

Portobelo ist heute eine mehr oder weniger verfallene Stadt: ein paar Bars, jede Menge Häuser mit brüchigen Mauern und roten Wellblechdächern, auf dem Friedhof liegen die Schädel im Sand herum, weil sich hier schon lange niemand mehr um Ordnung kümmert. Jedoch: Portobelo liegt in einer weit geschwungenen Bucht, mitten im Regenwald, und es geht an allen Seiten sehr steil hinauf. Es gab mal eine Zeit, da war dieses Portobelo der zentrale Umschlagplatz Spaniens in der Neuen Welt – darum gibt es hier heute die Ruinen von drei Festungsringen und eine Menge alte Kanonen. Portobelo war uneinnehmbar vom Meer aus, und deshalb nahm der Pirat Henry Morgan die Stadt vom Landesinneren her: Seine Bruderschaft, 400 Mann stark, stürmte damals, um 1670, einen Festungsring nach dem anderen, es war ein großer Sieg Englands.

Heute gibt es hier eine weiße Kirche, und in der Kirche hängt hinter Glas der schwarze Jesus, das größte Heiligtum Panamas, Ziel vieler Pilger. Auf Knien kriechen sie in die Kirche, „Viva Jesús Nazareno" steht über dem Portal.

Columbus war in Portobelo, damals, vor 500 Jahren. Es gab viele Forscher, die sich in der Bucht von Portobelo auf die Suche nach der „Vizcaína" gemacht haben, aber dort wurde sie nie gefunden; das muss allerdings nicht bedeuten, dass sie nicht dennoch in der Bucht von Portobelo liegen kann, denn der Boden dort ist schlammig – es ist theoretisch möglich, dass ein Schiff dort unter sieben, acht, neun Meter Schlick begraben liegt und niemals entdeckt wird.

Es ist aber auch denkbar, dass die „Vizcaína" woanders liegt, vor Nombre de Dios zum Beispiel. Und dorthin sind Klaus Keppler und sein Expeditionstrupp nun wieder unterwegs. Der eine Teil des Teams fährt mit dem Boot, eine Stunde dauert es von Portobelo nach Nombre de Dios; der andere Teil des Teams nimmt den Kleinbus. Es ist der zweite Tag an dem Wrack, der zweite, dritte, vierte Tauchgang, „ich versuche ja immer, mich in den hineinzudenken, der das Schiff verloren hat", sagt Keppler.

Also?

Ein paar Dinge sind für jeden Taucher offensichtlich: Das Schiff ist gesunken und nicht aufgelaufen, es liegt ja fünf, sechs Meter tief. Der Bug zeigt in Richtung Strand, was bedeutet das? Keppler sagt: „Vermutlich hat Columbus bei ablandigem Wind geankert, um umzuladen oder das Schiff abzuwracken; vermutlich hat er mit einem der anderen Schiffe direkt nebenan geankert."

„Päckchen" nennen Segler diese Technik: ein Schiff neben dem anderen.

Am Ufer spielen fünf Kinder Fußball, Reiher sind in der Luft, es wird langsam heiß, 25 Grad. Und nun steigen die Taucher ins Wasser, die See ist ruhig, und die Sicht ist jetzt großartig, die Taucher vermessen Kanonenkugeln und Anker, sie zählen Kanonen: 13 Falkonettas und 3 Mörser liegen da unten, ineinander verschlungen, miteinander verwachsen und nach fünf Jahrhunderten per Hand nicht mehr voneinander zu trennen. Das alles ist ein riesiger Klumpen.

Oben sagt Keppler: „Da liegen Kanonen unter den Ankern, das ergibt überhaupt keinen Sinn, es sei denn, die Anker lagen oben auf Deck, und die Kanonen waren unter Deck als Teil der Ladung. Die Ladung entspricht der eines Versorgungsschiffes oder eben der eines Schiffes, das die Ladung anderer Schiffe übernommen hat. Da sind viel zu viele Kanonen für die wenigen Kugeln. Und der Rumpf ist exzellent erhalten, die Spanten sind ganz eng gezogen, das Schiff war stabil, es ist gut gebaut." Trotzdem liegt das Schiff auf dem Grund der Karibik, denn der Holzwurm war stärker.

Dann ist es 14 Uhr, Wolken ziehen auf, es wird rau auf See. Dort unten sieht man nichts mehr, die Strömung und die Wellen wirbeln den Sand auf, man kann sich an dem Wrack entlangtasten, man kann es fühlen, aber man kann es nicht mehr sehen. Und deshalb versammeln sich die Taucher nun wieder oben auf dem Boot, sie essen Sandwiches, trinken Wasser, einige rauchen.

Karl Vandenhole ist hier, der Taucher aus Belgien. Vandenhole führte die Experten zusammen, und so entstand dieses Team um den Bergungsunternehmer Klaus Keppler; es wird unterstützt von einigen Forschungsinstituten und Universitäten. Vandenhole hat heute vor allem nach Metall gesucht, nach Beschlägen auf dem Holz. Dafür hat er den Sand zur Seite gewedelt und sich an den Planken festgekrallt und behutsam, langsam getastet. Es gibt keine Metallbeschläge. „Dieses Schiff ist alt, sehr alt“, sagt Karl Vandenhole, „da liegen diese fetten Kanonenkugeln aus Stein. Wie lange sind die Spanier mit steinernen Kugeln losgefahren?“

„Bis Anfang des 16. Jahrhunderts“, sagt Carlos Fitzgerald.

Fitzgerald ist ein kleiner Mann mit Dreitagebart und kurzen, grauen Haaren, er ist ein Archäologe aus Panama City. Er trägt ein weißes T-Shirt und graue Shorts, er ist einer dieser Männer, die niemals pünktlich sind, schon deshalb, weil sie auf dem Rücksitz ihres Autos nie diese verdammten Akten finden können, die sie morgens dorthin gelegt haben.

Weil die Taucher jetzt nicht mehr tauchen können, weil das Wetter zu schlecht ist, führt Carlos Fitzgerald den Trupp zurück nach Portobelo, weil dort, in jener Kurve, die in die Bucht hineinführt, ein weiterer Schatz liegt.

Ein flacher, weißer Bau mit rotem Dach steht dort, 30 Meter vom Meer entfernt, und rund um den weißen Bau steht ein Maschendrahtzaun, und vor dem weißen Bau sind acht Bassins, zur Hälfte mit Wasser gefüllt. In den Wasserbecken liegen die ersten Fundstücke des Wracks von Nombre de Dios.

Tonscherben in dem einen Becken. Holzstücke im nächsten. Ballaststeine im dritten. Kanonenkugeln im vierten, Kugeln aus Stein sind das, nicht wirklich rund – was für eine Arbeit muss das gewesen sein, diese Dinger zurechtzuklopfen! Und in den großen Becken sind die Kanonen und die Drehbassen und die Rahmesser und die Ankerketten, das ganze schwere Zeug. Es gibt altmodische Kanonen mit einem Hinterlader, der nach jedem Schuss herausgenommen werden musste; es gibt modernere Kanonen aus einem Guss, insgesamt fünf verschiedene Typen, „ein echtes Durcheinander, das passt zu Columbus“, sagt Klaus Keppler, „weil er ja schlecht ausgerüstet war und außerdem die Waffen von der ‚Gallega‘ mitgenommen hat“. Jedes Fundstück hat eine Erkennungsmarke, wie Leichen in der Pathologie, „Z 42“ zum Beispiel ist eine Falkonetta. Und das alles liegt hier einfach so herum, hinter Maschendraht. Niemand konserviert das Zeug, niemand arbeitet mit den Fundstücken, niemand hat auch nur daran gedacht zu vermerken, welcher Gegenstand wo auf dem Wrack lag, es gibt nur eine lausige Skizze, aber keine Karte.

„Möglicherweise ist das hier Kulturerbe Panamas, eines der wichtigsten Wracks aller Zeiten. Keiner weiß es heute, aber wie die Leute damit umgehen, das ist dilettantisch“, sagt Carlos Fitzgerald.

Willkommen in Panama, wo es mitunter undurchschaubar zugeht, gierig und destruktiv. So jedenfalls gestalten sich die ersten Wochen des Projekts „Columbus“, es beginnt ein Spiel mit zwei Parteien.

Es gibt in Panama City das „Instituto Nacional de Cultura“, kurz: INAC. Die Leute von INAC könnten die Guten in dieser Geschichte sein, denn sie sagen, dass sie ein archäologisches Interesse an Wracks wie diesem haben, dass sie das Schiff bergen und restaurieren lassen wollen. Und ein Museum bauen. Und die Bevölkerung profitieren lassen. INAC, das ist eine staatliche Behörde, das nationale Kulturinstitut eben, und das Problem ist, dass INAC ein reichlich verschnarchter Laden ist. Carlos Fitzgerald arbeitet für INAC, drei Jahre lang war ihm das Wrack eher egal, dann rief ihn Karl Vandenhole an.

Und es gibt in Portobelo eine kleine Firma, sie heißt „Investigaciones Marinas Del Istmo S. A.“, kurz: IMDI. Nilda Vázquez und ihr Sohn Ernesto Cordovez haben IMDI gegründet, um sich Ansprüche zu sichern an Wracks vor der Küste Panamas, und dafür hatten sich die Schatzsucher von IMDI vom „Ministerio de Economía y Finanzas“ die Genehmigungen eingeholt. Dieser Teil der Geschichte handelt vom Filz, dieser Teil ist der undurchschaubare Teil, aber man kann das Wesentliche zusammenfassen: IMDI will Geld verdienen mit dem Wrack. Größter Anteilseigner von IMDI ist Gassan Salama, ein Politiker und Unternehmer, der in der Freihandelszone von Colón seinen Geschäften nachgeht, ein Mann mit mächtigem Bauch, ein Mann mit Mobiltelefon am Ohr, ohne sein Telefon sieht man ihn selten.

Nilda Vázquez wohnt ein paar Meter von den Bassins entfernt, sie hat eine grandiose Aussicht auf die Bucht von Portobelo. Fotos hängen drinnen, die Nilda mit dem amerikanischen Schatztaucher Mel Fisher zeigen; sie hat mal auf der Florida State University Journalismus studiert, dann führte sie ein Restaurant, so lange, bis die Amerikaner Panama verließen. Dann führte sie einen Tauchladen, dann handelte sie mit Immobilien, es ist keine Frage, dass Nilda Vázquez eine patente Frau ist.

„Alles hat seinen Preis“, das ist ein Satz, den sie öfter sagt. „Niemand in diesem Land denkt voraus, deshalb ist dieses Land so, wie es ist“, das ist ein anderer Satz, den sie öfter sagt.

Nilda Vázquez hat auch mal für INAC gearbeitet, sie leitete damals ein Museum. Sie hat Kontakte. Darum konnte sich das Trio der IMDI-Schatzsucher vom damaligen Direktor des staatlichen INAC, Rafael Ruiloba, Genehmigungen zur Arbeit am Wrack von Nombre de Dios geben lassen, und die Frage ist nun: Wozu berechtigen diese Genehmigungen? Was sind die Papiere wert? „Rechte zur exklusiven Verwertung“ seien das, sagt Saturio Segarra, der Anwalt der Schatzsucher. Er zeigt den Vertrag, dort aber steht nur: „Recht auf Berichterstattung". Von „Bergung" oder „Konservierung" oder „alleinigen Rechten" oder „Exklusivität" steht da nichts.

Weil die Leute von der Regierung nicht schalteten, als das Wrack vor Nombre de Dios gefunden wurde, gibt es nun also ein echtes Problem: Die Artefakte sind zwar Eigentum des INAC und des Staates Panama, aber sie befinden sich in der Hand der Schatztaucher von IMDI, denn denen gehört das Haus mit den Bassins hier in der Rechtskurve vor Portobelo.

Werden sie die Kanonen verkaufen? Ausgezeichnet als „Columbus-Kanonen"? „Wir werden sehen", sagt Gassan Salama, „wir haben jedenfalls Geld investiert, und wir wollen dieses Geld zurück."

Da ist also wieder dieser klassische Konflikt zwischen Archäologen und Schatztauchern. Die einen halten die anderen für Gangster und Zerstörer, und die anderen halten die einen für Schnösel und Pedanten. Die einen wollen jahrelange Detektivarbeit leisten und Ruhm durch Publikationen, die anderen wollen Abenteuer, Geld und Ruhm durch Schlagzeilen. Die zwei Seiten hassen sich, und wenn man das einmal erleben will, muss man nur den Archäologen Carlos Fitzgerald und die Schatztaucherin Nilda Vázquez beobachten. Fitzgerald sagt, er habe im Oktober 2001 eine Resolution rechtskräftig werden lassen, weshalb nun alle Wracks vor den Küsten Panamas als nationales Kulturerbe gelten. Nilda Vázquez sagt, das sei ihr völlig egal, weil ihre Rechte am Wrack vor Nombre de Dios älter seien.

„Nilda hat ihr ganzes Haus voll gestopft mit Münzen und Kanonen, die sie vom Meeresboden gestohlen hat", sagt Carlos Fitzgerald.

*„Did you know that he is gay?"*, flüstert Nilda Vázquez.

Jedenfalls, die Klagen sind eingereicht, in diesem Leben werden Carlos Fitzgerald und Nilda Vázquez vermutlich keine Freunde mehr.

Und wenn Fitzgerald sich die Artefakte in den Becken hier in Portobelo nur ansehen will, muss er dem Anwalt der Schatztaucher

Papiere zeigen und eine Stunde Gebrüll ertragen; man diskutiert in Panama etwas lauter als in Europa.

Aber wenn Fitzgerald dann endlich vor den Becken steht, kann er sich gar nicht mehr zurückhalten, dann klettert er hinein, dann muss er das alles erst einmal anfassen. „Wir werden so viele Ergebnisse bekommen in den nächsten Jahren", sagt er, „hier zum Beispiel: Auf diesem Stück Keramik ist ein kleiner Rest verbrannter Honig, das kann man chemisch untersuchen, da kann man mit ein wenig Glück die Herkunft und das Alter bestimmen. Genauso beim Holz. Oder bei den Steinen."

Fitzgerald ist nicht unbedingt ein Anhänger des Admirals der Meere. Fitzgerald sagt: „Columbus war so grausam, so gnadenlos und so selbstgerecht. Vielleicht musste man damals so sein, um Erfolg zu haben, aber als Person bewundere ich ihn nicht. Als Person interessiert er mich nicht einmal, aber als Figur, die die Geschichte der Welt geformt hat, muss er jeden Historiker und jeden Archäologen interessieren." Nachdem Columbus hier gewesen war, blieb Panama nicht mehr lange das Land, das es vorher gewesen war. „Ein bis zwei Millionen Menschen starben damals durch Krieg und Krankheit, Stämme wie die Cuevas verschwanden vollkommen, andere zogen in den Osten – es hat hier eine extrem dynamische Entwicklung gegeben, und, nein, man kann nicht sagen, dass Columbus deshalb verehrt würde in Panama", sagt Fitzgerald.

Und wenn er nun so dasteht, in diesem Bassin inmitten der Holzstücke, die ganz brüchig sind wegen all der Gänge, die sich der Holzwurm gegraben hat, dann „fühle ich mich tatsächlich verbunden mit dieser Vergangenheit meines Landes", sagt Fitzgerald. Dann kommt er wieder heraus aus den Becken, ein bisschen Gebrüll gibt es auch zum Abschied, adios.

Es ist der 27. Januar, der letzte Tag dieser Expedition, der letzte Tauchgang vor Nombre de Dios.

Klaus Keppler wuchtet sich die Pressluftflasche auf den Rücken, er zieht sich die Handschuhe an, die Maske, am Schluss die Flossen, er greift sich sein Messer.

Keppler schneidet drei Stücke Holz aus dem Wrack und bringt sie nach oben, dann sammelt er noch ein paar Ballaststeine und Scherben ein. Oben verpacken Keppler und das Team die Sachen in Zellophanfolie und dann in eine rote Kühlbox. Die Kühlbox fahren sie zur Deutschen Botschaft in Panama City.

Und nun gehen drei Stück Holz aus dem Wrack von Nombre de Dios auf die Reise. „Im Dol 2–6, Berlin" steht auf dem Aufkleber mit der Adresse, „Diplomatic Cargo" steht daneben. Das Holz aus der Bucht von Nombre de Dios reist zum Deutschen Archäologischen Institut.

## Berlin, März 2003

In zähen Berufen, in jenen Berufen, in denen man Resultate oft erst nach Jahren erreicht und manchmal gar nicht, braucht man Humor. An der Tür von Büro 209 hängt ein gelbes Schild und darauf steht: „Vorsicht Holzeinschlag!"

„Moin, Moin, herein mit dem guten Stück", sagt Karl-Uwe Heußner.

Die Dendrochronologie kann ein unfassbar zäher Beruf sein. Dendrochronologen versuchen, das Alter und die Herkunft von Holz zu bestimmen, Dr. Karl-Uwe Heußner ist Dendrochronologe. Darum nimmt er jetzt ein kleines Stück Holz, ein weit gereistes kleines Stück Holz aus einer roten Kühlbox, schneidet es auf und legt es unter ein Mikroskop. „Oh, das wird knapp", sagt Heußner.

Karl-Uwe Heußner, Jahrgang 1954, hat einen langen, grau-weißen Bart, eine hohe Stirn und strubbelige Haare. Er trägt Wrangler-Jeans, ein grünliches Hemd und weiße Turnschuhe. Er hat an der Humboldt-Universität Ur- und Frühgeschichte studiert, dann an der Akademie der Wissenschaften in Ost-Berlin angefangen, seit 1988 ist er hier in diesem Büro ohne Bilder, diesem Büro mit vielen Aktenordnern und einem Computer, über dessen Bildschirm jetzt viele Grafiken und Kurven laufen. Und auf dem Tisch steht ein edles Leica-ICA-Mikroskop.

Dendrochronologie ist nicht schwer zu begreifen. Es geht um Jahresringe. Jahr für Jahr im Frühling und im Sommer bilden Baumstämme Ringe, und da diese Ringe durch die Aufnahme von Sauerstoff und anderen Stoffen aus der Atmosphäre entstehen, erzählen die Ringe Geschichten. Umweltkatastrophen, Kälte, Hitze, Trockenperioden – all das können Experten wie Heußner aus den Ringen ablesen. Und da inzwischen in Dutzenden Instituten auf der ganzen Welt viele Millionen Holzproben untersucht wurden, sind in Computern wie dem von Karl-Uwe Heußner Millionen Kurven gespeichert: jene Kurve, die eine Eiche aus dem Baltikum ergab, die 1733 geschlagen wurde; jene Kurve, die ein Apfelbaum aus Münster von 1900 ergab. Und viele Millionen mehr.

Gut ist es also, wenn ein Stück Holz viele Jahresringe hat, dann gibt es eine schöne Kurve, dann werden die Werte exakt. Gut ist es, wenn die Rinde erhalten ist und darunter der jüngste Ring, dann ist die Datierung des Holzes aufs Jahr genau möglich.

Schlecht ist es, wenn Planken parallel zu den Jahresringen gesägt wurden. Schlecht ist es, wenn ein Stück Holz zu wenige Jahresringe hat, denn dann passt es zu vielen Vergleichskurven, und man kann es nicht einordnen. Dann ist eine Datierung nicht möglich. „Wir brauchen 50 Ringe, mindestens, besser wären 100“, sagt Heußner.

Dann nimmt er die erste Holzprobe, nordeuropäische Eiche, das sieht er sofort, und das ist logisch für ein spanisches Schiff: Im 15. Jahrhundert importierte Spanien Eichenholz aus dem Baltikum. Und was sieht Heußner dann? 35 Ringe, „das hilft uns nicht“, sagt Heußner.

Die zweite: 30 Ringe. Die dritte: 21 Ringe, „damit können wir leider nichts anfangen", sagt Heußner, „das schwirrt zu sehr, das ist aussichtslos, das können wir nicht zuordnen".

Die Identifizierung von Schiffen ist eine verdammt zähe Sache. Zwei Holzstücke werden wieder verpackt und gehen erneut auf Reisen: diesmal zur so genannten C14-Untersuchung in der Christian-Albrechts-Universität Kiel.

Das wird dauern. Wo kann man inzwischen mehr über die letzte Reise des Christoph Columbus erfahren?

## Sevilla, Sommer 2003

Sie ist die Nummer eins, sie ist die Beste. Sie weiß alles über Christoph Columbus, was man wissen kann.

Consuelo Varela arbeitet in Sevilla, an der Escuela de Estudios Hispano-Americanos, und sie hat ihre Doktorarbeit über Columbus geschrieben, sie hat jede Menge Aufsätze über Christoph Columbus verfasst und natürlich Bücher. Der Mann ist ihr Leben, seit sie ihm das erste Mal begegnete. Damals war sie 17, und das ist jetzt schon 41 Jahre her. Sie hat den Columbus-Experten und Professor Juan Gil geheiratet, sie ist umgezogen, ist Professorin geworden, hat eine Tochter bekommen und Enkel. Ein ganzes Leben, und einer war immer dabei: Christoph Columbus. Und deshalb tanzen über den Monitor ihres Computers als Bildschirmschoner abwechselnd Fotos der Enkel und Ausrisse von Originalschriften des Entdeckers.

Varela ist eine kleine, eine muntere Frau mit einem Pagenschnitt, und sie raucht zu viele von diesen schwarzen, enorm starken spanischen Ducados-Zigaretten. Aber wenn sie raucht, kann sie erzählen über den Entdecker, egal, über welche Episode, eine Ducados, und schon hat Consuelo Varela eine Vorlesung parat über kleine Dinge und große Zusammenhänge. Zum Beispiel über die Weltwirtschaft im 15. Jahrhundert und darüber, warum das Europa dieser Zeit zwangsläufig einen Mann wie Columbus hervorbringen musste, warum das 15. Jahrhundert das Jahrhundert der Seeleute werden musste.

Der Kontinent hatte Seuchenjahrzehnte und Kriege überstanden, und nun hungerten die Bürger nach so etwas wie Luxus. „Es war die Zeit der großen Expansion", sagt Varela. Gold zum Beispiel fehlte, für die Kirchen vor allem. Und dann wollten die Europäer Sklaven für die Feldarbeit, und natürlich wollten sie damals schon Öl, Walöl freilich, um die aufblühenden Städte zu beleuchten. Das waren Reichtümer, die Seeleute und Walfänger beschaffen konnten. Die Nachfrage nach ihren Gütern war enorm, deshalb auch die Nachfrage nach den Männern, die Schiffe manövrieren und Länder finden konnten. „Es war die beste Zeit für Seeleute, die es jemals gab", sagt Varela.

Die vierte Reise des Christoph Columbus interessierte sie jahrelang nicht mehr als die anderen drei Reisen, aber auch nicht weniger.

Jahrhundertelang waren die meisten Männer der vierten Reise vergessen gewesen. Die Akten von damals, 1502, waren verschollen. Einen Ordner mit der Aufschrift „Vizcaína" gab es nirgendwo. Historiker kannten natürlich die wichtigen Namen. Aber wer waren die anderen? Und dann fand Consuelo Varela das Einzige, was von ihnen geblieben ist.

Es war ein Zufall, wie immer. Wochenlang saß Varela nun schon wieder im königlichen Archiv der alten spanischen Festungsstadt Simancas. Was hier aufbewahrt wird, ist Rohstoff für Wissenschaftler: Papier tonnenweise, vieles unsortiert, ungesichtet, auf endlosen Regalen. Akten, Eigentumsurkunden, Schriftwechsel, Zahlungsanweisungen, Gerichtsurteile, die Ladelisten von Schiffen, Protokolle von Verhandlungen – Alltag eben, der Alltag aus Jahrhunderten, festgehalten mit Tinte auf Papier, weil diese Dinge wichtig waren. Sie wurden vergessen, als die Menschen starben, denen sie wichtig gewesen waren.

Nun sind die Dokumente vergilbt und viele so mürbe, dass sich das Papier nur mühsam auseinander klauben lässt, dass es knistert, manchmal bricht und bröselt, wenn Varela die Seiten aufblättert. „Es staubt ganz furchtbar", sagt sie, „das Zeug löst sich ja auf, und dann hat man den Staub der Akten nachher in der Nase, in den Haaren, überall."

Sie sucht immer, ohne zu wissen, wonach, meist im Archivo General de Indias von Sevilla oder eben hier, in Simancas. „Es ist schon ein absurdes Leben", sagt Varela, und ihr Mann, der Columbus-Professor Juan Gil, stöhnt: „Wir lesen, lesen und lesen. Morgens fangen wir an, abends gehen wir nach Hause. Und dazwischen haben wir nichts gefunden. So ist die Regel." Aber die beiden sind zäh, und sie ergänzen sich perfekt: Varela ist quirlig, Gil, sechs Jahre älter als sie, reibt immer ganz ruhig sein Kinn und überlegt dreimal, bevor er einen Satz sagt; danach muss man manchmal schon wieder fragen, damit er einen zweiten Satz spricht. Aber dafür denkt er so systematisch, dass der erste Satz wörtlich gedruckt werden könnte und der zweite dann als Fußnote dazu.

Und während Varela gern auf Menschen zugeht, zieht er sich lieber zurück. Die beiden sind vermutlich deshalb ein so gutes Team, weil es ihnen Spaß macht, jene Details zu entdecken, die einen historischen Namen zu einem Menschen und zu einer Geschichte machen. Ein wenig ist es ein Wettlauf zwischen den beiden. „Eigentlich finden wir fast jedes Jahr wieder etwas Neues", sagt Varela.

Es war 1985 in Simancas, da wühlte sie sich gerade durch einen Stapel belangloser Briefe ans spanische Königshaus, die die Jahrhunderte überstanden hatten. Viele waren eng zusammengefaltet, etwa auf das Format einer halben Postkarte, so wie das damals in Spanien üblich war. Doch in diesem Stapel steckte ein Papier, das kein Brief war. Es war eine Aufzählung, in Spalten niedergeschrieben, mit vielen Daten, so viel sah Consuelo Varela sofort. Als sie das Papier – wie all die anderen Dokumente – Wort für Wort entzifferte, sah sie, was es war: die komplette Mannschaftsliste der vierten Reise, jahrhundertelang verschollen. Für Historiker war es eine Sensation.

In der Liste steht nicht nur, wer an Bord der vier Schiffe gegangen war, sondern auch, wer welche Aufgabe hatte, wer wie alt war und wie viel Heuer jeder verdiente. Varela sah in der Crew-Liste nicht nur, dass die Katastrophenexpedition so eine Art Familienunternehmen war. Fünf Colóns stehen auf dem vergilbten Papier: der Admiral selbst, sein Bruder Bartolomeo, sein Sohn Fernando, dazu Columbus' Neffen Juan Antonio und Andrea. Varela sah auch – und das ist eines dieser Details, die sie liebt –, dass Columbus fein unterschied zwischen dem inneren Kreis seiner Familie und entfernten Verwandten. Er selbst, sein Sohn und sein Bruder sind unter dem Nachnamen „Colón" verbucht – dem Namen des Entdeckers, jenem Namen, unter dem Columbus eine neue Dynastie gründen wollte, die Dynastie der Herrscher der Neuen Welt. Es war jener Name, der seine kleine Herkunft vergessen machen sollte. Die Neffen hingegen stehen auf der Liste noch unter dem alten Namen: „Colombo". So hießen die armen Wollweber aus der Gasse am Stadttor im alten Genua. So hieß Columbus' Vater. So wollte der Admiral der Meere nicht mehr heißen.

Varelas Liste erzählt auch vom Leben und Sterben jener Männer, die mit Columbus nach Panama segelten, ging es doch den Verwaltern ums Geld, und da waren sie gründlich. Varela und Gil halten deshalb immer sehr viel davon, der Spur des Geldes zu folgen, um die Menschen zu finden – und auf diesem Weg herauszubekommen, was sie wirklich taten, wie sie lebten und wie sie starben. „Auf das Geld passten die Spanier auf", sagt Varela. Zudem seien Buchhalter verlässliche Quellen, verlässlicher auf jeden Fall als Entdecker, die an der eigenen Legende basteln wollen. Und die Crew-Liste war entscheidend für die Heuer, bezahlte die Krone die Seeleute doch pro Tag und nicht nach Wochen oder gar Monaten. Deshalb vermerkten die Beamten auch meist auf den Tag genau, wann welcher Matrose starb und wer auf den Inseln bei seinem Indianermädchen blieb, statt weiterzusegeln. Denn wer abhaute und auch wer starb, so die königliche, die kleinliche Logik, konnte natürlich nicht mehr arbeiten. Also gab es ab dem Tag kein Geld mehr für die Angehörigen daheim in Spanien.

Schon diese Mannschaftsliste, meint Professor Gil, erzählt vom Drama der vierten Reise, vom Niedergang des Entdeckers, zumindest wenn man andere Papiere danebenlegt, etwa jenen Brief, den Gil vor einigen Jahren fand. Es ist ein Schreiben von Columbus, und es geht um die Bewaffnung der Schiffe der vierten Reise. „Columbus bittet da ganz eindeutig um genau 48 Kanonen", sagt Gil, „um zwölf Kanonen für jedes der vier Schiffe. Aus der Mannschaftsliste aber wissen wir, dass er nur drei Kanoniere dabeihatte. Zwei dienten auf der ‚Capitana', einer auf der ‚Santiago'. Und Kanoniere waren Spezialisten, es konnte nicht jeder einfach so die Kanonen abfeuern. Mit Sicherheit hätte er mehr Kanoniere gebraucht, um die 48 Geschütze zu bedienen. Also heißt das wohl, dass Columbus auf der vierten Reise längst nicht mehr all jene Leute bekommen konnte, die er gebraucht hätte. Das zeigt, wie sehr sein Ruf gelitten hatte. Sein Stern sank. Vielleicht wollten die Männer einfach nicht mehr mit ihm fahren."

Auch um die Zahlungen wurde lange gerungen, am Hof in Kastilien wusste keiner so recht, wer nun zuständig war für die so genannten Indien, Gold wollten alle, aber Schulden wollte niemand begleichen. „Es dürfte an dieser Komplexität liegen, dass bis heute niemand versucht hat, eine Liste der Zahlungen für diese Reise aufzustellen", sagt Consuelo Varela. Und in einem Aufsatz schreibt sie: „Denn über die ordentlichen Zahlungen hinaus ergibt sich aus der häufigen Sitte der Besatzungsmitglieder, sich untereinander gegenseitig Rechte (an der Heuer) zu überschreiben, eine Unzahl an ungeordneten und unvollständigen Daten, insbesondere wenn es sich um eine Person handelt, die an mehr als einer Reise teilgenommen hat."

Im Archiv von Simancas stieß Consuelo Varela auf den Bericht des Diego de Porras. Der war der „Official" der Krone auf der vierten Reise, das war wohl so etwas wie ein Notar, vielleicht auch nur eine Art Protokollführer. De Porras führte Buch über die Vorauszahlungen für vier Monate, und er ordnete die Besatzung nach Aufgaben: Kapitän, Offiziere, Handwerker, Matrosen, Soldaten, Schiffsjungen. Es seien 139 Männer dabei gewesen, als Columbus zur vierten Reise aufbrach, schreibt Diego de Porras.

Es gab eine Menge Rätsel für die Forscherin aus Sevilla. In einem Dokument etwa taucht ein Diego Álvarez auf, den es sonst nirgendwo gibt, und es dauerte eine Weile, bis Consuelo Varela zu dem Ergebnis kam, es müsse sich um Diego „el Negro" handeln, den Sklaven des Diego Tristán. Es gibt in den Dokumenten auch den „Schneider Baltasar", der in Wahrheit vermutlich Baltasar de Aragón hieß; es gibt „Meister Bernal", der wohl Bernal de Abellán war, ein sparsamer Kerl, der vielen Matrosen Geld lieh und darum als Gläubiger in den Papieren steht.

Und so manches Detail konnte Consuela Varela finden: Dass die „Capitana" offiziell einmal auf den Namen „La Gracia de Dios" getauft worden war, steht da, und dass die „Santiago de Palos" genauso unter dem Namen „Bermuda" bekannt war, steht da auch. „Es konnten", schreibt Varela, „insgesamt 146 Besatzungsmitglieder festgestellt werden sowie vier oder fünf, die zweifelhaft sind, das sind elf mehr als in der Besatzungsliste von de Porras, so dass wir auf die genaue Zahl von 150 Personen kommen, genau wie Colón sagt."

## Kiel, Sommer 2003

Das Wunderwerk steht in Raum 6, es hat 2,1 Millionen Euro gekostet, 1995 nahm das Wunderwerk die Arbeit auf. Die Wände von Raum 6 sind grau, Raum 6 ist ungefähr 10 mal 25 Meter groß. Das Wunderwerk füllt den Raum vielleicht zur Hälfte aus. Die Luftfeuchtigkeit hier drinnen muss 50 Prozent betragen und die Temperatur 21 Grad Celsius plus/minus ein Grad. Es gibt drei Notausgänge.

Das Wunderwerk ist ebenfalls grau, es sieht aus wie ein Öltank mit seltsamen Rundungen. Überall auf dem Wunderwerk kleben kleine Blitze, es gibt Schilder: „Bei Alarm auf OFF drehen". Drei Millionen Volt wirken in dem Wunderwerk, die Teilchen fliegen anfangs mit 600 Kilometer pro Sekunde um die Kurve und am Ende mit 6000 Kilometer pro Sekunde.

Vor über 500 Jahren entdeckte Columbus Amerika, es ist eine Schnittstelle in der Geschichte der Menschheit, der Beginn der Herrschaft westlicher Werte. Und es ist seltsam, es ist bizarr, wenn man nun, im Jahr 2003, mit hochgerüsteten Maschinen versucht, ein Geheimnis im Fall Christoph Columbus zu entschlüsseln; wenn man also ein Stückchen Holz von der Küste Panamas durch all die Apparate und am Ende vor allem durch den Teilchenbeschleuniger des Leibniz-Labors der Christian-Albrechts-Universität Kiel jagt.

Hier regiert Professor Pieter Meiert Grootes, Jahrgang 1944, ein Mann in Sandalen und blauen Socken, ein Mann mit weißem, ein wenig abstehendem, dünnem Haar und blauen Augen, eine dieser Koryphäen in der Welt der Wissenschaft. Grootes kommt aus Wieringerwaard, einem Dorf nördlich von Amsterdam, er studierte in Groningen Physik und Chemie, genauer: Isotopenphysik und Massenspektrometrie. Dann war er an der University of Washington in Seattle, 17 Jahre lang, er erforschte das Weltklima und die Antarktis. 1995 kam Grootes nach Kiel. Die Räume hier heißen „AMS-Proben"

(Raum 10) oder „Targetherstellung" (Raum 8), die Gänge sind lang und riechen wie im Krankenhaus.

Wie lässt sich erklären, was Grootes und seine 13 Mitarbeiter da tun in diesem roten Backsteingebäude mit weißen Fensterrahmen am Rande des Geländes der Uni Kiel? Nun ja, Pieter Grootes gibt sich alle Mühe, es so zu erklären, dass man es halbwegs verstehen kann.

Zunächst das Wesentliche: „Wir machen Altersbestimmungen, zum Beispiel von Holz, wir messen pro Jahr 3000 Proben, und dazu kommen noch rund 2000 Qualitätskontrollen", sagt Grootes.

Und nun das Komplizierte: „Man nennt das C14-Untersuchung", sagt Grootes, es geht um radioaktiven Kohlenstoff, der in der Atmosphäre enthalten ist, seit Jahrtausenden auf einem annähernd konstanten Niveau. Kohlenstoff hat normalerweise zwölf atomare Masseeinheiten, das sind sechs Neutronen und sechs Protonen, dazu noch sechs Elektronen, das macht die chemische Eigenart von Kohlenstoff aus. Es gibt auch Kerne, die haben sieben Neutronen, das ist dann C13. Und es gibt Kerne, die haben acht Neutronen, die sind instabil, die zerfallen – C14. Das Ganze ist ein kernphysikalischer Prozess, alle 5730 Jahre verschwindet die Hälfte des C14 durch Zerfall. Nach 11 460 Jahren ist noch ein Viertel übrig. Und so weiter. Grootes sagt: „Wenn man also Vergleichswerte hat, Daten, Tabellen, dann kann man bei dieser Materialbestimmung vergleichen, wie viel C14 es noch gibt und wie viel C14 es ursprünglich einmal gegeben haben muss, und so kann man berechnen, wie viel Zeit vergangen ist. Das ist die radioaktive Altersbestimmung." Die Vergleichswerte stehen in der so genannten Baumring-Kalibrierungskurve, der „Meisterchronologie", wie Grootes sagt.

Und nun die Details: Die Untersuchung beginnt mit reiner Chemie. Die C14-Kerne entstehen durch kosmische Strahlung. Grootes sagt: „Isoliert man nun den äußersten Ring, dann hat man eine Probe der Atmosphäre des letzten Wachstumsjahres."

Das alles klingt schon theoretisch sehr kompliziert, im wirklichen Leben ist es allerdings noch viel komplizierter. Aus Holz muss Graphit werden, reiner Kohlenstoff; Karbonate und viele andere Sachen müssen also aus der Probe verschwinden, und deshalb wird die Probe mit einprozentiger Salzsäure, dann mit Natronlauge, dann wieder mit Salzsäure gereinigt, jeweils vier Stunden lang bei 60 Grad. Es bleibt das reine Zellulosematerial übrig, das wird mit Kupferoxid und Silber in eine Quarzampulle eingeschlossen und evakuiert, das heißt, so erklärt es Grootes: „Die Probe wird vakuumgepumpt, bis alle Luft weg ist, und in einem Ofen verbrennt dann das organische Material, es bleiben $CO_2$, Stickstoffoxid, Schwefeloxid und Halogenverbindungen. Silber wird hinzugegeben, Silber reinigt: Es bindet Schwefeloxid und Halogenverbindungen."

So wird eine Holzprobe in eine $CO_2$-Gasprobe verwandelt – kurze Zwischenfrage: Ist noch ein Leser da? Machen wir es also kurz: Eisen und Wasserstoff machen aus $CO_2$ nun ein winziges Häufchen Graphit, und das Graphit wird in einen kleinen Tragebehälter gepresst, und der Tragebehälter kommt in das Wunderwerk in Raum 6, den Teilchenbeschleuniger, das Massenspektrometer.

Es geht um die relative Häufigkeit von Neutronen und Protonen. Der Kohlenstoff wird mit Cäsiumionen bombardiert. Dadurch werden negative Kohlenstoffionen gebildet, dieser Strahl wird beschleunigt und durch Magnetfelder geschickt, und die leichten Teilchen werden in den Magnetfeldern stärker abgelenkt als die schweren.

Man kann vermutlich von Hochtechnologie sprechen.

Am Ende jedenfalls zählt man die C14-Ionen, die es bis ans Ziel schaffen, es ist alles ganz einfach, fünf Wochen dauert der ganze Prozess.

Grootes' Leute haben den zwei Holzproben aus Panama Namen gegeben: „KIA 20151" und „KIA 20252". Beide Proben stammen aus demselben Holzblock, lagen aber ungefähr 25 Ringe auseinander.

Und die Ergebnisse nach fünf Wochen angewandter Chemie und Physik lauten: KIA 20251 = 1445 bis 1472. Und KIA 20252 = 1449 bis 1489. Die jüngere Probe, so schreibt Grootes es in seinen Bericht, deute logischerweise eher auf das Jahr hin, in dem der Baum gefällt worden sei, und darum folgert der Wissenschaftler nun, mit einer Wahrscheinlichkeit von 68,3 Prozent: „Das Holz kommt aus dem Zeitraum zwischen 1469 und 1487."

Das passt.

Grootes sagt: „Wenn man die beiden Werte kombiniert, hat man eine recht scharfe Verteilung, wobei die Entstehung des äußersten Holzrings irgendwo zwischen 1470 und 1486 liegt."

Die „Vizcaína" sank 1502.

Grootes sagt: „Da kann man sich vorstellen, dass aus diesem Holz vielleicht 1490 ein Schiff gebaut wurde, dass 1502 nicht mehr fahrtüchtig war."

Ist das nun ein Hinweis? Oder schon ein Beweis?

Grootes sagt: „Es beweist nicht, dass das Schiff Columbus gehörte, aber es ist ein Hinweis darauf, dass es Columbus gehört haben kann. Es beweist jedenfalls nicht, dass es ihm nicht gehört haben kann."

Es ist der erste Volltreffer. Es ist Zeit, die besten Leute ins Boot zu holen, die man finden kann.

## Nombre de Dios, 7. September 2003

Sie sind die Stars ihrer Welt, jener Welt, die auf dem Meeresgrund liegt. Filipe Castro und Donny Hamilton sind die Koryphäen der Unterwasserarchäologie.

Zehn Jahre lang hat Donny Hamilton in Jamaika gegraben und gewühlt, unter Wasser natürlich, bis er wichtige Teile des versunkenen Port Royal freigelegt hatte, jener Metropole aus dem goldenen

Zeitalter der Piraten, jener letzten Heimat von Henry Morgan; Port Royal war eine Stadt, in der die Herrscher der Meere ihr Gold verzockten und versoffen, Port Royal war jene Stadt, in der sie die erbeuteten Frauen vergewaltigten. Und Donny Hamilton will im Grunde nicht arbeiten im Moment, er hat sich freistellen lassen von Texas A&M, weil er sein Buch schreiben will über Port Royal.

Aber jetzt ist er hier, in Shorts und T-Shirt, Donny Hamilton hasst Tauchanzüge.

Und neben ihm steht Filipe Castro, gebürtiger Portugiese, der Mann hinter Hamilton bei Texas A&M, und reinigt seine Maske.

„Das ist der beste Teil", sagt Castro, „wenn die Aufregung sich legt, wenn man zum ersten Mal taucht."

Worum geht es heute?

„Es geht langfristig um zwei Dinge", sagt Castro, „das eine ist die künftige Arbeit mit dem Wrack. Wir überprüfen deshalb sofort, wie die Sicht unter Wasser ist, die Strömung, der Untergrund, wie wir hier also arbeiten können. Wir denken schon beim ersten Tauchgang an die spätere Logistik, denn man redet ja über ein Projekt, das fünf Jahre dauern wird: ein Jahr für die Bergung, vier Jahre für die Konservierung. Man redet über ein Team von 16 Menschen, mindestens 1,5 Millionen Dollar Kosten und über Kräne, Schiffe, Container, wenn man das ganze Wrack nach Texas und irgendwann wieder zurücktransportieren will."

Und was ist das andere?

„Das andere ist natürlich eine erste Bewertung des Wracks", sagt Castro. „Schiffe waren ja lange Zeit das Komplexeste, was Menschen hergestellt haben. Wir wollen die Wichtigkeit dieses Wracks einschätzen und sehen, was noch da ist, wie viele Artefakte, wie viel Holz."

Und jetzt steigen die beiden ins Wasser, Donny Hamilton, geboren in Levelland, Texas, im Oktober 1942, aufgewachsen auf dem Schrottplatz seines Vaters, und Filipe Castro, geboren im November 1960, aufgewachsen in Santarém bei Lissabon, Sohn eines Veterinärs, der Ägypten liebte und die Rätsel der Menschheit, der immer wissen wollte, was warum wie konstruiert war, der deshalb seinen Sohn Filipe von Museum zu Museum schleppte und irgendwann ansteckte. Mit diesem Fieber. Dieser Neugier.

Die beiden, Hamilton und Castro, bleiben zwei Stunden lang unter Wasser, man muss sie in Ruhe arbeiten lassen. Es gibt keine größeren Experten als diese beiden, ihr Urteil wird Gewicht haben.

Und als sie wieder auftauchen, sehen sie aus wie zwei Tauchschüler, die ihren ersten Hai gesehen haben. Oder wie zwei Hippies nach einem guten Joint.

Sie schwimmen an der Oberfläche, sie klettern nicht an Bord, sie liegen auf dem Rücken im Wasser und lassen sich treiben und lachen und erzählen.

„Das ist ein phantastische Stelle“, ruft Donny Hamilton, „es gibt große Holzbalken, diese Anker, diese zwei fetten Bombarden. Dieses Schiff ist alt. Sehr alt.“

Dann ist Hamilton wieder verschwunden.

„Die Anker sind außergewöhnlich groß“, ruft Castro, „eigentlich zu groß für ein 50-Tonnen-Schiff. Das ist eine unglaubliche Waffensammlung da unten.“

Hamilton taucht wieder auf. „Die Kanonen liegen so, als sei zuerst das Schiff auf die Steuerbordseite gekippt und als seien dann die Kanonen hinübergerollt“, sagt Hamilton.

„Die sind nicht geladen, das sieht man auch durch die Krusten hindurch. Diese Kanonen waren Ladung“, sagt Castro.

Dann ist Castro wieder verschwunden. Und Hamilton taucht hinterher. Und wenn man die beiden nun dort unten beobachtet, merkt man, dass sie ungewöhnlich gute Taucher sind. Sie tauchen ruhig, mit sparsamen Bewegungen, das allerdings können andere Taucher auch. Aber diese beiden sehen mehr als andere Taucher. Als sie zum

Beispiel zum Bug des Wracks, zu den quer liegenden Ankern tauchen, da brauchen sie ein paar Minuten für ihre Entdeckung, sie sehen drei Ringe, der dritte ist tief eingegraben in all die Krusten und Korallen, er ist kaum zu sehen. Drei Finger hebt Castro, Hamilton macht das Okay-Zeichen.

Alle, die bisher hier unten waren, allesamt keine Anfänger, haben zwei Anker gesehen, nicht drei. Es sind aber drei Anker.

Dann messen die beiden das Wrack aus, Länge mal Breite mal Höhe, dann tauchen sie von Kanone zu Kanone, dann befühlen sie vorsichtig das Holz, messen die Dicke der Balken, sechs Zentimeter, das ist dick.

Und als die beiden wieder oben sind, diskutieren sie schon im Wasser, und sie diskutieren, während sie an Bord klettern, sie diskutieren beim Abtrocknen.

Die erste Diagnose: Das Schiff ist alt und spanisch, das sehen die beiden am Holz, an den Scherben, an den Waffen. Das Schiff ist phantastisch gut erhalten, drei Wracks aus der Zeit der Entdecker wurden bisher gefunden in der Neuen Welt, dieses hier ist das beste, bei weitem.

„Eine Sensation", sagt Filipe Castro, der jetzt wieder sein rotes Lacoste-Hemd trägt, Jeans, Segelschuhe, der ein spitzes Kinn hat und graue, zurückgekämmte Haare, der sehr breit lachen kann und dann ganz kleine Augen hat.

„Ein Schiff, das man unbedingt mit aller Sorgfalt untersuchen, bergen und konservieren will, ohne einen Fehler zu machen", sagt Donny Hamilton, der Segelohren hat und einen Vollbart und eine Brille mit schmalem, schwarzem Rand, der Nike-Tennisschuhe trägt, Jeans und ein kariertes Hemd und am rechten Handgelenk ein Lederbändchen.

Gentlemen, Sie haben diesen Namen bislang noch nicht einmal ausgesprochen …

„Columbus, Columbus, Columbus“, sagt Filipe Castro und grinst.

… was also meinen Sie?

„Ich lege mich auf ein Zeitfenster von 50 Jahren fest, dieses Schiff sank in der ersten Hälfte des 16. Jahrhunderts, eher im ersten als im zweiten Viertel. Es sieht tatsächlich danach aus, als sei dieses Schiff das älteste, das jemals vor Amerikas Küsten gefunden wurde“, sagt Filipe Castro.

„Die Scherben und die Waffen sehen archaisch aus gemessen am europäischen Standard, spanisch, frühes 16. Jahrhundert. Die Anker wirken zu groß, und die Planken sind dick, es könnte auch ein größeres Schiff gewesen sein. Aber wir wissen noch nicht genug, wir wissen, dass Columbus nicht viel Geld hatte und sich die Ausrüstung zusammensuchen musste, es ist denkbar, dass er ganz einfach jeden Anker nahm, den er kriegen konnte“, sagt Donny Hamilton.

„Wir wissen nicht genug, um zu sagen, dass es wahrscheinlich das Schiff des Columbus ist. Wir wissen genug, um zu sagen, dass es möglich ist. Und schlüssig“, sagt Filipe Castro.

„Wir sind Wissenschaftler. Wir möchten lieber beweisen, dass es sein Schiff ist, als behaupten, dass es sein Schiff ist“, sagt Donny Hamilton.

## Sevilla, Oktober 2003

Columbus schreibt, er habe die „Vizcaína“ in Portobelo verloren, Diego Méndez, einer seiner Männer, schreibt „Portobelo“, und auch Columbus' Sohn Fernando schildert scheinbar präzise, wie sie die „Vizcaína“ hinter sich ließen: „Wir hielten an unserem Kurs fest, bis wir Portobelo erreichten; dort mussten wir die ‚Vizcaína‘ zurücklassen, weil sie viel Wasser aufnahm und ihre Planken vom Schiffsbohrwurm komplett durchlöchert waren.“ Portobelo also. Kann das Wrack in der Bucht von Nombre de Dios trotzdem die „Vizcaína“ sein – obwohl es, unter Segeln, eine Tagesreise weit entfernt liegt von Portobelo?

„Ja, es könnte die ‚Vizcaína' sein", sagt Consuelo Varela, „auf jeden Fall spricht die Ortsangabe nicht dagegen."

Varela und ihr Mann Juan Gil arbeiten zusammen, aber das heißt nicht, dass sie immer einer Meinung wären. Nun sitzen sie beim Mittagessen in ihrem Haus in Sevilla, der Wein ist leicht, die beiden sind so vertraut, dass sie sich nicht streiten mögen. Und so wiegt Gil nur bedachtsam den Kopf, weil er längst nicht alles so sieht, wie seine Frau es nun sagt.

Beide wissen, dass auf historische Ortsangaben nicht immer Verlass ist. „Portobelo", das bedeute erst mal nicht viel, glaubt die Professorin. Zum einen: „Die haben mit dem Begriff Portobelo vielleicht die ganze Region gemeint", sagt Varela – zumindest wenn die Männer Briefe oder Aufzeichnungen schrieben, die für Leser daheim in Europa bestimmt waren. Denn wer hätte da drüben schon mit der Bezeichnung Nombre de Dios etwas anfangen können?

Damals sei weder die „Vizcaína" sonderlich wichtig gewesen noch der Ort, an dem sie unterging. Deshalb auch schrieb Fernando nur diesen einen Absatz über das Schiff. Wichtig war, dass sie das Schiff verloren hatten, und vor allem: dass nicht ein Fehler von Columbus die Ursache war. Alles andere war unwichtig, an eine Bergung oder an Wissenschaftler, die sich 500 Jahre später ans Werk machen würden, dachte keiner. Portobelo oder Nombre de Dios, das war damals ganz egal.

Außerdem: Fernando war ein Kind, als die „Vizcaína" unterging. Seine Columbus-Biografie schrieb er rund 30 Jahre später. Varela sagt: „Sehr gut möglich, dass er gar nicht mehr genau wusste, wo das passiert war."

Möglich ist das alles, schlüssig ist es auch, doch Gil irritiert, dass alle Quellen von Portobelo sprechen. Alle.

Die beiden haben sich das Wrack in der Bucht angeschaut. Wie Touristen sind sie hingefahren, ein Einheimischer hat sie dann hinausgebracht, mit einem kleinen Boot, und dann haben sie sich dort ein wenig treiben lassen und hinuntergeschaut. Aber sie sind keine Archäologen und Taucher schon gar nicht. Sie waren nicht unten, sie haben das Wrack nicht vermessen. Sie haben keine Proben genommen und keine Artefakte analysiert. Auch Gil weiß deshalb nicht sicher, dass dies nicht die „Vizcaína" ist. Er glaubt nur, dass sie es nicht ist. Er glaubt eher an Portobelo, und er hält das Wrack bei Nombre de Dios für zu groß, als dass es die „Vizcaína" sein könnte. Aber natürlich weiß er es nicht, niemand weiß es bisher.

Die Geschichte der „Vizcaína" ist ein Rätsel, und noch steht nicht fest, wann es gelöst werden wird.

Diese Geschichte ist so sehr ein Rätsel, wie das ganze Leben dieses Christoph Columbus ein Rätsel ist. Oder ein Sammelalbum von Rätseln. Woher kam der Mann, welcher Nationalität war er und welcher Religion? Wo wuchs er auf, wie kam er nach Lissabon? Was wusste er, welche Karten hatte er, mit welchen Zielen ging er an Bord der „Santa María"? Und wo ging er 1492 erstmals an Land? Und hat er irgendwann begriffen, was er entdeckt hatte? Und wo ist sein Grab?

Das Leben dieses Mannes ist eine große Geschichte, Abenteuer bis zum Schluss. Es ist ein Leben, das bis heute Wissenschaftler überall auf der Welt beschäftigt, vielleicht heute mehr denn je, denn heute gibt es Techniken und Methoden – die DNA-Analyse zum Beispiel, wenn man einen 500 Jahre alten Leichnam identifizieren will, oder C14-Analysen, wenn man 500 Jahre alte Holzstücke einordnen will –, die es vor 100, vor 50 oder vor 10 Jahren noch nicht gab.

Darum ist das Leben des Christoph Columbus zwar eine Sammlung von Rätseln, aber viele dieser Rätsel sind im Jahr 2004 plötzlich lösbar. Und darum sollte man dieses Leben nun von Anfang an erzählen, von der Geburt bis zur letzten Reise.

# 2 Mann ohne Heimat, Mann ohne Namen

*Der Admiral – ausgestattet mit allen Fähigkeiten, die er für seine große Aufgabe benötigte – zog es vor, im Ungewissen zu belassen, was mit seinem Geburtsort und seiner Familie zu tun hat. Genau wie die meisten seiner Vorhaben von einem geheimen Vorausschauen geleitet wurden, so war auch die Vielzahl seiner Namen und Vornamen nicht ohne Mysterium.*

Aus der „Historie", der Columbus-Biografie
seines Sohnes Fernando Colón, erschienen 1571

## Genua, Ende 2003

Hier also soll alles angefangen haben. Hier soll jener Mann geboren worden sein, der im Mittelalter aufbrach und in der Renaissance ankam, der die Alte und irgendwann die ganze Welt veränderte, indem er die Neue Welt entdeckte. Und der dann an seiner Entdeckung zerbrach.

Hart fegt der Wind die Schluchten des Apennin hinunter, über Betonpiers, an denen zwei Kreuzfahrtschiffe repariert werden, über rostige Kaianlagen und diese bucklige Stadtautobahn, die auf Stelzen dort entlangführt, wo früher einmal der Strand war, bis die Stadtväter es für wichtiger hielten, diese Umgehungspiste zu haben.

Der Wind von den Bergen fegt über einen seelenlosen Yachthafen und den Flughafen, den sie ins Meer hinausgebaut haben und der so klein und schäbig ist, dass auf die Front des Hauptgebäudes nicht einmal der vollständige Name jenes Mannes passt, auf den diese Stadt doch so stolz ist wie sonst auf nichts und niemanden.

„Aeroporto C. Colombo" steht da. „C" für Cristoforo.

„Die Stolze" nannten sie Genua einst, und „Genova, la Superba" war jahrhundertelang Zentrum des Seehandels im Mittelmeer, der Hafen am Scheitelpunkt großer Handelsrouten. Doch mit der Neuzeit kommt „la Superba" nicht klar. Diese Stadt kann nicht ungehindert wachsen wie andere Städte. Diese Gewerbegebiete und Vorortsiedlungen, die Metropolen so trostlos wirken lassen, die aber Arbeitsplätze bringen und Wohnraum – für sie fehlt in Genua der Platz. Die schroffen Berge auf der einen und das Meer auf der anderen Seite schnüren die Stadt ein. Die Industrie kann nicht bauen, und die Touristen bleiben trotzdem weg: Sie fahren auf der Autobahn vorbei und fürchten auf dem Weg in die Sonne kaum etwas mehr, als die falsche Ausfahrt zu erwischen und sich dann im Gewirr Genuas zu verirren.

Denn die Stadt quillt nach oben und unten, da sie ja nicht in die Breite wuchern kann: Seit Jahrhunderten bauen die Genuesen Hochhäuser, stapeln sie sogar noch auf Terrassen übereinander, die Abhänge der Berge hoch. Und zugleich wühlen sich die Ingenieure in die Tiefe; sie haben die historischen Gemäuer des Zentrums längst mit Autotunneln unterminiert, in diversen Ebenen untereinander, kreuz und quer, mit Parkhäusern, die sie wie Höhlen in den Fels haben sprengen lassen. Fremde schluckt die Stadt, spült sie durch ihre Eingeweide, um sie schließlich irgendwo wieder auszuspucken.

Wer sich durch die Abgasschwaden in den Häuserschluchten gekämpft hat, landet früher oder später auf einem der chaotischsten Plätze der Stadt, der Piazza Dante. Doch zwischen den brüllend lauten Straßen, den kalten Hochhäusern mit ihren blanken Marmorfassaden und den Schaufensterfronten mündet auch ein schmaler und steiler Fußweg auf den Platz. Er ist nicht geteert, sondern gepflastert. Die abgewetzten Steine liegen dort seit Jahrhunderten.

50 Meter bergan führt der Weg unter dem Bogen der Porta Soprana hindurch direkt in die Vergangenheit. Das Stadttor mit seinen Wehr-

türmen wurde etwa 1100 gebaut, um die Stadt vor ihren Feinden zu schützen. Jetzt schützt es die Altstadt vor der Moderne. Denn hinter der Porta ist auf einmal Ruhe. Hier beginnt das mittelalterliche Genua mit seinen Gassen, die viel zu eng sind für Autos, mit schmalen Häusern, deren Balkone gerade groß genug sind, dass jemand mit Schuhgröße 39 darauf stehen kann, und mit all diesen Geschäften und Werkstätten, die so winzig sind, dass der Schreinermeister einen Bettrahmen, an dem er arbeitet, nach draußen tragen muss, nur weil er ihn mal umdrehen will.

Vico Dritto di Ponticello heißt der Fußweg: Er führt oben, jenseits der Porta Soprana, ins Mittelalter und unten, direkt an der Piazza Dante, wahrscheinlich in die Neuzeit. Und in die Geschichte der Entdeckung Amerikas.

Denn „Vico Dritto di Ponticello" lautete einst die Adresse einer Familie mit dem Namen Colombo.

Eingekeilt zwischen einem Parkplatz für Mopeds auf der Vorderseite und der Haltestelle für die Busse nach Nervi auf der Rückseite, steht dort wie ein vergessenes Stück Kulisse aus einem Historienfilm ein einzelnes Haus. Es ist sehr klein und sehr alt. Seine Backsteine bröckeln, die grob behauenen Felsquader dazwischen halten die Mauern aufrecht. Der Putz fiel schon vor Jahrhunderten ab. Wilder Wein wuchert vom Giebel herunter bis fast auf den Boden, ordentlich nach links und rechts gescheitelt, und deshalb sieht es so aus, als würde das Haus eine Allongeperücke tragen. Es ist gerade mal breit genug für eine Tür und ein Fenster nebeneinander und gerade mal hoch genug für zwei Stockwerke und einen Dachboden, so niedrig, dass allenfalls ein Kleinkind dort stehen kann.

Ein enger Flur, knapp einen Meter breit, führt in schmale nackte Zimmer. Archäologen haben Teile des Bodens aufgerissen, und unter Glasplatten liegen nun tragende Balken frei. An den Wänden hängen, wahllos ausgesucht, ein paar Seekarten, in einer Ecke steht etwas erratisch eine Miniaturkanone auf einer Radlafette. Nach hinten hinaus liegt ein kleiner Garten, in dem die Bewohner des Hauses vielleicht mal ein wenig Gemüse ziehen konnten. Ein Student reißt Eintrittskarten ab. Drei Euro, dafür gibt es eigentlich nichts zu sehen außer einer großen Tafel, die draußen neben der Tür lehnt.

Darauf haben die Denkmalpfleger von Genua den Text eines Mietvertrages geschrieben, der 550 Jahre alt ist. Der Notar hieß Giovanni Recco. Er hat den Vertrag am 18. Januar 1455 ausgefertigt, auf Latein, wie das damals bei juristischen Texten üblich war, und in jenem verqueren Stil, den Notare heute noch mögen. Nur dass sie inzwischen nicht mehr mit den Worten „Im Namen des Herrn, amen" beginnen, wie Kollege Recco das tat. Der Vertrag, den er beglaubigte, lautet:

*Der ehrbare Herr Giacomo Fiesci, Sohn des verstorbenen Herrn Ettore, Bruder und Prokurator des hochwürdigen Bischofs Fiesci, Kommendatar des Klosters Santo Stefano vom Orden des Heiligen Benedikt, vermietet in Pacht dem hier anwesenden Wolltuchweber Domenico Colombo ein Grundstück mit einem Haus im Vico Dritto in der Vorstadt Santo Stefano, mit Hausfront gegen die Gasse, auf dem Grundstück des genannten Klosters.*

Da sind also ein Bischof, dazu der Verwalter eines Klosters und ein Notar. Sie alle haben im 15. Jahrhundert in Genua gelebt, das ist verbürgt, Dokumente erwähnen diese Menschen. Sie sind historische Persönlichkeiten, deshalb strahlen ihre Namen Glaubwürdigkeit aus. Und selbst auf die Abschrift des Vertrags haben die Genuesen auch noch ein überdimensioniertes Wachssiegel gedrückt. Wegen der Glaubwürdigkeit.

Schließlich geht es um viel bei dem Namen des Mieters, Domenico Colombo: Der Wolltuchweber soll einen Sohn gehabt haben, der damals drei Jahre alt war, und der Vater ließ den Sohn auf den Namen Cristoforo taufen. Cristoforo Colombo – Christoph Columbus.

Hier in dem Haus mit der Weinlaubperücke soll der Entdecker Amerikas aufgewachsen sein. Hier im Vico Dritto soll er als Kind gespielt haben. Hier soll er aufs Meer geguckt haben. Oben von der Porta Soprana aus kann man ahnen, wo der Horizont im Dunst verschwimmt, und sehen, wie die Schiffe immer kleiner werden und dann an dieser Trennlinie zwischen Himmel und See verschwinden.

Wenn Cristoforo war wie andere Jungs, wird er gefragt haben, was denn hinter dem Horizont ist.

Hier soll das alles gewesen sein – und nirgendwo anders. In diesem winzigen Haus soll er als Kind gelebt haben, zusammen mit seinen Eltern Domenico und Susanna. Cristoforo war der Erstgeborene, und dann kamen die Geschwister.

Da war Giovanni Pellegrino, der aber wahrscheinlich schon früh gestorben ist. Bruder Bartolomeo sollte später Columbus' wichtigster Getreuer werden, ein Kämpfer, ganz anders als Cristoforo ein Frauenheld, herrisch und aggressiv, wenn es sein musste. Bartolomeo sollte es schließlich zum Titel Adelantado der Westindischen Inseln bringen, das war so etwas wie ein Gouverneur.

Nach Bartolomeo kam Giacomo. Giacomo, das Nesthäkchen, 17 Jahre jünger als Cristoforo, Giacomo, den die Spanier dann Diego nannten. Ihn liebte Cristoforo wohl am meisten, er förderte und beschützte ihn, zum Beispiel bei der zweiten Reise in die Neue Welt. Trotzdem sollte nie ein vernünftiger Seemann oder gar Abenteurer aus Giacomo werden, er war wohl einfach etwas weicher als die anderen und wurde schließlich Gottesmann.

Und dann war da noch die kleine Schwester Bianchinetta. Über sie weiß man nicht viel, so war das damals mit den Frauen – nur dass sie irgendwann einen Käsehändler heiraten sollte, der das Haus schließlich übernahm, das Sagen hatten die Männer.

Als Kinder sollen sie alle über den Vico Dritto in Genua getobt sein, Christoph Columbus vorneweg. Und deshalb ist die Tafel in der Tür mit dem Mietvertrag eine Proklamation: Die Stadt erhebt Anspruch auf jenen Mann, der eine neue Welt fand. Im Auftrag Spaniens zwar, aber egal: Columbus war einer von uns, das sagt diese Tafel. Ein Italiener oder, genauer: ein Genuese. Und wehe, jemand zweifelt daran.

Seit Jahrhunderten zweifeln immer wieder Columbus-Kenner unterschiedlicher Provenienz genau daran. Columbus soll aus Spanien stammen, behaupten manche. Galicien, die Extremadura und Katalonien haben lange um die Ehre gestritten. Alles Unsinn, widersprechen andere: Von Mallorca kam er, als illegitimer Sohn eines Prinzen sei er dort geboren. Es gibt aber auch einen Columbus aus Calvi auf Korsika und einen aus Griechenland. Ernsthafte Wissenschaftler, aber vor allem patriotische Hobbyforscher und Spinner haben sogar Polen, England und Frankreich schon ins Spiel gebracht. Dass er eifriger Katholik war, galt lange als sicher, aber einige Forscher vermuten, er sei Jude gewesen.

Columbus hat sich Mühe gegeben, seine Spuren zu verwischen, seine Herkunft zu verschleiern. Er hat versucht, sie totzuschweigen, Nebel wabern zu lassen, er hat gelogen und aufgeschnitten wie zum Beispiel in einem Brief ans kastilische Königshaus:

*Ich bin nicht der erste Admiral in meiner Familie. Lasst die Leute mich bei dem Namen nennen, mit dem sie mich nennen wollen. Schließlich hat auch David, der weiseste aller Könige, einst Schafe gehütet und wurde später zum König von Jerusalem. Und ich bin der Diener jenes Gottes, der David so hoch hob.*

Columbus hat auch viele Namen. Cristoforo Colombo, so wurde er wahrscheinlich getauft. Sein Sohn Fernando nennt ihn manchmal „Colonus“, meistens aber „Admiral“. Die Spanier nennen ihn „Cristóbal Colón“, und „Colón“, so nennt er selbst auch seine direkten Nachfahren. Die Portugiesen schreiben ihn „Cristovão Colom“, die Deutschen „Christoph Kolumbus“ oder „Columbus“ – international hat sich „Columbus“ durchgesetzt.

Er selbst hielt sich da raus und nannte sich nur bei einer abgewandelten Version seines Vornamens, wie ein Adliger, für den der erste

Name reicht: „Christoferens“ – „Jener, der Christus bringt“. So unterschrieb er auch, meistens freilich, um die Sache noch ein wenig komplizierter zu machen, als „Xpo Ferens“.

„Xpo“ ist das griechische und spanische Kürzel für Christus, „ferens“ ist lateinisch und heißt so viel wie „Bote“, „Träger“ oder „Überbringer“. Also: Für sich selbst war er der Träger Christi, jener Mensch, der Christus über das große Meer zu den Heiden gebracht hat.

Später dann zeichnete Columbus nur noch mit seiner „Sigla“, einer Art Monogramm. Er hat sich eine hoch komplizierte Grafik ausgedacht, die Wissenschaftlern bis heute Rätsel aufgibt, weil niemand sagen kann, was die Einzelheiten bedeuten sollen. Aber das war wahrscheinlich genau der Sinn.

Die Sigla besteht aus vier Zeilen übereinander. Ganz oben steht nur ein „S“ zwischen zwei Punkten. Darunter das Kürzel „.S.A.S.“, darunter wiederum „XMY“, diesmal ohne Punkte. Und in die unterste Zeile schrieb Columbus meist: „Xpo Ferens!“ oder auch „El Almirante“ – der Admiral.

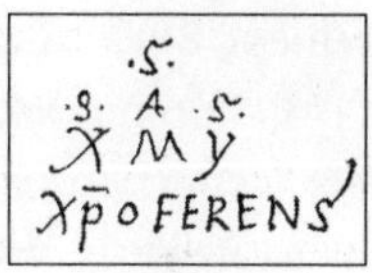


Eine gängige Theorie: Das „S“ soll jeweils für „Sanctus“ stehen – „Heiliger“ oder „heilig“. Das „A“ in der zweiten Zeile könnte „Altissimus“ bedeuten – „der Höchste“. Und „XMY“? Wenn aus jeder Zeile Frömmigkeit trieft, warum nicht aus dieser? Also: Jesus ist „X“, Maria ist „M“, und „Y“ könnte für Josef gestanden haben. Könnte – denn Columbus liebte das Versteckspiel, das Vage. Vielleicht bedeutete die Sigla deshalb auch überhaupt nichts, vielleicht sollte sie nur gut aussehen.

Und vor allem: Columbus fehlte die Muttersprache. Nur äußerst selten schrieb er italienisch oder verwendete italienische Ausdrücke. Historiker haben nur zwei Belege dafür gefunden, dass er die Sprache überhaupt beherrschte, zwei kleine Notizen in Büchern. Dutzende Linguisten haben sich über sein Logbuch der ersten Reise hergemacht, dessen Original freilich verschollen ist, und vor allem über

Briefe in seiner Handschrift. Sie haben seinen Stil analysiert, seine Grammatik, den Satzbau, sein Vokabular, die Handschrift, um herauszufinden, woher er nun stammt. Das Ergebnis: Columbus schrieb klar, schnell und schnörkellos, nicht wie ein Dichter, nicht wie ein Wissenschaftler oder ein sehr gebildeter Mensch. Er schrieb wie ein Händler.

Das Problem: Columbus schrieb wie ein Händler aus Spanien und nicht wie einer aus Italien.

Denn meistens benutzte er das Kastilische, wenn auch mit deutlich portugiesischem Einschlag, mit portugiesischen Ausdrücken – und das sogar, wenn er Briefe an Bekannte in Genua schrieb oder an seine Hausbank, die Banco di San Giorgio in Genua. Er bezog sich auch nie auf einen Dichter seiner Heimat, verglich nichts von dem, was er sah, mit Gegenden Italiens. So gut wie nie erwähnte er seine Familie, seine Verwandten in Italien.

Der amerikanische Columbus-Experte Kirkpatrick Sale schreibt in seinem Buch „Das verlorene Paradies": „Allerdings sind die Spuren, die Colón hinterlassen hat, beginnend mit dem Tag und dem Ort seiner Geburt, so verworren und lückenhaft, dass mehr dahinterstecken muss als der nachlässige Umgang mit Wahrheit und Erfindung, den man von ihm kennt. Die Dunkelheit über alldem legt eher den Schluss nahe, dass Columbus tatsächlich keine fassbare Vergangenheit hatte, dass er ein Mann ohne Heimat, ohne Wurzeln, ohne Familie war, dass er nie ein Gefühl, geschweige denn Liebe für einen Ort empfunden hat. Seine jungen Jahre liegen im Dunkeln, da sie in gewissem Sinne leer sind."

Sale hasst Columbus, er hält ihn für die Verkörperung alles Aggressiven in der westlichen Zivilisation, für den Scout der Ausbeuter und Massenmörder, die auf seinen Spuren über die Neue Welt herfielen. Falsch ist das nicht. Aber geht es um die Familie, hat Sale natürlich Unrecht: Columbus hatte Wurzeln, eine Familie, er hatte eine Heimat. Allerdings wollte er von diesen Wurzeln nichts wissen, er wollte seine Herkunft verleugnen und vergaß seine Heimat, so konsequent, dass nicht einmal sein zweiter, unehelicher Sohn Fernando genau wusste, woher sein Vater stammte, obwohl er ihn auf der vierten, der letzten Reise nach Amerika begleitete, auf der sie viel geredet haben werden, und obwohl Fernando der Biograf seines Vaters wurde.

Nach dem Tod seines Vaters lebte Fernando in einer Villa am Ufer des Guadalquivir im spanischen Sevilla, die er bis unters Dach mit Büchern voll stopfte. Er war ein leidenschaftlicher Gelehrter, er sammelte die Schriften seines Vaters und alle anderen Bücher, deren er habhaft werden konnte. 15 000 Folianten soll er auf Reisen durch halb Europa zusammengekauft haben. Er konnte es sich leisten, er war reich, lebte von Tantiemen aus dem Vermögen seines Vaters, und auf der Insel Hispaniola arbeiteten noch 400 Sklaven für ihn.

Doch wo auch immer er suchte – als Fernando sich wohl recht kurz vor seinem Tod 1539 hinsetzte, um das Leben seines Vaters zu beschreiben, fand er wenig über dessen Wurzeln, dessen Kindheit. Das Original seines Buches ist verloren gegangen, nur eine italienische Übersetzung aus dem 16. Jahrhundert blieb erhalten, die „Historie ... della vita e dei fatti di Cristoforo Colombo“. Die „Historie“ gilt Historikern als die wichtigste Quelle über das Leben des Entdeckers.

Aber auch die „Historie“ löst das Rätsel der Herkunft nicht, weil nicht einmal Fernando es so genau wusste.

Auf einer Reise durch Norditalien suchte er nach Spuren, nach verschollenen Verwandten, nach Hinweisen, nach irgendetwas, das ihm sagen konnte, woher sein Vater kam. Vergebens:

*Ich habe es nicht geschafft herauszufinden, wo oder wie sie (die Verwandten) lebten, obwohl der Admiral selbst in einem Brief sagt, dass er und seine Vorfahren immer mit dem Meer zu tun hatten. Um mich selbst besser darüber zu informieren, habe ich bei der Fahrt durch Cuguero (in Italien) versucht, von zwei Brüdern namens Colombo zu erfahren, so viel ich konnte. Sie waren die reichsten Männer des Ortes, und es hieß, sie seien mit dem Admiral auf irgendeine Art verwandt. Aber weil der jüngere von den beiden schon über hundert Jahre alt war, konnte ich nichts lernen. Ich glaube jedoch, dass wir, in deren Adern sein Blut fließt, uns eher stolz fühlen sollten, dass all unser Ruhm von ihm selbst stammt – als dass wir uns fragen sollten, ob sein Vater ein einfacher Händler war oder ob er mit Falken auf die Jagd ging.*

Weil Columbus selbst so geheimnisvoll tat, sind Spekulationen um seine Herkunft bis heute nicht totzukriegen. Die Verfechter der Portugal-Theorie zum Beispiel argumentieren, dass vielleicht in Genua ein Cristoforo Colombo gelebt haben mag, dass der aber nichts mit dem Entdecker der Neuen Welt zu tun habe. Denn dieser Cristovão Colom sei in Wahrheit Portugiese gewesen, natürlich.

Schließlich habe er ja offenbar das Portugiesische vor dem Spanischen gelernt – wie sonst seien die portugiesischen Vokabeln in seinem Spanisch zu erklären? Und als er auf seinen Entdeckungsfahrten Insel um Insel taufte und Bucht um Bucht – warum gab er da nur einem Ort einen italienischen, Dutzenden aber portugiesische Namen?

Vor allem: Wenn Columbus oder Colom als Sohn eines kleinen Wollwebers aus Genua zur Welt gekommen ist, als ein Niemand also – wie konnte er dann lange vor seinen ruhmreichen Taten in Portugal die Tochter eines Adeligen heiraten, in einer Zeit, in der die Stände auf deutliche Grenzen achteten? Colom ein Genuese? Das sei doch lächerlich.

Doch was Fernando Colón damals um 1530 nicht fand, existiert: eine Spur zu den Colombos von Genua und auch zu einem Cristoforo Colombo.

Diese Spur beginnt hinter der pastellgelben Fassade eines alten Stadtpalais, das sich an den Palast der Dogen, der mittelalterlichen Herrscher der Stadt Genua, lehnt. Kaum ein Fenster geht auf die alten Gassen hinaus, die massive grüne Holztür unten öffnet sich nur für angemeldete Gäste, meistens sind es Wissenschaftler oder Studenten.

Im „Archivio di Stato di Genova" sammelt die Stadt all ihre Akten, und zwar seit dem Jahr 1200.

Links, rechts, vorn und hinten gehen von dem säulengeschmückten Treppenhaus auf fünf Stockwerken die Gänge ab zu den Lagern. Tonnenweise liegt in den Regalen dort, was Generationen von Stadtschreibern und vor allem Notare in ihrem Leben aufgeschrieben haben. Es sind Kaufverträge über Wein oder Würste, es sind Lehrlingsverträge, Mietverträge, Lohnbescheide, die Akten über Erbstreitigkeiten, Gerichtsurteile gegen kleine Diebe und Taugenichtse. Alles, alles, alles. Komprimierter Alltag aus Jahrhunderten.

Unter diesen Tausenden lange schon vergessenen, lange schon gänzlich unwichtigen Dokumenten finden Archivare auch immer wieder, oft per Zufall, Papiere, die den Fall Christoph Columbus erhellen. Und es gibt eine Frau, die die Spur seiner frühen Jahre besser kennt als irgendjemand sonst – besser als sein eigener Sohn Fernando sie kennen konnte.

Dr. Patrizia Schiappacasse ist eine freundliche, aber sehr resolute Dame von 52 Jahren mit grauen Strähnen im schwarzen Haar. Sie legt Wert auf Präzision. Zum Beispiel darauf, dass sie Archivarin sei. Archivare seien nämlich keine Historiker. Archivare ziehen in der Regel keine Schlüsse, und sie stellen Verbindungen erst dann her, wenn sie sich mit Dokumenten belegen lassen. Sie interpretieren nicht und erwägen keine Möglichkeiten.

Archivare hüten Akten, und sie wissen, was in diesen Akten steht. Das ist ihre Wirklichkeit, und das ist zugleich schon so gut wie alles, was man wirklich wissen kann. Was Historiker hingegen schreiben, ist notgedrungen oft nur möglich oder wahrscheinlich.

Signora Schiappacasse hält nicht viel von Behauptungen, die nur wahrscheinlich zutreffen.

Das Columbus-Haus am Vico Dritto zum Beispiel ist ein Historiker-Haus. Durchaus möglich, sagt Schiappacasse, dass dies tatsächlich jenes Haus sei, um das es in dem Mietvertrag geht. Nur sei das keineswegs so sicher, wie Touristenführer und Stadtverwaltung es gern hätten. Im Mietvertrag mit Domenico Colombo heiße es nämlich in Wahrheit nur, das Objekt stehe am Vico Dritto „zwischen den Gebäuden des Giovanni Palarania und des Antonio Bondo".

Für den Notar, den Vermieter und den Mieter war die Sache damit klar, damals. Sie kannten Giovanni Palarania und Antonio Bondo. Aber heute? Wer will denn wissen, wo die beiden gewohnt haben? Oder auch nur, wer sie waren? Niemand weiß das heute, und die Dokumente geben da einfach nichts her, sagt Schiappacasse.

Im 15. Jahrhundert standen in dieser Gasse einige kleine Häuser für kleine Leute, so viel weiß Schiappacasse. Also: Irgendeines davon wird es gewesen sein. Und da nur eines die Jahrhunderte überstanden hat und die anderen so ähnlich ausgesehen haben dürften wie dieses, hat die Stadt halt mal eine Tafel in die Tür stellen lassen. Und seither glauben alle, dies sei tatsächlich das Haus von Christoph Columbus.

Patrizia Schiappacasse lächelt ein wenig gequält. So geht das mit der Wahrheit, wenn die Menschen es unbedingt schön und einfach haben wollen.

Ihre Wahrheit legt die Archivarin jetzt auf den großen Lesetisch oben in einer düster getäfelten Halle des Archivio di Stato. Schiappacasse knotet Kordeln auf, wickelt Wachspapier ab. Sie macht das sehr vorsichtig. Fast alles, was sie hier anfasst, ist so alt, dass es jederzeit zerbröseln kann.

Zum Vorschein kommen längliche, in jahrhundertealtes Leder gebundene Akten. Es sind die Urkundenbände von Notaren, deren Namen lange schon niemand mehr kennt. Aber die Notare haben eben nicht nur die große, die offizielle Geschichte dieser Stadt aufgeschrieben, wie das Historiker tun. Nein, die Notare haben das Leben der kleinen Leute festgehalten und konserviert. Tag um Tag, über Jahrhunderte. Denn in Mittelalter und Renaissance konnten nur wenige Genuesen lesen und schreiben. Wenn die vielen anderen etwas miteinander vereinbaren wollten, gingen sie zu einem Notar, trugen ihre Abmachung vor, und der schrieb sie auf. Und wenn der Notar dann starb, wanderten seine gesammelten Akten in das Archivio di Stato.

Zwischen den Urkundenbänden zieht Schiappacasse auch noch einzelne Dokumente hervor, Zahlungsanweisungen etwa oder Briefe, vergilbt und halb zerfallen.

Sie sagt, es habe sie über hundert Jahre gekostet, die Akten zu finden, die den Fall Christoph Columbus lösen. Wie bitte?

Na ja, nicht sie persönlich, sondern auch all die Archivare, die vor ihr diesen Posten innehatten; sie denkt eben in anderen Zeiträumen. Auf jeden Fall habe sie jetzt hier über 80 Dokumente. Und das sei doch eine deutliche Spur zur Familie Colombo.

## Norditalien, 1429

Der 21. Februar 1429 ist der Anfang der Spur. An jenem Tag beginnt die Geschichte der Entdeckung Amerikas, zumindest soweit Patrizia Schiappacasse das 500 Jahre später rekonstruieren kann. Denn an diesem Tag geht ein Wollweber namens Giovanni Colombo aus dem Dorf Quinto bei Genua zu einem Notar, um einen Vertrag mit einem Deutschen zu besiegeln, den die Leute hier Gerardo di Brabante d'Alemagna nennen. Dieser Immigrant aus dem Norden, ebenfalls ein Wollweber, erklärt sich bereit, Giovanni Colombos Sohn Domenico als Lehrling anzunehmen. Der kleine Domenico ist zu diesem Zeitpunkt erst elf Jahre alt, aber jetzt muss er sein Heimatdorf und die Eltern verlassen.

Offenbar gefällt ihm das Leben in der großen Stadt schon bald. Und dieser Gerardo aus Deutschland bringt ihm auch das Handwerk gründlich bei: Elf Jahre später, am 6. September 1440, wird Domenico Colombo in einer anderen Urkunde als Wollwebermeister bezeichnet. Nach diesem Papier lebt er in Genua und hat es wohl auch zu Wohlstand gebracht, zumindest kann er nun ein ganzes Haus pachten, in der Nähe des Stadttores Porta d'Olivella.

In diesem Haus wird später Christoph Columbus geboren. Der junge Weber wird sein Vater sein.

Das Schicksal meint es zunächst noch gut mit Domenico Colombo. Um 1445 heiratet er ein Mädchen vom Land. Sie heißt Susanna di Fontanarossa und ist die Tochter eines Zunftkollegen. Und da er jetzt ein gesetzter und angesehener Bürger ist, mischt er sich auch gleich in die Politik ein. Das freilich ist ein lebensgefährliches Geschäft.

Zwei große Familien kämpfen zu jener Zeit um die Macht im Stadtstaat und den Posten des Herrschers, des Dogen. Am 4. Januar 1447 gewinnt Barnaba Adorno die Wahl. Aber dabei, unterstellen seine Feinde, könne nicht alles mit rechten Dingen zugegangen sein. Die Patrizier der anderen alten Familien packt die Wut. Außerdem stützt sich der neue Doge auch noch auf über 600 Söldner, die ihm König Alfons von Aragón zur Hilfe gegeben hat; man könnte meinen, als Besatzungsmacht. Das ist zu viel für die Unterlegenen.

Nur drei Wochen nach der Wahl putscht ein Mann, dessen Familie schon lange zu den mächtigsten Sippen der Stadt am Meer gehört: Giano di Campo Fregoso. Der Adelige sammelt 85 Kämpfer auf einer Galeere, und eines Nachts rudern sie in den Hafen. Fregosos Männer schleichen sich von dort den Berg hoch in den Palast und schlagen zu, als die Söldner des Dogen noch schlafen.

Über den Marmor fließt das Blut, jeder der Fregoso-Getreuen ist nachher verwundet. Aber von den fremden Soldaten wird nie wieder die Rede sein. Und am nächsten Morgen regiert Giano di Campo Fregoso als neuer Doge oben im Palazzo.

„Columbus' Vater muss auf der Seite der Campo Fregosos gestanden haben", wird 500 Jahre später die Archivarin Patrizia Schiappacasse sagen, die Hüterin der Akten. Denn es gibt eine Ernennungsurkunde – unterzeichnet nicht einmal eine Woche nach dem Sieg –, mit der Campo Fregoso seinen „geliebten Domenico Colombo" zum Wächter des Stadttores d'Olivella macht. Der brave Wollweber bekommt auf einmal das Kommando über einige Männer und hat zu kontrollieren, wer die Stadt verlässt und – vor allem – wer sie betritt. Das ist ein ziemlich wichtiger Posten, den Campo Fregoso nur Männern seines Vertrauens gibt.

Außerdem wird der Job nicht schlecht bezahlt: In Schiappacasses Akten werden sich immerhin zwei Zahlungsanweisungen à 21 Lire finden, die Colombo für jeweils drei Monate Wächterdienst erhält, „damals sehr ordentliches Geld", so die Archivarin.

Die zweite Überweisung trägt das Datum 16. April 1451.

Von dem Geld kann Domenico Colombo die Babysachen für seinen Stammhalter bezahlt haben. Denn irgendwann zwischen September und dem 31. Oktober 1451 wird sein erster Sohn geboren. Domenico Colombo nennt ihn Cristoforo, und als der Kleine drei Jahre alt ist, zieht die Familie um in den Vico Dritto, vielleicht weil das bisherige Haus zu klein wird, vielleicht weil er so viel verdient hat als Wächter des Stadttores, dass er sich etwas Netteres leisten kann.

Vielen geht es noch gut in der Seefahrerstadt Genua, die in den Jahrzehnten zuvor erblüht ist wie keine andere Metropole im späteren Italien – dank der jahrhundertealten Verbindungen vom Westen in den Osten und dank des Hafens, in dem sich schon die Kreuzritter einschifften. Das enge Hinterland gibt der Stadt außer Schutz so gut wie nichts, das Meer gibt ihr alles.

Reeder, Händler und Bankiers beherrschen Genua. Die Lastensegler der großen Familien bringen jene Luxusgüter, nach denen die Adeligen ebenso gieren wie die neureichen Bürger: Gewürze, feine Stoffe, Edelsteine, Parfum.

200 Jahre zuvor ist der Venezianer Marco Polo bis zu den Quellen dieses fabelhaften Reichtums vorgedrungen, bis in das Reich der Mongolen, deren Paläste, so erzählte er damals, goldene Dächer tragen sollten. Nicht alle glauben, was Marco Polo erzählt hat – andererseits bringen Karawanen aus dem Fernen Osten tatsächlich wunderbare Schätze bis in die Häfen am Schwarzen Meer. Und dort warten die Schiffe der Genuesen auf sie.

Nicht etwa adelige Ritter gelten als Helden der Stadt, sondern Kapitäne und Schiffseigner. Und nicht Landbesitz zählt in Genua, sondern Geld, Kapital, Geschäftsverbindungen. Die großen Familien gründen Dependancen an allen Küsten des Mittelmeers, in der Ägäis, in Spanien, am Schwarzen Meer. Sie herrschen über ein Imperium, aber es ist kein militärisches, sondern ein Imperium der Händler, zusammengehalten von der Flotte Genuas.

Die Stadt funktioniert wie ein Import/Export-Konzern, ein Logistikunternehmen in den Händen einiger mächtiger Familien.

Der genuesische Patriot, Historiker, Columbus-Experte und Senator Paolo Emilio Taviani wird 500 Jahre später schreiben: „Genua hatte nunmehr – im 15. Jahrhundert – eine ökonomische Ordnung, die man gut als kapitalistisch oder, wenn man diesen Begriff vorzieht, als merkantilistisch bezeichnen kann. Es hatte das feudale Mittelalter längst hinter sich gelassen. In dieser merkantilistischen Welt wuchs der junge Christoph auf. Die Urkunden, in denen er vorkommt, sind dafür ein unmissverständlicher Beweis. Erwerbungen, Verkäufe, Zinsen, Prozentsätze, Anteile, Profite: Begriffe einer Fachsprache, wie das Mittelalter sie nicht kannte."

Und diese Begriffe sollen Columbus' Denken prägen. Jahrzehnte später, als er seinen großen Plan entwickelt, werden die meisten seiner Motive aus dieser Welt der Händler stammen. An dem Tag, an dem er nach Westen ins Unbekannte aufbricht, wird er vom lieben Gott reden – und an Prozente denken, an Gold, an Profit. Die Entdeckung

Amerikas wird in erster Linie als Geschäft geplant, sie soll sich amortisieren mit Zins und Zinseszins. Das ist das Erbe der Pfeffersäcke aus Genua – und das erklärt vieles von dem, was Columbus später so furchtbar misslingen wird.

Gold bestimmt das Leben der Genuesen, als er aufwächst. „Der Bedarf an Gold stieg mit dem Handelsvolumen und mit der Verbreitung des Geldes", wird der italienische Columbus-Forscher Gianni Granzotto schreiben: „Man musste Kriege finanzieren, Schiffe ausrüsten, Kapital investieren. Gold schuf Reichtum und spiegelte zugleich den Reichtum wider, in dessen Genuss neue Schichten von Bürgern kamen. Zu Beginn des 15. Jahrhunderts übertraf die Nachfrage nach Gold im ganzen Abendland die Disponibilität der Angebote bei weitem."

Doch als Columbus älter wird, gerät der Reichtum in Gefahr. Die für Genua so wunderbar profitable Ordnung wankt. Der Einfluss der Mongolen schwindet, das Geschäft mit dem Orient wird schwieriger. Denn eine neue Macht wächst im Osten: die Türken, Muslime. Als Cristoforo gerade laufen kann, 1453, erobern sie Konstantinopel, die alte christlich-orthodoxe Kaiserstadt Byzanz am Goldenen Horn, die mit ihren Kanonen den Zugang zum Schwarzen Meer beherrscht. Der Vorposten der westlichen Zivilisation fällt.

Ein Trauma für die ganze Christenheit, ein Trauma für die Genuesen. 400 Soldaten hatte die Stadt zur Verstärkung nach Konstantinopel geschickt, die Überlebenden erzählen nun von der furchtbaren Niederlage gegen die Feinde des wahren Glaubens. Vor allem aber müssen die Handelsherren in den Jahren danach ständig damit rechnen, dass die Mauren ihnen den Weg nach Osten versperren, ihre Schiffe aufbringen in der Meerenge der Dardanellen. Ihr Heil suchen die Kaufleute deshalb im Westen. Die Patrizierfamilien bauen den Handel mit Spanien aus, mit Portugal, und sie wagen gar Geschäfte mit England.

Die Geschichte der großen Niederlage dürfte Columbus als Kind gehört haben. Als er aufwächst, rufen Priester und Kirchenobere immer wieder zu Kreuzzügen auf, um Konstantinopel und dann Jerusalem zu befreien, aber niemand folgt mehr. Als Columbus später seinen großen Plan entwirft, wirkt die Demütigung offenbar noch nach: Mit einem Teil der Schätze Indiens, die er sucht, will er den versäumten Kreuzzug seiner Jugend nachholen.

Dabei hat die Familie Colombo unter der Schmach von Konstantinopel nicht zu leiden, ihr ergeht es vergleichsweise gut. Vater Domenico ist beliebt, zumindest in seiner Zunft. Kollegen tragen ihm Ehrenpöstchen an, er sitzt im Ausschuss für die Lehrlingsausbildung. Ein braver Bürger also, von dem es immer heißt, dass ihn die mächtigen Campo Fregosos protegieren.

Colombos Ältester geht auf die Schule der Wollweberzunft. Der Sohn lernt, was es zu lernen gibt, also vor allem Latein und Religion. Und dann wohl noch Geografie und Mathematik. Fernando Colón wird später schreiben, Columbus habe sogar an der Universität studiert, was aber höchstwahrscheinlich falsch ist (jedenfalls gibt es dafür keinen Beleg, nicht mal ein Indiz). Fernando schreibt:

*Lasst uns von den Wissenschaften sprechen, denen er sich widmete wie sonst nichts anderem. Er lernte Lesen und Schreiben in sehr jungen Jahren und studierte lange genug an der Universität von Pavia, um die Geografen zu verstehen, deren Lehren ihn sehr interessierten. Deshalb kümmerte er sich auch um das Studium der Astronomie und Geometrie, denn diese Wissenschaften liegen so eng beisammen, dass die eine von der anderen abhängt. Und weil Ptolemäus am Anfang seines Werkes „Geografie" sagt, dass man kein guter Geograf werden kann, wenn man nicht auch zeichnen kann, lernte er das Zeichnen. Deshalb war er in der Lage, die Position von Ländern darzustellen, in einer Ebene und dreidimensional.*

Sicher ist: Irgendwann lernt Columbus in der Tat, Skizzen anzufertigen und Karten zu lesen. Und mit dem Lauf der Sterne muss er sich ebenso beschäftigen wie mit den Grundzügen der Navigation, wahrscheinlich tut er das schon als Jugendlicher. In der Seefahrerstadt

Genua arbeiten Kartografen, die für die Kapitäne Seekarten fertigen. Kartografie gilt als hohe Kunst und Wissenschaft, gute Kartografen sind hoch geschätzte Experten. Ihr Wissen kann helfen, Kriege zu gewinnen oder neue Märkte zu erschließen. Vielleicht schaut Cristoforo diesen Männern über die Schulter.

Doch zunächst bringt Domenico seinem Sohn das Weben bei. Die Zeichen stehen damit günstig für ein friedliches, wenn auch etwas langweiliges Leben. Christoph Columbus könnte bald schon ein ordentlicher Wollweber in Genua werden, vielleicht ebenso angesehen wie sein Vater. Er könnte dessen Geschäft übernehmen, könnte heiraten und ein halbes Dutzend Kinder zeugen. Und dann könnte er geruhsam alt werden im Vico Dritto und ab und zu von oben beim Tor aufs Meer schauen. Es wäre so einfach. Wenn denn alles so weiterliefe, wie sich Vater Domenico das vermutlich denkt.

Aber Anfang der sechziger Jahre beginnt dessen kleine Welt auseinander zu brechen. Die Macht der Familie Campo Fregoso bröckelt. In den Gassen Genuas tobt der Bürgerkrieg. 1464 schließlich muss der letzte der Campo Fregosos mit seinem Schiff nach Korsika fliehen. Die Herzöge von Mailand herrschen nun über die alte Konkurrentin Genua. Damit beginnt auch der Abstieg der Colombos.

Bald verlassen sie Genua und ziehen ins benachbarte Savona um. Es gibt Indizien dafür, dass sie Geldsorgen haben. Als Christoph Columbus aufwächst, lernt er, wie erbärmlich das Leben am Rand der Pleite sein kann: Ein Dokument vom 2. März 1470 nennt Domenico Colombo auf einmal „Tuchweber und Gastwirt". Es scheint, als könne sein altes Handwerk allein die Familie nicht mehr ernähren. Es gibt Gerüchte darüber, dass er sich auch als Kunde allzu gut mit dem Geschäft von Gastwirten auskannte.

Außerdem heißt es in der Akte des Notars, dass Columbus' Vater einem Lehrling den Lohn schuldig geblieben sei.

Das nächste historische Dokument erwähnt dann zum ersten Mal auch Domenicos ältesten Sohn, *„cristoforus filius"*. Aber es ist kein schöner Anlass. Vater und Sohn müssen sich gemeinsam Geld pumpen bei einem Genuesen namens Gerolamo del Porto. Und offenbar reicht das Wort des Vaters nicht mehr als Sicherheit: Christoph muss mit ihm für die Schulden bürgen, er ist gerade 18 Jahre alt.

Nur wenige Monate danach müssen sie sich schon wieder Geld borgen. In der Schuldverschreibung, aufgesetzt am 31. Oktober 1470, heißt es, Christoph sei jetzt „über 19 Jahre alt". Daraus werden die Historiker später auf sein Geburtsjahr schließen.

Auf seinen Charakter kann man aus diesen vergilbten Papieren mindestens ebenso gut schließen. Christoph Columbus hat schon als Teenager einen Hang zum Auftritt: Er unterzeichnet nicht mit seinem Namen, sondern mit dem Kürzel „XFRS". Vor allem aber schafft es Columbus senior wohl nie, die Schulden zu tilgen – und das schlechte Gewissen darüber wird Columbus junior ein Leben lang plagen: Als der Entdecker Amerikas 36 Jahre später, kurz vor seinem Tod, in Spanien sein Testament aufsetzt, fällt ihm dieser Mann aus seiner alten Heimat, der ihnen damals Geld geliehen hat, wieder ein. Er erinnert sich sogar noch an den Namen: Gerolamo del Porto.

Und mit seinem letzten Willen tilgt Columbus die Schulden aus seiner Jugend. 20 Dukaten sind es, laut Testament.

Aber nicht nur das: Es sieht danach aus, als schäme sich Columbus der uralten Geschichten. Denn im Testament heißt es, niemand dürfe den del Portos sagen, woher der Geldsegen komme.

Damals in Genua freilich helfen auch diese Kredite der Familie Colombo nur kurz übers Gröbste hinweg. Bald nachdem Vater und Sohn sich das Geld geliehen haben, muss Christophs Mutter Susanna ein Grundstück verkaufen, das sie als Mitgift in die Ehe gebracht hatte. Und dann müssen sie das alte Haus auf dem gepachteten Grundstück an der Porta d'Olivella aufgeben, in dem Christoph wahrscheinlich zur Welt kam.

Genuesen verkaufen Häuser nur, wenn sie unbedingt müssen; Heimat und Besitz bedeuten ihnen viel. Einen Schluss, den Historiker ziehen, wird 500 Jahre später die Archivarin Patrizia Schiappacasse zitieren: „In dieser Zeit soll Christoph Columbus angefangen haben, als Händler zu segeln. Vielleicht, weil der Familie überall das Geld fehlte. Denn jetzt zeigen Urkunden, dass er mit Waren handelt. Und Händler an der Küste sind fast immer gesegelt."

Segeln konnte Christoph aber schon sehr viel früher, wie die meisten Kinder in Genua. Der Notar Antonio Gallo, Nachbar seines Großvaters in Quinto und ein Freund der Familie, schreibt, Christoph und sein Bruder Bartolomeo seien gesegelt *„puberes deinde facti"* – von Kindesbeinen an. Bootsplanken unter den Füßen sind Columbus so selbstverständlich, dass er später nicht einmal mehr so genau weiß, wann er zum ersten Mal eine Schot dichtgeholt hat. In seinem Logbuch der ersten Reise nach Amerika, 1492, schreibt er: „Ich fahre seit 23 Jahren zur See"; seinem Sohn Fernando hingegen wird er erzählen, er segle, seit er 14 ist. Das passt nun gar nicht zusammen.

Genua ist furchtbar eng, die See hingegen lockt den jungen Columbus. Und an seinem Vater kann er sehen, dass man als Wollweber nicht weit kommt in der Stadt der Bankiers, Händler und Seeleute. Hafenstädte sind offene Städte, ein Junge aus Madrid wäre wahrscheinlich nicht so schnell auf die Idee gekommen, sein Glück auf dem Wasser zu suchen. Für Columbus aber muss klar sein: Als Bankier hätte er keine Chance, wer ist er schon? Ein Teenager aus der Mittelschicht, ein Handwerkerkind – und dazu noch geschlagen mit einem Vater, der gerade peinlich Bankrott geht: Bald schon muss Domenicos Schwiegersohn, der Käsemacher Giacomo Bavarello, ihn verklagen, weil der Herr Schwiegervater die avisierte Mitgift für Tochter Bianchinetta nicht zahlen kann oder will.

Bleibt für Christoph Columbus das Elend oder das Meer. Und Historiker wie Taviani werden glauben, dass er in dieser tristen Zeit in

Genuas Schwesterstadt Savona den Entschluss fasst, sein Glück auf dem Wasser zu machen. Und dass deshalb auch die einzige Insel der Karibik, der er einen italienischen Namen gab, nun nach dieser Stadt heißt: Saona, bei Hispaniola.

In Savona heuert Columbus wohl zum ersten Mal auf einem Schiff an, das nicht mehr nur an der Küste auf und ab schippert. Mehrere reiche ligurische Kaufmannsfamilien beherrschen zu dieser Zeit den überaus einträglichen Handel mit Chios. Die Insel gehört zu den Sporaden, einem Archipel in der Ägäis. Chios ist der äußerste Vorposten Europas, nur eine Meerenge trennt die Insel von Kleinasien, vom Reich der Türken. Und fast schon ist sie orientalisch, mit ihren bunten Basaren und vor allem dem berauschenden Duft von ätherischen Ölen in der Luft. Denn auf Chios wachsen Rosmarin, Thymian und Salbei, hier gedeiht aber vor allem *Pistacia lentiscus,* der Mastixbaum. Ritzen die Bauern seine Rinde an, quillt ein Harz heraus, das zu Medizin, Parfum und Süßigkeiten verarbeitet wird. Der Duft prägt sich Columbus derart ein, dass er ihn später, auf Kuba, wiederzuerkennen glaubt, weil ein Baum auf der Antilleninsel ähnlich aromatisch riecht.

Die Patrizierfamilien Centurione und Spinola schicken ihre Schiffe immer wieder nach Chios. Der Centurione-Partner Paolo di Negro heuert Columbus wahrscheinlich an, und auf diesen Törns lernt er, was ein Seemann wissen muss. Und der Kontakt zu di Negro wird ihm später noch viel weiter helfen.

Aber nicht jede seiner Reisen dient friedlichem Handel. Wenn man Columbus glauben darf, stürzt er sich bald in die ersten Seegefechte. In einem Brief erzählt er von einem Kampfeinsatz im Auftrag des Königs René von Anjou aus Neapel – damals in der Tat ein Verbündeter Genuas im Dauerkrieg gegen Aragón:

*Es passierte mir, dass König René, den Gott zu sich gerufen hat, mich nach Tunis schickte, um die Galeasse „Fernandina" zu kapern. Und als wir die*

*Insel San Pietro erreicht hatten, bei Sardinien, wurde ich von einem anderen Schiff informiert, dass die Galeasse begleitet werde von zwei Schiffen und einer Karracke. Das versetzte meine Leute in Furcht, und sie bestanden darauf, dass wir nicht weitersegeln, sondern nach Marseille umkehren, um ein weiteres Schiff und Männer zur Verstärkung zu holen. Ich sah, dass ich ohne Meuterei nichts gegen ihren Willen tun konnte, und so gab ich ihrem Begehren nach. Aber ich manipulierte den Kompass, wir segelten durch die Nacht, und bei Sonnenaufgang des nächsten Tages befanden wir uns vor Kap Karthago, während alle an Bord dachten, wir würden auf Marseille zuhalten.*

Diese kleine Geschichte ohne Schluss, die Columbus als Heldentat schildert, klingt seltsam. Möglich ist, dass er für René von Anjou kämpft – der König chartert schon mal genuesische Schiffe für gewagte Seestücke. Möglich ist auch, dass er den Kompass manipuliert, etwa mit einem Magneten. Und denkbar scheint, dass den Matrosen an Bord der Trick nicht auffällt; längst nicht alle Seeleute können zu jener Zeit ihren Kurs aus den Sternen lesen.

Aber mindestens ebenso viele Details des Abenteuers lassen vermuten, dass Columbus aufschneidet, sich das ganze Manöver vielleicht nur ausgedacht hat. Dass sein Schiff zum Beispiel in einer einzigen Nacht bis Kap Karthago gekommen sein soll, ist völlig unmöglich. Das würde nicht einmal eine Yacht des 21. Jahrhunderts schaffen. Zweifelhaft auch, dass Columbus, damals knapp über 20 Jahre alt, bei einem solchen Unternehmen das Kommando hat. In seinem Buch „Admiral of the Ocean Sea“ wird der amerikanische Historiker und Segler Samuel Eliot Morison, ehrenhalber Konteradmiral der U.S. Navy, 1942 schreiben: „Kein junger Bursche, der den größten Teil seines Lebens Wolle gewebt hatte, hätte so schnell ein Kommando bekommen. Ich unterstelle mal, dass Christoph in Wahrheit nur als Deckshand diente auf Renés Schiff, dass er einer von jenen war, die dann entdeckten, dass sie gelinkt wurden, als Kap Karthago in Sicht kam.“

1476 heuert Columbus dann für einen Törn an, bei dem er erstmals aus dem Mittelmeer hinaus auf den Atlantik segeln soll, den Seeleute und Kartografen damals schlicht „das ozeanische Meer" nennen, weil sie keinen anderen Ozean kennen.

Die Kaufleute Genuas wollen Mastix von Chios nach Lissabon verschiffen und dann weiter nach England. Ein riskantes Unternehmen, überall lauern Gefahren. Auf dem Mittelmeer herrscht Krieg, diverse Staaten hetzen ihre Kaperflotten auf die Schiffe der Feinde. Eine falsche Flagge am Heck kann den sicheren Untergang bedeuten, und die richtige ist auch keine Sicherheitsgarantie: Mancher Kapitän mit Kampfauftrag kapert zwischendurch gern mal ein so genanntes Kauffahrteischiff, egal, wem es gehört, nur weil es reiche Ladung verspricht.

Also stellen die Genuesen einen Geleitzug zusammen: Die Spinolas geben eine Galeasse und ein Walfangboot, dazu stoßen noch zwei weitere Galeassen und eine Art Kogge aus Flandern. Deren Besatzung aber stammt größtenteils aus Savona. Und auf diesem Schiff, der „Bechalla", dürfte Columbus gedient haben.

Nachdem die Flotte die Straße von Gibraltar passiert hat, hält sie Kurs auf Cabo São Vicente, die südwestliche Spitze Portugals. Doch weit kommen die Genuesen nicht. Denn am Horizont tauchen die Schiffe französischer Freibeuter auf. Die Piraten rennen ihre Geschütze aus und eröffnen das Feuer, die Genuesen müssen sich verteidigen. So zumindest geht die eine Version der Geschichte. Jene Version, die man sich in Genua erzählt.

In der anderen Version greifen in Wahrheit die beutelüsternen Genuesen an. Nur geht ihr Kaperangriff furchtbar daneben, als die Gegner, vier Galeeren unter der Flagge Venedigs, zurückschießen. So erzählt es Columbus' Sohn Fernando:

*Hier kam es zur Schlacht, sie kämpften mit großer Wut und hielten aufeinander zu, bis die Schiffe sich ineinander verkeilten und die Matrosen von*

*Schiff zu Schiff wechselten, einander tötend und verletzend ohne Mitleid, wobei sie nicht nur Handwaffen benutzten, sondern auch Brandsätze und anderes Gerät. Als sie schließlich von morgens bis zur Stunde der Vesper gekämpft hatten, als auf beiden Seiten viele tot und verletzt waren, da brach ein Feuer aus auf dem Schiff des Admirals, und es sprang über auf eine große Galeere der Venezianer. Weil die Schiffe aneinander gefesselt waren mit Enterhaken und Eisenketten und weil auf beiden Seiten große Verwirrung herrschte und Angst vor dem Feuer, konnte keine Seite die Flammen löschen. Das Feuer breitete sich so schnell aus, dass es bald schon für keinen an Bord mehr eine andere Chance gab, als ins Wasser zu springen und lieber dort zu sterben, als die Qualen des Verbrennens zu ertragen. Aber der Admiral, der ein exzellenter Schwimmer war und das Land sehen konnte, griff sich ein Ruder, das ihm das Schicksal zuspielte und auf dem er sich ausruhen konnte. Und so gefiel es Gott – der ihn schonte für größere Sachen –, ihm die Kraft zu geben, die Küste zu erreichen.*

Das Land, das Columbus vom Deck der brennenden „Bechalla" aus sieht, ist die Küste Portugals, die sanft geschwungene Bucht von Lagos, nicht weit vom Cabo São Vicente entfernt. Die Fischer des Dorfes ziehen den Schiffbrüchigen eher tot als lebendig an Land.

So könnte es gewesen sein, aber Zeugen gibt es dafür nicht, Schriftliches schon gar nicht. Es werden sich später Historiker melden, die Columbus' Geschichte bezweifeln, weil sie ihnen zu sehr nach Heldenepos klingt; und weil auch Bartolomeo den Weg nach Portugal findet, werden diese Historiker davon ausgehen, dass die beiden Brüder ganz einfach ausgewandert sind, wie viele andere Menschen auch, traurig, voller Hoffnung, unspektakulär.

Wie auch immer er also nach Portugal gekommen ist, es ist der 13. August 1476, und Columbus besitzt nichts mehr außer seinem Leben und seinen Kleidern. Viel später wird er an den spanischen König Ferdinand den Katholischen schreiben: „Gott unser Herr schickte mich auf wunderbare Weise hierher, damit ich Eurer Hoheit dienen könne; er befahl auf wunderbare Weise, nach Portugal zu kommen und hier an Land zu gehen.“

Ausgerechnet Lagos, ausgerechnet Portugal: Von dem kleinen Hafen aus starteten Jahre zuvor mehrere jener Expeditionen, die der portugiesische Königssohn Heinrich der Seefahrer auf den Atlantik hinausschickte mit dem Auftrag, entlang der afrikanischen Westküste einen Seeweg nach Indien zu suchen. Und Portugal ist die wichtigste Seefahrernation dieser Zeit.

Niemand in der bekannten Welt plant kühnere Expeditionen. Niemand versteht mehr von den Weiten des einzig bekannten Ozeans als die Portugiesen.

Columbus ist jetzt 25 Jahre alt.

Er kann segeln und navigieren, aber das können Zehntausende Matrosen in Portugal auch, viele davon wahrscheinlich besser als er. Ansonsten ist Columbus ein Niemand, der nicht einmal die Sprache spricht.

Und trotzdem: Er ist der richtige Mann zur richtigen Zeit und genau am richtigen Ort. In keinem anderen Land könnte sein großer Plan so gut gedeihen wie in Portugal.

Denn hier laufen in diesen Jahren viele geheimnisvolle Informationen zusammen: In den Häfen kursieren Gerüchte über Kapitäne, die, weit abgetrieben vom Kurs, mysteriöse Küsten gesichtet haben wollen. Die Bewohner von Inseln draußen im Atlantik berichten von seltsamen Funden an ihren Stränden. Und bei Gelehrten kursieren Karten, auf denen Land eingezeichnet ist im Westen.

Es fehlt nur noch ein Mann, der das alles zu einer Idee bündeln kann, und danach handeln will. Aber dieser Mann sitzt jetzt in Lagos am Strand und überlegt, wohin er gehen soll. Und einen Seemann wie ihn lockt eine Stadt mehr als alle anderen: die Metropole der Entdecker, das Mekka der Astronomen und Geografen, das Cape Canaveral seiner Zeit – Lissabon.

# 3 Das Geheimnis des großen Plans

*Obwohl ich weiß, dass es mit einer Kugel in der Hand zu erklären wäre, glaube ich, dass es einfacher ist, eine Karte zu benutzen. Deshalb sende ich Euch eine Karte, die ich selbst gezeichnet habe. Auf dieser ist das ganze Gebiet von Irland aus nach Süden bis Guinea eingezeichnet – mit all den Inseln, die in diesem Bereich liegen.*

*Ihnen gegenüber genau im Westen ist der Anfang der beiden Indien eingezeichnet, mit jenen Inseln und Orten, zu denen Ihr gelangen könnt.*

*Eingezeichnet ist auch, wie viel Raum dazwischenliegt, also nach wie vielen Meilen Ihr jene Orte erreichen könnt, die so reich sind an Gewürzen, Juwelen sowie Edelsteinen. Stört Euch nicht daran, dass ich die Region, in der die Gewürze wachsen, als Westen bezeichne, obwohl sie für gewöhnlich der Osten genannt wird. Denn wer nach Westen segelt, der wird diese Länder immer im Westen finden. Und wer über den Landweg Richtung Osten geht, der wird ganz genau dieselben Länder im Osten finden.*

Aus einem Brief des florentinischen Gelehrten
Paolo dal Pozzo Toscanelli von 1474, den Columbus zu lesen
bekam – lange bevor er die Inseln der Karibik fand

## Porto, 1394

König Johann I. von Portugal kann sich glücklich schätzen: Drei Thronfolger hat er schon, und in diesem Jahr wird ihm in Porto noch ein vierter Sohn geboren. Sein Name: Heinrich. Die Portugiesen nennen ihn Infante Dom Henrique.

Damals vierter Sohn eines Königs zu sein ist ein etwas bitteres Los.

Die Chancen, auf den Thron zu gelangen, sind miserabel, vorher müssten ja die drei älteren sterben. Und Heinrich macht sich auch wohl keine allzu großen Illusionen. Aber er hat eine Leidenschaft, mit der er sich schon als junger Mann tröstet.

Diese Leidenschaft wird ihm einen Beinamen eintragen, sie wird ihn zur Legende machen, zu einer unsterblichen Figur, die bekannter wird als der ganze Rest der Dynastie. Prinz Heinrich liebt alles, was mit der Seefahrt zu tun hat, mit fernen Ländern, mit Abenteuern. Er wird seinen Einfluss nutzen, um Entdeckungsreisen systematisch zu organisieren, er wird Columbus den Weg bereiten und in die Geschichte eingehen als Heinrich der Seefahrer.

1419 wird Heinrich Gouverneur der Algarve, des äußersten Zipfels des europäischen Festlandes. Dazu gehören das Dorf Sagres und das benachbarte Cabo São Vicente. Und dort, nicht weit von der Bucht entfernt, in der später Columbus angetrieben werden wird, richtet sich der Infant eine Residenz her, wie es sie noch nicht gegeben hat, mit Hörsälen und Kapelle. Hoch über dem Meer werden noch Jahrhunderte später die Mauern stehen. Da wird man noch jene gewaltige Kompassrose sehen, mit mehr als 40 Metern Durchmesser, die Heinrich der Seefahrer in den Fels mauern lässt.

Hier sammelt der Prinz nun alles Wissen, alle Karten und alle Informationen über die Welt draußen jenseits des Kaps. Kartografen, Kapitäne, Geografen, Astronomen kommen, sie tauschen sich aus, beraten den Prinzen, wohin er seine Schiffe als Nächstes schicken könnte.

Und nicht weit vom Kap, in der Bucht von Sagres, ankern die Segler, andere liegen im Hafen von Lagos. Von jeher ist die Küste ein Zwischenstopp für die Kapitäne der Handelsschiffe.

Schon 1418 hat der Infant den Befehl gegeben, Madeira und die kleinere Nachbarinsel Porto Santo zu kolonisieren. 1427 dann entdecken seine Expeditionsschiffe die meisten der neun Azoren-Inseln, etwa 800 Seemeilen weit draußen im Atlantik. 1452 folgt die letzte, Corvo, von dort sind es nur noch 1000 Meilen bis Labrador. Und nur wenige Jahre später finden zwei italienische Seefahrer in Heinrichs Diensten, einer aus Genua und einer aus Venedig, dann auch unten im Süden die Inselgruppe der Kapverden.

Doch Heinrichs größtes Projekt ist Afrika, die Westküste, der lange Weg nach Süden. Das größte Hindernis dabei: die Angst vor dem Unbekannten, vor dem, was hinter dem legendären Kap Nun liegt, jenseits des 28. Breitengrades. Die Seeleute fürchten, in der Sonne des Südens zu verbrennen oder in fernen Strudeln zu ertrinken, sie fürchten Ungeheuer, brodelndes Wasser, den Tod.

Aber der Prinz, der wahrscheinlich kein einziges Mal in seinem Leben selbst hinaussegelt, peitscht seine Männer immer weiter voran. Bald haben die Kapitäne seiner Karavellen die ganze Küste bis zum späteren Sierra Leone hinunter erkundet. Und 1456 spricht der Papst, damals oft eine Art Schiedsrichter zwischen streitenden Potentaten, in einer Bulle den Portugiesen alles Land „von den Kaps Bojador und Nun über Guinea und darüber hinaus Richtung Süden bis nach Indien“ zu – den Seeweg dorthin sucht Heinrich.

Vier Jahre später stirbt der Prinz. Zu dieser Zeit haben die Portugiesen den Weg um Afrika herum noch nicht gefunden. Aber die Reichtümer der neuen afrikanischen Kolonien strömen schon nach Lissabon. Es ist Gold, es sind Gewürze – und es sind schwarze Sklaven, Tausende. Lissabon boomt wie nie.

Dorthin bringen die Schiffe der Krone ihre Schätze, von dort aus segeln sie wieder los, die Laderäume voll mit jenen Glöckchen, die die afrikanischen Stammeshäuptlinge so lieben, und mit Pferden, die die Häuptlinge noch mehr lieben, für die sie sogar ihr Gold hergeben. Und Sklaven.

Portugals Hauptstadt lockt deshalb Matrosen und Navigatoren aus allen Ländern. Hier finden sie Heuer und Aufträge. Hier winken

Reichtum, Ruhm und Abenteuer. Und nicht nur Seeleute, die großen Kaufleute und die Bankiers aus aller Welt, etwa aus Genua und dem Rest Italiens, wollen ebenso profitieren von dem neuen Reichtum und gründen Niederlassungen in Lissabon.

Die Stadt am Tejo zieht auch Kartografen an. Denn alle neuen Informationen – über Küstenabschnitte, Kaps, Inseln – sind wertvoll und müssen eingezeichnet werden. Und all die Karten müssen dann wieder zu Dutzenden kopiert werden, damit möglichst jeder portugiesische Kapitän auf aktuellem Stand ist.

In dieser Zeit siedelt auch ein junger Kartenzeichner aus Genua nach Lissabon über. Denn seine Heimatstadt hat zwar Vergangenheit, Lissabon aber hat Zukunft.

Der Name des Kartografen lautet Bartolomeo Colombo, es ist der kleine Bruder von Christoph Columbus.

## Lissabon, 1476

Es ist nicht ganz klar, welcher der beiden Brüder zuerst in Lissabon auftaucht. Notar Antonio Gallo, der Bekannte ihres Großvaters daheim in Genua, wird später schreiben, Bartolomeo sei es gewesen, aber möglich ist, dass sich der alte Mann irrt. Auf jeden Fall kommt Christoph Columbus nur wenige Tage nach seiner wundersamen, dramatischen, aber vielleicht nur erfundenen Rettung in Lagos ebenfalls in Lissabon an.

Lissabon, Metropole der Seefahrt, wurde auf sieben Hügeln errichtet, die Straßen sind eng und verschlungen, Lissabon ist eine farbige Stadt, bunt gestrichen, verziert mit Ornamenten und Kacheln. Über dem Hafen thront das Castillo de San Jorge, und auf dem Burghügel liegt die Altstadt, die Alfama, in deren Gassen sich Columbus herumtreibt.

In der Stadt leben zu dieser Zeit schon viele Genuesen, es gibt eine große Exilantengemeinde, seit Jahrzehnten. Und deren Mitglieder kümmern sich nun um Columbus. Sie helfen ihm, sie haben Geld, Einfluss, Kontakte. Bald schon betreibt Columbus zusammen mit Bartolomeo ein Kartengeschäft, eine Kopierwerkstatt. Sie zeichnen, entwerfen, vervielfältigen. Wahrscheinlich sehen sie so jede Karte, die neues Land zeigt. Sie sitzen an der Quelle.

Die Seekarten sind das entscheidende Wissen jener Zeit, und Columbus ist geschickt, er kopiert wie am Fließband. Da gibt es zum einen die so genannten Portolan-Karten des Mittelmeers, sehr verlässlich und präzise mit ihren detaillierten Kursangaben. Dann gibt es die neuen Karten von jenen gerade entdeckten fernen Ländern. Und schließlich gibt es Weltkarten, deren Zeichner sich scheinbar über das Bekannte hinauswagen und auch Gerüchte und vage Hinweise in Küstenlinien fassen. Zum Beispiel die Karte des Italieners Zuane Pizzigano, der schon 1424 Inseln im Ozean zeichnet. Wahrscheinlich nur Traumgebilde, allerdings: Die Inseln auf der Pizzigano-Karte liegen in der Karibik, am richtigen Ort, und auf ähnlichen Karten werden sie Brendans-Inseln genannt.

Doch es scheint, als reiche Christoph Columbus die Arbeit am Kopiertisch nicht. Er will nicht nur die Entdeckungen anderer festhalten. Schon gegen Ende des nächsten Jahres heuert er auf einem Schiff an, das auf den Atlantik hinausfährt, wahrscheinlich auf einem Handelsschiff.

## Auf dem Atlantik, 1477

An den Rand seines Exemplars von Enea Silvio Piccolominis Buch „Historia Rerum“ wird Christoph Columbus Jahre später eine ganz kurze, etwas kryptische Notiz schreiben, in der er das Ziel der Reise nennt. Und nicht nur das. Die Bemerkung verrät, dass Columbus sich offenbar schon jetzt dafür interessiert, welche Wege es nach Indien und China geben könnte:

*Männer aus Cathay, das im Osten liegt, kamen hierher. Wir haben viele bemerkenswerte Dinge gesehen, vor allem in Galway in Irland, einen Mann und eine Frau von seltsamer Erscheinung in einem treibenden Boot.*

„Cathay", das ist ein alter Ausdruck für China. Und Galway liegt an der Westküste Irlands. Columbus glaubt also, dass Chinesen bis dorthin gekommen sind. Und er war selbst mal in diesem Galway, er glaubt offenbar, dort zwei Chinesen gesehen zu haben.

Das ist unwahrscheinlich. Womöglich stammen dieser für Columbus so seltsame Mann und seine genauso seltsame Frau aus Finnland, sie könnten Lappen sein, die ein wenig orientalisch wirken mögen. Vielleicht sind sie aber auch Iren, die auf einen Genuesen etwas befremdlich wirken. Doch das Entscheidende ist sowieso etwas anderes: Columbus macht sich Gedanken, mit denen sich normale Matrosen kaum beschäftigen. Kann es sein, dass er bereits nach Hinweisen auf Land jenseits des Ozeans sucht – wächst die Idee, nach Westen zu segeln, um im Osten anzukommen? Entsteht schon jetzt Stück für Stück jenes Konzept, das er später *„La Empresa de las Indias"* nennen wird, sein „indisches Unternehmen", und das Historiker wie Paolo Emilio Taviani dann den „Großen Plan" taufen werden?

Gerade einen Mann aus Genua, einen Mann mit den Problemen der Heimatstadt im Hinterkopf, muss der Gedanke an eine revolutionär neue Route in den Orient fasziniert haben. Das amerikanische Historiker-Ehepaar William und Carla Rahn Phillips wird schreiben: Bei seinen Törns von Portugal aus „begann Columbus darüber nachzudenken, wie man die Moslems umschiffen und Asien auf einer Route erreichen kann, die den Mittleren Osten vermeidet. Direkter Zugang zu den Märkten Asiens wäre nicht nur enorm gewinnträchtig; auch die Christenheit, die den Islam in Nordafrika und im Mittleren Osten bekämpft, würde profitieren".

Und: Ist es Zufall, dass Columbus' erster großer Segeltörn außerhalb des heimischen Mittelmeers ausgerechnet nach Irland führt?

Denn dort kursiert zu jener Zeit eine Legende, die uralt ist. Es ist die Legende von jenem heiligen Brendan, nach dem die Kartografen in Portugal so gern ihre Phantasieinseln nennen. Die Legende von Brendan, dem Reisenden. Von Brendan, dem Navigator. So nennen sie ihn, weil Brendan in grauer Vorzeit über den Ozean gesegelt sein soll.

Und dort drüben, irgendwo ganz weit im Westen, soll er ein wunderbares Land entdeckt haben.

So geht die Legende. In Irland kennt sie jedes Kind. Aber ist es tatsächlich nur eine Legende? Jahrhunderte später werden Historiker etwas schlauer sein.

## Irland, Mitte des 6. Jahrhunderts

Sankt Brendan lebte in der Tat: Er kommt um 489 im irischen County Kerry zur Welt, er ist Mönch, wird schließlich Abt – und bleibt doch immer auch Abenteurer; Brendan segelt, er ist zu Hause auf der mörderischen irischen See. Wahrscheinlich kreuzt er bis nach Wales und Schottland. Er gründet wohl mehrere Klöster, etwa das im irischen Clonfert; dort stirbt er, um 578, im stolzen Alter von fast 90 Jahren. So weit die historischen Spuren.

Als Brendan schon 70 ist, besucht ihn angeblich ein anderer Mönch – und da beginnt nun das, was jahrhundertelang als definitiv unmöglich gelten wird. Der Mann erzählt Brendan, er sei im Westen gewesen, jenseits des Meeres. Dort gebe es Land. Ein prächtiges Land.

Und irgendwie setzt sich in Brendans Kopf der Gedanke fest, dieses Land könne das Gelobte Land der Bibel sein.

Brendan liebt die Einsamkeit. Er geht gern allein am Meer spazieren und blickt in die Ferne. Aber nun braucht Brendan die Einsamkeit für längere Zeit. Deshalb klettert er auf den Gipfel eines Berges. Und als er nach 40 Tagen wieder heruntersteigt, weiß er, was er will: Er will dieses Land sehen, bevor er stirbt.

Also ruft Brendan 14 seiner Mönche zusammen und verkündet ihnen seinen Plan. Sie bauen sich ein Boot, ähnlich konstruiert wie jene Curraghs, mit denen die Iren von jeher zum Fischen fahren, nur größer: Sie nehmen die Häute von Ochsen, gerben das Leder in Eichenlohe und spannen es über ein Gerüst aus zähen Eschenleisten. Dann nähen sie alles mit Lederstreifen zusammen und schmieren viel Fett auf die Außenhaut, um das Boot wasserdicht zu machen. Schließlich weben sie noch ein quadratisches Segel, stellen einen Mast in den Rumpf – fertig ist das Expeditionsschiff. Die Mönche verstauen Proviant für 40 Tage, dazu reichlich Ochsenhäute und Fett für Reparaturen. Und dann stoßen sie ab, an einem Tag früh im Sommer.

Wenige Tage später geraten sie in eine Flaute und müssen rudern. Wochenlang. Als ihre Vorräte zur Neige gehen, sichten sie endlich Land. Es ist eine abweisende Insel, auf der sie zwar ein Haus sehen und einen Hund, aber keinen Menschen.

Die nächste Insel dann ist voller Schafe, „groß wie Ochsen", so die Legende, die dritte dann wirkt ganz und gar befremdlich: Kein Strauch wächst auf ihr, ein Baum schon gar nicht. Brendan bleibt im Boot, die anderen aber klettern an Land und zünden ein Feuer an, um ein wenig Fleisch und Fisch zu braten. Da bewegt sich die Insel plötzlich. Voller Panik stürzen sie zu ihrem Boot, und von dort aus sehen sie, wie der Wal – denn die vermeintliche Insel ist laut Legende der Rücken eines schlafenden Wals – wieder abtaucht.

Als sie die nächste Insel erreichen, sind sie ein bisschen vorsichtiger, halten es aber auch dort nicht lange aus: Infernalisch laut kreischen

Zehntausende Seevögel. Was die Mönche, wieder draußen auf dem Ozean, dann sehen, lässt sie staunen. Auf dem Wasser schwimmt ein riesiger, schimmernd weißer Kristall, eine blinkende Säule, sagt die Legende, so groß, dass Brendan seinen Curragh durch einen Torbogen darin manövrieren kann. Und als er der Säule nahe kommt, entdeckt er, dass sie unter Wasser noch viel größer zu sein scheint als darüber.

Brendan segelt weiter – jetzt freilich direkt in die Hölle. Oder zumindest glaubt er, dass es die Hölle sei, mit Feuer, Rauch und grausamen Gestalten. In einer schriftlichen Fassung der Legende heißt es:

*Sie kamen an eine Insel, die sehr rau und felsig war, voll mit den Glutöfen von Schmieden. Sie hörten die Blasebälge der Schmiede fauchen wie Donner, und sie hörten, wie Hämmer auf die Ambosse schlugen und das Eisen. Alle Bewohner der Insel kamen herunter an die Brandung, und jeder von ihnen trug eine brennende Masse bei sich, die sie nun alle auf die Diener des Herrn warfen. Dann kehrten sie in ihre Schmieden zurück und zündeten gewaltige Feuer an, so dass die ganze Insel aussah wie eine Kugel von Feuer. Die See kochte und dampfte. Den ganzen Tag über hörten die Mönche das laute Klagen der Bewohner der Insel. Und ein übler Gestank war auch über eine große Entfernung noch zu riechen. Da wollte Brendan den Mönchen Mut machen, und er sagte: „Ihr Soldaten Christi, seid stark im Glauben, weil wir hier an den Grenzen zur Hölle stehen. Seid wachsam und handelt wie Männer.“*

Nicht weit davon geraten die Mönche in ein Meer aus Nebel und Dunkelheit. Doch endlich, nach vielen Tagen, erreichen sie eine Küste. Und hier scheint tatsächlich der Eingang zum Paradies zu liegen:

*Als sie ans Ufer gingen, sahen sie ein Land, weit und dicht bewachsen mit Bäumen, die voller Früchte hingen. In der ganzen Zeit, die sie in diesem Land waren, war dort keine Nacht, sondern ein Licht schien immer, wie das Licht der Sonne im Süden. 40 Tage lang erkundeten sie das Land in verschiedene Richtungen, aber sie konnten seine Grenzen nicht finden. An einem Tag erreichten sie dann einen großen Fluss, der in die Mitte des Landes floss und den sie auf keine Art überqueren konnten. Da sagte*

*Sankt Brendan zu den Brüdern: „Wir kommen nicht über diesen Fluss, und deshalb müssen wir unwissend bleiben hinsichtlich der Größe dieses Landes."*

Während die Mönche noch ratlos am Ufer des Stroms herumstehen, passiert laut Legende etwas noch viel Phantastischeres – etwas, das rund 900 Jahre später der religiöse Columbus wie einen Befehl verstehen könnte. Und das ziemlich prophetisch klingt:

*Als die Mönche nachdachten, erschien ihnen ein schöner junger Mann. Er sagte zum heiligen Brendan: „Dies ist das Land, nach dem du so lange gesucht hast. Aber du konntest es erst nicht finden, weil Christus unser Gott dir zunächst die Wunder in seinem unermesslichen Ozean zeigen wollte. Kehre nun in das Land deiner Geburt zurück, denn die Tage deiner Pilgerschaft auf Erden nähern sich dem Ende. In vielen Jahren erst wird dieses Land jenen gezeigt werden, die nach dir kommen … Wenn der allmächtige Schöpfer alle Nationen unter seine Hoheit gebracht haben wird, dann wird er es seinen Erwählten bekannt machen."*

Nach sieben Jahren, so die Legende, ist Brendan wieder daheim in Irland.

## Dingle, Irland, 1976

Die Legende, die lange nur mündlich überliefert worden war, tauchte im 10. Jahrhundert als lateinischer Text auf: „Navigatio Sancti Brendani Abbatis" – „Die Seereise des Abtes Sankt Brendan". Eine fromme Phantasie nur, wie die von Siegfried und seinem Drachen oder jene von König Artus und der Insel Avalon?

Oder ist sie doch eher eine Legende wie die von Troja, jener Stadt aus der „Ilias"-Sage des Homer, die der deutsche Hobbyarchäologe Heinrich Schliemann 1870 fand, weil er Homer glaubte und nicht den vielen Historikern, die Homers „Ilias" für ein Phantasiegespinst gehalten hatten?

Ähnlich schlicht, wie Schliemann die „Ilias" las, nimmt sich Mitte der siebziger Jahre nun ein Engländer den seefahrenden Heiligen aus Irland vor: Der Segler, Abenteurer und Geograf Tim Severin legt den mittelalterlichen Text der „Navigatio" neben moderne Seekarten, er studiert Meeresströmungen und die Windsysteme im Nordatlantik. Er berechnet Distanzen. Und dann kommt er zu dem Schluss, dass es funktionieren könnte. Dass man vielleicht tatsächlich mit einem Ochsenhautboot bis nach Amerika segeln könnte, weil auf einem bestimmten Kurs hoch im Norden Wind und Strömung wahrscheinlich von achtern schieben würden.

Das ist eine spleenige Idee, aber Severin beschließt, sie auszuprobieren.

Mit Freunden zusammen näht sich der Brite einen Curragh aus Ochsenhäuten, genau so, wie es in der „Navigatio" beschrieben steht. Er tauft sein Schiffchen natürlich „Brendan" und findet schnell zweierlei heraus: Die flexible Konstruktion hält viel mehr aus, als Experten ihr zugetraut haben. Aber das Boot ohne Kiel mag überhaupt nicht gegen den Wind ankreuzen, wie moderne Yachten das können. Der Kahn kann nur mehr oder minder vor dem Wind dahintreiben wie ein Bündel Stroh. Doch Severin weiß: Das dürfte kein Problem werden.

Als er 1976 vom Brendon Creek auf der Halbinsel Dingle aus in See sticht, findet er bald schon eine mögliche Erklärung für die phantastischste Episode der Legende, die mit dem abtauchenden Wal: Wale kommen seiner „Brendan" tatsächlich viel näher, als sie das bei modernen Booten wagen. Die Tiere mögen das Poltern von Dieselmotoren in Schiffsrümpfen nicht, und das für Menschen unhörbare Pfeifen von Echoloten können sie erst recht nicht ausstehen. Möglich, dass sie hingegen die weiche und sanft dahinplätschernde „Brendan" für ein seltsames Lebewesen halten.

Der Wind treibt die „Brendan" Richtung Färöer-Inseln. Auf einer davon fallen Severin sofort Zehntausende Seevögel auf, die dort nisten.

Ist dies jenes „Paradies der Vögel", das der Heilige über 1400 Jahre vorher gesehen hat? Als Nächstes erreichen die Abenteurer Island. Mit seinen heißen Quellen und dampfenden Geysiren könnte dies Brendans Hölle sein. Und die Giganten, die das Mönchshäuflein mit glühenden Steinen bewarfen – waren das in Wahrheit aktive Vulkane?

Dann treiben Wind und Strömungen Severins Curragh vorbei an Eisbergen südlich von Grönland. Die irischen Mönche kannten keine Eisberge, als sie losfuhren. Würde ein mittelalterlicher Mönch einen Eisberg als schwimmende Kristallsäule beschreiben?

Weiter segelt Severin mit dem Wind – hinein in die berüchtigten Nebelwände über den Neufundlandbänken, ganz wie in der „Navigatio Sancti Brendani Abbatis" beschrieben. Und die Küste, an der sie schließlich landen, ist die Küste Neufundlands, amerikanisches Festland. Und zwar nördlich genug, dass dort die Sonne im Sommer nicht untergeht.

Severin will nicht beweisen, dass Brendan tatsächlich nach Amerika segelte. Er will nur beweisen, dass der Heilige es hätte schaffen können, mit einer gehörigen Portion Gottvertrauen. Das beweist er und noch mehr: dass nämlich die anscheinend allzu phantastischen Details der Legende sehr wohl zu alldem passen könnten, was Segler auf dieser Route sehen – zumindest wenn diese Segler Menschen des Mittelalters sind, die vieles glauben, noch mehr fürchten und nur ganz wenig wissen.

Also: Hat Sankt Brendan Columbus inspiriert?

Viele Columbus-Forscher glauben das.

1992, zur 500-Jahr-Feier der Entdeckung Amerikas, wird zum Beispiel Columbus' Heimatstadt Genua dem irischen Galway ein Denkmal schenken. Es ist ein knapp mannshoher Steinquader, darauf breitet ein stilisierter Vogel seine Flügel aus.

Die Inschrift, auf Gälisch und Englisch, sagt: „An diesen Gestaden fand der genuesische Seemann Cristoforo Colombo um 1477 sichere Hinweise, dass Land jenseits des Atlantiks liegt."

## Island, 1477

Von Irland aus segelt Columbus noch weiter Richtung Norden. Im Winter. Es muss eine Tortur sein auf dem Nordatlantik im Winter. In einer Columbus-Notiz, die sein Sohn Fernando zitiert, heißt es:

*Im Monat Februar segelte ich bis jenseits der Insel Thule, deren südlicher Teil auf 73 Grad Nord liegt und nicht bei 63 Grad, wie manche versichern. Auch liegt die Insel nicht auf dem Längengrad, wo laut Ptolemäus der Westen beginnt, sondern sie liegt viel weiter westlich. Und auf diese Insel, die so groß ist wie England, kommen die Engländer mit ihren Waren, vor allem von Bristol aus. Als ich da war, war das Meer nicht gefroren, aber die Gezeiten waren so gewaltig, dass das Meer an manchen Stellen um 26 Braccia anstieg und genauso tief wieder fiel.*

Das legendäre Thule – das ist wahrscheinlich Island. Ob Columbus aber tatsächlich dort landet, darum werden sich später die Wissenschaftler streiten. Fernando erzählt davon, und warum sollte er lügen? Oder sein Vater?

Tatsächlich ist der Winter 1477 ungewöhnlich mild in Europa, Islands Küsten dürften eisfrei sein, ganz wie Columbus es notiert. Aber ist das ein Beweis?

Denn beim Breitengrad verschätzt sich Columbus grob; so etwas kommt zwar vor, weil er noch keine präzisen Navigationsinstrumente hat. Aber auch seine Höhe der Gezeiten stimmt nicht einmal annähernd. Zwar kommt die Tide gewaltig in Island, und Columbus ist der Erste, der den so genannten Tidenhub dort beschreibt, er kann sich das also nicht irgendwo angelesen haben.

Doch die Tide kommt nun auch wieder nicht so gewaltig, wie es in der Notiz heißt: Eine genuesische Braccio, das sind etwa 59,5 Zentimeter, die Flut müsste also um mehr als 15 Meter steigen. In dieser Jahreszeit aber schaffen die Gezeiten vor Island nur knapp 5 Meter Unterschied zwischen Ebbe und Flut.

Unwahrscheinlich, dass sich ein Seemann dermaßen verschätzt bei lebenswichtigen nautischen Details. Für die schwer manövrierbaren Schiffe seiner Zeit sind Strömungen, und damit Ebbe und Flut, eine tödliche Gefahr, etwas, das genau beobachtet werden muss. Aber heißt dieser Fehler schon, dass Columbus Island in Wahrheit nicht erreicht?

Denkbar ist auch, dass er nur die Daten falsch notiert.

Oder dass Fernando die kleine Notiz später falsch abschreibt.

Oder dass Fernandos Übersetzer, der kein Seemann ist, noch ein wenig später mit den Einheiten durcheinander kommt.

So vieles kann schief gehen, wenn über Jahrzehnte hinweg stille Post gespielt wird.

Die Wahrheit ist: Man weiß es nicht, vielleicht kommt Columbus nach Island, vielleicht prahlt er nur damit.

Falls Columbus aber 1477 Island erreicht, ist er zum zweiten Mal zur richtigen Zeit auf der richtigen Insel. Denn wie bei den Iren die Legende von Sankt Brendan, so kursiert in dieser Zeit auch auf Island eine alte Saga – die von Erik dem Roten, dem Gewalttätigen, von seinem Sohn Leif Eriksson und dessen Kumpan Bjarni Herjolfsson. Die Wikinger, so die Saga von den dreien, hätten einst von Island und Grönland aus einen Kontinent weit im Westen entdeckt. Es ist die Saga von einem fernen Land, einem Land, in dem Wein wächst. Es ist die Saga von „Vinland".

## Amerika, um das Jahr 1000

Diese Geschichte beginnt um 982 auf Island. Die Insel ist zu jener Zeit so etwas wie der Wilde Westen, selbst nach den Maßstäben der Wikinger. Es geht wüst zu in dieser Kolonie der Nordmänner, doch ein Mann wird bald selbst für seine Kameraden zu wild: Erik der Rote. Nach mehreren Morden und Prügeleien verbannen sie ihn von ihrer Insel.

In die alte Wikingerheimat Skandinavien zieht den Raufbold offenbar nichts. Kein Wunder, auch von dort haben sie ihn zusammen mit seinem Vater schon einmal fortgejagt. Aber von einem anderen Wikinger hat Erik der Rote eine Geschichte gehört, die ihn reizt. Sie verspricht Abenteuer, Ruhm, Macht – in einem neuen Land, in dem er vielleicht der Herrscher werden könnte und aus dem ihn niemand würde verbannen können. In einer der Sagas heißt es:

*Er rüstete sein Schiff aus und sagte den Leuten, dass er nun jenes Land suchen wolle, das Gunnbjörn Ulf-Krakuson gesichtet hat, als er von einem Sturm nach Westen über den Ozean abgetrieben wurde. Er würde zurückkommen und sich bei seinen Freunden melden, sagte Erik, wenn er dieses Land finden sollte.*

Erik findet dieses Land tatsächlich und beginnt sofort zusammen mit seinem Sohn Leif Eriksson, eine neue Wikingerkolonie aufzubauen. Um Siedler zu locken, nennt er die Küste „Grönland" – grünes Land. Ein PR-Gag. Das Klima lässt die Insel zu der Zeit zwar tatsächlich ein wenig gastlicher wirken, als sie 1000 Jahre später aussehen wird, an den Küsten wächst Gras für das Vieh. Aber den Rest der Insel begräbt auch damals schon das ganze Jahr über ein Panzer aus ewigem Eis.

Trotzdem, die Kolonie gedeiht halbwegs, bald verteilen sich die Siedler auf zwei Dörfer an der Küste.

Und zu dieser Zeit segelt von Norwegen aus ein Händler in Richtung Nordwest: Der Wikinger Bjarni Herjolfsson will nach Island, um seinen Vater Herjolf zu besuchen. Auf der Insel angekommen, stellt Bjarni aber fest, dass sein alter Herr sich von Erik dem Roten und seinem angeblich so grünen Land hat locken lassen und dorthin umgezogen ist. Also legt Bjarni wieder ab, jetzt will er zu jener Insel, von der er nur so ungefähr weiß, wo sie liegt.

Das ist zu jeder Jahreszeit gefährlich. Aber jetzt ist es selbstmörderisch, gegen Ende des Jahres. Bjarni segelt denn auch direkt in jene grausamen Stürme, für die der Nordatlantik berüchtigt ist.

Sie peitschen sein Schiff schließlich an eine trostlose Küste, die so gar nicht zu den Beschreibungen Grönlands passt. Und deshalb geht er nicht einmal an Land, sondern dreht verärgert wieder ab. Was Bjarni Herjolfsson sieht, ist offenbar Labrador.

Falls die Legende von dem irischen Mönch Brendan nicht stimmen sollte, dann ist also Bjarni Herjolfsson der erste Europäer, der die Neue Welt sieht.

Dann heißt der Entdecker Amerikas Bjarni Herjolfsson. (Wenn das bekannt wäre, müsste Amerika, das später getauft wird nach dem Seefahrer Amerigo Vespucci, nicht „Bjarnika" heißen? Oder „Herjolfssonland"?)

Nur: Die Entdeckung interessiert Bjarni Herjolfsson selbst nicht die Bohne.

Denn Bjarni will zu seinem Vater; oben in Grönland findet er ihn schließlich auch, und am Feuer erzählt er von seinem Kampf mit der See, dem Umweg und dieser garstigen Küste im Westen. Die Geschichte gefällt dem Sohn des Koloniegründers: Was sein Vater kann, glaubt Leif Eriksson, das kann er schon lange.

Er kauft Bjarni das Boot ab und trommelt 35 Männer zusammen, darunter einen Gottesmann aus Deutschland namens Tyrkir. Dann segelt er los und findet tatsächlich eine Küste, ganz wie Bjarni Herjolfsson erzählt hat. Doch einladend wirkt sie nicht. Eriksson nennt die Gegend „Helluland", das „Land der flachen Steine".

Er segelt weiter Richtung Süden an der Küste entlang, und allmählich wird das Land reizvoller, nicht mehr nur Sträucher und Flechten gedeihen, auch Bäume. Eriksson tauft die Gegend „Markland", das „Land der Wälder". Noch weiter südlich, endlich, erreicht er eine Küste, an der sich die Wikinger auch niederlassen könnten. An Land finden sie fette Weiden, und in den Flüssen steigen die Lachse zu Hunderttausenden. Eriksson nennt seine Entdeckung „Vinland" – das klingt noch besser als Grönland.

Doch die Neue Welt hat nicht jungfräulich auf die Wikinger gewartet, hier leben Menschen. Es sind zottelige Gestalten – die barbarischen Wikinger nennen die noch barbarischeren Bewohner der Neuen Welt „Skraelinge", Barbaren. Schon beim ersten Aufeinandertreffen von Europäern und jenen Ureinwohnern, die wahrscheinlich Algonquin-Indianer sind, richten die Nordmänner ein Blutbad an, und so wird der Anfang gleich ein Anfang vom Ende: Leif Erikssons Bruder Thorvald, so die Sagas, begegnet den Skraelingen als Erster – in einer Bucht, in der seine Männer gelandet sind, um die Gegend zu erkunden.

*Sie gingen in Richtung zu den Schiffen zurück und sahen drei Erhebungen auf dem Sand. Sie schlichen näher und konnten dann drei Lederboote sehen und drei Männer unter jedem von ihnen. Also teilten sie sich auf und konnten sie alle packen, bis auf einen, der fliehen konnte. Die anderen acht töteten sie.*

Der eine Überlebende aber holt Verstärkung. Bald danach kommen Hunderte Lederkanus über die Bucht. Thorvald fällt in diesem Kampf; die Wikinger freilich mögen so schnell nicht aufgeben. Über Jahre hinweg fahren sie immer wieder in das neue Land, klammern sich an die Erde, kämpfen dauernd mit den Skraelingen und bauen Siedlungen, so heißt es zumindest in einer der Sagas:

*Sie steuerten in den Fjord; hier entluden sie die Schiffe und ließen sich nieder. Sie hatten Vieh aller Art mitgebracht und erkundeten, was die Gegend an Produkten zu bieten hatte. Da wuchs hohes Gras überall. Sie blieben den ganzen Winter, der sehr hart war.*

Irgendwann aber erwähnen die Dichter der Sagas das neue Land nicht mehr. Haben die Wikinger aufgegeben, haben die Skraelinge sie vernichtet – oder ist die ganze Entdeckungsgeschichte nichts als ein Märchen?

## L'Anse aux Meadows, 1960

Jahrhundertelang fand niemand einen Beweis dafür, dass die Wikinger Amerika entdeckt haben, damals, 500 Jahre vor Columbus. Die meisten Experten glaubten nicht daran. Denn wenn die Sagas wahr sein sollten, wo, bitte schön, könnte dann dieses Vinland gelegen haben?

Text-Exegeten studierten die alten Legenden Wort für Wort, um es herauszufinden. Wo waren Helluland, Markland und dann auch Vinland? Nichts davon durfte schließlich allzu weit im Süden liegen, denn die Wikinger segelten nach den Sagas immer nur wenige Tage.

Es gab ein paar Ideen, die bei Wikinger-Gläubigen kursierten: Helluland etwa könnte Baffin Island sein, eine grauenhaft wüste Insel weit über dem Polarkreis; „Land der flachen Steine" wäre ein sehr treffender Name für Baffin Island.

Und Markland, das könnte das heutige Labrador sein; dort liegen rund um Cape Porcupine 50 Kilometer lange Sandstrände vor dichten Spruce-Wäldern, genau wie die Sagas das beschreiben.

Die beste Spur weiter nach Vinland fanden die Wikinger-Fans in der Grönländer-Saga. In Markland habe es Leif Eriksson nicht lange gehalten, steht da, er habe schnell wieder abgelegt:

*Nachdem sie zwei Tage gefahren waren, sichteten sie eine andere Küste und landeten auf einer Insel nördlich des Festlands.*

Von den Stränden um Cape Porcupine sind es zum Beispiel bis zur Insel Belle Isle vor Neufundland rund 170 Meilen. In zwei Tagen kann ein Wikingerschiff diese Strecke geschafft haben. Locker. Und die Saga geht weiter:

*Dann gingen sie zurück zu ihrem Schiff und segelten durch eine Meerenge zwischen der Insel und einem Kap, das sich vom Festland aus nach Norden erstreckte. Sie steuerten Richtung Westen am Kap vorbei und fanden Untiefen bei Ebbe, so dass ihr Schiff trockenfiel. Sie wollten so dringend an Land, dass sie nicht warteten, bis die Flut kam. Sie gingen ans Ufer, dort, wo ein Fluss aus einem See herausströmte. Sie trugen ihre ledernen Schlafsäcke an Land und bauten sich Unterschlupf. Später entschieden sie, dort zu überwintern, und sie begannen, Häuser zu bauen. Es gab viel Lachs in dem Fluss und in dem See, und es waren größere Lachse, als sie jemals gesehen hatten. Die Natur war großzügig dort, die Tage und Nächte waren von gleichmäßigerer Dauer als in Grönland oder Island. Am kürzesten Tag des Winters stand die Sonne zwischen Frühstück und dem späten Nachmittag über dem Horizont.*

1960 führt diese Weg- und Ortsbeschreibung aus der Grönländer-Saga einen großen, weißhaarigen Norweger an die Sacred Bay von Neufundland: Helge Ingstad heißt dieser Abenteurer und Wissenschaftler. Er reist zusammen mit seiner Frau Anne Stine, einer Archäologin. Sie suchen die Spuren ihrer Vorfahren. Die beiden kommen an Bord eines Arztschiffes, das die weit verstreuten Fischerdörfer an der Küste abklappert.

Eines davon heißt L'Anse aux Meadows. Die Kursangaben aus der Grönländer-Saga könnten zu diesem Ort passen.

Viele Menschen leben nicht in L'Anse aux Meadows in dem Jahr, als die Ingstads an Land gehen, es sind nur drei Familien. Und während eine Krankenschwester die Fischer, ihre Frauen und Kinder impft, schaut sich Helge Ingstad um.

Nun sieht er diesen Fluss, der durch einen See fließt. Und deshalb fragt der Norweger herum, ob es vielleicht rund um das Dorf irgendetwas Seltsames gebe.

Dem Fischer George Decker fällt etwas ein, nichts Wichtiges, aber nachschauen könne man ja mal, wenn der seltsame Fremde denn unbedingt wolle: Es gebe da ein paar Erdwälle an der Epaves Bay, nicht weit vom Dorf entfernt, so niedrig, dass man sie kaum sehen könne.

Die Epaves Bay ist flach. Sie fällt bei Ebbe auch trocken, so dass die Wikinger tatsächlich hätten an Land waten müssen, wie es in der Saga heißt. Und Ingstad sieht sofort, dass die flachen Wälle Rechtecke bilden.

Die Natur erschafft selten etwas mit rechten Winkeln.

Ingstad fragt Decker: Könnten dort unten an der Bucht vielleicht in diesem Jahrhundert einmal Menschen gehaust haben, Walfänger womöglich? Decker glaubt das nicht: „Die hätten schon eine Schraube locker haben müssen, wenn sie sich hier niedergelassen hätten – wo sie mit ihren Booten nicht dicht an Land hätten fahren können. Sie hätten durch die Bucht stapfen und ihre Wale auf dem Rücken an Land schleppen müssen", sagt er.

Ingstad lässt seine Blicke über das Meer schweifen und über die Bucht. Die Schiffe der Wikinger, diese „Knarr" genannten breiten und offenen Frachtsegler, hatten wenig Tiefgang. Und die Nordmänner liebten Buchten wie diese, das weiß der Norweger aus seiner Heimat. Sie bauten ihre Häuser ja meist an das geschützte Ende eines Fjordes, wo sie ihre Knarrs auf Schlick oder Sand ziehen konnten. Und sie brauchten Weiden für ihr Vieh sowie eine Süßwasserquelle oder einen Fluss.

Sie brauchten also ganz genau eine solche Bucht wie die Epaves Bay. Für Wikinger ist die Epaves Bay der ideale Ort. Ingstad glaubt, Vinland gefunden zu haben.

In den nächsten sieben Jahren graben die Ingstads an der Epaves Bay. Grundmauer um Grundmauer legen sie die Reste eines Dorfes frei, inklusive Schmiede, mit Kochgruben und Versammlungshäusern. Und ganz sicher haben dort Europäer gelebt. Denn die Archäologen – die kanadische Regierung hat mittlerweile andere Wissenschaftler zur Verstärkung geschickt – entdecken zwischen den Resten der Erdhütten auch Nägel aus Eisen, sie finden Bronzeteile, einen runden Speckstein von einem Spinnrad, und sie sehen die Kerben von eisernen Äxten an Holzbalken. Nichts von alldem kannten die Indianer jener Zeit.

Die Forscher datieren dann auch noch Reste von Holzkohle, die sie in der Schmiede finden, auf die Zeit zwischen 860 und 1060.

Nur eines passt nicht, nämlich das, was jener deutsche Eriksson-Kumpel Tyrkir laut Grönländer-Saga entdeckte. Eines Abends war dieser Tyrkir verschwunden. Als sich seine Wikinger-Kameraden schon Sorgen machten, kam er ganz aufgelöst zurück und stammelte: „Ich habe Weintrauben gefunden."

Es waren in der Tat so viele, dass Erikssons Leute laut Saga nachher „das Beiboot mit Trauben voll luden und das Schiff selbst mit Holz. Als der Frühling dann kam, machten sie das Schiff seeklar und segelten davon. Leif gab diesem Land einen Namen, der zu seinen Produkten passt. Er nannte es ‚Vinland'".

Weintrauben bei L'Anse aux Meadows, in Neufundland? Völlig unmöglich. Viel zu weit nördlich.

Vielleicht aber meinte Tyrkir wilde Beeren, und Eriksson hat dann ein wenig übertrieben und aus den Beeren Weintrauben gemacht, so wie sein Vater seine Insel wegen ein paar magerer Grashalme Grönland getauft hatte.

Nur: Ein kleiner Fund in L'Anse aux Meadows deutet darauf hin, dass es im wahren Vinland vielleicht tatsächlich Weintrauben gab – und dass die Wikinger sie dort, sehr viel weiter im Süden Amerikas, auch wirklich gepflückt haben könnten. Denn zwischen dem Schutt der Siedlung finden die Archäologen auch ein paar Nüsse. „Butternuts" nennen Amerikaner diese Nüsse.

Auch sie wachsen nicht in Neufundland, wuchsen nie dort. Aber da lagen sie nun, im Wikingerschutt von L'Anse aux Meadows, es konnte keinen Zweifel, es musste eine Erklärung geben.

Die Butternuts könnten aus dem Gebiet der heutigen Neuenglandstaaten stammen. Womöglich war das Wikingerdorf bei L'Anse aux Meadows also nur Etappe, ein Zwischenstopp auf dem Weg nach Süden oder zurück auf dem Heimweg nach Grönland. Und irgendeiner von Erikssons Kumpanen hatte die Nüsse mitgebracht.

Es bleiben Rätsel, doch trotz aller Rätsel beweist Ingstads Fund, dass die Sagas einen wahren Kern haben, dass die Wikinger tatsächlich in der Neuen Welt waren. Und bald danach beginnen die Experten darüber zu streiten, ob Columbus davon gehört haben könnte. Und, falls ja, was das nun wieder bedeutet.

Die irische „Navigatio" des Brendan muss er gekannt haben, allein schon wegen der Phantasieinseln auf alten Seekarten, die oft den Namen des Mönchs trugen. Und auch von den Sagas könnte Columbus gehört haben. William Fitzhugh, einst Kurator einer Wikinger-Ausstellung im Washingtoner Smithsonian Museum, meint, wenn der Genuese in Island war, „dann hat Columbus von isländischen Seeleuten lernen können, dass es Land gibt im Westen".

Völlig egal, kontert der Historiker Felipe Fernández-Armesto: Die Wikinger hätten zwar den neuen Kontinent lange vor Columbus betreten, okay. Aber sie hätten schließlich nichts mit ihm anzufangen gewusst. Fernández-Armesto: „Was die Wikinger erreicht haben, hat die Weltgeschichte nicht verändert. Sie fuhren von einer gottverlassenen Ecke in Europa zu einem anderen furchtbaren Platz in Nordamerika. Daraus konnte nichts werden." Columbus hingegen habe „den am dichtesten besiedelten Teil der Alten Welt mit dem am dichtesten besiedelten Teil der Karibik und Mittelamerikas verbunden. Das hatte enormes Potenzial".

Die beiden Legenden des Nordens können dem Genuesen in der Tat kaum als Vorlagen für seinen großen Plan gedient haben, zumindest nicht im Maßstab 1:1. Columbus hat weder Brendans Reise kopiert noch die von Leif Eriksson. Er hat es nicht einmal versucht. Die Sagas und die „Navigatio" erzählen von Kursen hoch im Norden, von eisigen Ländern mit wilden Eingeborenen – und nicht von jenen Palästen mit goldenen Dächern in warmen Gefilden, die Columbus suchen wollte. Da war kein Großkhan, kein China, kein Indien, und vor allem war da kein Gold. Nur Schnee und Tod und vielleicht ein paar Weintrauben.

Aber: Die Legenden von Brendan und Leif Eriksson können sehr wohl Columbus' Denken weiter nach Westen gerichtet haben. Denn die beiden alten Geschichten deuteten darauf hin, dass der Ozean keineswegs die wüste Weite ist, die eine zentrale Landmasse umschließt, die Insel der Menschheit, bestehend aus Europa, Asien und Afrika, wie sich die antiken Geografen das gedacht hatten. Die beiden alten Geschichten schienen vielmehr zu beweisen, dass Seeleute den Ozean sehr gut befahren können. Und dass hinter dem Horizont auch Ziele existieren.

In beiden Legenden ist der Atlantik nicht das Ende der Welt, er ist eine Straße, ein Verkehrsweg, den Navigatoren nutzen können. Falls sie seine Geheimnisse kennen.

Die des Nordens kannte Columbus nun, vor allem, wenn er auf dem Weg nach Irland über die Azoren gesegelt sein sollte, was wegen besserer Winde üblich war. Dann musste er wissen, dass auf dieser Höhe der Wind meist aus West weht; und dass Kapitäne hier nicht versuchen sollten, nach Westen zu segeln, weil die meisten Frachtschiffe jener Zeit auch nicht so viel besser gegen den Wind ankreuzen konnten als der Ochsenhaut-Curragh von Sankt Brendan. Dann wusste er, dass man aber über die Azoren nach Europa zurücksegeln müsste, wenn man aus dem Westen kommt.

Dann kannte er also das Ende jener Route, die Segler seither unverändert nehmen, wenn sie, aus Amerika kommend, in die Alte Welt wollen.

Dann kannte er immerhin schon mal den Rückweg. Genau diesen Kurs würde er später segeln.

Was er noch nicht wusste und was zu dieser Zeit noch niemand genau wissen konnte: Der Atlantik ist ein gewaltiges Karussell globaler Kräfte, gegen die Menschen kaum ankämpfen können, die sie aber sehr gut nutzen können. Treiben Winde und Strömungen Schiffe auf Höhe der Azoren von West nach Ost, so treiben sie sie viel weiter südlich, zwischen den Kanarischen Inseln und dem Äquator, von Ost nach West.

Und schon Columbus' nächste Heuer sorgte dafür, dass er zumindest den Rand dieses Seegebiets kennen lernte: das Reich der Passatwinde. Dort bläst der Nordostpassat meist kraftvoll und viel verlässlicher nach Westen, als sich die Seeleute des Mittelmeers das vorstellen konnten. Dort sah er den Hinweg, und es muss wie eine Verheißung gewesen sein.

## Lissabon, 1478

1478 trifft Columbus, gerade zurück vom Island-Törn, in Lissabon einen alten Bekannten aus Genua-Tagen: Paolo di Negro, den Vertrauten des mächtigen genuesischen Geschäftsmanns Lodisio Centurione.

Di Negro arbeitet jetzt als Agent für Centurione, und in di Negros Auftrag ist Columbus ja schon früher von Savona aus nach Chios gesegelt, um Mastix zu holen. Di Negro hat seine Geschäfte aber inzwischen weit nach Westen ausgedehnt. Gerade eben hat ihn die Centurione-Familie beauftragt, auf Madeira knapp 30 Tonnen Zucker zu besorgen. Und di Negro möchte, dass Columbus sich darum kümmert.

Columbus braucht Geld, er braucht auch Decksplanken unter den Füßen, und dies ist ein interessanter und guter Auftrag. Zumindest sieht es erst mal so aus. Also segelt der Genuese nach Madeira. Aber das Geschäft geht schief, so gründlich schief, dass sich nachher alle Beteiligten vor den Schlichtern der Handelskammer wieder begegnen, am 25. August 1479. Und zwar in Genua.

Es wird das letzte Mal sein, dass Columbus seine Heimat sieht.

Und mehr als 500 Jahre später wird die Archivarin Patrizia Schiappacasse aus Genua noch behutsamer als sonst ein Dokument auf den

Tisch im Archivio di Stato legen, das an jenem Tag ausgefertigt wurde. „Dies hier ist eines meiner wichtigsten Papiere", wird sie sagen. Denn für sie wird dieses vergilbte und brüchige Papier der beste Beweis dafür sein, dass jener Columbus, der in ihren noch älteren Akten als Junge aus Genua auftaucht, identisch ist mit jenem Mann, der um 1478 in Portugal lebt – und der später Amerika entdecken wird. Vor allem aber wird das Papier eine jener dünnen Spuren sein, die der Entdecker bei seinen Recherchen für den großen Plan hinterließ. Wenn auch nicht ganz freiwillig.

Der Notar bezeichnet Columbus in der Akte als „Civis Janue", als „Bürger Genuas", 27 Jahre alt, zumindest so ungefähr. Und der junge Seemann sagt, er arbeite seit einem Jahr in Lissabon, zurzeit auch als Handelsvertreter für Familien aus Genua. Nach Lissabon müsse er sich schon morgen wieder einschiffen.

Columbus tritt als Zeuge in dem Handelskammerverfahren auf, von dem das Papier des Notars handelt: Di Negro hat bei dem Zuckergeschäft offenbar versucht, ein wenig Geld in die eigene Tasche zu stecken. 1290 Dukaten hatten ihm die Centuriones geschickt, davon hat di Negro aber nur 103 Dukaten Columbus mitgegeben. In Madeiras Hafenstadt Funchal konnte Columbus damit natürlich nur einen Teil des Kaufpreises anzahlen. Der Zucker, so vereinbarte er es mit den Händlern auf Madeira, solle verladen werden, sobald dann der Gesamtbetrag angekommen sei.

Doch das Geld kam und kam nicht.

Und die Händler auf Madeira weigerten sich strikt, Columbus den Zucker trotzdem mitzugeben, einfach so auf Treu und Glauben, einem Italiener, den sie nicht kannten.

Nur mit einem Bruchteil der Ladung segelte Columbus schließlich nach Genua und brachte Centurione in Schwierigkeiten. Denn der hatte die 30 Tonnen wahrscheinlich schon weiterverkauft, jene 30 Tonnen, die jetzt noch auf Madeira lagen. Peinlich. Und deshalb wohl ließ Centurione nun alle vernehmen, die irgendwie in das verkorkste Geschäft verwickelt waren – und deshalb wird 500 Jahre später eine Zeugenaussage von Christoph Columbus im Archiv der Stadt Genua liegen.

## Madeira und Porto Santo, September 2003

Madeira ist eine dieser Inseln, die noch immer berauschend schöne Ecken haben – auf Madeira ist es die Nordküste –, die aber ansonsten durch den Bauboom der siebziger und achtziger Jahre ziemlich zerstört sind.

Hotels gibt es hier, die wie Tribünen in die Buchten gesetzt wurden, und die Buchten wären ohne diese Hotels vermutlich bezaubernd.

Kreuzfahrtschiffe gibt es hier, große, breite, furchtbar volle.

250 000 Einwohner leben heute hier.

Und oben über dem Hafen von Funchal liegt ein kleiner Park, die kleine Kirche Santa Catarina steht dort und das Denkmal des „Cristovão Colom“. Der Entdecker sitzt über dem Hafen, die linke Hand liegt auf dem Knauf seines Schwerts, und er hat die Waden eines Profifußballers. Sein Blick ist hart und kalt, natürlich blickt der Entdecker in die Ferne, in der Ferne ist Westen, kein Land mehr, nur noch Wasser.

Columbus kam oft vorbei, wohl auch, als er auf das Geld wartete für den Zucker. Er hat hier keine Spuren hinterlassen. Aber: Es sind nur 70 Kilometer von Madeira bis nach Porto Santo, zweieinhalb Stunden braucht die Fähre, 15 Minuten braucht das Flugzeug.

Und dieses Porto Santo ist eine kleine Insel, es gibt ein paar Berge, ein paar Strände, viele schroffe Felswände und 5000 Bewohner. Im 17. Jahrhundert war Porto Santo die Heimat vieler Piraten; die Männer hockten am Strand und fingen die Schiffe ab, die auf dem Weg nach Westindien waren.

Und noch zwei Jahrhunderte früher lebte hier der junge Columbus. Unten im Ort steht ein Haus, von dem sie hier sagen, es sei sein Haus gewesen. Aber so richtig belegen kann das keiner, na ja, ein „Haus des Columbus“ lockt halt Touristen, wie in Genua. Das Haus des Columbus auf Porto Santo hat Parkettboden und beigefarbene Steinwände. Karaffen und Schalen stehen herum, es ist ein enges Haus, es ist ein kleines Haus mit zwei Zimmern.

Schon vorstellbar: So könnte Columbus gelebt haben auf Porto Santo. Aber das Haus des Columbus ist aus dem 17. Jahrhundert. Und 1998 wurde es restauriert. Nein, man sollte nicht behaupten, dass Christoph Columbus vor über 500 Jahren in diesem Gebäude gelebt habe.

Neben dem Haus ist das Columbus-Museum, und dort gibt es Briefe und andere Schriftstücke und jede Menge Bilder. Mal sieht der Entdecker aus wie Gustav Adolf von Schweden, mal wie Oliver Cromwell, und nur die Eingeborenen der Karibik sehen immer gleich aus auf all den Bildern im Museum von Porto Santo: Sie strahlen glückselig, sie freuen sich, hurra, endlich sind wir entdeckt!

Artur Ferreira, 31 Jahre alt, ist der Direktor des Museums, ein kleiner Mann mit schwarzem Lockenkopf, ein Direktor in schwarzer Hose und weißem Hemd – und ein Patriot.

Porto Santo gehört zu Portugal, und deshalb sagt Ferreira, Columbus sei Portugiese gewesen: Seine Unterschrift und die Briefe, all das deute darauf hin, dass Columbus aus Portugal stammen müsse.

Geht es konkreter, Herr Direktor, was genau deutet darauf hin?

Nun, konkreter weiß Ferreira das gerade nicht.

Aber er erzählt, dass Columbus zweieinhalb Jahre lang auf Porto Santo gelebt habe. Der Vater seiner ersten Frau sei hier eine Art Ortsvorsteher gewesen. „Columbus hatte damals noch keinen Beruf“, sagt Artur Ferreira, „aber hier sah er all die Karten und die Dokumente über die Seefahrt.“

„Hier hatte er seine Idee", sagt Artur Ferreira.

Und darum feiern sie Columbus heute in Porto Santo, der 23. September 2003 ist der Tag des großen Columbus-Festes. Sie trinken auf den Entdecker, sie essen Columbus-Zuckerwatte, sie heizen mit Motorbooten durch die Bucht, und Artisten laufen auf Stelzen über die Pier. Und dann fährt ein Nachbau des ersten Columbus-Flaggschiffs „Santa María" in die Bucht. Der sozialdemokratische Politiker Emanuel Câmara hat sich als Columbus verkleidet, und am Strand spielen sie nun die Entdeckung Amerikas nach.

Man kann sich das natürlich ansehen, man kann aber auch zur Westspitze der Insel fahren, nach Miradouro das Flores. Karg ist es dort, steinig, bräunlich sind die Felsen und von den Wellen umspielt. Die Westspitze ist eine Landzunge, ein perfekter Aussichtspunkt: Westlich von hier ist sehr lange gar nichts. Und dann erst wieder Amerika.

Weiß ist der Schaum der Wellen, blau ist das Meer, mal heller und mal dunkler, es gibt hier eine Menge Untiefen. Es glitzert und funkelt im Licht der Abendsonne, es ist ein wenig diesig, Meer und Himmel gehen ansatzlos ineinander über. Es ist windig. Hat hier einst Christoph Columbus gesessen, kam er hier auf die Idee, nach Westen zu segeln, wie Ferreira sagt?

Sehr wahrscheinlich hat der junge Columbus jedenfalls hier auf Porto Santo weiter über jene Chinesen nachgedacht, die in Irland gelandet sein sollen, und über all die Karten, die er kopiert hatte. Und über die Winde. Sehr wahrscheinlich hat er hier an seinem großen Plan gearbeitet.

Denn die Möglichkeit dazu hat ihm eine Adelige gegeben – seine spätere Frau. Und noch immer rätseln Historiker, wie der Sohn eines Kleinbürgers, der sich so sehnlich wünschte, etwas Besseres zu sein, an jene Dona Felipa Perestrello e Moniz herankam.

## Sevilla, im Herbst 2003

„Nun ja", sagt Consuelo Varela und lacht, „ich glaube, dass vieles im Leben ganz einfach ist." Seit Jahrzehnten versucht die Geschichtsprofessorin nun schon, sich in Columbus hineinzuversetzen, sie analysiert jeden seiner Schachzüge und all die Reaktionen seiner Umwelt.

Varela glaubt, dass Columbus sich zwar nicht sonderlich für Frauen interessierte, Frauen sich aber sehr wohl für ihn. „Er war wahrscheinlich schlicht ein attraktiver Mann. Charmant, überzeugend, er konnte sich in Gesellschaft bewegen. Sicher war er ein exzellenter Verkäufer seiner selbst und ein Mann mit einer Mission. Er ging immer dorthin, wo die Macht war. Und wahrscheinlich wirkte er wie ein Mann mit Zukunft", sagt Varela.

In Museen und Sammlungen existieren mindestens 70 angebliche Porträts von Christoph Columbus. Keines davon ähnelt einem anderen. Es gibt Columbus ohne Bart, mit Bart, mit Schnauzbart. Es gibt den hageren Columbus und einige feiste, ein paar grimmige, verklemmte, aber auch entspannte, selbstbewusste, heroische … wie lautet der Plural von „Columbus"? Columbusse? Jedenfalls: Mancher Columbus ist blond, andere sind dunkel oder grauhaarig.

Aber kein einziges der Bilder wurde zu seinen Lebzeiten gemalt. Keiner der Maler hat Columbus gesehen. Ihre Bilder sind nur Ideen von Columbus. Die Ideen der Maler. Sie sind so, wie die Maler ihn sehen wollten, und das änderte sich mit den Jahrhunderten.

Dabei galt Porträtmalerei zu Columbus' Zeit als schick bei Menschen von Stand. Viele haben sich malen lassen – viele, von denen schon zehn Jahre später niemand mehr wissen wollte, wie sie ausgesehen haben.

Aber Columbus? Nein.

Vielleicht war er nicht eitel genug, vielleicht war er zu geizig für den teuren Maler, vielleicht mochte er auch nicht stillsitzen, weil er Besseres zu tun hatte und anderes im Kopf.

Am nächsten dürfte dem Entdecker, zumindest zeitlich, das so genannte Giovio-Porträt kommen, das der Italiener Paolo Giovio 1550 seiner Galerie einverleibte. Es zeigt einen verhärmten älteren Mann. Er trägt so etwas wie eine karge Mönchskutte, hat wuscheliges Haar, aber eine deutlich hohe Stirn, eine große Nase und große Augen, deren Lider halb über den Pupillen hängen.

Er guckt müde und nicht unbedingt wie jemand, mit dem man Spaß haben könnte. Ebenso wenig sieht er aber aus wie ein Wüterich oder ein Held, er sieht aus wie ein bemitleidenswert ernster Mann, der in seinem Leben viel gekämpft hat. Lange, zähe Kämpfe, die einen nur verschleißen.

Aber so war er wohl. So war auch sein Leben.

Und das Giovio-Porträt passt gut zu den fast identischen und gründlichen Beschreibungen, die Columbus' Sohn Fernando und der Chronist Bartolomé de Las Casas hinterlassen haben. Auch Las Casas kannte Columbus persönlich. Vater und Onkel von Las Casas waren als Kolonisten mit dem Genuesen nach Hispaniola gefahren, auf der zweiten Reise. Bartolomé de Las Casas kam wenig später hinterher, um reich zu werden wie so viele „Hidalgos", junge Adelige, mit seinen 26 Jahren. Stattdessen rührte ihn das Leiden der Indios aber derart, dass er sich zum ersten Priester der Neuen Welt weihen ließ.

Las Casas' Buch „Historia de las Indias" – geschrieben um 1550, gedruckt aber erst mehr als 300 Jahre später – ist neben Fernandos Biografie die wichtigste Quelle über den Entdecker, und Las Casas beschreibt den Mann Columbus so:

*Er war etwas über mittelgroß mit einem langen Gesicht, das ihm die Ausstrahlung von Autorität gab. Er hatte eine Hakennase, blaue Augen und eine helle Haut, die dazu neigte, leuchtend rot zu werden. Bart und Haare waren rot, als er jung war, aber sie wurden sehr früh grau durch seine Arbeit. Er war locker beim Sprechen und überzeugend in seiner Argumentation. Er war ernsthaft, zuvorkommend mit Fremden und sanft und angenehm zu Mitgliedern seiner Familie, mit einer gemäßigten Würde. Und so konnte er alle, die ihn sahen, für sich einnehmen.*

*Er war sehr nüchtern und zurückhaltend beim Essen, beim Trinken und was Kleider und Fußbekleidung angeht. Es wird gesagt, dass er schon mal heiter sprach in familiärer Konversation oder indigniert, wenn er auf jemanden wütend war. „Möge der Herr dich strafen, warum stimmst du nicht mit diesem oder jenem überein."*

*Er war ohne Zweifel ein Katholik von großer Hingabe, weil er bei allem, was er sagte, so etwas einwarf wie „Im Namen der Heiligen Dreifaltigkeit tue ich dieses". Wenn er schrieb, stellte er meist voran: „Jesus und Maria sind mit uns." Wenn er etwas versprach, sagte er manchmal: „Ich schwöre beim heiligen Ferdinand." Wenn ihm Gold oder edle Dinge gebracht wurden, ging er in seine Kabine, kniete nieder, sprach die Nebenstehenden an und sagte: „Lasst uns Gott danken, dass er uns für wert befunden hat, so viele gute Dinge zu entdecken."*

## Von Lissabon nach Porto Santo, um 1479

Er ist fromm und als junger Abenteurer vermutlich durchaus attraktiv für die Damenwelt, und so kommt es dann: Columbus trifft Dona Felipa Perestrello e Moniz bei der Messe, in der Kapelle des Konvents der Heiligen in Lissabon, nicht weit von seiner Kartógrafenwerkstatt entfernt.

Der Konvent ist damals ein Internat für höhere Töchter. Aber er ist auch so etwas wie ein Heiratsmarkt. Denn die für jeden anständig gekleideten Christen offene Kapelle lockt heiratswillige Junggesellen. Bei der Messe, vor allem bei der Kommunion, lässt sich unauffällig und im Rahmen der Schicklichkeit taxieren, wer interessant sein könnte.

Fernando, Columbus' Sohn aus der späteren zweiten Ehe, schildert den Flirt und die Annäherung der beiden kurz und diskret: „Weil er sich sehr ehrenhaft benahm und ein Mann von angenehmer Ausstrahlung war, der niemals vom Pfad der Ehrlichkeit wich, pflegte er auf eine solche Art Freundschaft und Konversation mit ihr, dass sie heirateten."

Außerdem hat Dona Felipa Perestrello e Moniz ein kleines Problem, das sie vielleicht auch dazu bewegt, diesen Immigranten zu nehmen: Sie ist schon 25; damit gilt sie zu jener Zeit fast als alte Jungfer. Und die Familie hat zwar einen alten und sehr guten Namen, aber kaum noch Geld für die Mitgift.

Ist es also Liebe?

Für Columbus ist Felipa vor allem ein großer Glücksgriff. Er könnte keine geeignetere Frau finden. Felipas verstorbener Vater Bartolomeo Perestrello war der Sohn von Einwanderern aus Piacenza, Italien, der in diese uralte Adelsfamilie einheiratete. Das macht es nun auch leichter für den Genuesen, erstens.

Zweitens hat Felipas Mutter Dona Isabel exzellente Beziehungen in genau jene Kreise, die Columbus mehr interessieren als irgendetwas anderes. Denn der alte Perestrello war vom Fach: Er diente Heinrich dem Seefahrer bei der Kolonisierung von Madeira und Porto Santo – und der Prinz verlieh ihm dafür das Lehen Porto Santo sowie den Erbtitel Kapitän von Porto Santo. Perestrello war also einer der frühen Entdecker oder zumindest Kolonisten, und die Insel gehörte ihm danach quasi.

Und drittens: Columbus' neue Schwiegermutter Dona Isabel hütet noch die Seekarten und Akten ihre Mannes. Fernando wird später schreiben:

*Sie bemerkte sein großes Interesse an der Geografie und erzählte ihm, dass Perestrello ein bemerkenswerter Seefahrer war. Und sie erzählte, wie er und zwei andere Kapitäne mit einer Lizenz des Königs loszogen, um neue Länder zu entdecken. Und als sie sah, dass ihre Erzählungen ihm sehr gefie-*

*len, gab sie ihm Notizen und Karten, die ihr Gatte hinterlassen hatte. Diese Dinge faszinierten den Admiral noch mehr.*

Bald nach der Hochzeit, wahrscheinlich schon 1479, ziehen Columbus und seine Frau von Lissabon nach Porto Santo. Etwa 1480 wird dort Columbus' erster Sohn geboren. Er nennt ihn Diego nach seinem Lieblingsbruder Giacomo alias Diego, dem Nesthäkchen aus dem engen Vico Dritto in Genua.

In den nächsten Jahren lebt die Kleinfamilie vermutlich meistens auf Porto Santo und Madeira. Und von dort aus recherchiert Columbus weiter. Das Wichtigste für seinen künftigen Plan muss ihm jeden Morgen auffallen, wenn er vor die Haustür tritt: der Wind.

Der Wind weht auf Porto Santo sehr oft aus Nordost.

Denn die Insel liegt fast an der Grenze der Passatwindzone. Von diesen stetigen Winden wissen die Seefahrer zu dieser Zeit nur, dass es vor Afrikas Küste auffallend häufig aus Nordost bläst – auch Columbus segelt wohl einmal die Küstenlinie entlang. Aber noch hat niemand beobachtet, dass der Wind weit draußen auf dem Ozean genauso weht. Auf Madeira kann man den Passat kaum bemerken, weil die große und steil aufragende Insel den Wind ablenkt, ihn manchmal sogar bis auf Südwest drehen kann.

Aber wer zu den Wenigen gehört, die auf dem wesentlich kleineren Porto Santo leben, und sich auch noch für den Wind interessiert, der muss merken, dass der Wind oft auf den Ozean hinausbläst. Wenn man bei Miradouro das Flores, jenem Aussichtspunkt an der windigen Westspitze der Insel, ein Stück Holz ins Wasser wirft, wird es in die Karibik treiben. Und wenn man lange genug wartet, könnte es wieder über die Azoren zurückkommen.

Jetzt kann Columbus also auch den Wind für den Hinweg kennen.

Nur: Was könnte dort drüben sein?

Dass dort exotische Länder liegen müssen, wird ihm immer klarer. Denn das Meer spült häufig seltsame Dinge an portugiesische Strände, von denen er hört und von denen er später seinem Sohn Fernando erzählen wird:

*Ein Lotse des Königs, Martín Vicente hieß der, berichtete ihm, dass er einmal westlich von Cabo São Vicente ein Stück Holz aus dem Meer gefischt habe, das ganz eigenartig geschnitzt worden sei, offenbar nicht mit einem Metallwerkzeug. Deshalb, und weil der Wind seit vielen Tagen aus Westen geblasen hatte, schloss er, dieses Holz müsse von irgendwelchen Inseln im Westen stammen.*

*Pedro Correa, der mit einer Schwester der Frau des Admirals verheiratet war, erzählte ihm, dass auf Porto Santo einmal ein ebenso geschnitztes Stück Holz angeschwemmt worden sei und dazu noch merkwürdiges Zuckerrohr, so dick, dass ein Stück davon neun Maß Wein fasste. Weil solches Rohr nirgendwo in unseren bekannten Ländern wächst, war es sicher, dass der Wind es von Inseln oder gar von Indien herübergeblasen haben musste. Ptolemäus schreibt, dass solche Rohre in den östlichen Teilen Indiens zu finden seien. Menschen von den Azoren erzählten ihm auch, dass die See Nadelbäume an die Küsten der Inseln gespült habe, wie sie nirgendwo in der Region wachsen.*

Und dann erfährt Columbus auf eher drastische Weise, dass es drüben im Westen bewohntes Land geben muss. Fernando:

*Auf der Insel Flores, einer der Azoren, warf die See auch einmal zwei Leichen an den Strand, mit breiten Gesichtern und überhaupt von ganz anderem Aussehen als Christenmenschen.*

Immer wieder hört Columbus auch die Geschichten von Seefahrern, die, von ihrem Kurs abgetrieben, im Westen Land gesehen haben wollen. Sie sind die Quellen für die Existenz all jener mystischen Inseln wie St. Brendan oder Hy-Brasil, mit denen Kartografen auf ihren Werken den Ozean voll malen. Ein Mann von Madeira etwa, Antonio Leme, versichert Columbus, er habe, vom Sturm abgetrieben, ganz weit dort draußen drei Inseln gesichtet.

Und Columbus weiß, dass nicht nur Engländer von Bristol aus nach Hy-Brasil suchen, er weiß auch, dass selbst Portugals König derartige

Legenden ernst nimmt. Der Monarch lässt ab und zu tatsächlich nach Land im Westen suchen, einem Seefahrer spricht er gar schon zwei Inseln der geheimnisvollen St.-Brendan-Gruppe zu – sollte er sie denn finden.

Die meisten Geografen glauben auch an die Legende von der Insel Antilia, nach der dann sehr viel später die Antillen benannt werden sollen: Im Jahr 714, so geht die Geschichte, seien sieben Bischöfe mit ihren Gläubigen vor dem Terror anrückender Mauren von Portugal aus aufs Meer geflohen. Sie hätten Antilia entdeckt und dort sieben Städte gebaut. Dann hätten sie ihre Schiffe verbrannt, um nicht in Versuchung zu geraten, wieder heimzuwollen. Zur Zeit Heinrichs des Seefahrers habe auch einmal eine Karavelle Antilia erreicht, sie habe aber wieder fliehen müssen, weil der Kapitän befürchtete, festgehalten zu werden.

1452 hatte Heinrich der Seefahrer tatsächlich einen Kapitän und einen Lotsen, Diego de Teive und Pedro de Valesco, losgeschickt, um Antilia wiederzufinden. Sie entdeckten die Azoreninsel Flores. Immerhin.

Außerdem studiert Columbus die Bücher der antiken Geografen. Wann genau, das ist unklar, aber er liest über Aristoteles, der schon sagte, dass man „in wenigen Tagen" von Spanien nach Indien segeln könne.

Und er liest Strabo. Ungefähr zu jener Zeit, als Jesus gekreuzigt wurde, schrieb der Grieche, dass Entdecker es sogar schon einmal gewagt hätten:

*Jene, die zurückkamen von dem Versuch, die Welt zu umsegeln, sagen nicht, dass ihre Reise an irgendeiner Landbarriere endete. Die See sei absolut offen geblieben. Sie gaben aber auf, weil ihnen der Wille fehlte und die Vorräte knapp wurden.*

Und Columbus liest auch die Prophezeiung des Philosophen und Dichters Seneca, einen Text aus dessen Tragödien:

*... venient annis*
*Secula seris, quibus Oceanis*
*Vincula rerum laxet, et ingens*
*Pateat tellus, Tiphysque novos*
*Detegat orbes, nec sit terris*
*Ultima Thule*

Übersetzt heißt das: „Es wird eine Zeit kommen in späteren Jahren, in der der Ozean die Ketten lockern wird, die uns einschließen, in der ein immenses Land dort liegen wird und Tiphys (der Lotse Jasons) neue Welten enthüllt, und dann wird Thule nicht mehr das am weitesten entfernte aller Länder sein."

Die Prophezeiung dürfte dem Genuesen gefallen. Und er sammelt alle Informationen, damit er gleichsam der Lotse werden kann. Das ist nicht wenig, aber schließlich auch kein Geheimwissen. Columbus' Verdienst: Er bindet alles zusammen, die Hinweise auf angeschwemmte Leichen, die Meinung der alten Geografen, die Karten und wohl auch seine Erkenntnisse über die Winde auf dem Ozean.

Detail für Detail entsteht ein Traum, es wächst ein Bild.

Doch Columbus' Gegner werden später behaupten, er habe es nicht selbst gezeichnet.

## Spanien, 1535

Im Land kursiert ein böses Gerücht: Columbus, so tuscheln Feinde, habe wahrscheinlich in seiner Zeit auf Madeira und Porto Santo einen geheimnisvollen Lotsen kennen gelernt. Dieser Mann sei der wahre Entdecker Amerikas, denn er habe dem Genuesen den Weg gewiesen.

Es ist ein gefährliches Gerücht oder ein nützliches, je nachdem, auf welcher Seite man steht. Denn gerade jetzt führt die spanische Krone einen Prozess gegen die Columbus-Erben: die „Pleitos de Colón".

Der Prozess läuft seit vielen Jahren, und die Anwälte des Hofes versuchen zu beweisen, dass Columbus in Wahrheit gar nicht so viel Ehre – und damit seinen Erben nicht so viel Geld – zustehe. Die Krone will sein Verdienst schmälern, um die versprochenen Prozente vom ungeheuren Reichtum der Neuen Welt nicht abtreten zu müssen. Und in dieser Zeit, um 1535, verbreitet Gonzalo Fernández de Oviedo die Legende vom geheimen Lotsen. Ausgerechnet de Oviedo.

De Oviedo lernte Columbus kennen, als der spanische Adelige noch ein Teenager war und Page am spanischen Hof, damals in Granada und dann wieder in Barcelona, als der Genuese seine Entdeckung feierte. Die Abenteuer des großen Columbus packten den jungen Hidalgo, er reiste in die Neue Welt als Chronist der Entdeckungen und notierte eifrig, was er sah. Er beschrieb Pflanzen und Tiere und auch die Indianer. De Oviedo, der feine Adelige vom Hof, hielt sie für verwahrloste Lügner, für faule Dreckferkel, die lieber sterben würden, als zu arbeiten.

Doch de Oviedo lernte offenbar auf den „Westindies" auch, Columbus zu hassen. Wie das oft so ist, wenn man früh jemanden bewundert und später die Wahrheit sieht, die nicht mehr gar so glänzend wirkt. Dann schlägt die Bewunderung manchmal in das andere Extrem um, und in diesem Fall ist das ziemlich unangenehm für die Columbus-Erben, weil de Oviedo jetzt als Autorität gilt. Umso heimtückischer, dass ausgerechnet er nun offiziell in seinen Schriften dieses Gerücht verbreitet:

*Manche sagen, dass eine Karavelle, die von Spanien nach England segelte, in gewaltige Unwetter geriet, die den Lotsen dazu zwangen, vor dem Wind herzusegeln, und zwar über so viele Tage hinweg, dass die indischen Inseln in Sicht kamen. Dann sei er an Land gegangen, und er sah nackte Menschen. Und als die Winde abnahmen, bunkerten sie Wasser und Holz und kehrten zurück auf den ursprünglichen Kurs. Man sagt auch, dass der größte Teil der Ladung dieses Schiffes aus Lebensmitteln und Wein bestand, weshalb sie eine so lange Reise überlebten. Des Weiteren wird gesagt, dass dieser Seemann ein sehr enger Freund gewesen sei von Christoph Columbus und dass er sich auch etwas auf die Breitengrade verstand und so angeben konnte, wo das Land lag, dass er gefunden hatte. Und im Geheimen teilte er dieses Wissen mit Columbus, den er aufforderte, eine Karte zu zeichnen mit dem Land, das er gesehen hatte. Es wird gesagt, dass Columbus ihn in seinem Haus aufnahm wie einen Freund und versuchte, ihn wieder aufzupäppeln, aber dass der Mann dann gestorben sei. So habe Columbus von dem Land gewusst und dem Kurs dorthin, und er allein habe das Geheimnis gekannt. Manche sagen, dieser Kapitän oder Lotse sei ein Mann aus Andalusien gewesen, andere halten ihn für einen Portugiesen, wieder andere für einen Basken. Einige sagen, Columbus sei zu der Zeit auf Madeira gewesen, andere geben die Kapverdischen Inseln an. Und sie glauben, dass die Karavelle dort in den Hafen eingelaufen wäre, und so habe Columbus von dem Land erfahren. Ob das stimmt oder nicht, weiß niemand zu sagen. Aber wenn ich gefragt werde – ich halte das eher für falsch.*

Dieser letzte scheinheilige Satz hilft dann auch nicht mehr, die üble Nachrede ist in der Welt. Columbus' Lotse hat sogar einen Namen: Alonso Sánchez de Carvajal soll der Ärmste geheißen haben, ein Spanier, entweder aus dem andalusischen Palos de la Frontera oder dem benachbarten Huelva, aber natürlich ist von ihm jede Spur verschwunden.

Jahrhundertelang werden die Experten streiten, ob die Geschichte stimmen kann. Dagegen spricht: Nur sehr selten bläst der Passat über Wochen hinweg mit Sturmstärke über den Atlanik. Und: Ein Seemann konnte nie und nimmer eine Karavelle allein manövrieren, schon gar nicht quer über den Ozean. Wenn also das mysteriöse Schiff tatsächlich Madeira oder die Kapverden angelaufen haben sollte, müsste eine ganze Crew an Bord gewesen sein. Und die Männer hätten allesamt die Inseln auf der anderen Seite des Atlantiks sehen müssen. Eine Sensation, von der niemand erfuhr – niemand außer Columbus? Schwer zu glauben.

Außerdem brauchte Columbus damals keinen Lotsen.

Nicht noch einen.

Denn es gab schon einen Mann, der ihm die Richtung wies, so gut das ging. Und Columbus hatte sich eine Karte kopiert, die dieser Mann gezeichnet hatte.

## Florenz, ab 1410

Die alte italienische Universitätsstadt Florenz ist zu dieser Zeit ein Mekka der christlichen Gelehrten, und neben dem aufsteigenden Stern Portugal auch Zentrum der Geografen. Deren christliches, bibeltreues Bild von der Erde hat sich in den vorangegangenen Jahrhunderten nicht sehr verändert. Die meisten glauben zunächst noch, die drei Kontinente Europa, Asien und Afrika mit Jerusalem als Mittelpunkt schwämmen auf der nördlichen Erdhalbkugel, umgeben von dem einen Ozean, der nicht schiffbar sei. Und die südliche Halbkugel sei eine Todeszone, glutheiß und lebensfeindlich.

Doch dann entdecken die Gelehrten die antiken, vorchristlichen Autoren neu. So wird der griechische Text „Geografie" von Claudius Ptolemäus, der aus dem 2. Jahrhundert stammt, 1410 in Florenz ins Lateinische übersetzt. Ptolemäus beschrieb nicht nur die Gewürzinseln in Asien. Er verkündete auch, dass Afrika sich wohl über den Äquator hinaus nach Süden erstrecke. Und die Florentiner konnten aus seinem Text schließen, dass der Süden gar bewohnbar sein könnte.

Zudem wies Ptolemäus ebenso wie Strabo darauf hin, dass man den Ozean durchaus befahren könne. Und: Er schätzte, wie groß Europa, Asien und Afrika sein könnten. Wenn man die Erde in 360 Längengrade unterteilt, so tippte er, müsse diese Landmasse die Hälfte davon ausmachen, also 180 Grad.

Seine wiederentdeckten Texte passen für die florentinischen Denker auf einmal gut zu den phantastischen Reiseberichten, die Jahre zuvor ein Mann namens Marco Polo in einem Buch verbreitet hatte. Polo hatte behauptet, er sei bis nach China gelangt, ins Reich des mächtigen Großkhans.

Er beschrieb die Gewürzinseln ähnlich wie Ptolemäus, nur farbiger. Er beschrieb Indiens Provinz Cathay, China, und die weit vorgelagerte Insel Cipango, Japan. Aber: Aus Marco Polos Erzählungen ließ sich schließen, dass Asien noch 30 Längengrade weiter nach Osten reichen müsse, als sich Ptolemäus das gedacht hatte.

Und deshalb halten ihn nun viele der Gelehrten aus Florenz für einen Aufschneider, der Asien größer machte, um sich selbst größer dastehen zu lassen.

Der bedeutendste der Forscher zu jener Zeit ist der Arzt und Mathematiker Paolo dal Pozzo Toscanelli. Er denkt und arbeitet international und hält zum Beispiel Kontakt zu dem deutschen Astronomen Johannes Müller, genannt Regiomontanus.

Dessen Schüler Martin Behaim wird später den ersten bedeutenden Globus der abendländischen Geschichte bauen, eine Kugel aus Leder. Auf diesem Globus wird Asien direkt gegenüber der europäischen Westküste liegen. Es ist die Welt, so wie Columbus sie sich denkt, dargestellt als Kugel – und vor allem: fertiggestellt 1492, bevor der Entdecker aus Amerika zurückkommen wird. Ein Rätsel, das Historiker lange beschäftigt. Die Lösung: Behaim und Columbus haben wahrscheinlich dieselbe Quelle – den Gelehrten Toscanelli.

Der lebt zunächst ein gelehrtes Leben, ein ruhiges Leben. Doch dann besetzen die Türken das christlich-orthodoxe Konstantinopel. Die Florentiner bangen nun ebenso wie die Genuesen um ihren Handel mit Asien. Und Toscanellis Familie handelt unter anderem mit Gewürzen.

„Es ist nicht auszuschließen, ja, es ist sogar wahrscheinlich, dass es die Ereignisse in der Welt waren, die Toscanelli veranlassten, die Betrachtung der Gestirne und die Mathematik beiseite zu lassen, um dafür geografische Forschungen stärker voranzutreiben", wird Jahrhunderte später der Historiker Paolo Emilio Taviani glauben.

Toscanelli recherchiert, welchen anderen Weg es noch nach Osten geben könnte. Er hat Zugang zu allen Quellen, allen Bibliotheken, ganz anders als Columbus auf Porto Santo. Toscanelli befragt nicht nur Reisende, sondern auch die Diplomaten ferner Länder. Und dann beginnt er, Marco Polo zu glauben, und er kombiniert dessen Erzählungen mit all den anderen Informationen und vor allem mit dem Weltbild des Ptolemäus.

1474, da ist er schon 77 Jahre alt, fasst Toscanelli alles, was er nun weiß, zusammen in einem Brief an einen alten Freund namens Fernão Martins, den so genannten Kanon der Kathedrale von Lissabon. Denn Portugals König will wissen, ob Toscanelli andere Routen nach Asien für denkbar hält, und hat seinen Vertrauten Martins um Vermittlung gebeten.

In seinem Brief an Martins schreibt Toscanelli nun nicht nur, dass im Westen, direkt gegenüber von Portugal, Asien liege. Er legte auch gleich eine Karte mit seiner Vorstellung der Welt bei. Diese Karte zeigt, ganz modern, ein Gitternetz von so etwas wie Längen- und Breitengraden; rechts hat Toscanelli die Küsten Europas und Afrikas eingezeichnet, links Cathay und Cipango und dazwischen Antilia sowie andere, kleinere Inseln.

Toscanelli sendet Martins neben der Karte auch die Kartenlegende, eine Erläuterung. Sie enthält alles, was ein Seemann wissen muss:

*Die geraden Linien, die vertikal über diese Karte laufen, zeigen die Distanzen von Ost nach West. Die horizontalen Linien zeigen die Distanzen von Nord nach Süd. Ich habe auf die Karte auch die verschiedenen Orte gezeichnet, wo man Zuflucht suchen könnte im Falle eines Sturmes oder anderer Probleme.*

*Von der Stadt Lissabon sind Richtung Westen 26 Abschnitte auf der Karte, jeder davon steht für 250 Meilen, und sie reichen bis zur noblen Stadt Quinsay. Diese Stadt hat einen Umfang von ungefähr hundert Meilen. Sie liegt in der Provinz Mangi, nicht weit von der Provinz Cathay, in der der König sich die meiste Zeit des Jahres aufhält. Und hinter der Insel Antilia, die Ihr die Insel der sieben Städte nennt, bis zu der sehr noblen Insel Cipango sind es zehn Abschnitte, was für 2500 Meilen steht. Dieses Land hat viel Gold, Perlen und Edelsteine, und die Tempel und königlichen Paläste sind bedeckt mit solidem Gold. Aber weil der Weg dorthin unbekannt ist, existieren all diese Dinge bislang im Verborgenen – obwohl man vollständig sicher dorthin segeln kann.*

## Portugal, 1480

Toscanellis Brief und seine Karte werden am Hof in Lissabon wie eine geheime Kommandosache eingestuft und weggeschlossen. Wie Columbus von beiden erfährt, ist unklar. Womöglich helfen die alten Kontakte seiner Schwiegermutter, vielleicht hört sie Gerüchte, nutzt den guten Namen ihres toten Mannes. Auf jeden Fall hat Columbus um 1480 herum endlich beides in den Händen, die Wegbeschreibung und eine Kopie der Karte. Die zeichnet er sich selbst, vielleicht weil er das Original nur einsehen darf.

Trotzdem. Das reicht. Er jubiliert: Der große Toscanelli bestätigt und präzisiert, was er, Columbus, schon geahnt hat.

1481 nimmt Columbus Kontakt zu Toscanelli auf. Er will herausfinden, ob der Florentiner noch mehr weiß, irgendetwas. Der Arzt antwortet:

*Paolo der Arzt an Christoph Columbus, Grüße.*

*Ich schätze Euren noblen und starken Wunsch, von Osten nach Westen zu segeln über jene Route, die sich aus der Karte ergibt. Es freut mich, dass ich so gut verstanden worden bin und dass diese Reise jetzt nicht nur möglich scheint, sondern sicher unternommen werden wird. Aber man kann das nicht schaffen ohne Erfahrung oder ohne jene diversen Informationen, die ich von bedeutenden gelehrten Männern gesammelt habe, die von jenen Orten aus an den römischen Hof kamen, oder von Händlern, die lange in diesen Teilen der Welt unterwegs waren und mit großer Autorität über diese Dinge sprechen.*

Jedoch: Ptolemäus hatte die Größe des bekannten Teils der Welt schon um 50 Prozent überschätzt – und damit den unbekannten Rest halbiert; Marco Polo – und mit ihm Toscanelli – hat den Fehler noch vergrößert. Und deshalb kalkuliert der Florentiner in seinem Brief, dass es von den Kanarischen Inseln bis nach Quinsay in China nur 5000 Meilen seien.

Columbus hält Toscanellis schon viel zu gering geschätzte Distanz allerdings noch für überzogen. Er macht sich selbständig, liest andere alte Geografen, den Araber Alfraganus etwa oder Marinus von Tyros. Er liest aus ihnen das heraus, was er will. Und dann beginnt er zu rechnen.

Seine beiden Variablen: Wenn die Weltkugel 360 Längengrade hat, wie viel davon misst dann die bekannte Welt? Und: Wie viele Meilen ergeben einen Grad?

In Wahrheit rechnet er aber nicht, sondern betreibt Zahlenhokuspokus: Columbus presst, dehnt, staucht und zwirbelt die Gradzahlen und die Meilen, bis ihm das Ergebnis passt. Jahrhunderte später werden Wissenschaftler die Rechnung zwar nachvollziehen können. Sie sieht ja auch recht beeindruckend aus, ist aber ebenso kompliziert wie falsch: Die Distanz zwischen den Kanaren und Quinsay betrage nicht 5000 Meilen, wie Toscanelli glaubt, sondern nur 3550 Meilen. Sagt Columbus.

In Wahrheit sind es fast 12 000 Meilen.

Wenn eine Karavelle mit dem Passatwind von hinten 100 Meilen am Tag schafft – und das schafft sie leicht –, dann wäre er als Kapitän in fünf Wochen in China. So rechnet er.

Für die wahre Distanz aber würde eine Karavelle vier Monate brauchen. Und dann wäre Kapitän Columbus längst verdurstet und seine Crew ebenso. So ist die Wirklichkeit, die kann lästig sein. Wenn man sie zur Kenntnis nimmt.

Columbus allerdings glaubt nun zu wissen, was er wissen muss: Die Erde ist eine Kugel. Also kann man nach Westen segeln und im Osten ankommen.

Von den äußersten Vorposten Europas bis zu den Inseln vor Indien ist es nur ein Törn von wenigen Wochen.

Man darf auf keinen Fall von Portugal aus direkt nach Westen halten, weil man erst im Süden, ab Porto Santo etwa, auf gute Winde bauen kann.

Zurücksegeln – das vermutet er vielleicht eher, als dass er es weiß – muss man hingegen auf der Breite der Azoren, denn dort weht der Wind meist aus West.

Das sind die wesentlichen Punkte. Der große Plan ist fertig. 1484 wendet sich Columbus an den portugiesischen König Johann II. Der Monarch hört den Genuesen auch tatsächlich an, vielleicht hat die Schwiegermutter wieder ihre Beziehungen spielen lassen. Johann II. ist aufgeschlossen, denn er glaubt, dass die Zukunft seines Landes auf dem Ozean liegt. Dass neue Entdeckungen seine Macht und seinen Reichtum nur mehren können.

Natürlich will der König weiterverfolgen, was Heinrich der Seefahrer angefangen hat: Er will die Karavellen Portugals immer weiter Richtung Süden die afrikanische Küste hinunterschicken. Irgendwann müssen sie doch das Ende dieses Kontinents erreichen, und dort werden sie hoffentlich Richtung Nordosten abbiegen können, und dann könnten sie freie Fahrt bis in den Orient haben. Deshalb hat Johann II. keinen seiner Kapitäne auf Toscanellis Brief und Kurs angesetzt. Die Portugiesen haben schon eine Option für den Weg nach Indien, sie brauchen keine zweite.

1488 wird Bartolomé Dias ja auch tatsächlich das Kap der Guten Hoffnung entdecken und umrunden, und zwölf Jahre später wird Vasco da Gama gar bis nach Calicut vorstoßen.

Allerdings müsste das einen wie Johann II. nicht unbedingt hindern, auch andere Routen ausprobieren zu lassen. Er hätte die Schiffe dafür, er hätte das Geld, die Matrosen, die Navigatoren, er hätte alles. Eigentlich wäre Portugals König der ideale Partner für Columbus.

Doch dann geht irgendetwas bei der Unterredung furchtbar schief. Vielleicht ist es Columbus' selbstbewusste Art, die den Monarchen stört. Sicher ist es auch das Missverhältnis zwischen den praktischen Erfahrungen, die der Mann vorzuweisen hat, und seinen hochfliegenden Plänen. Vielleicht stellt Columbus zudem unmäßige Forderungen – so wie jene, die er nachher in Spanien erhebt, wo er schließlich neben Geld und Schiffen auch Titel, Rechte und Prozente verlangt wie kein Entdecker jemals zuvor.

Auf jeden Fall notiert ein Schreiber nach dem Termin bei Hofe in Lissabon:

*Als der König merkte, dass Cristovão Colom ein Schwätzer war und sich seiner Taten rühmte, dass er auch mit mehr Phantasie und Einbildungskraft als Wissen von seiner Insel Cipango sprach, schenkte er ihm nur noch geringes Vertrauen. Aber da Columbus seine Sache hartnäckig verfocht, verwies ihn der König an Diego Ortiz, den Bischof von Ceuta, und die Meister Rodrigo und José, welche er beauftragt hatte, sich mit kosmografischen Dingen und der Forschung zu beschäftigen.*

Meister Rodrigo ist der Arzt des Königs und José Vizinho ein Mathematiker. Die drei Männer gehören zur „Junta dos Mathemáticos", einer Art wissenschaftlichem Beirat. Ihr Hauptjob: Die Junta soll Navigationsinstrumente entwickeln für die Kauffahrer des Königs; tatsächlich perfektioniert Rodrigo das so genannte Astrolabium, ein Gerät, mit dem sich Sternenwinkel messen lassen. Und Vizinho arbeitet an Rechentafeln, mit deren Hilfe Navigatoren Messwerte in Positionsangaben umsetzen können. Nun sollen sie sich also Columbus' Ideen anschauen.

Die Männer der Junta verstehen sehr viel von Navigation.

Sie prüfen Columbus' Plan.

Und dann lehnen sie ihn ab.

Sie haben dafür sogar sehr gute Gründe; es ist die einzig vernünftige Entscheidung – nach damaligem Wissensstand. Aber es ist trotzdem die falsche Entscheidung. Sie wird Portugal ein Weltreich kosten.

Die Junta kommt nämlich zu dem Schluss, es handle sich bei Columbus' großem Plan um nichts als „leeres Gewäsch". Die Experten bezweifeln, dass irgendein Seemann die indischen Inseln so erreichen kann, wie dieser Colom sich das denkt.

In den Jahrhunderten darauf werden Gelehrte die Köpfe schütteln über diese Dumpfbacken, über die portugiesischen Herren, die sich natürlich für Experten halten, und über ihre Kollegen in Spanien, an denen Columbus später ebenfalls abprallen wird. Diese Herren hätten wohl noch gedacht, die Erde sei eine Scheibe, hätten noch befürchtet, sie habe einen Rand, über den man fallen könne, hätten geglaubt, die Kugeltheorie sei modischer Blödsinn, denn dann müssten die Menschen auf der unteren Hälfte der Erde mit den Füßen nach oben stehen. All so was. Columbus dagegen sei als Vorkämpfer der Moderne angetreten.

Ein schönes Bild mit einem edlen Columbus in der Mitte. Und einem so wunderbar fortschrittlichen.

Nur: So ist das nicht.

Die Geografen wissen in Wahrheit ebenso gut wie Columbus, dass die Erde eine Kugel ist. An den meisten Universitäten wird das so bereits gelehrt. Den Forschern ist deshalb längst klar, dass man in den Westen segeln und im Osten ankommen kann. Theoretisch.

Der Columbus-Biograf und US-Konteradmiral Samuel Eliot Morison wird einmal schreiben: „Weil kein Zweifel bestand, dass die Erde eine Kugel ist, stimmte jeder zu, dass Columbus' Theorie richtig sein müsste. Seine Originalität lag darin, dass er vorschlug, auch etwas zu unternehmen. Das Konzept, Richtung Westen bis nach China zu segeln, war etwa so, wie die Idee zu fliegen um 1900 herum – theoretisch durchaus in Ordnung, aber praktisch noch nicht machbar mit den Mitteln der Zeit."

Denn die Mitglieder der Junta können im Unterschied zu Columbus rechnen. Und sie wollen die Erde nicht kleiner machen, als sie ist. Deshalb mutmaßen zumindest die spanischen und wahrscheinlich auch die portugiesischen Gelehrten, dass jeder Mann an Bord längst verhungert und verdurstet sein würde, bevor die Schiffe Indien erreicht hätten. Die Experten schätzen die Entfernung zwischen Europa und Indien halbwegs realistisch ein. Columbus tut das nicht.

Zugute halten kann man ihm nur, was er später bei der ersten Reise in sein Bordbuch schreibt, dass er nämlich zwischen Europa und Indien zumindest Inseln wie Antilia vermutet, so wie Toscanelli. Vielleicht gehören diese Inseln gar auch zu seinen Zielen: neue Länder im Ozean, die sich okkupieren lassen, ähnlich wie das Porto Santo seines Schwiegervaters. Wie sonst ließe sich beispielsweise erklären, dass er später einfach Inseln für die Krone in Besitz nimmt, von denen er ja annehmen müsste, dass sie dem mächtigen Großkhan gehörten, wäre er tatsächlich in Indien?

Die Gelehrten wissen aber ebenso wenig wie er, dass zwischen Europa und Asien nicht nur ein paar Inseln liegen, sondern ein ganzer Kontinent. Und so wie Columbus aus den falschen Gründen das Richtige will, entscheiden sie aus den richtigen Gründen falsch.

Abgewiesen und auch noch verspottet, sieht Columbus nun in Portugal keine Zukunft mehr für sich. Acht Jahre lang hat er sich durchzusetzen versucht. Lange genug. Es wird Zeit für etwas Neues.

Aber da existieren offenbar noch andere Motive, die es ihm angeraten erscheinen lassen, sich abzusetzen. Der Einwanderer hat wohl

Schulden gemacht in Portugal, mehr, als er zurückzahlen kann. Laut Las Casas verlässt er das Land „heimlich". Und als ihm König Johann II. einige Jahre später einen Brief schickt, weil er doch noch mal über den großen Plan reden will, schreibt der Monarch: „Da Ihr wegen einiger Dinge, in die Ihr verwickelt seid, von unseren Richtern vielleicht Gefahr zu erwarten habt, so sichern Wir Euch zu, dass Ihr weder verhaftet noch zurückgehalten, angeklagt, vorgeladen noch ausgefragt werden sollt. Gleichviel, ob die Ursache ziviler oder krimineller Art ist."

Freies Geleit immerhin. Aber zu spät.

Denn als ihn der Brief erreicht, ist Columbus in Spanien dabei, zusammenzustellen, was er braucht: Eine Allianz von Helfern arbeitet bereits daran, dass sein unmögliches Vorhaben Wirklichkeit werden kann.

Und bald findet er dann auch den wohl schmutzigsten Geldgeber, den man sich denken kann.

# 4 Mönche und Sklavenhändler

## Andalusien, 1485

In diesem Jahr, wahrscheinlich im Sommer, legt in Lissabon ein Schiff ab, das sofort nach Süden abdreht. Es wird eine schnelle Reise vor dem Wind, denn Mitte des Jahres weht meist ein harter Norder parallel die Küste hinunter.

Es muss aber auch eine traurige Reise sein für zwei der Passagiere. An Deck stehen Christoph Columbus und sein Sohn Diego, jetzt vier oder fünf Jahre alt. Die beiden haben sich heimlich eingeschifft, denn sie sind auf der Flucht und tragen wenig bei sich außer ein paar Unterlagen und Seekarten. In Portugal haben sie so gut wie alles verloren, auch die Frau und Mutter. Dona Felipa mussten Vater und Sohn kurz vorher beerdigen, sie starb mit knapp über 30 Jahren, man weiß nicht, woran.

Columbus wird sie nicht wieder erwähnen, Vergangenheit bedeutet ihm wenig, Zukunft alles. Fast nie schreibt er über Erinnerungen, fast immer über Pläne. Seine Pläne.

Und es wird Zeit, damit voranzukommen. Columbus ist jetzt Witwer und kein junger Mann mehr, 33 schon, seine Haare sind bereits vollständig grau. Acht Jahre lang hat er im Land Heinrichs des Seefahrers gelebt, aber nichts ist ihm geblieben, nichts außer seinen Ideen. Und genau diese Ideen haben soeben die besten Geografen und Navigatoren der bekannten Welt als Schwachsinn abgetan.

So sieht also eine vollständige Niederlage aus, die Strafe für einen Mann, der partout nicht bescheiden als Wollweber leben wollte, damals in Genua, der auch nicht sein Dasein fristen mochte als ehrbarer Kartenzeichner in Lissabon. Die Strafe für einen Mann, der immer weiterwill, ist eben oft, dass er immer weiter muss; und dass dabei nicht jeder Schritt einer nach vorn ist.

Das Schiff passiert das Cabo São Vicente und die Residenz Heinrichs des Seefahrers. Es segelt vorbei auch an jenem Strand, an dem die Fischer wohl einst den jungen italienischen Seemann Cristoforo Colombo aus der Brandung zogen.

Abgehakt, vergessen.

Der Kapitän ändert nun seinen Kurs und hält auf die spanisch-portugiesische Grenze zu; er läuft ein in den Río Tinto. Sein Ziel ist einer der ersten Häfen in Spanien, nahe der Grenze: Palos de la Frontera in Andalusien.

Palos hat schon bessere Zeiten gesehen. Bis 1481 noch landeten die Spanier hier, und in Huelva, ein paar Meilen weiter, ganze Schiffsladungen schwarzer Sklaven aus Afrika an. Dann mussten die Spanier in einem Vertrag mit Portugal auf das Geschäft mit Menschen verzichten. Jetzt dämmert Palos als Fischerdorf dahin. Nur ab und zu ankern draußen auf Reede noch ein paar Kauffahrteischiffe.

Finsterste Provinz also; alte Männer sitzen auf den Bänken und reden von damals. Kein Vergleich zum glitzernden Lissabon, dem Zentrum der Welt, zumindest dem Zentrum jener Welt der Entdeckungen, die für Columbus alles bedeutet. Das hier ist für ihn vielleicht Asyl, aber auf jeden Fall ist es Verbannung, Exil, Sibirien unter sengender Sonne.

Columbus kann noch nicht wissen, wie wichtig dieses Kaff am Rande der Bedeutungslosigkeit für sein großes Unternehmen werden wird. Aber kurz bevor der Anker in den Schlick des Río Tinto fällt, sieht er am Flussufer, auf einem Hügel, einen zierlichen, weißen Glockenturm. Wo sich Río Tinto und Río Odiel vereinigen, steht das kleine Franziskanerkloster La Rábida.

Und dieser Name existiert auch in Columbus' Vorstellung von der Welt. Durchreisende Seeleute stoppen immer noch gern vor La Rábida, etwa die Engländer auf dem Weg von Southampton ins Mittelmeer.

Denn die Franziskaner nähen nicht nur Wunden in ihrer Krankenstation, heilen nicht nur die seltsamen Fieberkrankheiten des Südens. Matrosen aus aller Welt nutzen La Rábida auch als Crew-Börse und Nachrichtenzentrale. Kapitäne informieren sich über neue Routen, die Lage in den Häfen, die Gerüchte über Piraten oder Kriege. In der Bibliothek des Klosters finden sie nautische Bücher und Karten. Und vor allem steht in einer Nische der Kapelle eine Jungfrauenstatue, zu der sie vor gefährlichen Überfahrten beten. Das ist Tradition. Und beim nächsten Mal bringen sie dann immer Geschenke mit als Dank für das letzte Mal. Das ist auch Tradition, und deshalb ist La Rábida ein recht wohlhabendes Kloster.

Columbus geht in Palos an Land, dann wandert er mit Diego an der Hand die sechseinhalb Kilometer am Fluss entlang nach La Rábida. Das Kloster liegt auf dem Weg nach Huelva. Dort leben Verwandte von Columbus' verstorbener Frau Felipa. Vielleicht will er zu ihnen, weil sie die einzigen Menschen in Spanien sind, von denen er wenigstens schon mal gehört hat. Vielleicht will er auch den kleinen Diego erst einmal zu den Mönchen ins Internat geben, damit er den Rücken frei hat für den Kampf ums Überleben, den er jetzt beginnen muss.

Einige Jahre später wird ein Arzt aus Huelva notieren: „Der besagte Admiral Cristóbal Colón kam mit seinem Sohn Diego zu Fuß nach La Rábida. Er fragte den Pförtner, ob der ihm etwas Brot und einen Schluck Wasser geben könnte für den kleinen Jungen, der sein Sohn sei."

Offenbar bittet der Pförtner den Seemann herein. Und zwischen den Säulen der kühlen Wandelhalle des Klosters lernt Columbus noch an diesem Abend einen Mann kennen, ohne den aus dem ganzen Plan wohl nie etwas geworden wäre: Bruder Antonio de Marchena. Der Pater wird, so der Historiker Paolo Emilio Taviani, „während der sieben schweren Jahre in Spanien der geistliche Beistand, der Schutzengel des künftigen Entdeckers" sein.

Columbus schreibt: „Ich habe niemals von irgendjemandem eine Wohltat empfangen, außer von Bruder Antonio de Marchena und von Gott dem Allmächtigen."

Denn dieser Mönch liebt die Astronomie und die Kosmografie. Zu gern würde er wissen, wie das Universum funktioniert, das sein Gott geschaffen hat, und auch wie dieser kleine Planet Erde aussieht.

Der Ozean liegt vor den Toren des Klosters, doch de Marchena weiß mehr über die Sterne als über die Grenzen des Meeres. Und nun steht da ein Mann vor ihm, der zu wissen glaubt, was hinter dem Horizont liegt, der seine Theorie auf jeden Fall erproben will und all die Argumente aufzählt: Island, Galway, die Winde auf Porto Santo, die seltsamen Toten am Strand der Azoren, die angeschwemmten Hölzer, die nirgendwo in der bekannten Welt wachsen. Und er zeigt de Marchena wohl auch seine größten Schätze: die Karte und den Brief von Paolo dal Pozzo Toscanelli. Wahrscheinlich reden die beiden in den nächsten Tagen immer wieder miteinander.

Der stets misstrauische Columbus – der immer fürchten muss, dass ihm jemand seine Idee stiehlt – erzählt dem Pater vermutlich alles, zumindest mehr als irgendjemandem sonst. Und de Marchena beginnt, an die Idee zu glauben. Ist es nicht eine großartige Vision mit göttlicher Verheißung? Müsste man es nicht wagen?

De Marchena, Kustos der Ordensprovinz Sevilla, ist ein Mann von erheblichem Einfluss, aber er ist ein Niemand im Vergleich zu seinem Ordensbruder Juan Pérez. Pérez ist zwar zurzeit unterwegs. Aber Pater Pérez kennt die Königin, Isabella von Kastilien, wie kaum ein Zweiter. Er war lange ihr Beichtvater.

War Porto Santo jener Ort, an dem Columbus seine Ideen zusammenfügte, so wird das Kloster La Rábida nun der Ort, an dem de Marchena, Columbus und später Pérez an jenem Schlachtplan arbeiten, mit dem sie das große Unternehmen umsetzen wollen.

## Andalusien, im Herbst 2003

Huelva ist die Hölle, der Himmel ist schwefelgelb, die ganze Region ein Inferno, erdacht von Industrieplanern. Sie haben das Delta der Flüsse Tinto und Odiel zubetoniert und mit Abwasserkanälen durchzogen. Sie haben Platz geschaffen für Raffinerien, Zementwerke, Heizkraftwerke, Autobahnen. Schlote qualmen in den Himmel, Tankerterminals für die großen Schiffe strecken ihre Finger Richtung Atlantik.

Über den Río Tinto haben sie eine Betonbrücke gezogen, deren Fahrbahn inzwischen holprig und aufgerissen ist, weil die Schwerlaster sie Minute um Minute auf ihren Pfeilern beben lassen. Nur noch Motorboote kommen heute unter dieser Brücke durch; schon seit langem könnte kein Segelschiff mehr flussauf Richtung La Rábida und Palos fahren.

Aber dieser kleine Kirchturm und das weiße Kloster drum herum, sie stehen immer noch, inmitten einer grünen Oase, so sieht es aus der Entfernung aus. Neben dem Kloster liegt jetzt freilich ein großer Parkplatz für Reisebusse, und darauf steht eine hohe Säule, das Monument für die Entdecker Amerikas.

Die Mönche haben aus ihrem Refugium so etwas wie ein Columbus-Disneyland gemacht: Eine bunte Bimmelbahn zuckelt über das Gelände, die Plexiglasfenster sind milchig und grau vom Schwefeldreck Huelvas. Das Tor, an das der Genuese damals klopfte, existiert noch, nur haben Handwerker jetzt eine schmiedeeiserne Karavelle als Knauf an die schweren Eichenplanken geschraubt. Und wo damals der Pförtner saß, zahlen die Touristen heute ihren Eintritt. Dafür dürfen sie sich dann einen Kassettenrecorder umhängen, der ihnen von Columbus erzählt und dem Kloster.

Unten, in einem Tümpel am Fluss, liegen Nachbauten jener drei Schiffe, mit denen Columbus später die erste Reise wagte: „Santa María“, „Niña“, „Pinta“. Schaurige Replicas sind das, mit Stahlmasten und Festmacherklüsen aus Delrin, jenem Kunststoff, der auf modernen Yachten so gern verbaut wird.

Neben den Schiffen dümpeln Seeschildkröten aus Plastik in einer Algensuppe, am Rand des Teiches stehen nackte Indianer aus Plastik. Und die Fische, die an ihren Angeln hängen, sind natürlich auch aus Plastik. Aus Lautsprechern, im Gestrüpp versteckt, tönt das Quaken von Fröschen, das Rauschen einer entfernten Brandung. Man muss schon genau hinhören, vor allem wenn gerade wieder Laster über die Betonbrücke rumpeln.

Immerhin: Das Kloster ist nur für ein paar Stunden geöffnet, den Rest des Tages wollen die Mönche ihre Ruhe haben, tatsächlich fahren die Busse irgendwann weg. Und dann kann man ahnen, wie es damals war. Denn dann wird es still in La Rábida, knapp hundert Meter über dem Fluss. Alle 30 Minuten läutet die Glocke, dieselbe wie damals, dünn und hell, und sie schlägt stets nur einmal.

Das Kloster wurde so gebaut, dass seine Bewohner es zur Not verteidigen konnten in den kriegerischen Zeiten an der doppelten Grenze zum maurisch besetzten Gebiet und zu Portugal. Gitter schützten die winzigen Fenster, und die Türen waren so niedrig und schmal, dass immer nur ein Angreifer allein hindurchgekommen wäre, und das auch nur gebückt.

Im kargen Refektorium, in dem auch Columbus und sein Sohn Diego gegessen haben, stehen Wassergläser auf dem alten Tisch, präzise ausgerichtet wie mit dem Lineal. Durch die offene Tür kann man in den Säulengang des Innenhofs sehen, etwa zwölf mal zwölf Meter groß, in dem de Marchena und Columbus ihre Runden drehten, wenn sie über Indien sprachen.

Gegenüber liegt der Eingang der Kirche mit der winzigen Seitenkapelle. Die Marienstatue steht noch immer da, davor stehen zwei Betstühle. Hier hielten die Engländer Andacht und die Spanier, hier betete Columbus.

## La Rábida und Córdoba, 1486

In den Gängen des Klosters besprechen de Marchena und Columbus, was der Genuese für seinen Plan braucht: Es muss keine große Flotte sein, schon drei oder vier tüchtig segelnde, handliche und starke Schiffe würden ihm genügen, dazu eine ordentliche Ausrüstung und eine erfahrene Mannschaft, 90 bis 120 Mann vielleicht. Eine solche Expedition können Könige finanzieren. Aber das könnten auch einige der Granden Spaniens.

Wahrscheinlich ist es de Marchena, der empfiehlt, erst einmal unten anzufangen. Und der Franziskaner weiß auch, bei wem: Don Enrique de Guzmán heißt der reichste Geschäftsmann des Landes, er ist der Herzog von Medina Sidonia. Und Don Enrique zeigt sich tatsächlich interessiert, er hört Columbus zu, lehnt dann aber ab.

Also Nummer zwei: Don Luis de la Cerda, der Herzog von Medinaceli. Auf sein Kommando hören die Kapitäne einer ganzen Handelsflotte. Leisten könnte er sich ein solches Abenteuer leicht. Columbus argumentiert, erläutert seine Idee und sein Konzept von der Gestalt der Erde. Sicher verrät er nicht all das, was er Pater de Marchena anvertraut hat. Der Schlüssel zum Erfolg ist das Wissen um die Winde auf dem Atlantik: Wer nicht zuerst weit nach Süden hält, der wird scheitern. Unwahrscheinlich, dass Columbus dieses Wissen preisgibt. Aber es reicht auch so. Der Seemann überzeugt Medinaceli, dass dieses Unternehmen ein großes Geschäft werden könnte. Der Herzog will mitmachen. Er bietet de Marchenas Schützling seine Schiffe an.

Doch dann kommen ihm plötzlich Bedenken: Darf ein Privatmann es wagen, auf eigene Faust ein solches Unternehmen zu finanzieren, und sei er auch der Herzog von Medinaceli? Müsste man nicht für ein Vorhaben von solcher Kühnheit die Erlaubnis der Krone einholen? Der Edelmann wird unsicher. Und dann lässt er bei Hofe anfragen, ob er Columbus die Schiffe geben dürfe.

Das ist keine besonders gute Idee; sie soll den Entdecker mehr als sechs Jahre seines Lebens kosten. Der Chronist Bartolomé de Las Casas wird später schreiben:

*Er begann nun einen furchtbar schmerzhaften und langwierigen Kampf. Bei einem Kampf mit Waffen hätten ihm kaum solche schrecklichen Wunden geschlagen werden können, wie er sie hinnehmen musste, als er seinen Plan so vielen Menschen mit so wenig Verständnis erläutern musste, die gleichwohl glaubten, sie wüssten alles besser. Geduldig musste er einer Unzahl von Männern antworten, die ihn nicht kannten und die auch überhaupt keinen Respekt vor seiner Person hatten. Er musste Beleidigungen einstecken, die seine Seele beschädigten.*

Denn es lässt sich kein schlechterer Zeitpunkt denken, diesen König und diese Königin um irgendetwas zu bitten. Das Paar hat andere Sorgen, einen ganzen Haufen davon.

Königin Isabella von Kastilien und König Ferdinand von Aragón haben erst durch ihre Heirat 1469 ihre beiden unabhängigen Reiche vereint und eine Nation geschaffen. Doch Spanien ist noch immer eine riesige Baustelle: 5,5 Millionen Menschen leben ohne eine gemeinsame Sprache, erst später wird sich das Kastilische durchsetzen. Es gibt auch noch keine alleinige Residenz. Immer wieder haben Bürgerkriege das Land zerrissen. Und um ihre machthungrigen Fürsten nun unter Kontrolle zu halten, reisen Isabella und Ferdinand kreuz und durch die Provinzen, und mit ihnen reist der Tross von Stadt zu Stadt, von Córdoba nach Sevilla, von Madrid nach Barcelona.

Und während sie auf der einen Seite den Adel auf die Krone verpflichten müssen, kämpfen die Herrscher auf der anderen Seite einen Glaubenskrieg. Denn ihr größter Feind sitzt mitten im eigenen Land: die Mauren.

Im 8. Jahrhundert hatten muslimische Truppen von Marokko aus weite Teile der Halbinsel besetzt. „Al-Andalus" nannten sie ihr neues

Reich nördlich des „Dschebel al-Tarik" (Gibraltar), ihren Vorposten in Europa.

Die Mauren vertrieben die Nebel des Mittelalters. Unter ihrer Herrschaft blühte Spanien auf. Sie bauten Städte wie Sevilla und Córdoba zu prächtigen Metropolen aus, pflegten die Künste, die Wissenschaften, und in ihrem Reich konnten alle zu ihren Göttern beten, Mauren, Christen, Juden.

Doch an den Grenzen herrschte fast immer Krieg. Zug um Zug drängten christliche Fürsten die Muslime zurück Richtung Süden, eine Stadt nach der anderen fiel. Und im Gefolge der Ritter des Kreuzes kamen die Inquisitoren, die Dominikaner, die Bluthunde des Papstes. Muslime mussten fliehen, Juden mussten sich taufen lassen, wollten sie nicht auf dem Scheiterhaufen sterben. Sie wurden in ein Schattenleben gezwungen, denn viele der so genannten Conversos pflegten ihren alten Glauben daraufhin heimlich, immer in Angst vor den Fanatikern der Rechtgläubigkeit und deren Folterknechten.

Ferdinand und Isabella wollen sich ihren Beinamen verdienen. „Los Reyes Católicos" werden sie genannt, „die Katholischen Könige", und in ihren Ohren klingt das gut. Ein Staat und ein Volk, das ist ihr Ziel – eine Religion, das soll das Mittel sein, um diese Einigkeit zu erzwingen.

Und sie sind ihrem Ziel ziemlich nahe. Die dauernden Streitigkeiten mit Portugal haben sie beendet, indem sie Lissabon den Handel mit der afrikanischen Westküste überließen. Es war ein Opfer, aber damit haben sie nun eine Sorge weniger und können sich auf die wichtigste Front konzentrieren. Sie verläuft durch das Gebirge Andalusiens, die Sierra Nevada. Noch immer weht dort der Halbmond über einer der wichtigsten Festungen des Landes: Granada, prachtvoll, kaum einnehmbar; dazu Málaga, der Hafen am Mittelmeer, für die Mauren die wichtigste Verbindung zu den muslimischen Reichen jenseits der See.

Der Kampf gegen die Heiden frisst Unmengen von Geld, und er frisst alle Energie des königlichen Paares. Die beiden haben keinen Bedarf an neuen Abenteuern. Einstweilen.

Und so wird sich nun das Schicksal Granadas und der Mauren eng verknüpfen mit dem von Christoph Columbus – und dem der verfolgten Juden.

Anfang 1486 reiten zwei Männer nach Córdoba, wo sie König und Königin vermuten: Columbus und Antonio de Marchena melden sich bei Hofe. Aber sie erfahren dort, dass Isabella und Ferdinand kurz vor Neujahr Richtung Madrid aufgebrochen sind.

Columbus bleibt in Córdoba, er wartet. Im April kehren König und Königin zurück. Ferdinand interessiert sich kein bisschen für Columbus' Plan, wohl aber Isabella. Sie ist weitsichtiger als ihr Mann, eine kluge Frau, zugleich machtbewusst, fromm und sittenstreng.

Anfang Mai 1486 empfängt sie Columbus in ihrem Audienzsaal im Alcázar von Córdoba. Sie hört ihm zu, diesem Fremden, den der Herzog von Medinaceli so gern in den unbekannten Westen schicken würde. Wieder einmal skizziert Columbus seinen Plan und erläutert, warum der Ozean so schmal sein müsse, dass man ihn mit ein paar starken Schiffen leicht überqueren könne.

Isabella hört gespannt zu, aber sie weiß trotzdem nicht, ob sie Medinaceli die Erlaubnis geben soll. Schließlich: Wenn es stimmt, was Columbus sagt, könnte dieser ohnehin schon mächtige Herzog die Kontrolle bekommen über den Seeweg nach Indien. Wenn es stimmt, dann müsste die Krone selbst das Unternehmen wagen. Einerseits.

Aber falls dieser Genuese ein Träumer sein sollte, wird sie sich dann lächerlich machen, wenn sie spanische Seeleute und spanische Schiffe unter seinem Kommando auf eine Reise ohne Wiederkehr schickt? Wenn sie etwas wagt, was die Portugiesen verworfen haben?

Die Königin will darüber nicht entscheiden. Sie bittet einen ihrer

Höflinge, Pater Fernando de Talavera, eine Kommission zusammenzustellen, einen Expertenrat.

Es ist wie in Portugal, Columbus kennt das Spiel schon.

Und um die Weihnachtszeit tritt die Talavera-Kommission zum ersten Mal zusammen. Astronomen und Kartografen hat Talavera berufen, aber auch Juristen, allesamt gelehrte Männer, die wissenschaftliche Elite, selbstbewusst, selbstverliebt bis zur Arroganz.

Columbus steht ihnen gegenüber: ein Fremder, von dem noch nie jemand gehört hat; ein Aufschneider, den die Königin aber aus unbegreiflichen Gründen nicht gleich wieder aus dem Palast hat werfen lassen; ein Seemann, der in seinem ganzen Leben noch nichts Großes geleistet hat; ein Kartograf, der keineswegs zu den bekannten seiner Zunft gehört; ein Mann, der sich gelehrt gibt, der aber doch nicht einmal studiert hat, geschweige denn ein Buch oder wenigstens ein Traktat verfasst hat.

Ein Niemand.

Und dieser Niemand will nun ihnen allen erklären, dass sie irren und, schlimmer noch: dass es in Wahrheit ganz einfach ist, diesen Irrtum zu erkennen.

Seine Chancen sind miserabel. Ein paar Jahre später wird der Chronist Francisco López de Gomara schreiben: „Weil er ein Fremder war, schlecht angezogen und mit keinem Menschen außer einem Mönch zur Unterstützung, hat ihm niemand geglaubt, niemand hat auch nur auf ihn gehört." Jeder andere gäbe sich geschlagen. Doch Columbus? Gomara schreibt: „Das regte ihn sehr auf."

Es werden noch viele Anhörungen folgen, über Monate hinweg, womöglich sogar über Jahre, die Szene ist immer die gleiche: Columbus erläutert seinen Plan, die Wissenschaftler glauben vor allen Dingen nicht, dass die Erde so klein ist, wie er sich das zurechtgelegt hat. 3550 Meilen bis China? Lächerlich. Die Kontrahenten werfen sich gegenseitig Argumente an den Kopf, Zahlen, Zitate von Autoritäten,

Aristoteles, Bibelstellen. Columbus zeigt wohl auch eine selbst gemalte Karte, verweist auf Ptolemäus.

Nur den Schlüssel zu dem Unternehmen gibt er auch jetzt nicht aus der Hand. Sein Geheimnis, den Weg in den Westen, verrät Columbus nicht. Er schweigt über Island und Irland und redet schon gar nicht über die Winde, die er dort beobachtet hat und im Süden. Er verheimlicht auch Toscanellis Brief.

Zudem benimmt er sich wohl daneben, denn Columbus ist ein miserabler Diplomat, starrsinnig und rechthaberisch. Vermutlich lässt er die Experten – die mit ihren Berechnungen des Erdumfangs so gut liegen wie die Kollegen zuvor in Portugal – spüren, dass er sie für verkalkte Trottel hält. Sein Sohn Fernando wird die Wissenschaftler noch Jahrzehnte später verhöhnen:

*Die Mitglieder der Kommission waren nicht so gut informiert, wie es die Aufgabe erfordert hätte. Außerdem wollte der Admiral nicht alles enthüllen, was er wusste, weil er fürchtete, die Idee könnte ihm in Kastilien gestohlen werden. Er gab aber angemessene Antworten auf alle Einwürfe. Nur: Je schlagender seine Argumente waren, desto weniger verstanden ihn diese Ignoranten. Denn wenn ein Mann, der wenig Ahnung hat von Mathematik, auch noch ein höheres Alter erreicht, ist er einfach nicht mehr in der Lage, die Wahrheit zu erkennen, weil sich der alte Unsinn so fest in sein Hirn eingebrannt hat.*

So ganz kann das nicht stimmen, was Fernando da schreibt. Einige der Jurymitglieder bringt Columbus offenbar doch zum Grübeln, vielleicht gar Talavera selbst. Denn die Kommission lehnt seinen Plan keineswegs rundweg ab. Möglich, dass bald ein Riss durch die Jury geht, und dass sie sich deshalb nicht zu einer Empfehlung an ihre Majestät durchringen kann.

Und immerhin: Die Königin setzt Columbus auf ihre Gehaltsliste. Jedes Vierteljahr lässt Isabella von Kastilien ihm eine Apanage von 3000 Maravedís zahlen, zu viel zum Sterben, zu wenig zum Leben. Las Casas wird später schreiben, dass der Genuese jetzt wieder Seekarten zeichnet, um ein bisschen flüssig zu sein. Ansonsten kann er nicht viel tun, er muss warten und sich ab und an mit Talaveras Fachleuten herumzanken.

Es ist kein schönes Leben, immer auf der Kippe. Columbus fühlt sich einsam in Córdoba, um den kleinen Diego kümmern sich de Marchenas Mönche in La Rábida. Er ist Witwer, er ist frei und noch zu jung, um den ganzen Tag auf einer Bank in der Sonne zu dösen. Er sucht Anschluss.

Nach Córdoba, in die alte Stadt der Kalifen, hat es in den vorausgegangenen Jahrzehnten viele Genuesen verschlagen. Die Exilgemeinde lebt rund um die Puerta del Hierro, am rechten Ufer des Guadalquivir. Es ist ein heimeliges Viertel, mit engen, verwinkelten Gassen, über denen die Wäsche von den Balkonen flattert. Wie in Genua.

Nicht weit von der Puerta del Hierro entfernt entdeckt Columbus eines Tages eine Apotheke, die von zwei Pharmazeuten aus der alten Heimat betrieben wird. Mehr noch: Ihr Geschäft lockt Exil-Genuesen, es zieht zudem gebildete Spanier an, Ärzte, andere Naturwissenschaftler, so genau kann man zwischen denen nicht unterscheiden in dieser Zeit. Die Männer kommen gern auf einen Plausch vorbei.

Dort in der Apotheke lernt Columbus bald einen jungen Spanier aus einer Familie von Weinhändlern kennen. Sein Name ist Diego de Arana. Und de Arana mag diesen seltsamen Fremden offenbar, er lädt Columbus zu sich nach Hause ein. Vielleicht hat er dabei ja seine Hintergedanken. Denn de Aranas Familie hat eine Cousine zweiten Grades als Mündel aufgenommen. Ihre Eltern, einfache Bauern aus dem Dorf Santa María de Trassierra, starben beide, als das Mädchen noch ein Kind war.

Beatriz Enríquez de Arana ist jetzt 21 Jahre alt.

Die Waise kann lesen und schreiben, was viel ist für eine Frau in dieser Zeit. Aber sie hat noch keinen Mann gefunden. Und es könnte sein, dass das ein Problem wird. Denn wer sollte die Mitgift zahlen, die ein spanischer Ehemann sicher erwarten würde? Ihre Eltern waren doch nur kleine Leute.

Nun aber hat Vetter Diego diesen Witwer angeschleppt. Der ist zwar alt und grau, aber noch nicht zu alt – und genauso ohne Familie wie sie. Der ist auch einer, der etwas außerhalb der normalen Gesellschaft lebt, der allein ist – und gleichzeitig einer, der noch Flausen im Kopf hat, der erzählen kann und schwärmen; der charmant sein kann, wenn es ihm nützt. Ein Mann, der sogar die Königin kennt und einflussreiche Männer; der gebildet ist, regelmäßig bei Hofe verkehrt und der vielleicht eine Zukunft hat.

Beatriz de Arana, die Waise vom Land, und Columbus, der Zugereiste, beginnen eine Affäre. Das ist nichts Besonderes in dieser Zeit, in der selbst Bischöfe bei ihren Mätressen schlafen. Die Familie de Arana weiß von der Geschichte, das Abenteuer bleibt ja nicht ohne Folgen: 1488, im Hochsommer, bringt Beatriz de Arana einen Jungen zur Welt. Columbus nennt seinen zweiten Sohn Fernando, er wird später sein wichtigster Biograf sein.

Dabei wird Fernando anders als sein Halbbruder Diego immer ein so genannter Bastard bleiben, ein illegitimes Kind. Denn der Entdecker denkt nicht daran, Beatriz zu heiraten. Die Tochter eines Bauern, eine Waise? Gott bewahre, wie soll er so jemanden bei Hofe präsentieren, und sei sie noch so hübsch und jung? Ein Colón, wie Columbus sich hier in Spanien nennt, heiratet nicht nach unten, ein Colón heiratet nach oben, denn Titel und Geld bedeuten ihm viel, fast alles. Und diese Beatriz hat weder das eine noch das andere.

Ihre Familie gibt ihm Halt, vielleicht auch ein paar Maravedís, wenn es eng wird. Und Beatriz stützt ihn, in den Jahren, in denen es ihm schlecht geht. Aber er verweigert ihr die Ehe und nimmt ihr die Ehre, er wird ihr nicht einmal danken, als es ihm später glänzend geht: Nach seiner großen Entdeckung wird Columbus, Vizekönig und Admiral des Ozeans, das Bauernmädchen sitzen lassen. Er wird ihr erbärmlich wenig Geld zukommen lassen in all den Jahren, die Zinsen von 10 000 Maravedís, die er dafür später anlegt. Mehr nicht.

Erst als Columbus im Sterben liegt, wird er versuchen, einiges wieder gutzumachen. In seinem Testament verfügt er 1506, „Beatriz Enríquez, die Mutter meines Sohnes Fernando", sei so auszustatten, „dass sie davon würdig leben kann".

Beatriz de Arana ist die Erste von vielen, deren Leben Columbus zerstört. Einige Spuren von ihr werden sich Jahrhunderte später im Stadtarchiv von Córdoba finden: Sie wird niemals heiraten, wie soll das auch gehen, eine ledige Mutter ohne Geld, in dieser Zeit? Aber sie wird ihn überleben.

## Sevilla, 2003

Columbus – dieser Name ist in Jahrhunderten weit über den Mann hinausgewachsen. Ein Land trägt seinen Namen, viele Städte heißen nach ihm, es ist ein Name aus den Geschichtsbüchern, man hat ihn spätestens in der Schule gehört. Manchmal fällt es schwer zu glauben, dass dieser Columbus ein Mensch war, dass er wirklich gelebt hat.

Aber wer war dieser Mensch aus Genua? Wie war er? Was trieb ihn? Wie dachte er? Historiker, Schriftsteller, Dramaturgen und Filmemacher haben ihn in den Jahrhunderten immer wieder beschrieben, meistens so, wie es zu ihrer These, wie es in ihr Bild passte. Die Bilder der Columbus-Biografen sind sehr verschieden, und sie haben sich immer wieder geändert, je nachdem, was gerade modern war.

Der Amerikaner Samuel Eliot Morison, der knorrige Historiker und Seefahrer, hat sehr genau geschaut, wie Columbus agierte, und so schildert er ihn dann auch, als Mann der Taten. Morisons Columbus ist also vor allem ein exzellenter Seemann. Für Taviani, den patriotischen Genuesen und Italiener, war der Landsmann natürlich ein Genie mit wenigen Schwächen, ein Visionär, sein Leben ein „wunderbares Abenteuer".

Auf der anderen Seite steht Kirkpatrick Sale, der linke Amerikaner, der Menschenrechtler. Er sieht den Schrecken, den das wunderbare Abenteuer gebar. Sale hält Columbus für einen Verbrecher, einen Ausbeuter, den Wegbereiter der Massenmörder.

Wer hat Recht? Oder hat keiner Recht? Oder jeder ein wenig?

An einem gepflasterten Platz in der historischen Altstadt von Sevilla, direkt gegenüber einer Kirche, steht ein uraltes Eckhaus. Den Platz kennen viele Einheimische in Sevilla nicht einmal, auch auf den Stadtplänen der meisten Reiseführer ist er nicht eingezeichnet, so klein ist er. Aber wenn es einen Ort gibt, an dem Christoph Columbus heute noch lebt, dann ist das hier.

Das Eckhaus ist groß, vier Stockwerke hoch, mit kleinen Fenstern und dicken Mauern ist es so gebaut wie all die mittelalterlichen Häuser in Sevilla, die auf diese Weise im Sommer wunderbar kühl bleiben. Und von außen sieht es aus, als könne man sich darin ganz gut verlaufen. Aber in Wahrheit kann man sich innen kaum bewegen, so eng ist es. An den Wänden stapeln sich Bücher bis zur Decke, überall, etwa 50 000 Stück sollen es sein, in den Ecken liegen alte Dokumente. Kubikmeter davon.

Das Haus gehört Consuelo Varela und Juan Gil, 58 und 64 Jahre alt, sie brauchen nicht viel Platz, aber sie brauchen viele Bücher. Seit ungefähr vier Jahrzehnten spüren die beiden dem Entdecker hinterher – sie wollen wissen, was er dachte, wer ihn beeinflusste, woher er seine Entschlossenheit nahm, wer ihm half. Zusammen sind das 80 Jahre Arbeit, und deshalb kennen die beiden den Mann wohl besser als irgendjemand sonst.

Als Varela und Gil sich kennen lernten, lehrte er schon als Dozent, sie begann zu studieren, da war sie 17 Jahre alt. Juan Gil forschte damals über Mythen, über Marco Polo etwa, die goldenen Dächer Chinas, und besonders darüber, wie die Legenden der Alten Welt in die Neue wanderten und sich dort veränderten. Ein reichlich abstraktes Thema, aber so musste er natürlich irgendwann auf Columbus stoßen.

Vieles, was als Tatsache über den Entdecker geschrieben wurde, war ja reiner Mythos. Hartnäckig hielten sich Legenden wie jene, nach der die Königin ihre Juwelen versetzte, um die erste Reise zu bezahlen. Oder jene, nach der Columbus entdeckt hatte, dass die Erde eine Kugel ist, und genau das in Portugal und später in Spanien den Experten beibringen musste.

Und als seine Freundin Varela ein Thema suchte, eigentlich nur für eine wissenschaftliche Arbeit, da fand Gil eins, das für ein Leben reichen sollte: Er sagte Varela, dass noch niemand alle Texte gesucht und zusammengetragen habe, die Columbus verfasst hat; dass mal jemand ein paar Archive durchstöbern müsse nach seinen Briefen, Anweisungen, Protokollen, nach den Spuren eben, die von dem Entdecker noch zu finden sind. Er sagte ihr anfangs nicht, dass dafür fast jedes Archiv zwischen Mexiko und Genua in Frage komme. „Textos y Documentos Completos" wurde Varelas erstes Buch.

Das Haus der beiden liegt günstig. Bis zur Universität sind es nur ein paar Minuten zu Fuß. Vor allem aber ist man ebenso schnell im Kolonialarchiv Spaniens, dem „Archivo General de Indias", dem Pharaonengrab für Geschichtsdetektive wie Varela und Gil, aber auch für Schatzsucher.

Der zweistöckige Bau aus dem 16. Jahrhundert steht kalt und abweisend neben der Kathedrale von Sevilla. Zutritt haben nur Wissenschaftler, und ihre Fakultät muss sie anmelden, muss erklären, was sie suchen, und begründen, warum und wofür das wichtig sein könnte.

Die Archivare hüten hier etwa 40 Millionen Dokumente, so genau weiß das niemand, die ältesten stammen von 1492. Ein Teil davon ist noch immer ungeordnet, ungelesen seit Jahrhunderten liegen Akten der spanischen Kolonialverwaltung, der „Casa de Contratación", in Kisten auf Mahagoniregalen, die trockenste Lektüre, die man sich denken kann, aufregend wie die Akten des Katasteramtes von Castrop-Rauxel. Es sind Ladelisten, Soldlisten, Steuerunterlagen, Schriftwechsel von Buchhaltern und Sekretären. Es sind Beschwerden von Verwaltern, Beförderungen von drittklassigen Kolonialoffizieren, Sterbeurkunden, Geburtsurkunden, Kassenbücher.

Die Spanier waren Extremisten der Bürokratie, ihr Apparat konnte eine Mühle sein, die Menschen zerquetschte; was auch immer Untertanen Ihrer Majestät unternahmen, mussten Beamte genehmigen, melden, abschreiben, stempeln, gegenzeichnen, abheften, einsortieren. Beinahe jede Bewegung eines Menschen gerann zu Tinte auf Papier.

Es muss zum Verzweifeln gewesen sein.

Aber die meisten dieser Papiere aus der Zeit der großen Entdeckungen landeten schließlich in Sevilla, und heute ist die Sammlung ein Schatz. So enthalten die Akten auch Berichte über untergegangene Goldtransporter, Aussagen von Überlebenden. Man muss sie nur finden, das dauert oft Jahre, aber so manchen Schatzsucher hat das Archivo General de Indias schon zum Multimillionär gemacht.

Die Profirechercheure der Goldsucherfirmen sind hier nicht so gern gesehen wie anständige Historiker, aber wenn sie irgendwo in den Papierbergen die Spur eines berühmten Schiffes entdecken, profitieren vielleicht auch die Geschichtswissenschaftler. So halfen die Akten aus Sevilla beispielsweise dem Schatzjäger Mel Fisher aus Florida vor einigen Jahren, die 1622 gesunkene spanische Schatzgaleone „Nuestra Señora de Atocha" vor der US-Küste aufzuspüren. Ihre Ladung war 400 Millionen Dollar wert.

Historiker messen Werte anders. Varela und Gil werden immer ganz nervös, wenn sie daran denken, was noch unentdeckt auf den Regalen liegen könnte, hier und in dem zweiten großen Archiv, in Simancas. Columbus' Mannschaftsliste der vierten Reise haben sie gefunden, Spesenabrechnungen, Briefe; Kleinigkeiten oft, aber sie zeigen, wie der Admiral des Ozeans sich mit der Bürokratie plagte, als es etwa darum ging, dass er den Proviant für seine Crew steuerfrei in Sevilla kaufen wollte. Oder wie er jammerte, weil er mal wieder krank war. Oder wie er klagte, weil er sich übervorteilt fühlte.

Columbus hat viel geschrieben und deshalb viel hinterlassen: 99 Briefe, Notizen, Anweisungen haben Experten wie Varela und Gil bis heute gefunden. Dazu gibt es sein Testament, das Bordbuch der ersten Reise in die Neue Welt – wenn auch nur in einer Abschrift von Bartolomé de Las Casas.

Es gibt das so genannte Buch der Privilegien, in dem der Entdecker gegen Ende seines Lebens alle Beweise für seine Rechte und Titel zusammenfasste, die ihm die Krone aberkennen wollte, außerdem das Buch der Prophezeiungen, ein wirres Werk, apokalyptisch und rätselhaft, in dem der alte Columbus sich zum Gesandten Gottes stilisierte.

„Berühmte Menschen unterliegen Interpretationen", sagt Varela, „und diese Interpretationen werden durch Wiederholung und den Lauf der Zeit unangreifbare Wahrheiten. Wenn man sie in Frage stellt, riskiert man, für irre gehalten zu werden."

Varela hat sie alle in Frage gestellt, hat all die wissenschaftlichen Werke über Columbus studiert und sich oft gefragt, woher die Kollegen ihr Wissen eigentlich hatten. Und dann sind Gil und sie in den Archiven zu dem vorgestoßen, was man wirklich wissen kann, zu dem also, was verbürgt und abgestempelt ist, zu den neuen, uralten Akten und der Wahrheit über den Mann Columbus, soweit man sie heute noch erkennen kann.

Und was Consuelo Varela in seinen Texten fand, gefiel ihr nicht. Sie mag diesen Mann nicht, der ihr Leben bestimmt, sie kann Columbus nicht ausstehen, und wenn sie in Fahrt kommt, bleibt nicht viel Gutes von dem Entdecker übrig. „Manchmal hasse ich ihn richtig", sagt sie.

Columbus sei zum Beispiel ein großer Lügner gewesen und sehr misstrauisch, weil er immer annahm, dass andere genauso logen wie er. „Er dachte, jeder sei gegen ihn, und er hatte ein sehr taktisches Verhältnis zur Wahrheit", sagt Varela. So ließ er auf seiner zweiten Reise die Matrosen schwören, dass Kuba keine Insel sei, sondern Festland; leider konnten weder die Seeleute noch ihr Chef wissen, ob die Küste, die sie entlangsegelten, zu einer Insel gehörte oder nicht. Columbus wollte, dass Kuba Festland war, also war es Festland. Was nicht in sein Weltbild passte, das verdrängte er.

Außerdem war Columbus ein geldgieriger Betrüger: Auf der ersten Reise etwa war eine Prämie von 10 000 Maravedís ausgesetzt für den Mann, der zuerst Land am Horizont entdeckte. Ein Matrose sah die Küste als Erster, doch Columbus betrog ihn um das Geld. Er behauptete, er habe in der Nacht zuvor schon ein Licht am Horizont gesehen – was unmöglich war.

Und dann war der Entdecker auch noch geizig, nie gab er von seinem Geld auch nur einen Maravedí für irgendetwas aus, was ein Leben schöner machen kann, für ein Haus, für Möbel, Teppiche oder Geschenke. Nichts.

„Columbus konnte nicht genießen", sagt Varela, „er brauchte nichts für sich selbst, es sei denn, er wollte andere beeindrucken. Er verfolgte seine Ziele, aber er konnte nichts damit anfangen, wenn er sie erreicht hatte. Und er brauchte auch keinen anderen Menschen." Varela glaubt, dass Columbus ein Egoist war, der nur an sich dachte. Oder genauer: an das, was er tun wollte. „Ich, ich, ich, das war sein Motto. Andere Menschen glücklich machen konnte er nicht, daran hat er meist nicht einmal gedacht", sagt Consuelo Varela.

Und immer war er auf der Reise, auf der Flucht, mit einer Eile, als habe er gewusst, dass ihm nicht viel Zeit bleibt. „Columbus war rastlos und ohne Heimat. Er konnte nichts und niemanden festhalten, und er wollte das auch nicht. Er wechselte seine Freunde, wann es ihm nötig schien. Columbus nahm immer nur und gab nie etwas", sagt Varela, „ganz scheußlich hat er sich ja zu Beatriz Enríquez verhalten, aber auch zu anderen, Diego Méndez etwa, der ihn auf der vierten Reise rettete – kein Dank, keine Anerkennung, gar nichts."

Natürlich: Columbus' Stärken sind seine Schwächen und seine Schwächen seine Stärken. Er kannte nichts außer seinem Ziel – aber ebendiese Sturheit brauchte er, um es auch zu erreichen. Er war ruhelos – aber ein in sich ruhender Mensch hätte kaum immer weitergewollt, immer weg von dort, wo er war. Er war rücksichtslos und schob seine Freunde weg, sobald sie ihm nicht mehr nutzten – aber so scharte er immer jene um sich, die ihn weiterbrachten. Er war hart gegen andere und hart gegen sich – nur so konnte er die jahrelangen Kämpfe aushalten und die Strapazen der Reisen. Er war gierig nach Ruhm, nach Statussymbolen, nach Gold und nach Macht – aber diese Gier trieb ihn an.

Vor allem glaubte Columbus an sich selbst, an seine Idee, unbeirrbar, ohne lange zu zweifeln oder zu zögern – weil er ja tatsächlich dachte, er sei ein Werkzeug des Schicksals, von Gott gesandt. Die große Zeit der Entdeckungen begann gerade erst, und der Genuese war sich sicher, dass er dazu ausersehen sei, den christlichen Glauben in neue Länder zu tragen. Deshalb änderte er seinen Vornamen in „Christoferens" – jener, der Christus trägt.

Im Buch der Prophezeiungen schreibt er:

*Mit einer Handreichung, die ich gut fühlen konnte, öffnete Gott mein Denken für die Tatsache, dass es möglich sein müsste, von hier aus bis zu den indischen Inseln zu segeln. Und er verstärkte meinen Willen zu einer starken Sehnsucht, dieses Projekt zu vollenden. Dies war das Feuer, das in mir brannte … der Heilige Geist ermutigte mich mit wunderbaren Strahlenerscheinungen, immer weiterzumachen.*

## Córdoba, 1488

Zwei Jahre lang sitzt Columbus nun schon in Spanien. Die Zeit wird jetzt knapp, er muss es merken, es muss ihn fast in den Wahnsinn treiben. Während er meist in Córdoba wartet oder dem Herrscherpaar hinterherreist und sich immer wieder fruchtlos mit Talaveras Kommission herumschlägt, machen die Portugiesen beängstigende Fortschritte.

Der König in Lissabon versucht offenbar sogar, Columbus' Plan abzukupfern: Zwei Abenteurer, Fernão Dulmo und João Estreito, erhalten den Auftrag, nicht mehr nur an Afrikas Küste entlangzusegeln; sie sollen nach Westen auf den Ozean hinausfahren. Vielleicht finden sie die legendäre Insel Antilia, die auch Toscanelli erwähnt, vielleicht auch tatsächlich den Seeweg nach Indien. Doch Dulmo und Estreito stechen von den Azoren aus in See. Offenbar hatte Columbus auch dem portugiesischen König nicht verraten, dass man seiner Meinung nach zunächst Richtung Süden muss und dann erst Ruder legen darf auf westlichen Kurs.

Er hat Recht, und die Portugiesen haben keine Ahnung. Deren Expedition muss scheitern. Konstant bläst der Wind auf der Breite der Azoren von West nach Ost. Auch mit seetüchtigen Karavellen haben Dulmo und Estreito keine Chance, dagegen anzukreuzen.

Doch kurze Zeit später schaffen die Portugiesen den Durchbruch auf der alten Lieblingsroute des Prinzen Heinrich: Im Dezember 1488 läuft Bartolomé Dias in den Hafen von Lissabon ein. Er kehrt zurück von einer langen Reise, und was er erzählt, ist eine Sensation. Dias hat es, 1487, geschafft. Er ist immer weiter nach Süden gesegelt bis ans Ende der Küste. Er hat also tatsächlich die südlichste Spitze Afrikas umfahren, und er hat sie „Kap der Guten Hoffnung“ getauft. Dort sah er freies Meer nach Norden und Osten.

Nun kann es nicht mehr lange dauern, die Portugiesen müssen nur noch etwas weiterfahren, weiter über das Kap hinaus und dann wieder hoch Richtung Norden. Dann haben sie den Seeweg nach Indien, dann können sie die Türken umgehen, dann haben sie Spanien geschlagen.

Columbus weiß von Dias' Triumph, manche Historiker glauben sogar, dass er das freie Geleit der portugiesischen Krone nutzt und in Lissabon an der Pier steht, als sein schlimmster Konkurrent einläuft. Zumindest kann man aus einer Randnotiz, die Columbus in eines seiner Bücher schreibt, schließen, dass er sich mit Dias beschäftigt hat. Er notiert, der Portugiese habe mit einem Winkelmessgerät, dem so genannten Astrolabium, die geografische Breite dieses Kaps weit im Süden vermessen, es liege auf 45 Grad Süd, womit sich Dias und Columbus um gut 600 Meilen verhauen.

Aber die Distanz ist auf diesem Kurs, an den Küsten Afrikas entlang, ziemlich egal. Columbus ahnt, dass ein Weg nach Indien jetzt direkt vor dem Bug portugiesischer Schiffe liegt. Es ist kein Kunststück, das zu ahnen. Viele Geografen glauben wie Columbus – zu Recht –, dass die Ostküste Afrikas und die Küsten Indiens ein und dasselbe Meer umfassen.

Doch er, Columbus, kommt nicht voran.

Er muss es jetzt schaffen, bevor der erste Portugiese Indien erreicht. Er muss Kommission und Königin überzeugen – jetzt oder gar nicht mehr. Und wenn ihn die Gelehrten immer wieder an ihrem Bücherwissen abprallen lassen, dann muss er sie eben mit ihren eigenen Waffen schlagen.

## In der Kathedrale von Sevilla, 2003

Einen Teil der gewaltigen Kathedrale von Sevilla haben die Kirchenoberen abtrennen lassen. Dass er existiert, können Touristen bei einem Kirchenbesuch kaum ahnen. Und doch liegt in diesen Räumen einer der größten Schätze der Kirche, wertvoller als all die goldenen Kerzenleuchter und Monstranzen: die Biblioteca Colombina, das Erbe von Fernando Colón, Hunderte Bücher, zerlesen, zerfleddert, angesengt. Und darunter sind auch jene, die Fernando von seinem Vater Christoph Columbus geerbt hatte.

Die Biblioteca Colombina versteckt sich hinter einer unscheinbaren Tür in der Außenmauer der Kathedrale. Geöffnet wird nur Besuchern, die eine Empfehlung vorlegen können. Und sie werden am Eingang gefilzt, als beträten sie einen Hochsicherheitstrakt.

Genau das ist die Biblioteca Colombina, ein Hochsicherheitstrakt für Bücher. In langen Holzvitrinen steht die Bibliothek der Familie Colón, eine Klimaanlage hält Temperatur und Luftfeuchtigkeit konstant. Wer eines der Bücher lesen will, kann das tun – unter Aufsicht eines Wachmanns.

Historiker wie Gil und Varela können sich mit Hilfe dieser Bücher in Columbus' Gedanken hineinversetzen. Denn wenn der Genuese las, hatte er immer Feder und Tinte parat. Und er kommentierte, was er las, in Notizen, die er an die Ränder der Seiten schrieb. Manchmal waren es nur ein, zwei Wörter, manchmal schrieb er aber auch jeden Quadratzentimeter weißen Papiers voll.

Rund 3000 seiner Marginalien existieren noch.

Besonders viel las Columbus in dieser elenden Wartezeit in Spanien. Und die Anmerkungen in seinen Büchern verraten, dass er sehr gezielt nach Munition für seinen Kampf gegen die Talavera-Kommission suchte.

Er las Plinius' „Naturgeschichte", ein ganz neues Exemplar, gedruckt 1489, und eine 1477er-Ausgabe der „Historia Rerum Ubique Gestarum" von Enea Silvio Piccolomini, dem späteren Papst Pius II.; und eines seiner Lieblingsbücher muss „Imago Mundi" von Pierre d'Ailly gewesen sein. Um 1410 hatte der Kardinal von Cambrai in Frankreich alles Wissen über die Gestalt der Erde zusammengetragen, eine Art Almanach. Columbus hat sich jeden Satz markiert und kommentiert, mit dem d'Ailly die Erde kleiner machte, als sie ist. Etwa: „Es ist evident, dass man in wenigen Tagen über den Ozean segeln kann bei gutem Wind, denn die See ist nicht so groß, dass sie drei Viertel der Erde umspannen kann, wie manche Leute glauben."

Ein schönes, ein praktisches Zitat, obendrein von einem Kardinal. Columbus wird es als Argument genutzt haben gegenüber Talaveras Experten.

Ein anderes seiner Bücher zeigt, was Columbus jenseits des Ozeans vor allem suchte, womit er die Gier der Königin und ihrer Berater schüren wollte: Marco Polos Reiseberichte über China.

Er muss dagesessen haben, die Feder in der Hand, ein Glitzern in den Augen: Wo Marco Polo etwa die Geschichte des Großkhans erzählt, findet sich nichts, kein Ausrufezeichen am Rand, kein Kringel, keine Notiz.

Aber dann. Marco Polo schreibt, in Ciandu stehe ein Marmorpalast mit *„camere auro ornate"*, mit „goldverzierten Zimmern". Columbus wiederholt fett am Rand: *„camere auri ornate"*. Wo Marco Polo vom Reichtum des Großkhans schwärmt, notiert Columbus *„aurum, argentum, lapides preciosas"* – „Gold, Silber, Edelsteine". Und so geht es weiter, Seite um Seite.

Wunderbare Sätze liest er bei Marco Polo:

*Der außergewöhnliche Reichtum des Palastes ist ein großartiger Anblick. Das ganze Dach ist bedeckt mit Gold. Die Decken der Hallen sind aus demselben wertvollen Metall; viele der Räume haben Tische aus purem Gold von erheblicher Dicke. Und die Fenster haben goldene Ornamente.*

Ihn interessiert aber auch jedes nautische Detail, etwa in Marco Polos Kapitel 23 über eine Stadt am Meer. Dort lägen große Schiffe in den Buchten, und die Menschen besäßen Unmengen Perlen. Columbus markiert es – und auch dies: Der König trage eine goldene Halskette, mit Perlen verziert. All das streicht sich Columbus ebenso an wie die Passagen über die chinesische Provinz Thebeth, das heutige Tibet, in der die Menschen zwar reichlich Gold besäßen, das sie laut Marco Polo *„de payollo"* nennen – aber bezahlen würden sie mit Korallenstücken.

Columbus notiert am Rand: *„aurum de paiolo"* und *„coralum pro moneta"*.

## Jaén, 1489

Im Sommer dieses Jahres wird Columbus noch einmal zu Isabella von Kastilien vorgelassen. Die Königin mag diesen sturen Genuesen, sonst hätte sie wohl kaum immer wieder mit ihm gesprochen. Historiker werden später spekulieren, die beiden hätten sogar eine Affäre miteinander gehabt, schließlich hatte Isabella Ferdinand von Aragón aus machtpolitischen Gründen geheiratet und weniger aus Liebe. Und Columbus war frei. Aber außer den Belegen über die Treffen der beiden existiert kein Beweis für diese prickelnde Theorie.

Wahrscheinlich hier in Jaén teilt sie ihm das Verdikt der Talavera-Kommission mit: Plinius, Marco Polo und Pierre d'Ailly haben ihm nicht helfen können – die Gelehrten lehnen seinen großen Plan ab.

Sie haben viele Argumente, und nicht alle passen zusammen. Aber alle sind schlecht für Columbus: Der Ozean sei unendlich groß und wahrscheinlich nicht befahrbar; eine Reise nach Indien würde drei Jahre dauern; selbst wenn er auf die andere Seite der Kugel segeln könnte, würde er es nie wieder zurückschaffen, weil er dann ja bergauf fahren müsste; so viele hundert Jahre seit Erschaffung der Erde sei es unwahrscheinlich, dass man noch etwas Neues entdecken könne. Und so weiter. Es gibt viele gute Gründe für dieses Nein.

Doch so ganz sicher ist sich die Königin offenbar nicht, dass ihre Gelehrten damit richtig liegen. Statt Columbus einfach mit einem Nein nach Hause oder wohin auch immer zu schicken, vertröstet

Isabella ihn, auf irgendwann einmal, vielleicht in ein paar Jahren. Oder so. Er müsse verstehen, der Krieg um Granada, die Mauren – vieles sei wichtiger in diesen Zeiten. Fernando wird später schreiben:

*Nachdem sie viel Zeit und Geld in dieses Projekt gesteckt hatte, verkündete die Königin dem Admiral, dass sie mit Kriegen und anderen Sachen einstweilen genug zu tun habe, besonders mit dem Krieg um Granada. Deshalb könne sie sich jetzt nicht um ein neues Unternehmen kümmern. Aber es kämen vielleicht bessere Gelegenheiten, um das Angebot zu erwägen. In Wahrheit aber nahmen König und Königin die großen Versprechungen des Admirals nicht richtig ernst.*

Jetzt hat Columbus nur noch eine Chance: Bartolomeo.

Ende der achtziger Jahre hat auch sein Bruder Lissabon verlassen. Die beiden sprechen sich ab. Während Christoph es noch weiter in Spanien versucht, schifft Bartolomeo sich nach London ein.

Doch Piraten überfallen das Schiff, auf dem er segelt, plündern alle Passagiere. Pleite und krank erreicht Bartolomeo Colón England. Mühsam erholt er sich wieder, verdient ein wenig Geld, indem er Seekarten verkauft, und schafft es schließlich sogar, zu Heinrich VII. vorgelassen zu werden.

Nur: Bartolomeo ist offenbar kein so guter Redner wie sein Bruder, wahrscheinlich spricht er kaum ein Wort Englisch, und ganz sicher spricht er kein Latein. Er muss in London wirken wie ein Provinzler vom Ende der Welt. Also setzt er ganz auf das, was er kann: zeichnen. Bartolomeo unterbreitet dem König den Plan seines Bruders mit Hilfe einer Weltkarte.

Sie ist nicht so detailliert wie Toscanellis Skizze. Sie zeigt die Erde im Prinzip so, wie Ptolemäus sie sich gedacht hatte: mit einem gewaltigen asiatischen Kontinent, der sich so weit nach Osten erstreckt, dass er Europa ganz nahe kommt, nahe genug für Segelschiffe.

Trotzdem, der Engländer lehnt ab.

Bartolomeo rollt seine Karte sorgsam wieder ein und macht sich,

1490, auf den Weg nach Paris zum nächsten König, Karl VIII. von Frankreich.

Jahrhunderte später wird ein Forscher dort auf seine Spur stoßen: 1925 untersucht Charles de la Roncière eine uralte Pergamentkarte in der Bibliothèque Nationale. Ihre Herkunft ist mysteriös; wer auch immer sie vor Jahrhunderten gezeichnet hat, hat vergessen, sein Werk zu signieren – aber er hat trotzdem so etwas wie eine Signatur hinterlassen. Denn der Kartograf hat einzelne Elemente der Karte mit Erklärungen versehen. Es sind sehr kurze Textpassagen aus dem Buch „Imago Mundi“ von d'Ailly. Und es sind exakte Kopien jener Notizen, die Columbus in seinem Exemplar des Buches an den Rand geschrieben hat.

Offenbar schindet die Karte damals, 1490, tatsächlich Eindruck bei Hofe, wenn auch noch nicht an der richtigen Stelle: Anne de Beaujeu, ältere Schwester des Königs, lässt Bartolomeo Colón erst mal auf ihre Gehaltsliste setzen. Er lebt nun am Hof in Fontainebleau.

Columbus' Bruder atmet auf: Vielleicht ist Frankreich das Land des großen Plans. Er schickt Briefe nach Spanien, verhalten optimistisch. Der König scheint nicht allzu interessiert, aber immerhin, Anne de Beaujeu hat Einfluss, vielleicht lässt sich noch etwas machen.

1491 beschließt Christoph Columbus, Spanien zu vergessen. Er ist das ewige Warten leid, er glaubt nicht mehr an Königin Isabella.

Sechs Jahre hat er verloren, sechs Jahre für nichts.

Nun also Frankreich, die letzte Chance. Er wird in diesem Jahr 40, und wer weiß, wie lange es dauern wird, mit Bartolomeo zusammen den König in Paris zu gewinnen. Wenn es denn funktioniert. Columbus reist nach La Rábida. Er will sich von seinem Sohn Diego verabschieden, auf den noch immer Pater de Marchenas Franziskaner aufpassen.

Doch als er diesmal an die Pforte des Klosters klopft, ist auch de Marchenas Abt Juan Pérez da, der einstige Beichtvater der Königin.

Pérez ist kein Wissenschaftler, trotzdem fasziniert ihn Columbus' Plan. Er versteht nichts von der Seefahrt und der Gestalt der Erde, aber er kennt den Arzt von Palos, einen Mann namens Fernández, und der gilt hier unten in der Provinz als Gelehrter.

Tagelang beugen die drei sich im Kloster am Ufer des Río Tinto über Karten und Bücher. Der Mönch und der Arzt nehmen Columbus ins Kreuzverhör, wie es die Talavera-Kommission tat. Pérez und Fernández wollen erst einmal wissen, ob Columbus Recht haben könnte. Und dann wollen sie ihn trainieren, wie Sparringspartner. Für seinen letzten Kampf. Darum bohren sie und suchen nach den Schwachstellen in seinem Plan. Sie versuchen herauszufinden, wie sie die Widerstände doch noch beiseite räumen könnten. Und welche Argumente man noch brauchte, um die Königin zu überzeugen.

Als Pérez überzeugt ist, dass Columbus so weit ist, lässt er seine Beziehungen spielen. Er schreibt der Königin und bittet um eine Audienz. Schon zwei Wochen später erhält er Antwort – selbstverständlich ist der alte Beichtvater Isabella willkommen.

Da es im Kloster offenbar keine Pferde gibt, leiht sich Pérez einen Maulesel. Für das Tier bezahlt ein frommer Bekannter aus dem benachbarten Palos.

Es gibt solche Zufälle eigentlich nicht, und doch ist dies ein Zufall: Der spendable Freund von Pérez ist Martín Alonso Pinzón, ein Kapitän. Pinzón kann nicht ahnen, dass er damit quasi das eigene Todesurteil unterschreibt; und dass dafür das Schiff, das er kommandiert, zur Legende werden wird.

Die kleine Karavelle ankert häufig hier unten im Fluss. Columbus wird sie vom Kloster aus sehen können.

Sie heißt „Pinta".

## Im Feldlager von Santa Fe, 1491

Pater Pérez trifft die Königin im Lager ihrer Truppen. Der Mönch kommt mit seinem Maultier genau zur rechten Zeit angetrabt. Isabella lässt Granada belagern, und sie will jetzt siegen um jeden Preis, egal, wie lange es dauert. Sie hat das Lager zu einer richtigen Stadt ausbauen lassen: Santa Fe, vor den Toren Granadas.

Die letzte Festung der Mauren in Europa muss fallen. Und Granada wird fallen, das ist schon klar.

Isabella ist entsprechend gut gelaunt, Pérez muss nicht lange um eine letzte Chance für Columbus bitten. Die Königin lässt dem Schützling ihres alten Beichtvaters sogar 20 000 Maravedís schicken, damit der sich ein Maultier für die Reise nach Santa Fe kaufen kann und ein paar anständige Kleider für seinen Auftritt bei Hofe.

Im Spätsommer erreicht Columbus das Feldlager und trifft Pérez. Wieder prüft eine königliche Kommission, diesmal provisorisch zusammengetrommelt, seinen Plan. Ihr Verdikt ist offenbar nicht so negativ wie das der Talavera-Experten.

Auf jeden Fall wird es ernst. Es sieht so aus, als wolle die Königin ihm tatsächlich den Auftrag und Schiffe geben. Verhandlungen beginnen. Nach all den Jahren in Portugal und Spanien steht Columbus kurz vor dem großen Ziel. Jeder andere hätte gejubelt, hätte jeden Vertrag unterschrieben. Jeder andere wäre losgesegelt. Endlich.

Nicht Columbus.

Diesmal lässt er die Verhandlungen platzen.

Denn nun, als Isabella ihm entgegenkommt, stellt der Mann, der nicht einmal genug Geld für einen Esel hat, Forderungen, auf die sie eigentlich nicht eingehen kann. Zunächst einmal will er einen Adelstitel, egal, was aus dem Abenteuer wird, vererbbar natürlich. Dann will er den Titel „Admiral des Ozeans" für sich und seine Nachfahren. Und er will Gouverneur all jener Länder werden, die er entdecken sollte. Und gleich auch noch Vizekönig mit allen Vollmachten – alles vererbbar, dies ist seine Bedingung.

Und Geld will er natürlich haben, zehn Prozent von allem, was in jenen Ländern zu holen sein sollte, für sich und seine Nachfahren, bis ans Ende aller Tage.

Zehn Prozent der Schätze Indiens? Den Hofschranzen verschlägt es den Atem. Was dieser Mann da fordert, ist mehr als ein Fürstentum. Das ist ein Königreich.

Dieser Niemand.

Dieser dahergelaufene Seemann.

Dieser ungebildete Wicht.

Dieser, dieser – Italiener.

Selbst Columbus' Sohn Fernando schreibt später:

*Würde sein Plan funktionieren, wäre die Belohnung, die er verlangte, enorm. Würde er versagen, hätte es später wie eine Narretei ausgesehen, ihm zuzusprechen, was er verlangte.*

*Aber lasst mich sagen, dass ich seine Weisheit, seine Courage und seine Weitsicht bewundere. Er, der bis dahin in allem solches Pech gehabt hatte und in einem Zustand war, in dem er mit dem Kleinsten hätte zufrieden sein müssen, verlangte große Titel und Belohnungen, als hätte er den glücklichen Ausgang des Plans vorhergesehen.*

Warum Isabella ihn nicht sofort hinauswerfen lässt, ist unklar. Wahrscheinlich ist sie einfach nur zu beschäftigt.

Denn am 2. Januar 1492 kapitulieren die Mauren tatsächlich. Granada fällt. Columbus marschiert noch mit den siegreichen christlichen Truppen durch das Tor der Festung.

Aber kurz danach lässt Isabella diesen Columbus herbeizitieren. Und jetzt setzt sie ihn vor die Tür: Die Krone werde nicht nachgeben. Seinen Vertrag könne er vergessen. Und zwar für immer. Kein Vertrösten mehr, kein Vielleicht mehr.

Aus. Ende. Columbus hat den Bogen überspannt.

Gestern war er noch Vizekönig in spe, heute besitzt er nur noch diesen geschenkten Maulesel. Geschlagen und endgültig abgewiesen, sattelt er das Muli und reitet, wahrscheinlich zusammen mit Pater Pérez, von dannen – „Richtung Córdoba, um seine Reise nach Frankreich vorzubereiten", so Fernando.

Er kommt nicht weit, nur bis zur Brücke des Dorfes Pinos Puente, etwa sieben Kilometer von Santa Fe entfernt – dann holt ihn das Glück ein, ein Bote zu Pferd, den die Königin hinter ihm hergejagt hat.

Die Nachricht des Kuriers: Columbus möge zurückkommen. Seine Bedingungen seien nun doch akzeptiert, im Prinzip.

Vielleicht eine Stunde hatte Columbus gebraucht, um zu packen. Sieben Kilometer, die schafft ein Maulesel, wenn er nicht ständig geprügelt wird, in einer knappen weiteren Stunde. Zwei Stunden also war er entfernt von Santa Fe. Zwei Stunden für so etwas wie ein Wunder.

Der Mann, der es vollbracht hat, heißt Luis de Santángel, er ist der Privatschatzmeister des Königs. Und er hängt sich, so Fernando, gefährlich weit aus dem Fenster:

*An jenem Tag, an dem der Admiral Santa Fe verließ, stellte sich Santángel vor die Königin. Er sprach zu ihr mit Worten, die sein starkes Verlangen demonstrierten, sie zu überzeugen. Er sagte ihr, er sei verblüfft, dass Ihre Hoheit, die sonst immer so resolut handele in Dingen von großer Bedeutung, es jetzt genau daran mangeln lasse. Dabei gehe es um ein Unternehmen, das wenig Risiko berge und doch von so großem Nutzen sein könne, sowohl für Gott und die Ausdehnung seiner Kirche als auch für ihr Reich. Zudem sei das Unterfangen dergestalt, dass es ihrem Wohlergehen ganz klar schaden würde, sollte ein anderer Machthaber wagen, was der Admiral anbot.*

Sollte Santángel tatsächlich in diesem Ton mit der Königin sprechen, spielt er womöglich mit seinem Leben. Zudem geht ihn das Ganze so gut wie nichts an. Santángel arbeitet in erster Linie für König Ferdinand, nicht für Isabella.

Und doch: Der Mann bedrängt die Königin nicht nur, er bringt auch gleich das Geld mit, um einen großen Teil der Expedition zu finanzieren. Zwei Millionen Maravedís, so haben Experten geschätzt, würde es kosten, drei Schiffe für Columbus auszurüsten. Und Santángel bietet nun an, mehr als eine Million aufzubringen, ohne die Kasse der Königin zu belasten. Schließlich ist er nebenbei noch Schatzmeister der so genannten Santa Hermandad, einer Bürgermiliz.

Zwar ist die Santa Hermandad nach all den Kriegsjahren hoffnungslos pleite. Aber das irritiert Santángel nicht, er könne ja im Namen der Miliz einen Kredit aufnehmen. Es gebe da reiche italienische Geschäftsleute, die das Geld gern vorstrecken würden.

## Wien, um 1970

Das Wunder von Santa Fe hat Historiker zu allen Zeiten fasziniert. Der US-Historiker Morison meint, Santángels Argumentation sei einfach „unwiderstehlich gewesen – solch großer Gewinn bei so geringem Risiko“. Nur: Den möglichen Gewinn hat Columbus seit Jahren der Königin ausgemalt in schillerndsten Farben, mit blumigsten Worten. Und dass Kastilien in der Lage sein müsste, drei Karavellen auszurüsten, wird der Königin auch klar gewesen sein.

Darum: Was trieb Santángel, über all seine Grenzen zu gehen und so viel zu riskieren? Seine Santa Hermandad, deren Kasse er ja schließlich nur verwaltete, hatte mit Entdeckungsfahrten überhaupt nichts zu schaffen. Warum wollte der Mann unbedingt diese Reise ans Ende der Welt?

Es gibt eine Theorie.

Sie ist abenteuerlich.

Aber es existieren Indizien, die für sie sprechen könnten. Und ernsthafte Columbus-Experten halten sie keineswegs für absurd.

Die Theorie besteht aus zwei Teilen. Teil 1: Die Vorfahren von Christoph Columbus sollen Juden gewesen sein. Teil 2: Weil Königin Isabella nach dem Ende der Maurenherrschaft alle Juden aus Spanien vertreiben wollte, suchten diese verzweifelt nach Ländern, in die sie flüchten konnten, in denen sie bleiben konnten, vielleicht für immer.

Schlüsselfigur dieser Theorie ist Luis de Santángel. Denn der Mann, der den großen Plan durchsetzte, war in der Tat einer der spanischen „Conversos" – einer jener Juden also, die sich aus Angst vor der Inquisition hatten taufen lassen. Verwandte von ihm starben auf dem Scheiterhaufen.

In den Jahren um 1970 herum macht sich ein Mann aus Wien auf die Suche nach den Spuren von Santángel und den jüdischen Wurzeln von Columbus. Er hat als Spurensucher einen eindrucksvollen Ruf: Simon Wiesenthal, der KZ-Überlebende, der jüdische Nazi-Jäger. Über 1000 Holocaust-Schergen hat er nach dem Krieg gefunden und enttarnt, der berühmteste Fall: Adolf Eichmann, Organisator des Massenmordes, aufgespürt in Argentinien, dann von Spezialisten nach Israel entführt und 1962 hingerichtet.

Nun recherchiert Wiesenthal in Europas Archiven. Indizien für den ersten Teil seiner Columbus-Theorie zu finden ist nicht schwierig. Die These, dass der Entdecker von getauften Juden abstammen könnte, war schon recht kurz nach Columbus' Tod aufgekommen, 1939 hatte der Historiker Salvador de Madariaga sie mit Recherchen untermauert.

Es sind alles nur Mosaiksteine. Keiner davon beweist etwas. Aber es sind eine Menge Mosaiksteine, die Wiesenthal dann für sein Buch „Segel der Hoffnung" zusammenträgt.

Den Namen Colombo etwa führen in Norditalien viele jüdische Familien – aber auch christliche.

Der Mädchenname von Columbus' Mutter lautete Susanna di Fontanarossa, ihr Vater hieß Jacobo. Das waren damals jüdische Vornamen – wenngleich auch Christen so getauft wurden.

Aber vor allem stößt Wiesenthal in Dutzenden von Columbus-Schriften darauf, dass der Mann sich ungewöhnlich gut in der jüdischen Gedankenwelt und im Alten Testament auskannte. Zum Beispiel findet der Nazi-Jäger in einem der Bücher des Entdeckers in der Biblioteca Colombina eine seltsame Randnotiz in Columbus' Handschrift. Dort rechnete Columbus das Jahr 1481 mal eben in die jüdische Geschichtsschreibung um und kam auf das Jahr 5241 nach jüdischem Kalender.

Woher weiß ein katholischer Seemann so etwas? Warum denkt er überhaupt darüber nach?

Und wieso schreibt er in einem Brief: „Ich bin ein Knecht desselben Herrn, der David in diesen Stand erhob"? Mit „diesem Stand" meinte er den Rang eines Königs.

„Es kann sehr gut sein, dass Columbus jüdischer Abstammung war", sagt auch Juan Gil. Ihm ist ebenso wie Wiesenthal immer wieder aufgefallen, dass Columbus eher Gedanken des Alten Testaments bewegen als jene des Neuen. So schreibt Columbus einmal, dass er auch ausgezogen sei, um die legendären Goldminen König Salomos im Land Ophir zu finden. Mit den Schätzen dieser Minen soll Salomo den Tempel in Jerusalem gebaut haben.

Und Columbus will, so schreibt er, mit Gold aus genau derselben Mine den Tempel wieder errichten lassen. Schon bald.

Ein Brief von Columbus klingt besonders seltsam. Am 3. Februar 1500 schreibt er von der Karibikinsel Hispaniola: „Der Tempel von Jerusalem wurde mit Gold und Holz der Mine von Ophir gebaut. Und mit demselben Gold wird der Tempel wieder erbaut werden, mit mehr Luxus als zuvor – geschrieben auf der Insel Hispaniola, vorher Ophir."

Er hält also die Insel Hispaniola, heute Haiti und die Dominikanische Republik, für das legendäre Ophir.

Und: „Der Gedanke an den Tempel, vor allem an einen Wiederaufbau des Tempels, der ist keineswegs christlich. Das ist eindeutig ein alter jüdischer Leitgedanke", sagt Gil. Er kursierte als Traum seit Jahrhunderten in der Diaspora.

Immer wieder zieht Columbus in Briefen auch Vergleiche zu Szenen aus der Bibel, und meistens sind es solche aus dem Alten Testament. Abraham, Isaak, Sarah – das sind die Namen der Helden seiner Geschichten.

Merkwürdig sind auch zwei Details der ersten Reise in die Neue Welt: Der katholischen Königin hatte Columbus die Expedition unter anderem mit dem Argument schmackhaft gemacht, es gelte, das Reich des Glaubens auszudehnen und Heiden zu bekehren. Aber warum nahm er dann auf seinen drei Schiffen keinen einzigen Priester mit – wohl aber einen getauften jüdischen Dolmetscher namens Luis de Torres? Weil de Torres arabische Dialekte beherrschte und Arabisch eine Weltsprache war, die die Menschen in Indien womöglich würden verstehen können? Ja, wahrscheinlich.

Aber es gab viele arabische Dolmetscher in Kastilien, die Arabisch noch weitaus besser beherrschten als de Torres. Nur sprachen die in der Regel kein Hebräisch.

Das zweite Detail: Columbus wollte am 3. August 1492 zu seiner ersten Reise aufbrechen. Und er sorgte dafür, dass seine Matrosen am Abend des 2. August an Bord gingen.

Ein seltsames Datum. Denn vier Monate zuvor, am 31. März, hatten Spaniens Herrscher das so genannte Vertreibungsedikt unterzeichnet. Nach der Niederlage der Mauren, dem Fall Granadas, mussten nun auch alle Juden, die sich nicht taufen lassen wollten, das Land verlassen:

*In unseren Königreichen gibt es nicht wenig judaisierende, von unserem heiligen katholischen Glauben abweichende böse Christen, eine Tatsache, die vor allem in dem Verkehr der Juden mit den Christen ihren Grund hat ... So verfügen wir hiermit, dass alle in unserem Herrschaftsbereich lebenden Juden ohne Unterschied des Geschlechts oder des Alters bis Ende Juli unsere könig-*

*lichen Besitztümer mitsamt ihren Söhnen und Töchtern und ihrem jüdischen Hausgesinde verlassen müssen und dass sie es nicht wagen sollen, das Land je wieder zu betreten. Sollten sie in unserem Machtbereich erwischt werden, so werden sie unter Ausschaltung des Gerichtsweges mit dem Tode und der Vermögenseinziehung bestraft werden.*

Ende Juli? Das war keine lange Frist. Spaniens Juden mussten deshalb all ihren Besitz schnell und zu Spottpreisen an Spanier verkaufen, Flüchtlingskolonnen zogen auf die Häfen zu. Juden auf der Flucht zahlten jeden Preis für einen Platz auf einem Schiff, das sie außer Landes bringen konnte. Viele starben, als ihre Seelenverkäufer untergingen. Aber es gab kein Erbarmen, nur eine winzige Fristverlängerung.

Aus Ende Juli wurde der 2. August. Punkt Mitternacht sollte Spanien, wie Wiesenthal sagt, „judenrein" sein.

Am 2. August, Punkt Mitternacht, waren Columbus' Schiffe klar zum Auslaufen.

Genug Mosaiksteine? Für Simon Wiesenthal auf jeden Fall.

Dabei hält der es im Grunde für gänzlich unwichtig, ob Columbus Generationen zurück vielleicht jüdische Vorfahren hatte oder nicht. Denn was für den Converso Santángel und einige ebenfalls konvertierte Freunde gezählt habe, sei nicht die Vergangenheit, sondern die Zukunft gewesen, die Not der Juden und auch die Not der rund 300 000 spanischen Conversos, die sich vor den Handlangern des Großinquisitors Tomás de Torquemada fürchten mussten.

Zwar waren viele der Conversos sehr reich, auch die Familie Santángel. Sie kontrollierten Banken und Handelshäuser. Doch das schürte den Neid im Volk, das trieb Denunzianten an. Und die frommen Männer der Inquisition warteten nur darauf, einem Getauften nachweisen zu können, dass er noch heimlich dem alten Glauben anhing. Conversos wurden gefoltert, ermordet, und ihr Vermögen musste dann selbstverständlich beschlagnahmt werden.

Die Pläne des Genuesen, meint Wiesenthal, „weckten Hoffnungen bei den Verfolgten wie auch bei den potenziellen Opfern künftiger Verfolgungen ... Damit öffnete sich für die Juden eine Perspektive eines Auswanderungslandes, eine Möglichkeit, dem Druck der Kirche auszuweichen".

Außerdem habe es da noch diese alte jüdische Legende von den verlorenen Stämmen Israels gegeben, verstreut in alle Himmelsrichtungen, die irgendwo auf dieser Welt ein jüdisches Reich gegründet hätten. „Wenn es eine Brücke zwischen Columbus und den Juden und Conversos gegeben hat, dann war es die Möglichkeit, solche jüdischen Länder zu entdecken", so Wiesenthal.

Es ist eine Theorie, aber es ist Tatsache, dass Santángel im entscheidenden Moment eingriff, scheinbar ohne Motiv.

Und als Columbus dann von der großen Entdeckungsreise heimkehrte, war der erste Mensch, dem er in einem Brief von den neuen Inseln im Ozean erzählte, nicht etwa die Königin. Columbus schrieb zuerst an den konvertierten Juden Luis de Santángel.

## Santa Fe, April 1492

Monatelang haben Columbus und die Krone nun schon über die Feinheiten verhandelt. Für die Königin pokert Juan de Coloma, der Sekretär ihres Gatten, jener Mann, der auch das Vertreibungsedikt niedergeschrieben hat.

Für Columbus pokert der Pater aus La Rábida, Juan Pérez. Und der alte Franziskaner kämpft zäh. Punkt um Punkt ringt er Coloma fast alles ab, was Columbus will.

Aber er spielt auch mit guten Karten, König und Königin halten Hof als Sieger, „und sie waren so happy in diesen Tagen, dass sie fast alles genehmigten", wird 511 Jahre später Consuelo Varela sagen.

Schon mit der Anrede „Don Cristóbal Colón" in dem langen Vertrag zwischen Königin und Columbus, den so genannten Capitulaciones, wird klar, dass der Seemann sich durchgesetzt hat. „Don", so werden nur vornehme Herrschaften angesprochen. Columbus ist weit gekommen, und der Vertrag verspricht mehr, viel mehr:

*Erstens wird vereinbart, dass Eure Hoheit, als Beherrscherin des Ozeans, Don Cristóbal Colón zu Eurem Admiral in all jenen Inseln und Ländern ernennen, die durch ihn entdeckt werden in dem besagten Ozean, mit allen Rechten, die zu diesem Amt gehören. Das gilt für seine Lebenszeit und genauso nach seinem Tod für seine Erben und Nachfolger.*

*Ebenso wird vereinbart, dass Eure Hoheit den genannten Don Cristóbal Colón zum Vizekönig und Generalgouverneur auf den besagten Inseln und in den Ländern ernennen, die er entdeckt. Und dass er für die Verwaltung dieser Gebiete jeweils drei Personen vorschlagen kann, aus denen Eure Hoheit sich denjenigen erwählen kann, der ihr am besten dient, damit die Länder, die Gott ihm zu entdecken gestattet, umso besser regiert werden.*

*Ebenso wird vereinbart, dass Eure Hoheit Don Cristóbal Colón garantiert, dass ihm von jeder Art Ware, die gekauft, erworben oder entdeckt wird innerhalb der Grenzen dieser Admiralität – ob Perlen, Edelsteine, Gold, Silber, Gewürze oder andere Wertgegenstände –, nach Abzug der Spesen der zehnte Teil gehören soll, die anderen neun Teile sind reserviert für Eure Hoheit.*

*Ebenso wird vereinbart: Sollte es in den Ländern, in denen der Handel stattfindet, irgendwelche Rechtsstreitigkeiten um jene Güter geben, die er von den besagten Inseln und aus den Ländern herbringen wird, gefällt es Eurer Hoheit, dass er oder sein Stellvertreter darüber das Urteil fällen soll.*

*Ebenso wird vereinbart, dass der besagte Don Cristóbal Colón an allen Schiffen, die für den besagten Handel ausgerüstet werden, immerzu ein Achtel erwerben kann und dass er deshalb ein Achtel jenes Profits für sich in Anspruch nehmen kann, der mit den so ausgerüsteten Schiffen erwirtschaftet wird.*

*Diese Rechte werden garantiert in der Stadt Santa Fe de la Vega de Granada am siebzehnten Tag des Aprils des Jahres vierzehnhundertzweiundneunzig nach der Geburt unseres Retters Jesus Christus.*

*Gezeichnet: Juan de Coloma, Sekretär von Aragón*

Sehr vieles an diesem Vertrag klingt seltsam: Von Indien, das Columbus doch angeblich finden will, steht in den Capitulaciones kein Wort. Auch werden keine Heiden erwähnt, denen Columbus doch das Christentum bringen will.

Die Capitulaciones sind ein Vertrag über ein Joint Venture. Sie regeln, was Columbus zusteht von den Reichtümern noch zu entdeckender Inseln. Sonst nichts. Welches Motiv auch immer Santángel treibt, Columbus und die Königin denken an Geld und Macht.

Sicherlich soll Columbus auch den Seeweg nach Indien und China suchen, die Königin lässt ihm einen Empfehlungsbrief an den Großkhan geben. Aber das wichtigste Dokument, dieser Vertrag, sagt dazu nichts. Die Entdeckung ist zumindest auch als Geschäft geplant. Wenn das Geschäft nicht sogar ihr Hauptzweck ist.

Und noch etwas ist merkwürdig: Columbus darf sich zu einem Achtel an den Kosten beteiligen, steht da. Ein Achtel von einem Vermögen, ein Achtel der Kosten einer Millionenexpedition?

Columbus hat unbezahlte Schulden in Portugal, einen geschenkten Maulesel und sonst gar nichts.

Jahrhunderte später wird die Historikerin Consuelo Varela das tun, was sie am liebsten tut: Sie wird „der Spur des Geldes" folgen, wie sie sagt, um die Geschichten der Menschen erzählen zu können.

Im Archiv der Notare von Sevilla wird sie das Testament eines Kaufmanns aus Florenz entdecken, Gianotto Berardi heißt der, die Spanier nennen ihn Juanoto. Und dieser Berardi schreibt da kurz vor seinem Tod, dass dieser verdammte Don Cristóbal Colón ihm noch ein Vermögen schulde.

Im Laufe der Jahre wird Varela noch weitere Papiere finden, hier eines, dort eines. Und am Ende wird sie einigermaßen genau wissen, wie die Entdeckung Amerikas finanziert wird. Es ist keine schöne Geschichte.

Columbus und Pater Pérez sind keineswegs allein in Santa Fe, als die Capitulaciones ausgehandelt werden. Es sind auch zwei Männer aus Sevilla gekommen, Berardi und sein Assistent, ein junger Italiener namens Amerigo Vespucci – jener Mann, nach dem später durch den Irrtum eines Kartenzeichners der ganze Kontinent Amerika genannt werden wird. Aber jetzt ist Vespucci noch nicht wichtig, er ist halt ein Laufbursche.

Berardi hingegen ist der örtliche Vertreter der italienischen Kaufmannsfamilie Medici. Deren Firma ist organisiert wie ein international agierender Konzern. In den wichtigen Städten der bekannten Welt unterhalten die Florentiner Filialen. Deren Chefs handeln mit allem Möglichen im Namen und auf Rechnung der Medicis – und ab und zu dürfen sie auch ein Geschäft auf eigenes Risiko abwickeln.

Auf der Iberischen Halbinsel sitzen insgesamt drei Medici-Männer, Bartolomeo Marchioni in Lissabon am Atlantik, Cesare Barchi in Valencia und dazwischen, in Sevilla, Berardi. Diese drei Herrschaften sind extrem reich, denn sie handeln mit einer begehrten Ware: mit Menschen, schwarzen Sklaven von der afrikanischen Westküste.

Spanien hat Portugal das Sklavenmonopol überlassen, also besorgt Marchioni die Ware in Lissabon. Dort angekommen, werden die Schwarzen nach Sevilla getrieben, wo Berardi sie verkauft. Jene Sklaven, die er nicht loswird, gehen nach Valencia, wo Barchi sie weiter nach Italien verschifft.

Berardi und seine italienischen Geschäftsfreunde sind offenbar ein heikles Thema für Columbus-Vertraute: Weder Fernando Colón erwähnt die Sklavenhändler noch Bartolomé de Las Casas.

Dabei muss Columbus die Männer schon länger kennen, wahrscheinlich nahm der Genuese den Kontakt zu seinen Landsleuten in den Wartejahren in Kastilien auf. Vielleicht kannte er die florentinische Verbindung aus Lissabon, aus dem Exilantenviertel.

Berardi und Columbus gründen so etwas wie eine gemeinsame Firma. Der Sklavenhändler bringt das Geld ein und der Entdecker den Plan. Santángel, der Privatschatzmeister des Königs, borgt sich 1,14 Millionen Maravedís zusammen – und etwa eine halbe Million Maravedís, weit mehr als ein Achtel, zahlt Berardi, der Sklavenhändler.

Dieser Deal erklärt vielleicht Columbus' seltsames Verhalten später, als er in der Karibik von Insel zu Insel segelt: Er nimmt die neuen Länder mit einer Selbstverständlichkeit in Besitz, als würde er keineswegs glauben, dass sie dem doch so mächtigen Großkhan gehören. Und dann sucht er überall nach Gold. Und er beginnt bald, die sanften Eingeborenen zu versklaven – sie seien so fügsam, notiert er, dass sie sich bestens als Diener eignen.

Und da ist sie, die unheilige Dreifaltigkeit.

Land für den Vizekönig Columbus.

Gold für König und Königin daheim.

Und Sklaven für Berardi.

Das ist es wohl, was die Entdeckung bringen soll.

Berardi wittert das ganz große Geschäft. Er setzt in zwei Schüben alles Geld ein, das er hat, zuerst bei der ersten und dann bei der zweiten Reise. Er entwirft kurz nach der Entdeckung einen langfristigen Geschäftsplan – in einem Brief an die Königin: Dreimal im Jahr sollen Schiffe fahren, im Pendelverkehr.

„Gold und Sklaven, das war das Ziel", wird Consuelo Varela sagen.

Berardi kümmert sich sehr schnell nur noch um die Geschäfte mit den indischen Inseln. Er vernachlässigt alles andere, hat wohl auch kein Kapital mehr verfügbar, weil er alles in Columbus' Unternehmen investiert, bis zum letzten Maravedí.

Und tatsächlich: Vor der Rückkehr von der zweiten Reise wird Columbus 500 Indianer gefangen nehmen lassen. Sklaven für Berardi?

Trotzdem wird Berardi an dem Geschäft Pleite gehen, und seine Firma wird aus allen Akten verschwinden. Denn mit einem haben die Partner nicht gerechnet. Die Indios leiden und halten nicht durch. Viele sterben schon unter Deck, die meisten erreichen Europa nicht.

Für Berardi ist das ein Desaster, das er nicht lange überleben wird. Er wird Ende 1495 verzweifelt sterben. Dann wird sein Kofferträger Vespucci seinen Posten übernehmen und die alte Firma abwickeln.

Aber jetzt, 1492, ist Berardi noch solvent, gut für eine halbe Million. Dazu kommen die 1,14 Millionen Maravedís Santángels. Jetzt fehlt nur noch wenig bis zu den zwei Millionen des Kostenvoranschlags.

Dann fällt den Verwaltern der Krone ein, wie sie das Problem lösen können: Die kleine Stadt Palos de la Frontera schuldet der Königin noch eine Strafe für ein Vergehen, wahrscheinlich geht es um Schmuggel oder Piraterie. Und so fertigen die Beamten Isabellas einen Befehl aus, der die Menschen von Palos verpflichtet, Columbus kostenlos zwei Karavellen zur Verfügung zu stellen, komplett bemannt und ausgerüstet für ein Jahr.

Columbus kennt das Hafenstädtchen neben La Rábida ja gut. Hatte nicht Martín Alonso Pinzón aus Palos netterweise Pater Pérez' Muli bezahlt?

Was für eine Dummheit. Der Befehl der Königin besiegelt sein Schicksal.

## Palos de la Frontera, im Herbst 2003

Das Dorf hat schon lange keinen Hafen mehr. Palos liegt heute im Landesinneren, weil der Río Tinto sich zurückzog und versandete. Die Piers standen irgendwann auf dem Trockenen, und dann haben die Einwohner von Palos das Hafenbecken zugeschüttet.

Man kann noch ahnen, wo es zu Columbus' Zeit lag. Da ist jetzt ein großer Schotterparkplatz, auf dem niemand parken will, gleich gegenüber der neuen Tankstelle, an der niemand tankt, weil überhaupt sehr wenig los ist in Palos. 6000 Einwohner, kein Strand. Drum herum Salatfelder unter Plastikplanen. Es ist keine gute Idee, hier Urlaub zu machen, allein schon wegen der Pestluft aus dem Industriegebiet von Huelva.

Am Rand des Parkplatzes steht noch jener Brunnen aus dem 15. Jahrhundert, mit dessen Wasser die Matrosen des Columbus damals ihre Tankfässer auffüllten. Heute tröpfelt noch ein Rinnsal aus den Mauerritzen, es fließt quer über den Parkplatz und verschwindet dann irgendwo im Schilf rund um den Bolzplatz für die Dorfjugend.

Das früher wohl größte Haus an der Hauptstraße haben sie jetzt entkernt. Es gehörte der mächtigsten Familie im Ort, den Gebrüdern Pinzón. Heute stehen nur noch die Wände, und an einer davon hängt eine Tafel. Sie zeigt, was die Menschen hier über das denken, was damals passierte: „In diesem Haus lebten die berühmten Seeleute aus Palos: Martín Alonso, Vicente Yáñez und Francisco Martín Pinzón, die von hier aus Amerika entdeckten“ steht da.

Von einem Typ namens Columbus steht da nichts.

Auch nicht auf der Säule vor der rosafarbenen Dorfkirche mit dem Storchennest obendrauf. In dieser Kirche beteten sie damals vor der Abfahrt alle.

Alle.

Heute stehen an der Säule die Namen der Seeleute, die 1492 lossegelten. Aber nicht alle.

Der Name Columbus fehlt.

Das Hotel im Zentrum des Dorfes, eine nette, kleine Herberge, heißt denn auch „La Pinta“ – nach dem Schiff, das Martín Alonso Pinzón kommandierte.

Man könnte meinen, dass die Menschen von Palos Columbus nicht leiden können. Ihre Vorfahren hatten gute Gründe dafür.

## Palos de la Frontera, 23. Mai 1492

Es ist ein Mittwoch, als die Ältesten des Dorfes in der Sankt-Georgs-Kirche zusammengerufen werden. Der Dorfschreiber muss ein königliches Dekret verlesen. Nicht weit von ihm entfernt steht dieser seltsame rotgesichtige Fremde, der Freund der Franziskaner von La Rábida.

Und so erfahren die Menschen von Palos, dass sie zwei ihrer Schiffe für ein Jahr hergeben sollen für eine lange Reise, einfach so, ohne dass sie einen Maravedí dafür bekommen. Viele der alten Seeleute glauben, dass es nur eine Reise ohne Wiederkehr sein kann.

Die Männer maulen, wagen aber keinen Widerstand gegen den königlichen Befehl. Dabei verschleiert das Dekret sogar, wohin es gehen soll. Der Schreiber liest vor, Palos habe sich bedingungslos dem Befehl Columbus' zu unterstellen.

Das Ziel seien „bestimmte Regionen des Ozeans".

Dort solle der Genuese „bestimmte Dinge in unseren Diensten tun".

Das ist nicht sehr präzise, aber wahrscheinlich ahnen die Männer in der Kirche, worum es geht. Hat dieser Colón nicht immer wieder davon gesprochen, dass man auf die andere Seite des Ozeans segeln könne? Gibt es da nicht Gerüchte über Indien? Das ist doch Irrsinn!

Es ist nicht klar, wer die Schiffe für das Himmelfahrtskommando aussucht, aber die Auswahl dürfte nicht allzu groß sein, Palos hat schließlich nur ein paar hundert Einwohner.

Eine Karavelle liegt im Hafen, es ist die „Pinta".

Eine zweite gehört einem Mann namens Juan Niño, aus dem Nachbardorf Moguer. Sie heißt „Niña".

Columbus will mehr, er will ein drittes Schiff. Aber da stellen sich die Männer aus Palos quer. Im Dekret ist von zwei Schiffen die Rede. Nicht von dreien.

Doch vor dem Hafen ankert ein fremdes Schiff aus dem Norden, aus Galicien. Die „La Gallega“ ist zwar keine schnelle Karavelle, sondern ein dickbäuchiger Frachtsegler, eine so genannte Nao. Aber was soll's? Columbus muss nehmen, was er kriegen kann.

Und er schafft es tatsächlich, den „Gallega“-Eigentümer Juan de la Cosa zu überreden, ihm das Schiff zu verchartern. De la Cosa will sogar mitsegeln, ebenso wie zehn seiner Männer. Ein Glücksgriff. De la Cosa wird einer der verlässlichsten Getreuen bei dem großen Abenteuer werden.

Nur der Name des Schiffes passt Columbus noch nicht. Er tauft die Nao einfach um: „Santa María“.

„Santa María“, „Niña“, „Pinta“ – die kleine Flotte liegt bereit.

Es wird die berühmteste Flotte der Weltgeschichte.

# 5 „Tierra, Tierra!“

*Die berichteten Ereignisse sind wahrhaftig und wundersam, entspringen jedoch nicht meinen Verdiensten, sondern meinem Glauben an Jesus Christus. Gott pflegt nämlich seinen Dienern auch das Unmögliche zu erfüllen. So erging es mir, der ich erreicht habe, was bisher weit außer Reichweite menschlicher Macht lag. Niemand beanspruchte für sich, diese Inseln tatsächlich gesehen zu haben, weshalb auch das Ganze bislang wie ein Märchen erschien. Darum lasset uns alle dem Heiland Dank sagen. Lasst Prozessionen durch die Straßen ziehen, lasst Messen feiern. Christus frohlockt, da er voraussehen kann, wie vieler Völker bisher verlorene Seelen nun gerettet werden können. Und wir wollen fröhlich sein, auch wegen des Gewinnes weltlicher Güter, an denen nicht nur Spanien, sondern die ganze Christenheit teilhaben wird.*

Schlusspassage eines Columbus-Briefes an Königin Isabella, geschrieben nach der Rückkehr aus der Neuen Welt

## Palos de la Frontera, Juni 1492

Es sind bange Wochen für Columbus in diesem Sommer an der Küste Andalusiens. Wieder einmal muss Pater Antonio de Marchena ihm beispringen, der Mann Gottes, ohne den wahrscheinlich nichts gehen würde.

Drei Schiffe hat der Genuese zwar nun, aber nur wenige Matrosen. „Santa María“-Eigner Juan de la Cosa überredet einige seiner Leute, die Reise zu wagen. Und dann gibt es noch Diego de Arana, den Vetter jener Beatriz Enríquez de Arana, die Columbus’ Geliebte ist.

De Arana soll Flottenmarschall werden, so viel ist klar, zuständig für die Waffen, verantwortlich für die Disziplin – so etwas wie Columbus' Leibwächter also, da riskiert der Genuese nicht, einen Fremden zu nehmen.

Aber wer soll die Schiffe segeln? 60 Mann braucht Columbus, mindestens, 80 wären besser, 100 wären gut; und zwar keine Anfänger, sondern harte, erfahrene Seeleute. Nach der Proklamation des königlichen Dekrets in der Sankt-Georgs-Kirche aber mauern die Männer von Palos. Niemand will. Alle haben Angst, sich diesem Fremden anzuvertrauen, über dessen phantastische Ideen Gerüchte kursieren. Weiß der überhaupt, wovon er redet? Jeder hier hat mehr Erfahrung auf See als dieser Liebling der Königin.

Freiwillig heuert so gut wie niemand an.

Nur ein alter Salzbuckel will Columbus helfen. Pedro Vazquez heißt er, und er stammt aus Palos. Als Vazquez noch jung war, segelte er einmal weit nach Westen im Auftrag der Portugiesen. 1452 war das, unter dem Kommando von Kapitän Diego de Teive.

Dieser greise Seemann Vazquez stellt sich nun auf den Dorfplatz und erzählt seine alte Geschichte immer wieder neu. Er erzählt sie allen im Dorf, die sie noch hören können, obwohl sie sein Seemannsgarn schon kennen: Damals seien sie also Richtung Westen gesegelt, um zu schauen, ob es da draußen, neben den Azoren, noch weitere Inseln gebe. Dabei hätten sie ein ganz seltsames Meer aus Gras erreicht, durch das die Schiffe aber problemlos segeln konnten. Dann hätten sie umkehren müssen; wahrscheinlich hatten sie kein Trinkwasser mehr. Furchtbar, ach, wären wir doch weitergesegelt, klagt der Alte. Denn damals hätten alle an Bord das Gefühl gehabt, Land sei nicht mehr fern. Ganz sicher.

Und der alte Vazquez höhnt über die Angsthasen im Dorf. Wenn er noch mal jung wäre, ja, dann! Natürlich, er würde segeln, auf jeden Fall, für Ruhm und Gold und die Ehre Spaniens und in Gottes Namen sogar mit diesem Columbus!

Aber wer hört schon auf einen Greis? Zeigt nicht dieser Unsinn über das Meer aus Gras, dass er aufschneidet? Vom Sargassomeer mitten im Atlantik, wo Vazquez das Gras gesehen haben mag, können die Männer aus Palos damals noch nichts wissen.

Also lässt Pater de Marchena seine Beziehungen spielen. Der Mönch redet auf seinen alten Freund Martín Alonso Pinzón ein, jenen Kapitän, der schon den Maulesel für de Marchenas Reise an den Hof bezahlt hatte.

Die Brüder Pinzón wohnen in ihrem großen Familiensitz mitten in Palos: Martín Alonso, Vicente Yáñez und Francisco Martín. Wenn die Pinzóns mitmachen würden, hätte Columbus gewonnen. „Fast alle Einwohner von Palos standen unter ihrem Einfluss, denn sie waren die reichsten Leute dort", wird Bartolomé de Las Casas später schreiben.

Martín Alonso ist de Marchenas Freund – gut. Pinzón hilft dem Mönch gern – wenn er kann. Aber muss der Freund seines Freundes auch sein Freund sein? Nein. Denn der älteste der Pinzón-Brüder kann diesen hoch gewachsenen Genuesen mit der geliehenen Macht nicht ausstehen.

Der italienische Historiker Gianni Granzotto meint: „Pinzón sah Columbus als einen Parvenu, der aus dem Nichts gekommen war, der kaum Erfahrung hatte, aber immerhin ein außergewöhnliches Maß an Energie, Kraft und neuen Ideen mitbrachte. Columbus hielt Pinzón für einen exzellenten Seemann, aber für mehr eben auch nicht."

Aber Pinzón, jetzt Anfang 40, ist ein Alphatier, ein Anführer.

Ein Pinzón nimmt keine Kommandos entgegen.

Ein Pinzón gibt Kommandos.

So war das immer hier unten in Palos.

Und womöglich hat Martín Alonso eigene große Pläne, für die er diesen Italiener nicht braucht. Später, in den Pleitos de Colón, den jahrzehntelangen Gerichtsverfahren um die Privilegien der Familie Colón, werden Zeugen aussagen, dass Pinzón selbst neue Länder im

Westen entdecken wollte: Martín Alonso sei, kurz bevor Columbus kam, nach Rom gesegelt. Und dort habe ihm ein Bekannter, Kosmograf in der Bibliothek des Vatikans, von Legenden über unentdeckte Inseln im Ozean erzählt.

Möglich, dass die Geschichte stimmt, dass sich vielleicht gar die Ideen des Florentiners Paolo dal Pozzo Toscanelli bis nach Rom herumgesprochen hatten. Und Pinzón war tatsächlich in Rom, das ist dokumentiert, um eine Ladung Sardinen zu verkaufen.

Aber Pater de Marchena kann reden, er kann überzeugen, es dauert ein wenig, doch dann schafft er es, Pinzón auf Columbus' Seite zu ziehen. Martín Alonso erklärt sich bereit, das Kommando auf der „Pinta“ zu übernehmen.

Und, noch besser: Auch sein jüngerer Bruder Vicente Yáñez, damals etwa 30 Jahre alt, will mitmachen; er wird Kapitän der „Niña“. Für die Männer, die ihn kennen, zählt er zu den besten Navigatoren des Königreichs; später wird er als einer der Entdecker Brasiliens berühmt werden. Und er ist loyal, anders als sein Bruder: Martín Alonso wird Columbus verraten, aber Vicente Yáñez und seine „Niña“ werden am Ende den Admiral und das ganze Unternehmen retten.

Columbus selbst kommandiert natürlich das Flaggschiff, die „Santa María“.

Und die Pinzóns ziehen nun die anderen mit. Am 23. Juni beginnen sie offiziell damit, Männer anzuheuern, denen sie vertrauen.

Und denen sie alles zutrauen.

## Sevilla, 1911

Über vier Jahrhunderte sind vergangen, seit Columbus in Palos mit den beiden Pinzóns sprach. Niemand weiß genau, wer eigentlich all die Männer waren, die damals mit ihm an Bord gingen. Wie viele waren es, die ihr Leben einem unbekannten Genuesen mit einem verrückten Traum anvertrauten? Die riskierten, niemals zu ihren Familien zurückzufinden? Die lossegelten, ohne zu wissen, wohin?

In den Jahrhunderten haben die Menschen vieles vergessen, auch weil sich kaum ein Historiker dafür interessierte. Geschichte wird von großen Männern gemacht, kleine Männer kommen höchstens dabei um. So ist das, so war das, bis eine zierliche Amerikanerin, eigentlich auf dem Weg nach Italien, in Sevilla Zwischenstation macht.

Alice Bache Gould, 43, ist die älteste Tochter einer Patrizierfamilie aus den Neuenglandstaaten; ein Urahn kämpfte für George Washington, ein anderer war Harvard-Präsident. Amerikanischer Ostküstenadel also, altes Geld. Alice freilich ist nicht die schönste Tochter der Familie, dazu noch schüchtern – und, für die Männer ihrer Zeit, wohl auch abschreckend klug. Sie studiert als eine der wenigen Frauen jener Tage, sie lernt nebenbei Spanisch an einem astronomischen Institut in Argentinien. Dann: Bachelor in Mathematik, Arbeit am Massachusetts Institute of Technology, an der University of Chicago. Das Eliteprogramm eben. Von Küche und Kindern hält sie nicht viel, von der Wissenschaft umso mehr.

Und da sie nun schon in Sevilla ist, schaut sich Alice Gould auch das Archivo General de Indias an. Und es packt sie, dieses ganze abgelegte Wissen, dieser Berg von Dokumenten in den Regalen. Sie stöbert und stößt durch Zufall auf eine Quittung.

Auf der Quittung steht ein Name: Pedro de Lepe, Matrose auf der „Santa María".

Es ist nur ein kleiner Fetzen Papier. Aber sie hat ihn quasi im Vorbeigehen aus dem Chaos gezogen. Und er gehört zu einer der größten Geschichten der Welt. Was könnte man wohl aufspüren, wenn man sich richtig an die Arbeit machen würde?

In diesem Moment weiß Alice Gould, dass sie ihre Lebensaufgabe gefunden hat: In diesen Akten, diesen Dekreten, Anweisungen, Rapporten und Rechnungen will sie die Spuren jener Männer finden, die Amerika entdeckt haben.

Und wenn Alice Gould etwas will, dann schafft sie das auch. Der Historiker Samuel Eliot Morison beschreibt sie als „feine grauhaarige Lady, die meist schwarz gekleidet mit einem altertümlichen Hut auf dem Kopf resolut ins Archiv marschierte, um ein Dokument zu finden, von dem der Archivar behauptet hatte, dass es nicht existiere".

Jahrzehnt um Jahrzehnt bearbeitet Alice Gould die alten Aktenbestände in Sevilla und jene im königlichen Archiv von Simancas bei Valladolid und schließlich die in jedem spanischen Dorf, das seine alten Akten noch nicht vernichtet hat.

Sie durchstöbert Papierstapel, die Soldaten in den Wirren der napoleonischen Kriege als Streu für die Pferde benutzt hatten.

Sie rettet die alten Geburtsurkunden des Dorfes Moguer bei Palos: Sparsame Beamte hatten das alte Zeug ins örtliche Gefängnis geschafft, auf dass sich die Sträflinge damit den Hintern abputzten. Glücklicherweise hatten sie erst die ganz alten Papiere im Hof aufeinander gestapelt und dann die etwas jüngeren drum herum. Und so hatten die Häftlinge erst die außen liegenden Papiere verbraucht.

Die Geburtsakten des 15. Jahrhunderts sind deshalb noch ziemlich vollständig, als sich die Lady aus Massachusetts mit den schweren Jungs einsperren lässt; die Wächter wollen nichts riskieren und lassen sie nur unter dieser Bedingung an das wohl wertvollste Klopapier der Geschichtsschreibung heran.

Jahr um Jahr entdeckt Gould Name um Name. Sie erfährt, wer auf welchem Schiff segelte, wer bezahlt und wer um seine Heuer betrogen wurde. Es dauert Jahrzehnte, bis die sonderbare Amerikanerin die meisten ihrer Männer zusammenhat: die 40 von der „Santa María", die 26 von der „Pinta" und die 20 Seeleute von der „Niña". 86 Seeleute also, plus Columbus, waren sicher an Bord. Und dann gibt es noch 31 Namen von Männern, die vielleicht dabei waren, was sich aber nicht mehr beweisen lässt.

Gould zerstört bei ihrer Suche auch lieb gewonnene Legenden der Historiker; etwa jene, nach der die Mannschaft eine Bande von entlassenen Sträflingen gewesen sei, die nichts zu verlieren hatten. Experten glaubten das lange, schließlich hatte die Königin Columbus die Vollmacht gegeben, Verbrecher zu begnadigen. Wer sich bereit erklärte, mit ihm zu segeln, entkam dem Henker und sollte ein freier Mann sein – falls er die Reise überleben würde.

Aber Columbus nutzte dieses Privileg nur bei vier Männern aus: Ein Gericht hatte den Matrosen Bartolomé de Torres – nicht den konvertierten Dolmetscher Luis de Torres – zum Tode verurteilt, weil er bei einem Streit einen Mann ermordet hatte; drei seiner Freunde wollten ihn vor dem Scharfrichter retten, das Ding ging aber schief, und so saßen sie nun mit de Torres in der Zelle. Bis Columbus kam.

Alle anderen aber waren unbescholtene Seeleute.

Gould entlarvt auch als Legende, was Engländer und Iren besonders gern hören. Dass nämlich einige ihrer Landsleute mitgesegelt seien. In Wahrheit waren neben dem Admiral nur vier Ausländer an Bord: drei Italiener und ein Portugiese. Die anderen stammten aus Palos, ein paar noch aus Moguer und anderen Orten Andalusiens. Fast alle waren sie erfahrene Seeleute.

Columbus' erste Mannschaft war also keine Söldnertruppe zur See, sondern eine Dorfmannschaft, die sich anschickte, in der Weltliga zu spielen. Es waren vor allem die Fischer und Matrosen von Palos, die Amerika entdeckten.

Trotzdem gab es Cliquen an Bord. Neben den Gebrüdern Pinzón und ihren Getreuen etwa die Gebrüder Niño aus Moguer, denen die „Niña" gehörte. Oder die Basken um „Santa María"-Eigner Juan de la Cosa – die meisten von ihnen sollten später bei einem Massaker in der ersten europäischen Festung der Neuen Welt ihr Leben lassen.

Alice Gould findet auch einen Bootsmann, Juan Quintero von der „Pinta", der Columbus auf allen vier Reisen begleitete. Es gab einen Kontrolleur der Königin, Rodrigo Sánchez, der darauf achten sollte, dass Columbus kein Gold beiseite schaffte. Es gab einen Goldschmied und auf jedem Schiff einen Arzt.

Das heißt: Die Expedition war bestens organisiert.

Auch Gould findet freilich keinen Priester, der Eingeborene hätte taufen können – obwohl das doch angeblich das Ziel der Reise sein sollte.

Es gab auch keinen Naturkundler, der Tiere und Pflanzen hätte untersuchen können. Das war ein Fehler, wie Columbus später selbst anmerkte.

Und es gab keinen Soldaten an Bord der ersten Flotte, nur die Bordgeschütze dienten zur Verteidigung.

Gould stößt schließlich auf den Namen des Mannes, der als Erster Land sah und den Columbus dann um die Prämie von 10 000 Maravedís prellte: Juan Rodríguez Bermejo.

Über 40 Jahre braucht Alice Gould, um die Spuren all dieser Männer zu verfolgen und über jeden, schön alphabetisch geordnet, ein Dossier anzulegen – von Juan Martínez de Acoque bis Pedro Yzquierdo.

Die vergessenen Entdecker Amerikas waren ihr Leben. An einem Sommertag 1953 wird die kleine allein stehende Lady mit den komischen Hüten, mittlerweile 85 Jahre alt, tot aufgefunden – auf der alten Festungsbrücke, die ins Archiv von Simancas führt.

## Im Delta des Río Tinto, 3. August 1492

Eine halbe Stunde vor Sonnenaufgang gibt Columbus an diesem Freitag den Befehl, die Anker zu lichten. Es ist ein ruhiger Tag, fast windstill. Schlapp hängen die Segel an den Rahen.

Doch die Ebbe läuft gerade aus, und so trägt die Tide die „Santa María“, die „Pinta“ und die „Niña“ den Río Tinto hinunter, gespenstisch langsam und still. Ein paar Matrosen rudern mit den langen Riemen, damit die Steuermänner die Schiffe überhaupt lenken können.

Die Flotte gleitet an La Rábida vorbei. Oben im Kloster auf dem Hügel singen die Mönche von de Marchena und Ordensbruder Juan Pérez eine Messe: *„iam lucis orto sidere“* – „schon bricht das Licht hervor“. Und dann: *„nunc et in perpetuum“* – „jetzt und in alle Ewigkeit“.

Columbus nimmt den Hut ab.

Er bekreuzigt sich.

Die Matrosen knien nieder.

Sie wissen: Wenn dieser große, grauhaarige Fremde auf dem Deck der „Santa María“ sich irrt und wenn der Ozean doch viel größer ist, dann wird wohl keiner von ihnen jemals wieder die Glocke von La Rábida hören.

Gegen acht Uhr überqueren die Schiffe die Sandbarre vor der Flussmündung und laufen auf den offenen Atlantik hinaus. Wind kommt auf. Columbus lässt einen neuen Kurs anlegen: *„Sur cuarta del sudoeste“*, Südsüdwest, Richtung Kanarische Inseln.

Von dort aus will er es wagen. Auf Teneriffa halten sich zwar noch die kriegerischen Eingeborenen, die Guanchen. Auf La Palma aber machen die Spanier sie gerade nieder. Und La Gomera gehört längst der Krone, spanische Eroberer haben die Guanchen dort versklavt.

Columbus will in La Gomeras Hafen San Sebastián noch einmal Wasser, Feuerholz und Fleisch bunkern. Vor allem aber liegen die

Kanaren am Rand des Passatgürtels und ungefähr auf jenem Breitengrad, auf dem Paolo dal Pozzo Toscanelli das Reich des Großen Khans vermutet. Wenn der florentinische Gelehrte Recht hat, muss Columbus von La Gomera aus immer nur nach Westen halten, um Indien zu erreichen.

Außerdem muss Columbus im Hafen der Insel seine Bootszimmerer an den Schiffen arbeiten lassen. In der berüchtigt ruppigen See zwischen Palos und den Kanaren ist die Ruderaufhängung der „Pinta“ gebrochen, Martín Alonso Pinzón ließ sie notdürftig flicken. Aber das Ruder bleibt eine Schwachstelle, und die See findet jeden Fehler, das ist nur eine Frage der Zeit.

Columbus will zudem das Rigg der „Niña“ umbauen lassen. Die Karavelle fährt, anders als „Pinta“ und „Santa María“, so genannte Lateinersegel an ihren Masten, dreieckige Segel, die längs über Deck stehen. Damit kann sie zwar so gut gegen den Wind aufkreuzen wie kaum ein anderes Schiff, aber Columbus vermutet, dass bald schon steter Rückenwind seine Flotte nach Westen schieben wird. Und platt vor dem Wind ziehen natürlich quer stehende Segel besser. Außerdem kann der Großbaum eines Lateinersegels auf einem solchen Kurs Männern den Kopf einschlagen oder den Mast brechen, wenn der Wind ihn plötzlich von einer Seite auf die andere wirft.

Schon jetzt verflucht Columbus einen Fehler, den er ausgerechnet bei seinem Flaggschiff gemacht hat. Die bauchige „Santa María“ rollt wie ein Fass in der groben Atlantikdünung. Vor allem segelt sie so schwerfällig wie ein Heuschober, den man zu Wasser gelassen hat. Die beiden kleineren Karavellen könnten lässig Kreise um sie ziehen. Ausgerechnet auf ihn also, den Flottenkommandanten, müssen die beiden Pinzóns auf „Niña“ und „Pinta“ ständig warten.

Sicher, wenn er eine Kanone abfeuern lässt, kommen sie zurück, aber demütigend ist das schon. „Das Schiff war nicht geeignet für Entdeckungsfahrten“, schreibt er.

Das muss Columbus fuchsen, denn er weiß: Wenn er auf der „Santa María“ bleibt, kann er selbst auf keinen Fall der Erste sein, der Indien sichtet, zumindest nicht, wenn alles mit rechten Dingen zugeht.

## Madeira, September 2003

Sie haben an Deck gekocht, aus Steinen und Sand hatten sie sich dort wahrscheinlich eine Art Feuergrube gebaut.

Sie haben unten geschlafen, wo sich gerade ein Plätzchen fand, zwischen Körben und Taurollen, zwischen Fässern, Ballaststeinen und den Ratten.

Und wenn Columbus und seine Seeleute aufs Klo mussten, dann gingen sie wohl an die Reling, wohin auch sonst.

Das kann man heute bequemer haben. Es gibt zwei Toiletten mit Salzwasserspülung auf der „Santa María de Colombo“. Es gibt auch einen Motor hier, einen Diesel von Caterpillar mit 455 Pferdestärken; wie das Leben auf See bei Flaute ist, kann man auf diesem Schiff also nicht lernen, die „Santa María de Colombo“ fährt immer. Aber man bekommt immerhin eine Ahnung, wie es damals zuging auf den Schiffen des Columbus.

Die „Santa María de Colombo“ ist eine der Nachbauten der Entdeckerschiffe, sie ist ein wuchtiges Schiff, 22 Meter lang und 7 Meter breit, 102 Tonnen schwer, Segelfläche 192 Quadratmeter, Tiefgang 2,74 Meter. 320 Kubikmeter Holz wurden verbaut für die „Santa María de Colombo“, Pinie und Mahagoni. Sie hat vier Masten, weiße Segel mit fetten roten Kreuzen und vier Etagen: Unter Deck ist der Frachtraum, dann folgt das Hauptdeck, dann gibt es am Bug einen Aufbau und am Heck zwei Etagen; ganz oben ist die Kajüte des Kommandeurs.

Die Kajüte des Christoph Columbus.

Es ist ein ziemlich robustes Schiff, breit, außergewöhnlich schwer. Trotzdem, viel Platz haben 40 Männer hier nicht. Man muss sich schon vorstellen, wie sie hier bei Gewitter ihren Platz zum Schlafen suchten, um eine Idee von den Strapazen zu bekommen. Und von der Enge.

Und sobald Kapitän Miguel Gómez den Motor abschaltet und die „Santa María de Colombo“ quer vor den Wellen treibt, spürt man, wie hemmungslos sie von Backbord nach Steuerbord überholt und dann wieder zurückrollt; die „Santa María de Colombo“ hat keinen richtigen Kiel, es gibt nur eine Menge Zement als Ballast, vor 500 Jahren waren es Steine.

Robert Wijntje, Niederländer, war immer schon fasziniert von Columbus, Wijntje lebt hier auf Madeira und hat die „Santa María de Colombo“ in dem Fischerdorf Cámara de Lobos gebaut. Ein Jahr hat er dafür gebraucht, von Juli 1997 bis Juli 1998, sieben Handwerker halfen ihm.

Mit den Jahren ist sie natürlich ein Touristendampfer geworden; 25 Euro kostet der Trip, bei dem sich jede Landratte fühlen darf wie Columbus, auch wenn es die Bänke für die älteren Damen auf dem Original wohl nicht gab. Und auch nicht den Wodka an der Bar für zwei Euro.

Trotzdem: Robert Wijntje hatte alles gelesen, was er finden konnte, er hat alles so gut gemacht, wie er konnte, aber man sollte ehrlich sein: Niemand weiß bislang, wie die Schiffe des Columbus exakt aussahen. „Sicher ist nur, dass sie nicht so ausgesehen haben können wie irgendeine der Replicas“, sagt die Columbus-Expertin Consuelo Varela, „denn keiner der Nachbauten segelt vernünftig. Die sind schon bei etwas Welle unkontrollierbar und kommen überhaupt nicht voran.“ Die echten Karavellen hingegen waren schnell. Das beste Etmal der Flotte, die gesegelte Tagesdistanz, betrug laut Columbus' Logbuch 139 Seemeilen. Also schafften die Schiffe 5,8 Knoten oder 10,7 Stundenkilometer im Tagesschnitt. Die Spitzengeschwindigkeit dürfte fast doppelt so hoch gewesen sein – viel schneller segeln auch moderne Fahrtenyachten nicht.

Erst aus dem Wrack in der Bucht von Nombre de Dios werden die Schiffbauexperten der Texas A&M University so etwas wie einen Konstruktionsplan einer Karavelle erstellen können, einer Karavelle wie der „Niña" oder der „Pinta" oder, natürlich, der „Vizcaína".

Nur wie die „Santa María" aussah, wird dann immer noch unklar sein, denn sie war eine Nao, ein Frachtkahn, plump und schwer zu manövrieren.

Deshalb war Columbus' Lieblingsschiff die kleine „Niña". „Wenn sie nicht so stark und gut gebaut gewesen wäre, dann hätte ich gefürchtet, verloren zu gehen", schrieb Columbus nach einem Sturm. Und der US-Historiker und Konteradmiral Morison meinte, die „Niña" sei eines „der größten kleinen Schiffe der Weltgeschichte", ein Schiff, „das man besingen muss".

Columbus setzte auf sie nicht nur bei der ersten Reise, sondern auch bei der zweiten, dann auch noch bei einer Expedition nach Kuba. Die „Niña" überstand als einziges Schiff einer Flotte einen Hurrikan, brachte Columbus und Dutzende seiner Männer in die Heimat zurück, sie war sogar noch das Kundschafterschiff bei der dritten Reise.

Und diese „Niña", das kleinste Schiff der ersten Flotte, ist das einzige, dessen Größe Experten heute halbwegs verlässlich schätzen können. Ein Mann, der einst auf ihr gesegelt war, schrieb, sie habe „ungefähr 60 Tonnen" gehabt – also ungefähr so viel wie die „Vizcaína" von der vierten, der letzten Reise.

Diese spanischen Tonnen oder „Toneladas" hatten freilich nichts mit dem Gewicht zu tun, auch nichts mit der Verdrängung moderner Schiffe. „60 Toneladas", das hieß nur, dass der Laderaum der „Niña" 60 Standardweinfässer der damaligen Zeit fasste.

Die iberischen Bootsbauer konstruierten die meisten ihrer Schiffe nach der „1-2-3“-Formel: „1“ war die Breite des Schiffes, der Kiel war dann doppelt so lang und der Rumpf schließlich dreimal so lang wie breit. Wenn die Karavellen auch so gebaut waren, das hat Morison aus der „1-2-3“-Formel und der Zahl sowie der Größe der Weinfässer errechnet, müsste die „Niña“ ungefähr 21 Meter lang und 7 Meter breit gewesen sein bei einem Tiefgang von rund 2 Metern. Die „Pinta“ dürfte ein wenig länger gewesen sein und die „Santa María“ war dann Columbus' größtes Schiff, vielleicht 24 Meter lang.

Wahrscheinlich standen auf „Niña“ und „Pinta“ achtern kleinere Aufbauten als am Heck der „Santa María“, zumindest legen grobe Gemälde von Karavellen jener Zeit, etwa auf Münzen, die Vermutung nahe. Wahrscheinlich hatten sie drei Masten, zwei große für die quer gestellten Segel und einen kleineren für ein letztes Lateinersegel kurz vor dem Heck.

„Santa María“, „Pinta“ und „Niña“ waren keine Kriegsschiffe, sie führten deshalb wahrscheinlich nur wenig Artillerie: Ein paar großkalibrige Bombarden werden auf Lafetten an Deck gestanden haben. Mit ihren Steinkugeln konnten sie durchaus feindliche Schiffe versenken – wenn die Kanonen denn funktionierten.

Und auf das Schanzkleid eines jeden Schiffes hatten die Werften vermutlich kleine, drehbare Falkonetten montiert, die mit einer Art Schrotmunition auf kurze Distanz furchtbare Blutbäder anrichten konnten.

Die Matrosen lenkten die Schiffe nicht mit Steuerrädern, sondern mit Pinnen am Heck. Und bei Flaute wie im Río Tinto konnten sie mit langen Riemen aus Esche auch mal rudern. Quälend langsam kamen sie so voran, aber das war besser als nichts, wenn das Schiff von der Strömung auf Felsen zugetrieben wurde.

Kapitän Gómez, 39 Jahre alt, auf Madeira geboren, kennt sich aus mit Schiffen, er ist Weltumsegler und Profi. Der Skipper des Nachbaus „Santa María de Colombo" hat schwarze Locken, trägt eine kurze Hose. Er sagt: „Das Ding hier ist sehr wuchtig, aber auf dem Atlantik trotzdem nur eine Nussschale – mit einem Schiff wie diesem, aber eben ohne Motor, Amerika zu erreichen ist eine grandiose Leistung. Columbus hatte wahren Mut, und er hat unfassbar hart gearbeitet. Was für eine Schufterei!"

Und dann pfeift Kapitän Gómez den Hund herbei. Der Hund heißt Colombo und kann Männchen machen.

## La Gomera, August und September 1492

Es ist wie verhext: Die kleine Flotte käme gut voran, wäre da nicht dieses elende Ruder der „Pinta". Die Kanaren sind schon in Sichtweite, da springt es wieder aus seiner Halterung, muss mühsam gesichert werden. Außerdem fängt das Schiff jetzt auch noch an zu lecken. Dabei sind sie noch nicht einmal richtig losgefahren. Martín Alonso Pinzóns Männer müssen schon pumpen, wollen sie nicht schwimmen.

Schließlich verliert Columbus die Geduld. Er gibt Pinzón den Befehl, er möge versuchen, den kleinen Hafen Las Palmas auf Gran Canaria zu erreichen. Dort könne er die „Pinta" reparieren lassen.

Der Admiral hält mit „Santa María" und „Niña" direkt auf La Gomera zu. In der Hafenfestung San Sebastián regiert die Witwe Doña Beatriz de Peraza y Bobadilla im Namen ihres minderjährigen Sohnes Guillen. Und Doña Beatriz hat ein Schiff zu ihrer Verfügung, mit 40 Toneladas zwar noch kleiner als die „Niña", aber vielleicht, denkt sich Columbus, kann er es ihr abschwatzen – und ihr dafür die angeschlagene „Pinta" dalassen.

Am Abend des 12. August läuft er in San Sebastián ein. Doch Doña Beatriz ist weg. Und mit ihr das Schiff.

Columbus wartet, die Bootsleute arbeiten am Rigg der „Niña". Neun Tage wartet der Admiral. Neun Tage, keine Beatriz zu sehen, kein Pinzón. Nun wird es ihm zu dumm. Er lässt wieder ablegen und segelt zurück nach Gran Canaria – wo Pinzón inzwischen die „Pinta" wieder flottbekommen hat.

Mehr als zwei Wochen hat Columbus verloren, als er am 2. September endlich wieder in La Gomera festmacht. Und jetzt ist auch Doña Beatriz da.

Sie ist jünger als Columbus, noch nicht 30 Jahre alt. Sie gilt als unberechenbar und stürmisch. Und sie ist Witwe.

Columbus verliebt sich sofort in sie. Angeblich.

Die Geschichte von der wilden Affäre setzt Michele de Cuneo in die Welt, ein Italiener, der später, auf der zweiten Reise, mit Columbus segeln und über das Abenteuer schreiben wird. Dabei wird er auch mit Männern sprechen, die jetzt auf La Gomera dabei sind.

De Cuneo sei „eine gute Autorität", schreibt später der US-Historiker Morison. Und auch der Columbus-Biograf Paolo Emilio Taviani wird die Liebesgeschichte um fast jeden Preis glauben wollen. Aber kann es wirklich sein, dass Columbus in der Festung von San Sebastián eine Affäre mit der Herrin der Insel hat?

Doña Beatriz hat sicher nicht viel Abwechslung auf diesem Außenposten des Reiches. Denkbar, dass sie interessiert ist. Einerseits.

Andererseits hat Columbus gerade jetzt anderes im Kopf als eine Turtelei. Und dann ist ja auch noch Diego de Arana an Bord der „Santa María", der Vetter von Columbus' Geliebter Beatriz daheim in Córdoba, der Flottenmarschall.

Kann Columbus das wagen? Kann er den Mann, der seine Sicherheit garantieren soll, derart brüskieren? Einen Spanier?

Und: Es ist Sonntagabend, als Columbus in Doña Beatriz' Hafen einläuft, am Donnerstagmorgen lässt er seine Flotte schon wieder in

See stechen. Der Seemann und die Herrin der Insel haben somit nur drei Tage gemeinsam in San Sebastián.

Also: ein historischer Quickie? Oder doch wieder nur eine dieser Columbus-Legenden, liebevoll gehegt und gepflegt von Biografen auf der verzweifelten Suche nach etwas Menschlichem an diesem Mann, der in Wahrheit ziemlich kalt war?

## Auf dem Atlantik, September 1492

Am 9. September 1492, zwei Tage nach dem Auslaufen in La Gomera, vermerkt Columbus im Bordbuch: „Den ganzen Freitag und Samstag bis drei Uhr in der Nacht war Windstille." Dann beginnt der Passat die Segel zu füllen, freilich erst nur sachte.

Außerdem hat der Admiral zu viel Proviant und Wasser bunkern lassen. Die Schiffe liegen, hemmungslos überladen, schwer und tief im Wasser. Fünf Tage lang dümpeln sie in Sichtweite der Kanaren in der langen Atlantikdünung. Erst am Morgen des 10. September versinkt das letzte Stück der Alten Welt hinterm Horizont.

Es wird eine sehr ruhige Reise, zunächst. Das Bordleben spielt sich ein. Die Matrosen haben wenig zu tun, sie träumen. Und reden sich bald schon Anzeichen nahen Landes herbei.

Bereits am 14. September schreibt Columbus ins Bordbuch: „Die Leute von der ‚Niña' sagen, sie hätten einen Tölpel und einen Tropikvogel gesehen, und diese Vögel entfernen sich nie weiter als 25 Meilen vom Land."

Am 16. September treibt Gras auf den Wellen, „Gras, wie es auf Klippen wächst, und es kam von Sonnenuntergang her".

Nur: Das heißt nicht, dass sie sich Land nähern. Sie erreichen bald das Meer aus Gras, von dem Pedro Vazquez auf dem Dorfplatz von Palos erzählt hat, das Sargassomeer. Der Alte hatte tatsächlich Recht.

Und es stimmt auch, dass die Schiffe das Gras einfach beiseite schieben können, ohne dass es sie merklich bremst.

Am 18. September meldet Martín Alonso Pinzón, „er habe eine große Menge Vögel in westliche Richtung fliegen sehen und hoffe, noch in dieser Nacht Land zu sichten, deshalb fuhr er so schnell voraus. Auf der Nordseite bezog sich der Himmel mit einer dichten Wolkenschicht, und das ist ein Anzeichen dafür, dass Land in der Nähe ist“.

Später werden Navigatoren nachrechnen, dass sie an dem Tag noch nicht einmal die halbe Strecke geschafft haben. Das nächste Stück Land sind die Azoren, über 800 Meilen weit weg.

Columbus jedoch glaubt, er segle gerade zwischen jenen Inseln hindurch, die Toscanelli im Atlantik eingezeichnet hat. Aber er möchte sie jetzt nicht erkunden. Vielleicht später, erst einmal will er „weiter bis nach Indien vorwärtskommen, und das Wetter ist günstig“. Die beiden Karavellen preschen vor, jeder will als Erster Land sehen.

Columbus lässt in einer Flaute sogar loten, ob das Wasser schon flach wird.

Nichts. Kein Wunder, die Leine mit dem Senkblei reicht nur rund 400 Meter in die Tiefe. Als seine Männer schwimmen gehen, ahnen sie nicht, dass sie mehr als 4000 Meter Wasser unter sich haben.

Am 25. September geht die „Pinta“ am Flaggschiff längsseits. Columbus und Pinzón diskutieren über eine Karte, in die der Genuese, so sein Biograf Bartolomé de Las Casas, „anscheinend mehrere Inseln eingezeichnet hatte. Martín Alonso behauptete, sie befänden sich in dieser Gegend, und der Admiral antwortete, ihm scheine das auch so. Dass sie dennoch nicht auf sie gestoßen seien, hätten sicher die Strömungen verursacht“.

Sie sind jetzt seit knapp drei Wochen auf hoher See, länger als jeder Seemann, den sie kennen, zuvor. Drei Wochen in der Enge der Schiffe. Drei Wochen im Ungewissen. Die Männer werden nervös, sie sind gereizt.

Am Abend brüllt Pinzón, er sehe Land. Las Casas:

*Als der Admiral hörte, wie Martín Alonso dies mehrmals bekräftigte, begann er, Gott auf den Knien zu danken. Und Martín Alonso sprach mit seinen Leuten das „Gloria in excelsis Deo". Die Männer von der „Niña" kletterten allesamt auf den Mast und in die Takelage, und alle sagten, es sei tatsächlich Land. Dem Admiral schien es auch so. Man habe wohl noch 25 Meilen zu fahren bis dorthin.*

25 Meilen sind viel für ein Segelschiff. Fünf Stunden vielleicht. Die Nacht kommt, der nächste Morgen kommt. Und als es hell wird, ist das Land verschwunden wie eine Fata Morgana.

Columbus notiert, dass es wohl „nichts weiter als Himmel war".

Das Meer ist ruhig. Tag um Tag vergeht. Die Moral sinkt. Die Männer werden rebellisch. Columbus fürchtet bald gar, dass sie meutern könnten, er glaubt, dass sie ihn inzwischen am liebsten über Bord werfen würden, sich nur noch nicht trauen. Columbus' Sohn Fernando schreibt:

*Die Männer hatten Angst, dass sie vielleicht schon zwischen den Inseln durchgefahren seien, ohne es zu merken. Sie dachten, die vielen Vögel, die sie sahen, würden von einer Insel zur anderen fliegen. Sie wollten den Kurs verlassen, um nach diesen Ländern zu suchen. Aber der Admiral verweigerte das, weil er dachte, dass er dann den guten Wind verlieren würde, der sie auf jener Route nach Westen trug, die seiner Meinung nach die beste Richtung nach Indien war. Außerdem dachte er, er würde sich lächerlich machen, wenn er ziellos hin und her fahren und nach Inseln suchen würde, von denen er behauptet hatte, dass er ihre Position absolut genau kennen würde. Wegen dieser seiner Weigerung war die Mannschaft kurz vor einer Meuterei, sie schimpfte und plante Sachen gegen ihn.*

Am 6. Oktober wagt Martín Alonso Pinzón zu protestieren. Nach seinen Berechnungen sind sie schon viel zu weit nach Westen gefahren, um die Insel Cipango, Japan, noch treffen zu können. Pinzón bedrängt Columbus massiv. Die Flotte müsse unbedingt mehr nach Süden halten.

Pinzón kann nicht wissen, dass er auf gewisse Weise Recht hat: „Santa María“, „Niña“ und „Pinta“ stehen an diesem Tag ziemlich genau nördlich von Haiti. Wenn sie weiter auf Columbus' Kurs bleiben, können sie vor Florida in den Golfstrom geraten. Vielleicht werden sie das Festland erreichen. Vielleicht wird der mächtige Strom sie aber auch Richtung Nordosten mitreißen, zurück nach Spanien. Columbus weiß nichts vom Golfstrom und natürlich auch nichts von Florida.

Er bleibt stur.

Von einem Pinzón lässt er sich gar nichts sagen. Zumindest nicht von diesem, von Martín Alonso. Sie fahren nach Westen.

Am 7. Oktober sehen Matrosen wieder einen Schatten am Horizont. Und zwar im Westen, dort, wo Land auftauchen muss, wenn der Admiral Recht hat.

Wenn nicht, dann gnade ihnen Gott.

Fernando Colón:

*Aber es war noch nicht klar zu erkennen, und so traute sich zunächst keiner, die Entdeckung für sich zu beanspruchen – aus Angst, jene 10 000 Maravedís zu verspielen, die die Könige jenem versprochen hatten, der als Erster Land sichtet. Denn um die Männer davon abzuhalten, andauernd „Land, Land“ zu rufen, hatte der Admiral angeordnet, dass jeder, der Land melde, das dann nicht in drei Tagen tatsächlich auftauche, der Prämie verlustig gehe, selbst wenn er dann später tatsächlich als Erster Land entdecke. Deshalb traute sich kein Mann auf dem Schiff des Admirals, etwas zu sagen. Doch die „Niña“, die ein besserer Segler war und deshalb weit vorausfuhr, feuerte eine Kanone ab und setzte Flaggen zum Zeichen, dass sie Land gesichtet hatte.*

*Aber je weiter sie darauf zuhielten, desto tiefer sank die Stimmung. Schließlich löste sich die Illusion des Landes auf.*

*Gott aber half ihnen, und sie sahen jetzt viele große Schwärme von Vögeln, die von West nach Südwest flogen. Da ließ der Admiral den Kurs nach Südwesten ändern, nach dem Vorbild der Portugiesen, die die meisten ihrer großen Entdeckungen machten, indem sie dem Zug der Vögel folgten.*

Ach so, die Vogelschwärme.

Vögel hatten sie auch vorher gesehen.

Ist es nicht eher so, dass Columbus, nach einem Tag Schamfrist, nun doch der Aufforderung Pinzóns folgt, endlich vom Westkurs abzugehen? Weil er unsicher wird?

## Berlin, Herbst 2003

„Mit dem Arsch navigiert hat der Junge, das ist alles", sagt Wolfram zu Mondfeld, Karavellenspezialist des Deutschen Technik-Museums in Berlin.

In den Vitrinen dort liegen all die schönen Geräte, die Columbus benutzt haben könnte, Hightech des 15. Jahrhunderts.

Da gibt es ein Astrolabium, ein rundes Messinstrument, entwickelt, um die Höhe von Sternen über dem Horizont feststellen zu können.

Da gibt es den so genannten Jakobsstab, ebenfalls erdacht, um mit Hilfe der Gestirne den Standort festzustellen.

Und es gibt den Quadranten, auch ein Winkelmessgerät, ein präzises sogar. Allerdings funktioniert der Quadrant mit einem Stück Blei, das an einer Schnur vor einer Skala hin und her baumelt. Quadranten arbeiten gut, wenn man sicher an Land steht, sie arbeiten weniger gut auf einem rollenden Schiff in schwerer See.

Und schließlich, das wichtigste Instrument: der Kompass, noch nicht so präzise wie Kompasse von heute, nicht mit Nadel und Gradskala – sondern eine drehbar gelagerte runde Karte, ähnlich wie Bierdeckel, bemalt mit einer groben Skala von 32 Himmelsrichtungen. Und unter die Nordmarkierung klemmten die Instrumentenbauer einen Magneten.

Auf der „Santa María" stand der Kompass wahrscheinlich ganz oben auf dem Achterdeck. Dort wird Columbus immer zugesehen haben, wie die Rosette sich mit den Schiffsbewegungen um ihr Lager drehte: von Westsüdwest nach West und weiter nach Westnordwest und wieder zurück, tagelang, wochenlang: Generalkurs West mit einem leichten Drall nach Süden.

Es gibt alte Gemälde, die zeigen den großen Navigator Columbus, wie er nicht nur mit dem Kompass, sondern vor allem mit Hilfe der beeindruckenden Winkelmessgeräte und der Sterne seinen Weg in die Neue Welt findet. Nur: Hat er tatsächlich so navigiert? Wie stellte er fest, wo er war? Und wie konnte er später, auf der zweiten Reise, Inseln und Buchten recht treffgenau wiederfinden?

Columbus' Route war auf jeden Fall fast perfekt. Der Brite Jimmy Cornell ist der Navigationspapst der Weltumsegler heutzutage. Er schreibt in seinem Standardwerk „World Cruising Routes“ – einem in jeder Hinsicht erschöpfenden Kompendium voller Koordinaten, Strömungen, Kurswinkel und Distanzen – über die so genannte Barfußroute von den Kanaren in die Karibik:

*Diese klassische Passatwindroute ist von allen möglichen Schiffen genommen worden in den 500 Jahren, seit Columbus die Segel setzte, um die Grenzen der bekannten Welt zu verschieben. Obwohl man seither viel gelernt hat über vorherrschende Winde, sind die Kursangaben von Columbus immer noch gültig, und man kann da eigentlich nichts besser machen.*

*Seine beiden schnellsten Reisen in die Neue Welt dauerten jeweils 21 Tage. Das ist eine exzellente Zeit, auch nach heutigen Maßstäben. Er ist dabei einem Kurs gefolgt, der für die Jahreszeit nahezu optimal war. Den entscheidenden Trick kopieren seither alle Navigatoren: nicht eher direkt aufs Ziel zuzuhalten, bis man in der Zone der Passatwinde ist.*

Seit Jahrzehnten streiten die Experten, wie Columbus das gemacht hat. Er sei ein Breitengradsegler gewesen, sagen die einen. Das heißt: Der Navigator hält, in Nordsüdrichtung, auf jenen Breitengrad zu, auf dem auch sein Ziel liegt. Dann biegt er ab und folgt dem Breitengrad nach Ost oder West, indem er jeden Abend mit Quadrant oder Astrolabium die Höhe des Polarsterns überm Horizont misst. Je nachdem, ob Polaris sinkt oder steigt, muss er mehr nach Norden oder Süden halten. Theoretisch ist die Methode mit einem Astrolabium von damals auf 60 Seemeilen genau. Das ist schon sehr präzise für Columbus' Zeit.

Aber die Theorie hat Schwachstellen. Nirgendwo in seinem Bordbuch erwähnt Columbus, dass er sich mit Hilfe des Polaris an den 28. Breitengrad klammert, auf dem die Flotte zunächst segelt. Außerdem war er in Wahrheit ein miserabler Astronavigator. An einigen Abenden, später zwischen den Inseln, hantierte er wohl mit seinem Hartholz-Quadranten. Aber jedes Mal verrechnete er sich um Hunderte von Seemeilen.

Wolfram zu Mondfeld formuliert das mit der Gesäßnavigation vielleicht etwas derb, aber die meisten Historiker glauben, dass Columbus tatsächlich einfach nur, wie es heute heißt, „koppelte": Jede halbe Stunde drehte ein Schiffsjunge ganz vorsichtig die empfindliche „Ampoletta", die gläserne Sanduhr, um, und jedes Mal schlug ein Offizier einen Gong. Dann schätzte Columbus die Geschwindigkeit, mit der das Schiff fuhr, schaute auf die Kompassrose und notierte sich die pro Stunde zurückgelegte Strecke und den Kurs.

So berechnete er, wo die Flotte gerade stand. Das Bordbuch ist voll mit derartigen Notizen.

Jedoch: mit sehr widersprüchlichen.

Der Columbus-Biograf Bartolomé de Las Casas schloss daraus, dass der Admiral zwei Logbücher geführt habe – ein geheimes mit den wahren Distanzen und ein manipuliertes für die Crew. In das falsche habe er zu kurze Tagesstrecken eingetragen, damit seine Männer nichts von der gewaltigen Entfernung zur sicheren Heimat ahnten. Las Casas über Sonntag, den 9. September:

*An diesem Tag fuhr er 19 Meilen und beschloss, weniger zu zählen, als sie tatsächlich zurücklegten – damit sich die Leute, wenn die Reise lang würde, nicht ganz entsetzten und den Mut sinken ließen.*

Aber das ist wohl wieder so eine Columbus-Legende.

Denn seit wenigen Jahren wissen Nautiker durch Berechnungen, dass der Genuese wahrscheinlich einfach nur zwei verschiedene Einheiten benutzte: mal die so genannte iberische Wegstunde, die 3,2 Meilen lang war, mal die italienische, rund 2,7 Seemeilen lang.

Aus gesegelter Strecke und Kurs konnte Columbus dann Tag für Tag errechnen, wo er war. Wenigstens ungefähr. Nicht so genau wie bei der Breitengradsegelei. Denn nicht nur die Geschwindigkeit, auch Strömung und Abdrift konnte er natürlich nur schätzen.

Alles hing also davon ab, dass sich der Admiral nicht verschätzte. Die Koppelnavigation ist eher eine Kunst als eine Wissenschaft. Aber Columbus war ein Meister dieser Kunst.

## Vor den Bahamas, Anfang Oktober 1492

Die Kursänderung nach Süden, zu der Pinzón ihn mehr oder minder genötigt hat, hilft Columbus nicht viel. Erst dümpeln sie in einer Flaute, nervtötend schlagen die schlappen Segel an Masten und Takelage. Und nach drei Tagen dann, am 10. Oktober, wird das Grummeln der Mannschaft laut, so laut, dass manche Historiker glauben, die Männer hätten kurz vor einer Meuterei gestanden. Las Casas: „An diesem Punkt konnten es die Leute nicht mehr aushalten. Sie murrten wegen der langen Reise.“

Columbus beruhigt die Matrosen, er versucht es jedenfalls. Er beschwört sie, droht mit dem Zorn der Königin, argumentiert und verspricht, was sie hören wollen: Reichtum, Frauen, Glück, alles – wenn sie nur erst Indien erreichen.

Irgendwann in diesen Tagen klettern die beiden anderen Kapitäne, Vicente Yáñez und Martín Alonso Pinzón, an Bord der „Santa María“. Krisensitzung. Was, wenn sie schon längst an Japan vorbeigesegelt sein sollten? Was, wenn die Distanzen alle nicht stimmen sollten und sie einfach nur geradeaus segeln, bis die Wasserfässer leer sind und das Sterben beginnt?

Um dieses Treffen an Bord wird es Jahre später bei dem Mammutprozess, den Pleitos de Colón, auch gehen. Irgendjemand will aufgeben, einer will, dass die Flotte umkehrt. Aber wer?

Einige Zeugen werden beschwören, dass Columbus schwach geworden sei. Falls diese Geschichte stimmt, dann jammert Columbus und fragt Martín Alonso: „Was sollen wir bloß tun?“ Und Martín Alonso, ganz der coole Skipper, sagt: „Na, guter Herr, wir haben Palos doch gerade erst verlassen, und Eure Hoheit sind schon entmutigt?“ Und dann sagt Pinzón die entscheidenden Worte: *„Adelante, adelante“* – „vorwärts, vorwärts“. Und deshalb gebührt in Wahrheit ihm die Ehre, der Entdecker der Neuen Welt zu werden.

Zeugen der Familie Colón aber werden die Szene genau andersherum erzählen. Nach dieser Version wollen die Pinzóns aufgeben und zurückfahren, egal wie. Und *„adelante, adelante“*, das ruft natürlich nur einer: Columbus.

Wie dem auch sei, auf jeden Fall einigen sich die Kapitäne auf eine Frist: Noch drei Tage wollen sie weitersegeln. Kommt dann kein Land in Sicht, werden sie abdrehen und versuchen, Winde zu finden, die sie in die Heimat zurückbringen und damit retten können.

Drei Tage also.

Am nächsten Tag bläst der Passat fast mit Sturmstärke. Die beiden Karavellen und sogar die lahme Nao „Santa María“ schießen dahin mit über 7,5 Knoten. Und wieder sind es die Männer auf den schnellen Karavellen, die als Erste Anzeichen von Land entdecken.

Diesmal allerdings sind es handfeste. Columbus notiert in seinem Bordbuch:

*Die Leute von der „Pinta“ sahen ein Stück Schilf und einen Stock, und sie fischten einen anderen Stock auf, der anscheinend mit Werkzeug bearbeitet worden war, und noch ein Stück Rohr und anderes Grünzeug, das auf der Erde wächst, und ein kleines Brett. Die Männer von der „Niña“ entdeckten weitere Anzeichen von Land und einen Zweig, an dem Früchte wie Hagebutten hingen. Bei diesen Anzeichen atmeten alle auf. Sie freuten sich.*

Sie werden nervös.

Abends um zehn Uhr steht Columbus auf dem Achterdeck. Und auf einmal sieht er ein kleines Licht, das sich bewegt. Direkt voraus. Ein Mensch mit einer Kerze vielleicht. Oder ein Feuer. Auf jeden Fall Land. Sagt er zumindest. Dann ist das Licht auch schon wieder verschwunden.

Seltsam: Jahrhunderte später werden Nautiker errechnen, dass die Schiffe um diese Uhrzeit noch 35 Meilen von der Küste entfernt sind. Viel zu weit weg. Columbus kann kein Land sehen, das ist ausgeschlossen. Nicht einmal ein moderner Leuchtturm auf einer flachen Insel strahlt so weit. Columbus bildet sich ein, was er sehen will.

Oder er lügt.

Es geht ja um die königliche Prämie von 10 000 Maravedís, und vor allem geht es um die Ehre. Die „Santa María“ kann die beiden Karavellen nicht überholen. Columbus muss sich also etwas einfallen lassen, will er gewinnen. Mit der Geschichte von dem Licht wird er die Prämie später ungerührt für sich reklamieren, und er wird sie einstreichen und vielleicht sogar glauben, dass er sie verdient habe.

Die Schiffe preschen durch die Nacht, 7,5 Knoten, 9 Knoten in der Spitze. Die „Pinta“ führt. Es ist ziemlich hell, fast noch Vollmond.

Es ist die Nacht auf Freitag, den 12. Oktober 1492.

Und gegen zwei Uhr morgens sieht der „Pinta“-Matrose Juan Rodríguez Bermejo weit voraus irgendetwas im Mondlicht schimmern. Er erkennt zwei helle Streifen, dazwischen etwas Dunkles.

Das Helle ist die Brandung.

Das Dunkle ist ein Riff.

Und dahinter sind weiße Klippen.

*„Tierra"*, schreit Rodríguez Bermejo. Und wieder: *„Tierra!"*

Martín Alonso Pinzón wirft einen kurzen Blick über den Bug nach vorn. Das reicht ihm. Diesmal besteht kein Zweifel. Der „Pinta"-Kapitän gibt den Befehl, eine Kanone abzufeuern. Das vereinbarte Signal. *„Tierra"*, Land voraus.

Columbus behält die Nerven.

Jetzt nur keinen Fehler machen. Da vorn liegt Indien, das Ziel seiner Träume, das Ziel seines Lebens. In einer knappen Stunde könnte er da sein. Aber er lässt auf allen Schiffen die Segel reffen. Langsam kreuzt die Flotte auf der Stelle, immer hin und her. Es wäre viel zu gefährlich, nachts und unter vollen Segeln auf eine fremde Küste zuzuhalten. Die Männer warten auf den Morgen.

Columbus' Sohn Fernando wird später beschreiben, was sie dann im türkisgrünen Meer sehen, als die Sonne aufgeht:

*Bei Tagesanbruch erkannten sie eine Insel, flach, voll mit grünen Bäumen und Quellen, mit einer großen Lagune in der Mitte und bewohnt von einer Vielzahl Menschen. Die hasteten nun alle an den Strand und bestaunten die Schiffe, die sie für Tiere hielten. Diese Leute konnten kaum warten herauszufinden, was für Gebilde das waren. Die Christen hatten es ebenso eilig zu erfahren, mit welcher Art von Menschen sie es zu tun hatten. Ihr Wunsch wurde alsbald befriedigt.*

*Sobald die Anker gefallen waren, fuhr der Admiral mit einem bewaffneten Boot unter königlicher Flagge an Land. Die Kapitäne der beiden anderen Schiffe machten dasselbe mit ihren Beibooten, auf denen sie das Banner der Expedition hissten, mit einem grünen Kreuz auf der einen Seite und Kronen auf der anderen Seite, zu Ehren von Ferdinand und Isabella.*

*Alle dankten Gott, indem sie niederknieten und die Erde mit Freudentränen in den Augen küssten. Dann erhob sich der Admiral und taufte diese Insel. Er gab ihr den Namen San Salvador und nahm mit angemessenen Worten und Formalien von ihr Besitz im Namen der Katholischen Könige, während die Eingeborenen drum herum standen.*

Columbus schreibt an diesem Tag in sein Bordbuch über die Menschen, die er „Inder“ nennt:

*Da sie uns große Freundschaft zeigten und ich sah, dass es Menschen waren, die sich besser mit Liebe zu unserem heiligen Glauben bekehren lassen würden als mit Gewalt, gab ich einigen ein paar bunte Mützen und Glasperlen, die sie sich um den Hals hängten, und andere Dinge von wenig Wert, an denen sie viel Vergnügen hatten.*

*Danach kamen sie zu den Booten geschwommen, in denen wir saßen, und brachten uns Papageien, Knäuel mit Baumwollfäden, Wurfspieße und andere Dinge und tauschten sie gegen Sachen ein, die wir ihnen gaben, etwa Glasperlen und Glöckchen. Sie nahmen alles und gaben bereitwillig von dem, was sie hatten. Mir schien, als seien diese Leute sehr arm. Sie gehen alle nackt herum, wie ihre Mutter sie zur Welt brachte, auch die Frauen, wiewohl ich nur eine sah, die auch noch sehr jung war. Und alle Männer, die ich sah, waren Jünglinge, ich bemerkte keinen, der älter als dreißig Jahre war: sehr gut gebaut, von sehr schöner Gestalt und mit sehr angenehmen Gesichtszügen, ihr Haar fast so dick wie das vom Schweif der Pferde.*

*Manche malen sich dunkel an. Sie sehen aus wie Menschen von den Kanaren, weder schwarz noch weiß, und andere malen sich weiß an, andere rot und wieder andere mit dem, was sie gerade finden … Sie tragen keine Waffen und kennen so etwas auch nicht. Denn ich zeigte ihnen Schwerter, und sie packten sie an der Schneide und schnitten sich. Sie haben kein Eisen. Ihre Wurfspieße sind Stöcke ohne Eisenspitze, an manchen nur ist der Zahn eines Fisches befestigt.*

*Sie sind alle von großer Statur, ihre Bewegungen sind anmutig. Sie würden sehr gute Diener sein, und sie sind von gutem Verstand, denn ich merkte, dass sie schnell alles nachsprechen konnten, was ich ihnen sagte.*

All das muss Columbus schwer irritieren, wenn er glaubt, in Indien zu sein oder wenigstens in Japan. Schrieb Marco Polo nicht von großen Städten, von einer ungeheuer reichen Zivilisation? Von Armeen, Flotten, Palästen, von gut gekleideten Edlen?

Wer sind dann diese nackten Menschen hier mit den freundlichen Gesichtern? Was für eine Sprache sprechen sie? Sie verstehen kein Spanisch, sie verstehen nicht einmal den Converso-Dolmetscher Luis de Torres, und der kann Arabisch und Hebräisch!

Die Menschen, die Columbus bestaunen und für einen Gott halten, leben von Fisch, Getreide und Wurzeln. Sie können Baumwolle weben und töpfern. Aber sie kennen kein Eisen, kaum Waffen, und ihre Häuptlinge, die Kaziken, wohnen in wackligen Hütten. Ihre Flotte besteht aus Booten, die sie „Canoas" nennen. Columbus berichtet:

*Zum Schiff kommen sie mit Booten, die aus einem Baumstamm gehauen werden. Sie gleichen einem langen Boot, sind aber komplett aus einem Stück gemacht. Manche sind so groß, dass vierzig Männer darin Platz nehmen können. Sie rudern mit so etwas wie einer Schaufel, ähnlich der eines Bäckers, und das funktioniert gut.*

Am nächsten Tag erkunden die Spanier die Insel, von den Indianern Guanahani genannt. Mit ihren Beibooten rudern sie am Strand entlang, Columbus sondiert das Terrain um den Riffgürtel herum wie ein General das künftige Schlachtfeld. Er schreibt:

*Zwischen ihm und dem Land sind ein tiefes Becken und ein Hafen, in dem alle Schiffe der Christenheit ankern könnten, die Einfahrt ist jedoch eng. Um all das zu sehen, fuhr ich herum, auch um zu klären, wo ich eine Festung errichten könnte. Ich entdeckte ein Stück Land, das wie eine Insel aussieht, aber keine ist. Man könnte es in zwei Tagen in eine Insel verwandeln, aber ich glaube nicht, dass das nötig ist, denn diese Leute sind ganz unerfahren im Gebrauch von Waffen. Mit fünfzig Mann kann man sie alle unterwerfen und zwingen zu tun, was man will.*

Columbus sieht auch, dass einige der Indianer Narben haben. Und mit Händen und Füßen zeigen sie ihm, dass sie immer wieder von Feinden überfallen würden, die ihre Männer entführten.

Sehr interessant.

Noch mehr interessieren ihn aber diese goldenen Knöpfe, die einige in der Nasenwand tragen.

Es gibt also Gold hier.

Und die Indianer zeigen nach Süden. Sie machen Gebärden, woraus Columbus schließt, dass dort irgendwo ein König lebe, „der große Gefäße aus Gold hat und der sehr, sehr viel davon hat“.

Und dann hat der Genuese genug von der Insel. Sie sieht aus wie das verlorene Paradies eines Goldenen Zeitalters, und so leben die Menschen auch.

Aber was kann er damit anfangen?

Also weiter.

Columbus lässt sechs Männer aufs Schiff verschleppen, sie sollen ein paar Brocken Spanisch lernen, sie sollen Dolmetscher werden, Kundschafter auf anderen Inseln. „Viele und immer noch mehr“ Inseln lägen da draußen, bedeuten ihm die Indianer und zählen, das sagt Columbus, mehr als hundert Namen auf.

Am Sonntag, dem 14. Oktober, lässt er die Anker lichten und nimmt Kurs auf eine Insel, zu der ihn seine Entführten lotsen. Es hat nur zwei Tage gedauert, und doch wissen die Indianer schon, was diese seltsamen, bärtigen Wesen vor allem suchen. Columbus:

*Sie bedeuteten mir, die Leute dort trügen sehr große Goldreife an Armen und Beinen. Ich glaubte aber, dass alles, was sie erzählten, Betrügereien seien, die ihnen die Flucht ermöglichen sollen. Ich hatte mir indessen vorgenommen, an keiner Insel vorbeizusegeln, ohne von ihr Besitz ergriffen zu haben. Obwohl man hier eigentlich sagen kann, dass man alle in Besitz genommen hat, wenn man eine hat.*

Einer der Indianer flüchtet vor der Insel, die Columbus nun Santa María de la Concepción nennt. Der Mann springt ins Wasser und verschwindet; trotzdem, andere trauen sich heran. Die Spanier verschenken wieder Glasperlen und kleine Glöckchen, jene Dinger, die daheim dressierten Jagdfalken und Sperbern an die Beine gebunden werden.

Und diese Glöckchen lieben die Indianer ganz besonders. Bald kommen sie an und rufen schon von weitem *„Chuq, Chuq"*, und damit meinen sie die Falkenglöckchen.

Die nächste Insel, La Fernandina nennt Columbus sie, läuft er an, „weil sich, wie ich zu verstehen glaube, auf ihr oder in ihrer Nähe eine Goldmine befindet".

Gold, Gold, Gold.

Fast jeder Eintrag des Tagebuchs erwähnt Gold. Columbus jagt über die Inseln wie gehetzt. Er braucht Gold für die Königin, wahrscheinlich für seine Finanziers, und es sieht ja alles wunderschön aus hier, nur Gold gibt es kaum: „Es kann hier viele Dinge geben, von denen ich nichts weiß, weil ich viele Inseln besuchen will, um Gold zu finden", notiert er.

Und immer zeigen die Indianer von ihrer Insel zur nächsten. Dort drüben gebe es ganz bestimmt Gold. Und immer sieht die nächste Insel genauso aus wie die vorherige.

Bäume, duftende Blumen, bunte Fische, freundliche Eingeborene.

Kein Gold.

Während seine Männer an einer Quelle auf La Fernandina die Wasserfässer füllen, geht er spazieren in diesem Garten Eden. Und er notiert:

*Das war der allerschönste Anblick von der Welt, das Grün war so üppig wie im Mai in Andalusien, und die Bäume unterschieden sich derart von unseren wie der Tag von der Nacht, auch die Früchte, die Gräser, die Steine und alles Übrige.*

Auf allen Inseln seien die Menschen sehr offen, verspielt, naiv, so Columbus. Auffallend reinlich seien sie auch, schreibt er, und ein paar seltsame Angewohnheiten hätten sie. So hingen in ihren Hütten „Netze aus Baumwolle", in denen die „Inder" schlafen und die sie „hamacas" nennen. Viel später wird aus dem Indianer-Wort der englische Begriff „hammock" werden und der deutsche „Hängematte".

Columbus schildert diese Art Reichtum ausgiebig. Denn jene Art Reichtum, die er in Wahrheit sucht, findet er nicht. Gold? Weder auf La Fernandina noch auf der nächsten Insel, die er La Isabela tauft, und auf der doch eine Art König leben soll, haben die Indianer, die später Taínos genannt werden sollen, mehr als ein paar kleine Schmuckstücke.

Aber dann erfährt er von einer anderen „großen Insel, von der ich glaube, dass es Cipango ist, denn so besagen es die Zeichen, die mir die mitgenommenen Inder geben. Die Insel wird von ihnen Kolba genannt, und auf ihr soll es viele große Schiffe geben“.

Manchmal versteht Columbus die Taínos nicht richtig.

Sie sagen also „Kolba“.

Oder sagen sie „Kuba“?

## Washington, 1986

Die National Geographic Society in Washington, D. C., ist einer der größten, reichsten und angesehensten Vereine der Welt, und die Society hat edle Ziele: Sie will die Erde erforschen, ihre Rätsel lösen und das Wissen um ihre Geheimnisse verbreiten. Die renommiertesten Wissenschaftler arbeiten für die Society und ihre Zeitschrift „National Geographic“. Die National Geographic Society hat schon so manchen Entdecker finanziert.

Und nun lädt die Society die Weltpresse nach Washington ein, um nach fünfjähriger Recherche eine Sensation zu verkünden. „Wir glauben, wir haben nach fünf Jahrhunderten eines der größten aller geografischen Rätsel gelöst“, sagt der „National Geographic“-Autor Joseph Judge, „wir glauben, wir haben gezeigt, dass diese Sache endgültig geklärt ist. Die meisten Geschichtsbücher sind falsch.“

„Diese Sache“, das ist die Frage, wo Columbus und die beiden Pinzóns zum ersten Mal den Boden der Neuen Welt betraten. Welche sind die Inseln, die der Entdecker San Salvador, La Fernandina, Santa María de la Concepción und La Isabela taufte?

Und nun, 1986, glaubt „National Geographic"-Mann Judge, diese Frage beantworten zu können.

Die Frage dürfte eigentlich gar keine sein, denn Columbus hat mit Sicherheit Seekarten der entdeckten Inseln gezeichnet. Schließlich: Er war Kartograf, davon hatte er gelebt in Lissabon. Außerdem sagte ein Zeuge in den Pleitos, dass Columbus auf der „Santa María" an Karten gearbeitet habe.

Diese Karten könnten zeigen, wo seine Flotte in der Neuen Welt ankam, welche Inseln damals noch das Paradies waren. Aber Columbus' Karten sind verschwunden bis auf eine einzige Skizze der Nordküste Haitis, in der die meisten Experten seine Handschrift zu erkennen glauben.

Doch es gibt eine Spur zu anderen Karten: Im Jahr 1929 fanden Wissenschaftler in den Archiven des türkischen Topkapi-Palastes eine uralte Weltkarte, gezeichnet um 1513 von dem osmanischen Admiral und Kartografen Piri Reis. Der amerikanische Geschichtsprofessor Charles H. Hapgood analysierte sie, Quadratzentimeter um Quadratzentimeter: Die Karte zeigt unter anderem die Inseln der Karibik, die Antillen. Manche Angaben sind falsch, andere recht präzise.

Und auf dieser Karte steht eine Quellenangabe:

*Diese Küsten heißen die Küsten von Antilia. Es wird gesagt, ein Ungläubiger aus Genua, ein gewisser Colombo, habe diese Orte entdeckt … Besagter Colombo wandte sich an den Bey von Spanien …, der ihm zwei Schiffe gab, sie gut ausrüstete und sagte: „Colombo, wenn es so ist, wie du sagst, wollen wir dich zum Kapudan dieser Länder machen." Dann schickte er Colombo über das westliche Meer.*

*Der Kapitän Gazi Kemal hatte einen spanischen Sklaven. Dieser Sklave sagte, er sei dreimal mit Colombo in dieses Land gesegelt.*

Es folgt eine lange Beschreibung der Reisen Columbus'; die Schlusspassage der Anmerkung von Piri Reis lautet:

*Die Namen, mit denen die Orte an den Küsten und auf besagten Inseln bezeichnet sind, hat Colombo ihnen gegeben, damit sie unter diesen Namen bekannt werden. Die Küsten und Inseln auf dieser Karte sind der Karte des Colombo entnommen.*

Welcher Karte? Woher hatte der Türke eine Columbus-Karte?

Historiker mutmaßen, Piri Reis' Onkel und Informant Gazi Kemal habe einen ehemaligen Matrosen des Columbus bei einem Überfall gefangen genommen, dann versklavt und zu seinem Diener gemacht. Und offenbar habe dieser einstige Columbus-Matrose eine Weltkarte des Genuesen bei sich gehabt.

Der Seeräuber Gazi Kemal schaute sie sich an.

Sein Neffe Piri Reis kopierte Teile der Karte.

Liegt also die „verlorene Karte des Columbus“ – ein Mythos, dem Historiker seit Jahrhunderten hinterherjagen – irgendwo in Istanbul? Oder in Gallipoli, wo Piri Reis seine Karten zeichnete?

Nicht nur die Karten gingen kurz nach 1492 verloren, vielleicht für immer; auch Columbus' Logbuch, das er für Isabella von Kastilien führte und das er nach der Rückkehr seiner Königin schickte, verschwand irgendwann irgendwo, vielleicht in den unergründlichen Weiten der spanischen Archive. Erhalten und bekannt ist nur eine eher grobe Kopie von Bartolomé de Las Casas; es ist eine bearbeitete Version des Logbuchs, das steht fest, weil viele Passagen nun in der „Er“-Form erzählt sind.

Leider hatte der Mönch keine Ahnung von Navigation. Und als er Passagen aus dem Original-Bordbuch abschrieb und andere zusammenfasste, war Columbus schon seit Jahren tot. Las Casas' Abschrift strotzt vor Fehlern. Und der Geistliche schrieb derart unpräzise, dass manche Inseln oder Buchten kaum noch zu identifizieren sind.

Vor allem nach der ersten Insel, die Columbus San Salvador nannte und die Indianer Guanahani, suchten Historiker, Archäologen und Navigatoren seit Jahrhunderten. Mindestens 10 der 25 Inseln aus den Archipelen der Bahamas und der Turks und Caicos waren im Spiel, als die Society-Experten mit ihrer Recherche begannen. Mal waren die Plana Cays die Favoriten, dann Rum Cay, Grand Turk, East Caicos, Egg Island und irgendwann Conception.

Und am Ende lagen zwei Inseln vorn, und beide gehörten zu den Bahamas: Watling Island, das 1926 sogar umbenannt wurde in San Salvador, und Samana Cay.

Im 18. Jahrhundert hatte der spanische König Karl III. zum ersten Mal einen Experten auf die Fährte gesetzt: Juan Bautista Muñoz rekonstruierte Columbus' Route über den Atlantik, so gut es damals ging, und beschloss dann, Watling Island müsse San Salvador sein.

Aber rund hundert Jahre später nahm sich Kapitän Gustavus V. Fox, Marinestaatssekretär des US-Präsidenten Abraham Lincoln, dasselbe Material vor und kam zu einem ganz anderen Ergebnis: Nicht Watling Island, sondern Samana Cay sei San Salvador alias Guanahani.

Das war die Lage, bis sich „National Geographic" aufmachte, um die alte Streitfrage zu beantworten. Und zwar endgültig. Die Society stellte ein beeindruckendes Team von Historikern und Archäologen, Seeleuten und Kartografen zusammen.

Zunächst übersetzte ein Spezialist für alte spanische Dokumente jene Passagen des Las-Casas-Logbuchs noch einmal neu, in denen die Inseln und die Kurse zwischen ihnen beschrieben werden.

Dann speiste ein atlantikerfahrener Segler die Daten von Strömungen und Abdrift in einen Navigationscomputer ein und berechnete Columbus' Überfahrt von jenem Tag an, als die Flotte vor La Gomera die Anker lichtete. Dabei stellte er fest, dass alle Experten zuvor den Columbus-Kurs so berechnet hatten, als würden Segelschiffe nicht auch immer etwas seitlich versetzt, als gäbe es keine Querströmungen im Atlantik. Alle Spurensucher vor ihnen, so „National Geographic"-

Autor Joseph Judge, hätten angenommen, Columbus sei „wie auf Eisenbahnschienen“ gesegelt.

Und dann spuckte der Rechner des „National Geographic“-Navigators die Koordinaten jener Stelle aus, von der aus der „Pinta“-Matrose Rodríguez Bermejo die Brandung gesehen haben könnte.

Die Position liegt zehn Meilen ostnordöstlich von Samana Cay.

Danach baten die „National Geographic“-Experten eine Computerfirma, Seekarten der Bahamas in Software-Codes zu übersetzen, so dass sie am Bildschirm alle Kurse durchspielen konnten, die Columbus nach der ersten Begegnung mit den Taínos am Strand von San Salvador abgesegelt hatte. Oder abgesegelt haben könnte.

Dabei stießen sie auf den so genannten „Cape-Verde fix“, eine Position zwischen den Inseln, auf die zwei Angaben des Logbuchs verweisen, eine Position also, die Columbus passiert haben müsste. Vom „Cape-Verde fix“ aus rechneten sie nun zurück – und landeten wieder bei Samana Cay, diesmal von der Rückseite her.

Schließlich schickte Joseph Judge seine Leute auf die Bahamas, und sie fanden auf Samana Cay alles, was sie finden wollten. Und nun, auf seiner Pressekonferenz, kann Judge deshalb sagen: „Unsere Expeditionen überzeugten uns, dass alles außergewöhnlich gut zu Columbus' Beschreibungen passt. Die Insel ist sehr grün; sie ist sehr flach; sie ist umgeben von einem Riff mit Durchlässen an der Südseite, die das Erreichen eines guten Ankerplatzes ermöglichen; die Insel hat viele Gewässer, ungefähr 80 Seen, Tümpel und Wasserlöcher; und sie hat gute Kandidaten für jedes Merkmal des Logbuchs – eine Lagune in der Mitte, so etwas wie ein Hafengebiet und eine Landzunge, die aussieht, als wäre sie eine Insel.“

Samana Cay also? Und nun Ruhe?

Von wegen.

Nach Judges ziemlich selbstbewusster Erklärung lässt die größte amerikanische Meeresforschungsorganisation, die Woods Hole Oceanographic Institution, die Navigationsdaten der ersten Reise noch einmal durch ihre Computer laufen und dazu die Berechnungen von Judges Navigator. Voilà, das Ergebnis: Die Kalkulation von Kurs und Strömungen sei leider, leider nicht ganz korrekt.

Und wenn ein Kurs „nicht ganz" korrekt berechnet wird, aber über viele hundert Meilen führt, dann landet man nachher ganz sicher an einer ganz falschen Stelle.

Der Woods-Hole-Rechner sieht Columbus an jenem Morgen des 12. Oktober 1492 etwa 15 Meilen vor Watling Island.

Watling Island gegen Samana Cay.

Computer gegen Computer.

Und das Ergebnis ist ein Patt. Was nun?

Der US-Archäologe William F. Keegan hatte schon vorher geglaubt, dass sich das Rätsel allein mit den Daten aus dem Logbuch kaum lösen lasse. Man brauchte zusätzliche Informationen.

Darum packt er nun seinen Spaten ein und fliegt auf die Bahamas. Er hat da eine Idee.

Eingeborene von San Salvador hatten Columbus damals von der Insel Saomete erzählt. Columbus' Eintrag im Logbuch: „Man sagte uns, dass auf der Insel Saomete in einer großen Stadt ein König residiere, der unendlich reich und Herr über alle anderen Inseln sei." Columbus fand die Insel, er nannte sie La Isabela.

Die Reste einer Hauptstadt oder wohl eher eines Hauptdorfes, so glaubt Keegan, müssten sich auch 500 Jahre später noch finden lassen. Und könnte man jenes La Isabela archäologisch identifizieren, dann wäre es kein Problem, Columbus' Route rückwärts zu verfolgen und so herauszufinden, wo er zuerst landete.

Keegans Favorit für La Isabela ist Acklins Island. Zwischen 1983 und 1987 gräbt er mit Helfern erhebliche Teile der Insel um. Schließlich finden die Archäologen an der Leeküste von Acklins die Reste einer Indianersiedlung: Kochgruben, Tonwaren, Abfall-Löcher. Die Siedlung muss sehr groß gewesen sein, ungefähr sechsmal so groß wie alle anderen entdeckten Indianerdörfer, schätzt Keegan.

Und: Etwa ein Viertel der gefundenen Scherben sind aus einem Ton gebrannt, wie er auf diesen Inseln nicht vorkam, wohl aber auf Kuba. Die Indianer müssen also Töpferwaren von dort importiert haben, und das spricht für Reichtum. Keegan ist sicher, die alte Hauptstadt der Taínos entdeckt zu haben: Acklins Island sei La Isabela, sagt er.

Und nun folgt er Columbus' Kurs, im Rückwärtsgang.

Im Logbuch steht, Columbus' Schiffe hätten La Isabela von Nordwesten her angelaufen. Die einzige Insel im Nordwesten ist Long Island, 25 Seemeilen entfernt: Long Island, so Keegan, müsse deshalb Columbus' dritter Stopp gewesen sein, jenes La Fernandina, wo sie Wasser bunkerten.

Keegan und seine Helfer finden auf Long Island die Reste von 31 kleinen Siedlungen. Hinter einem der einstigen Dörfer entdecken sie eine Quelle mit Süßwasserteich, und alles ist genau so, wie Columbus es beschrieben hat.

Um La Fernandina zu erreichen, war Columbus rund 20 Seemeilen gesegelt. Ungefähr 20 Seemeilen von Long Island entfernt liegt Rum Cay – Columbus' Santa María de la Concepción, meint Keegan.

Und jenseits von Rum Cay liegt draußen im Atlantik nur eine Insel: Watling Island, rund 20 Kilometer lang und etwa 9 Kilometer breit. Columbus' Beschreibung der Topografie passt. In der Mitte der Insel liegt ein sehr großer See *(„laguna en medio“*, hatte Columbus notiert), daneben gibt es noch viele Tümpel *(„muchas aguas“)*. Watling Island ist eine grüne Insel, wie von Columbus beschrieben. Es gibt auch eine Halbinsel, die aus manchen Blickwinkeln und bei Hochwasser aussieht wie eine Insel. Das muss jener Ort sein, wo Columbus seine Festung bauen wollte. Es gibt auch ein Riff und eine große Ankerbucht.

Aber Watling Island ist hügelig, und das ist anders, als es im Bordbuch und bei Fernando steht. Da heißt es, die Insel sei „flach". Der höchste Hügel auf Watling Island ragt knapp 50 Meter auf. Ist das „flach"? Nicht für einen Seemann. Für einen Genuesen schon eher. Und wohl auch für jemanden, der lange zwischen den Bergen Andalusiens gelebt hat.

Wieder hilft das Graben. Während Keegan noch Ausgrabungen auf anderen Inseln leitet, findet ein US-Anthropologe auf Watling Island seltsame Artefakte.

Eine uralte bronzene Gürtelschnalle.

Eine Kupfermünze, wahrscheinlich aus der Zeit um 1470.

Und vor allem: grüne und gelbe Glasperlen, ebenfalls sehr alt.

Hatte Columbus nicht geschrieben, dass die Spanier den Indianern am Strand jener ersten Bucht „Glasperlen und Glöckchen" gaben? Sind dies also jene Glasperlen, die Columbus verschenkte? Der Archäologe findet sie in einer Bucht, die Long Bay heißt. Und wenn Watling Island San Salvador war, dann muss Long Bay nach den Beschreibungen im Bordbuch jene Bucht gewesen sein, in der die Anker von „Santa María", „Niña" und „Pinta" ins Wasser rasselten. Long Bay ist der logische Ankerplatz, der beste auf Watling Island, der erste, den ein guter Navigator anlaufen würde. Long Bay gibt Schutz vor dem Nordostpassat, und nirgendwo anders können große Schiffe wegen der Riffe so nahe unter Land ankern.

„Watling Island muss San Salvador sein", glaubt auch die Columbus-Expertin Consuelo Varela. Alles, was in den alten Dokumenten beschrieben ist, könnte man zwar auch auf Samana Cay entdecken. Aber wirklich perfekt passt es nur zu Watling Island. Bis auf dieses eine Wort „flach". Andererseits schreibt Columbus auch an einer anderen Stelle über den Archipel, „alle Inseln sind flach". Und auf einigen gibt es definitiv Hügel, es könnte also sein, dass er das einfach nicht so genau nahm.

Varela greift sich eine ihrer Ducados-Zigaretten, und dann erzählt sie von einem kleinen Fund und dem Grund, warum Columbus die Neue Welt entdecken konnte. Vor einigen Jahren ging sie nämlich am Strand von Watling Island spazieren und schaute weit nach Osten, nach Europa zurück.

Man kann schließlich kaum etwas anderes machen heutzutage auf San Salvador. Es gibt hier traumhafte, leere Strände, es gibt einen Leuchtturm, der noch mit Petroleum betrieben wird, und dann steht da ein altes Steinkreuz an der Long Bay, das an Columbus erinnern soll. Taucher kommen gern hierher und natürlich ein paar Segler, jene mit flachgehenden Yachten. Denn dieses Meer rund um die Inseln der Bahamas ist deshalb so türkisgrün, weil es flach ist. Und tückisch. Voller Riffe, voller Korallenköpfe, die schon so manches Schiff aufgeschlitzt haben.

Columbus war ein guter Navigator, aber er hatte auch Glück, dass er San Salvador am frühen Morgen anlief, von Osten her. Die Sonne stand also hinter ihm. Und nur mit der Sonne im Rücken kann man die Untiefen hier verlässlich erkennen.

Consuelo Varela entdeckte bei ihrem Spaziergang an der Brandung noch etwas: eine seltsame Kugel. Sie schaute sich das Stück Treibgut näher an. Es war eine jener Schwimmkugeln, wie Fischer sie benutzen, um ihre Netze an der Wasseroberfläche zu halten. Und auf dieser Kugel stand in verwitterter Schrift der Heimatort des Fischers: La Coruña, Spanien.

Diese Kugel war also mit den Strömungen und den Passatwinden nach Westen gedriftet. Wie einst Christoph Columbus.

Die „Inder“, die ihn damals hier bestaunten, hatten wohl keinen Namen für ihr Volk. Später wurden sie Taínos getauft, das ist ein Begriff für Indianer, deren Sprache das so genannte Arawak war. Und da Anthropologen genaue Menschen sind, haben sie sich noch einen Unterbegriff für die Taínos der Bahamas ausgedacht: Sie nennen sie

Lucaya-Indianer, und die Lucayas waren Fischer und Sammler und wahrscheinlich die harmlosesten Menschen, die damals auf dem ganzen Kontinent lebten. Knapp 50 000 von ihnen dürfte es gegeben haben, verteilt auf Dörfer von meist nur zehn oder zwölf Hütten, friedlich, aber voller Angst vor der Zukunft.

Denn die Vorfahren der Taínos waren etwa 800 Jahre vor Columbus auf den Bahamas angekommen – über die Antillen, von Südamerika her. Und dort unten im Süden lebten noch ihre wilden Verwandten, die Kariben, womöglich auch Kannibalen. Jene Indianer, die ab und zu die Bahamas überfielen und Menschen raubten.

Viel mehr aber hätten sich die Lucayas nun vor den Weißen fürchten sollen, die da auf einmal an ihrem Strand seltsame Rituale abhielten, bei denen wehende Tücher an Stangen offenbar eine wichtige Rolle spielten.

## Kuba, Oktober und November 1492

*Ich wollte zu der Insel Kuba segeln, von der die Indianer gesagt haben, dass sie sehr groß sei und dass da viel Handelsverkehr sei. Es gebe Gold, Gewürze, große Schiffe und Händler. Sie zeigten mir, dass ich nach Westsüdwest halten müsse, und so tue ich das nun. Denn wenn es so ist, wie mir die Inder zu verstehen geben, dann muss Kuba die Insel Cipango sein, von der man sich wunderbare Dinge erzählt. Auf den Globen, die ich gesehen habe, und auf den Weltkarten liegt sie in dieser Gegend.*

Das schreibt Columbus Ende Oktober 1492. Und da ist sie wieder, Toscanellis Vorstellung von der Welt: auf der einen Seite Europa und Afrika, dann der Ozean, darin im Westen viele kleine Inseln, zwischen ihnen eine große – Cipango, Japan – und schließlich dahinter das asiatische Festland, Indien, China. Und der Gelehrte aus Florenz hatte geschrieben, dass man die Informationen auf seiner Seekarte auch gut auf einem Globus darstellen könne.

Im Prinzip stimmt Toscanellis Weltbild ja, nur hat er einen ganzen Kontinent übersehen. Und deshalb benimmt sich Columbus jetzt wie jemand, der sich mit einem Stadtplan von Köln in New York zurechtfinden will; der den Hudson River für den Rhein hält; und der jeden New Yorker auf Deutsch fragt, wo denn der Dom sei.

Am Morgen des 28. Oktober 1492 erreicht Columbus' kleine Flotte Kuba, eine Flussmündung, und der Admiral notiert, „niemals habe er etwas so Schönes gesehen, das Flussufer war mit Bäumen bestanden, große und kleine Vögel ließen ihren lieblichen Gesang ertönen".

Lieblich. Aber am Ufer stehen auch hier wieder nur zwei Hütten – und keine Tempel mit goldenen Dächern. Columbus lässt sich sofort mit einem Beiboot übersetzen. Die ärmlichen Fischer, die hier leben, sind offenbar Hals über Kopf geflohen.

Am nächsten Tag segelt Columbus weiter, Richtung Westen, bis in die Bucht, die später Puerto Gibara heißen wird. Und hier endlich nützen ihm seine Dolmetscher von San Salvador. Sie bringen ihm den Beweis, dass er doch auf dem richtigen Weg zum Großen Khan Chinas ist, von dem Marco Polo schrieb.

Denn seine Lucayas nehmen den Indianern von Puerto Gibara die Angst vor den weißen Göttern und ihren geflügelten Monstern. Und auf die Standardfrage nach Gold, nach „Nucay", wie sie das Metall nennen, nicken die heftig.

Ja, sehr viel davon gebe es hier, sagen sie.

*„Cubanacan",* sagen sie.

*„El Gran Can",* versteht Columbus.

Sie meinen mit Cubanacan das Landesinnere, wo es Gold gebe.

Der Entdecker versteht, dass der Große Khan das Gold besitze, und das glaubt er natürlich sofort.

Columbus revidiert schlagartig seine Meinung, dass dies hier Cipango sei. Nun wähnt er sich auf dem chinesischen Festland, denn dort herrscht ja laut Marco Polo der Große Khan. „Es ist sicher, dass dies hier Festland ist und wir uns vor Zaitun und Guinsay befinden", notiert er.

Sofort schickt er einen Matrosen und Luis de Torres, den Arabisch-Dolmetscher, auf diplomatische Mission: Sie sollen den Hof des Großen Khan finden. Er gibt den beiden Glasperlen mit, damit sie sich, so das Logbuch, „unterwegs etwas zu essen kaufen können". Und er gibt ihnen das Beglaubigungsschreiben der spanischen Krone mit, damit sie sich beim Großen Khan ausweisen können.

Die beiden marschieren los. Columbus lässt derweil die „Santa María" an Land ziehen, um den Rumpf zu renovieren.

Doch de Torres kann weder mit seinem Arabisch noch mit seinem Hebräisch etwas anfangen. Denn die beiden finden nur ein Dorf mit 50 Palmwedelhütten, wo die Stadt sein sollte. Kein Gold, kein Khan, nur die übliche Auskunft: Alle Reichtümer gebe es irgendwo ein paar Tagesreisen weiter.

Die Spanier kehren wieder um. In welch seltsamem Land sind sie bloß gelandet? Was sind das für seltsame Bräuche! In den Dörfern begegnen ihnen etwa Inder, „Männer und Frauen, die ein Feuer in der Hand halten und Kräuter, deren Rauch sie trinken", so Columbus. „Tobacos" nennen die Wilden diese Rollen aus Blättern.

Nachdem de Torres zurückgekehrt ist, wird Columbus langsam nervös. Er muss doch in China sein. Er braucht doch das Gold. Stattdessen lässt er nun wenigstens Pflanzen einsammeln, die er für wertvoll hält: Mastix, der aber kein Mastix ist. Zimt, der kein Zimt ist. Chinesischer Rhabarber, der in Wahrheit etwas ganz anderes ist. Aber er will daran glauben, also glaubt er daran. Und irgendetwas wird er in Spanien vorweisen müssen, also kidnappt er auch gleich noch fünf Männer, sieben Frauen und drei Kinder.

Martín Alonso Pinzón hat jetzt genug schöne Buchten und grüne Bäume gesehen. Am 21. November reicht es ihm. Mit der schnellen „Pinta" segelt er der „Santa María" einfach davon. Pinzón fragt nicht einmal nach „Geheiß und Erlaubnis", klagt Columbus im Logbuch. Und das ist offenbar nicht der erste Kampf zwischen den beiden. „Er hat mir auch vieles andere gesagt und angetan", schreibt der Entdecker. Das klingt, als habe Pinzón ihm deutlich die Meinung gesagt über dieses fruchtlose Unternehmen.

Und einer der Indianer an Bord der „Pinta" hat Pinzón verraten, dass es auf der Insel Babeque, im Westen, tatsächlich so viel Gold gebe, dass die Menschen es einfach am Strand aufsammeln könnten. Die „Pinta" hält direkt auf Babeque zu, jene Insel, die später Great Inagua heißen wird. Columbus und Pinzóns jüngerer Bruder Vicente Yáñez aber hangeln sich die Küste Kubas entlang. Von Bucht zu Bucht, überall dasselbe Bild.

Am 5. Dezember will Columbus dann auch auf Babeque zuhalten. Er muss etwas unternehmen. Wenn er nur mit Kräutern und einer Hand voll Indianer zurückkehrt, wird es so schnell keine weitere Fahrt geben.

Doch der Wind steht schlecht, sehr schlecht, die beiden Schiffe müssen kreuzen.

Welch Glück. Denn dabei sieht Columbus noch eine Insel, weiter südlich und sehr groß. Die Indianer an Bord nennen sie Bohio. Und sie sagen, dass dies das Land ihrer Vorfahren sei und dass es auch dort Gold geben müsse. Aber sie fürchten sich. Denn hinter Bohio liege das Land Caritaba, und dort lebten die „Canibas" – „Kaniben" oder „Kariben". Die Menschenfresser.

Columbus hält das für Aberglauben. Er versteht wieder nur „Großer Khan" und schreibt in sein Bordbuch:

*Alle diese Inseln sind in großer Furcht vor dem Volk Caniba. Und ich sage, was ich schon oft gesagt habe: Caniba ist nichts anderes als das Volk des Großen Khan, das nicht weit von hier leben muss. Sie werden Schiffe haben und kommen, um die Menschen hier zu entführen. Und da sie nie zurückkommen, glaubt man, dass sie gefressen werden.*

Columbus tauft die Insel Bohio La Española oder Hispaniola – später werden auf ihr zwei Staaten nebeneinander existieren: Haiti und die Dominikanische Republik.

Martín Alonso Pinzón ist jetzt schon seit fast zwei Wochen verschwunden, auf Goldgräbertour. Wenn Pinzón Schätze findet und er nicht, ist der Admiral erledigt. Der Kapitän wird ihn dann bei Hofe leicht ausstechen, es geht hier nicht um den Erfolg der Mannschaft, es geht um den Ruhm eines Entdeckers.

Trotzdem: Columbus hat von Anfang an ein gutes Gefühl bei dieser anderen Insel, Hispaniola. Eine der ersten Buchten nennt er das „Paradiestal". Seine Männer fangen dort ein junge Frau, atemberaubend schön und nackt. Und, so Columbus, „sie trug ein Goldstück an der Nase, ein Zeichen, dass es Gold auf der Insel gibt". Auch das noch.

Der Admiral kleidet sie prachtvoll ein und schickt sie wieder nach Hause. Das ist eine der besten Ideen, die er je hatte.

Denn das Mädchen ist die Tochter eines Kaziken, und am nächsten Tag richtet dieser Häuptling für die Spanier ein Fest aus. Mit mehr als tausend Menschen. Und so spricht sich die gute Tat schnell herum. Von Bucht zu Bucht segeln „Santa María" und „Niña" nun wie in einem Triumphzug.

Und bald schickt ein ganz großer Kazike eine richtige Einladung. Guacanagarí heißt der Häuptling, und als kleines Präsent vorneweg überbringt dessen Bote einen Gürtel. Mit einer gewaltigen Schnalle aus massivem Gold.

Heiligabend 1492 segeln Columbus und der junge Pinzón los.

Doch in der Nacht geraten sie in eine Flaute. Die Schiffe treiben in einer leichten Dünung. Um 23 Uhr legt sich sogar Columbus schlafen, die Feiern der letzten Tage waren anstrengend. Ein Offizier hält Wache.

Soll Wache halten.

Bald schlafen alle.

Auch der Offizier.

Nur nicht der Schiffsjunge, der am Ruder steht. Der kann aber so gut wie nichts sehen, weil die Pinne unten im Achterkastell ist und nicht oben an Deck. Dieses Kerlchen steuert normalerweise stur nach Kommando. Jetzt aber ist keiner da, der Kommandos gibt.

Als der Schiffsjunge das leichte Rauschen einer Brandung hört, ist es schon zu spät. Ein Ruck geht durch das Ruder in seiner Hand. Es knirscht. Der Junge schreit.

Langsam schiebt sich das Flaggschiff auf ein Riff.

Columbus ist als Erster an Deck. Er will noch schnell einen Anker ausbringen lassen, damit sie die „Santa María“ von der Sandbank herunterziehen können. Er lässt den Großmast kappen, um Gewicht loszuwerden. Doch so sanft die Dünung auch anrollt, jede Welle hebt die bauchige Nao höher auf Grund. Schnell wird klar, dass die „Santa María“ nicht mehr zu retten ist. Spanten brechen auseinander, zwischen Planken schießt das Wasser in die Bilge.

Hinter der Sandbank erkennen die Spanier, schlagartig hellwach, eine große Bucht und im Westen ein auffälliges Kap. Es wird später Cape Haïtien heißen.

Beides gehört jetzt zum Reich jenes Kaziken, der sie, quasi zu Weihnachten, eingeladen hat. Guacanagarí. Schöne Bescherung.

Diego de Arana, der Vetter von Columbus' Geliebter Beatriz aus Córdoba, macht sich zusammen mit einem Leutnant in einem Ruderboot auf den Weg zu Guacanagarí. Columbus:

*Dessen Dorf lag etwa anderthalb Meilen von der Sandbank weg. Als er von unserem Missgeschick hörte, da weinte er und schickte alle Einwohner seines Ortes mit vielen und großen Canoas los, damit alles aus dem Schiff ausgeladen werden konnte. Er selbst und seine Brüder trieben die Leute auf dem Schiff und auch an Land zur Sorgfalt an, damit alles in größte Sicherheit gebracht wurde.*

*Es sind Menschen von großer Freundlichkeit, ohne Habsucht, und ich garantiere, dass es nirgendwo auf der Welt bessere Menschen oder ein besseres Land gibt.*

Doch nun hat Columbus nur noch die „Niña", ein kleines Schiff für die Spanier und ihre Gefangenen. Columbus kann nicht alle mitnehmen auf die Heimreise, sonst würde er Spanien niemals erreichen. Und wenn die „Niña" nicht durchkommt, wird es so sein, als hätte es die ganze Entdeckung niemals gegeben. Niemand wird von ihr wissen. Niemand außer Martín Alonso Pinzón.

Columbus bespricht sich mit Guacanagarí, an Bord der „Niña". Der Genuese will einige Männer, größtenteils von der „Santa María", hier in der Bucht lassen. Er will mit der „Niña" nach Spanien fahren, mit anderen Schiffen zurückkehren und die Hiergelassenen retten. Und der Kazike hält das für eine großartige Idee. Die Spanier dürften sich sogar eine Festung bauen, sagt er. Denn Guacanagarí liegt in einem Dauerkrieg mit seinen Nachbarn. Er kann Verstärkung gebrauchen. Vor allem eine Verstärkung mit solchen Waffen, gegen die auch die Kaniben nichts ausrichten können. Guacanagarí sieht in Columbus einen neuen Alliierten, so übermächtig, dass ihm selbst, wer weiß, eine ganz große Zukunft bevorsteht. Las Casas schreibt:

*Der Admiral bedeutete dem Kaziken durch Zeichen, die Könige von Kastilien würden das Gebiet der Kaniben verwüsten lassen. Der Admiral befahl, einen Bombardenschuss abzufeuern. Und als der Kazike sah, welche Schlagkraft die Kanonen hatten, war er erstaunt. Seine Leute fielen vor Schreck auf die Erde. Sie brachten dem Admiral eine Gesichtsmaske, die in den Ohren, den Augen und anderswo Goldstücke hatte.*

Columbus gibt Befehl, die „Santa María" komplett auszuschlachten. Aus ihren Planken und Balken bauen die Zimmermänner der Flotte eine Festung in Strandnähe. Mit Meerblick. Columbus nennt die erste Siedlung der Spanier in der Neuen Welt La Navidad.

Es melden sich auch genug Freiwillige, die bleiben wollen, einige von der „Niña", mehr von der „Santa María", darunter einige der Basken von „Santa María"-Eigner Juan de la Cosa.

Die nackten Frauen locken. Sie sind schön, und es sieht so aus, als sei da leicht etwas zu machen. Und das Gold lockt die Matrosen. Guacanagarí schwört, oben in den Bergen liege reichlich davon in den Flussbetten. Die Männer glauben, dass sie sich großartig amüsieren werden. Und dass sie reich sein werden, wenn Columbus zurückkommt.

Sie irren sich. Keiner von ihnen wird überleben.

Auch nicht der Mann, dem Columbus jetzt das Kommando über die Festung gibt: Diego de Arana, der Vetter seiner Beatriz aus Córdoba. Jener Mann, durch den er seine Geliebte erst kennen gelernt hat. Einer seiner besten Freunde.

## La Navidad, 2. Januar 1493

Guacanagarí und Columbus lassen feiern, schön groß, zum Abschied. Damit sich auch sicher herumspricht, welch ungeheure Macht die weißen Männer haben, feuert die „Niña“ zur Party auf die traurigen Reste der „Santa María“.

Am übernächsten Tag, bei Morgengrauen, hieven die Männer auf der etwas überbesetzten „Niña“ den Anker an Bord. Es geht heim.

Und schon zwei Tage später sichten sie am Horizont Segel. Indianer haben keine Segelschiffe. Es ist Martín Alonso Pinzón, nach drei Wochen. Er kommt an Bord der „Niña“ und erklärt. Lange und nicht besonders demütig. Er sei leider abgetrieben worden, sagt er, und habe dann auf Babeque nach Gold gesucht. Aber da sei nichts. Wie drüben auf Kuba, das Columbus Juana nennt.

Aber auf Hispaniola, etwas weiter im Westen, habe einer seiner Suchtrupps Gold entdeckt, sagt Pinzón. Viel Gold. Es liegt jetzt an Bord der „Pinta“. Gibt es einen Grund, das Gold nun auf die „Niña“ zu bringen? Nein. Pinzón hat das Gold gefunden, nicht Columbus.

Pinzón gebärde sich scheußlich selbstbewusst, wird Las Casas später schreiben, ihn treibe der „Hochmut", und Columbus habe klein beigegeben: „All das hat der Admiral schweigend erduldet, um seine Reise zum guten Ende zu führen." Aber die „Niña" segelt nun auch noch einmal schnell zu dieser Bucht.

In die Bucht mündet ein Fluss. Und schon als Columbus' Leute mit einem Fass Süßwasser schöpfen, bleiben an den eisernen Reifen rund um die hölzernen Bohlen des Fasses Goldkörner hängen.

Columbus lässt Segel setzen, ihm reicht das. Er hat den Beweis. Er hat seine Versprechen gehalten. Er hat schließlich doch noch fast alles gefunden: neue Länder, Gold, Menschen. Und bis zum Großen Khan kann es auch nicht mehr weit sein, wo doch dessen Männer hierher kommen, um die Eingeborenen zu jagen.

„Niña" und „Pinta" segeln los.

Nach Hause.

Und wieder lässt Columbus, wie bei der Hinfahrt, genau den richtigen Kurs steuern. Zunächst tagelang ungefähr Richtung Norden, weil es keinen Sinn hat, gegen den Passatwind anzukreuzen. Dann etwas nordöstlicher, denn sie erreichen die Grenze der Passatzone. Der Wind schläft ein, aber schließlich, Ende Januar, kommt er wieder. Und jetzt aus West.

Doch Columbus hält noch weiter nach Nordost. Und diesmal nutzt er sehr wahrscheinlich die Höhe des Polarsterns, um den Weg zu finden. Er peilt allerdings nur über den Daumen. Las Casas schreibt, „er konnte seine Höhe weder mit dem Astrolabium noch mit dem Quadranten messen, weil es der starke Seegang nicht erlaubte". Nach vier Tagen glaubt Columbus, dass der Polaris nun ebenso hoch über dem Horizont stehe wie am Cabo São Vicente, also auch wie in Palos de la Frontera. Das heißt, die beiden Schiffe dürften nun etwa auf dem Breitengrad ihres Heimathafens stehen.

Am 4. Februar nach Sonnenaufgang drehen die Steuermänner ab:

Generalkurs Ost, Richtung Europa. Sie haben Rückenwind. Das Karussell des Atlantiks funktioniert. Wie seit Zehntausenden Jahren.

Aber für die Menschheit funktioniert es zum ersten Mal.

## Vor den Azoren, Mitte Februar 1493

Am 12. Februar kommt Sturm auf. Columbus kann es ahnen, aber er kann es nicht wissen: Dies ist erst der Anfang, die kleine Flotte segelt mitten hinein in einen der schlimmsten Zyklone des Jahres. Bald fürchten die Männer an Bord um ihr Leben, und Columbus betet und dankt, dass seine kleine „Niña“ so stark gebaut ist. Er lässt alle Segel bergen, geht vor den Wind, die Karavelle fliegt fast, getrieben nur durch den Winddruck auf die nackten Masten. „Das Meer wurde furchtbar, und die Wogen überkreuzten sich“, heißt es im Logbuch.

Am nächsten Tag heißt es: „Die Wogen waren entsetzlich.“ Die Mannschaft lost mit Kichererbsen einen Mann aus, der für sie alle auf Pilgerfahrt gehen soll, wenn sie denn überleben. Las Casas: „Als Erster griff der Admiral in die Mütze. Er zog die Erbse mit dem Kreuz.“

Bald scheint Columbus ein Pilger nicht mehr auszureichen, um Gott zu besänftigen. Alle legen ein Gelübde ab: Sollten sie je wieder Land sehen in ihrem Leben, wollen alle, nur mit einem Hemd bekleidet, in einer Bußprozession zu einer Kirche ziehen.

Die Kreuzseen brechen jetzt über der „Niña“. Columbus und Vicente Yáñez Pinzón wechseln sich an Deck ab.

Dann verschwindet die „Pinta“ im Sturm.

Und Columbus macht eine Art Testament. Las Casas:

*Damit die Könige eine Nachricht von seiner Reise hätten, wenn er hier zu Grunde geht, nahm er ein Pergament und schrieb alles darauf nieder, was er vermochte. Dieses Pergament wickelte er in Wachstuch, verschnürte es sorgfäl-*

*tig, dann ließ er ein Holzfass bringen, steckte es hinein und ließ alles ins Meer werfen.*

Am 15. Februar sehen sie schließlich Land voraus: die Azoren. Doch da dreht der Wind, und sie brauchen noch Tage, um die Insel Santa Maria zu erreichen.

Endlich aber fällt der Anker.

Sie leben noch.

Die Azoren gehören zu Portugal. Aber auf Santa Maria steht eine Kirche. Und sie haben es gelobt. Also zieht die erste Gruppe der Matrosen los, um Gott und der Jungfrau Maria zu danken. Nur im Hemd. Columbus hält Ankerwache und bleibt allein mit drei Matrosen und den Indianern, die er bei Hof vorführen will, an Bord.

Doch als die anderen an Land gehen, lässt der portugiesische Inselverwalter die Männer festnehmen und in einen Kerker werfen. Dann rudert der Portugiese zur „Niña" hinaus, er will auch Columbus verhaften.

Sein Vorwurf: Wenn die Spanier tatsächlich aus Indien kommen, hätten sie einen Vertrag zwischen Portugal und Spanien verletzt. Denn das Gebiet, das Columbus entdeckt habe, gehöre Portugal.

Es gibt diesen Vertrag, aber Columbus hat nicht gegen ihn verstoßen. Er blieb auf der legalen Seite einer imaginären Grenzlinie, die der Papst 1456 per Bulle um die bekannte – und die unbekannte – Welt gezogen hatte, um die beiden Entdeckernationen auseinander zu halten.

Es muss eine komische Szene sein an diesem nassen, windigen Tag: Matrosen im Büßerhemd eingesperrt, ein Wichtigtuer im Ruderboot, Columbus rasend vor Wut.

Er bittet den Portugiesen an Bord. Doch so dumm ist selbst dieser Provinzgewaltige nicht, er ahnt, dass Columbus ihn als Geisel festhalten will.

Columbus droht, das Dorf mit den Bordkanonen zu beschießen, wenn seine Leute nicht sofort wieder freigelassen werden.

Nur, wie will er das machen? Allein? Oder will er mit seinen drei Männlein in den Krieg ziehen? Oder sollen seine Indianer Portugal angreifen?

Da fällt eine Sturmböe ein, die Ankerleine der „Niña“ reißt, das Schiff treibt ab. Columbus hat alle Hände voll zu tun, es mit seiner Notbesatzung wieder in den Griff zu bekommen.

Bis er wieder vor Santa Maria aufkreuzt, hat der portugiesische Inselkapitän die Spanier in seiner Gewalt verhört. Und nun sieht er ein, dass sie die Grenzlinie des Papstes wohl nicht überschritten haben können. Er lässt sie frei.

Doch kaum ist die „Niña“ mit vollzähliger Besatzung wieder auf offener See, schlägt der Zyklon erneut zu. Der Sturm treibt sie vor sich her – direkt auf Lissabon zu. Schon wieder Portugal. Aber es hilft nichts: Die „Niña“ ist schwer beschädigt, die Segel sind zerfetzt, die Fallen zerrissen. Columbus muss in den Tejo einlaufen und weiter in den Hafen von Lissabon.

Er hat kaum festgemacht, da nähert sich ein bewaffnetes Boot. Soldaten. König Johannes II. bittet Columbus, ihn zu besuchen. Die Kanonen eines Kriegsschiffes neben der „Niña“ geben der Bitte Gewicht.

Der König will keinen Krieg mit Spanien, sicher. Aber er will sich auch nicht nehmen lassen, was der Papst Portugal zugesichert hat. Columbus sieht das ein, er geht von Bord. Und wahrscheinlich hat er auch ein wenig Spaß daran, dem König zu erzählen, was er auf der anderen Seite des Ozeans gefunden hat. Und dass Portugal ein Imperium verspielt hat, als es seinen Vorschlag ablehnte, damals.

Es sind offenbar die Indianer, die Johannes II. davon überzeugen, dass Columbus keineswegs in afrikanischen Territorien Portugals gewildert hat. Diese „Inder“ sehen ganz anders aus als die Schwarzen aus Guinea.

Der König lässt Columbus ziehen. Nach Palos.

Am 15. März 1493 läuft die „Niña" in den Río Tinto ein. 224 Tage nach dem Auslaufen segelt sie wieder am Kloster La Rábida vorbei.

Nur wenige Stunden nach der kleinen Karavelle kommt auch die „Pinta" an. Sie hat den Sturm ebenfalls überstanden, wurde aber, mit dem ganzen Gold im Laderaum, bis nach Vigo in Nordspanien abgetrieben.

Von dort aus versuchte Kapitän Martín Alonso Pinzón noch einmal, Columbus auszustechen: Er schickte einen eiligen Brief quer durch Spanien an den Hof. Er bat um eine Audienz bei Isabella und Ferdinand, um von der großen Entdeckung erzählen zu können. Es wäre wahrscheinlich die Geschichte von seiner großen Entdeckung gewesen. Er hätte erzählt, wie er, Pinzón, die Männer zusammengetrommelt hatte. Wie er dann die Inseln fand. Und wie er das Gold entdeckte.

Doch die Königin ließ ihm ausrichten, er möge sich nicht übernehmen, sie warte lieber auf Columbus.

Martín Alonso meldet sich jetzt in Palos nicht einmal mehr bei Columbus, obwohl „Niña" und „Pinta" wieder fast nebeneinander liegen.

Er geht in sein Haus und legt sich ins Bett.

Die Columbus-Experten werden in den kommenden Jahrhunderten schreiben, dass es an der Erschöpfung und an der Demütigung liege, aber wenn man ehrlich ist, muss man sagen, dass das als Erklärung nicht genügt. Die wahre Ursache ist nicht bekannt.

Klar ist nur: Einen Monat später stirbt Martín Alonso Pinzón.

## Spanien, Ostern 1493

Columbus reitet zu Freunden nach Sevilla. Mit seinen Indianern im Gefolge, mit seinem Gold. Die Menschen auf den Straßen jubeln ihm zu, es wird keine Reise, es wird ein Triumphzug quer durch Spanien.

Er ist jetzt auf dem Höhepunkt seines Lebens, ein Nationalheld. Aber er ist zugleich schon wieder einen Schritt weiter und entwirft neue Pläne: wie er möglichst schnell Tausende Siedler auf die Inseln schaffen kann. Wo die Hauptstadt entstehen soll. Wie man das Gold erbeuten und verteilen soll. Was mit den Indianern passieren soll.

Er berät sich wohl mit dem Sklavenhändler Berardi, wie eine zweite Reise organisiert werden kann. Und er weiß jetzt, dass er alle Macht hat, die er jemals haben wollte. Denn sein König und seine Königin bitten ihn in einem Brief, doch an den Hof in Barcelona zu kommen und zu erzählen. Der Inhalt des Briefes ist nicht so wichtig, die Anrede ist wichtig. Sie lautet:

„Don Cristóbal Colón, Admiral des Ozeans, Vizekönig und Gouverneur jener Inseln Indiens, die er entdeckt hat“ – Ferdinand und Isabella gewähren ihm alle Titel und Rechte und eine Macht, wie sie kein Grande Spaniens hat.

Sie halten sich an den Vertrag von Santa Fe.

Noch.

# 6 Der Held stürzt

## Cádiz, September 1493

Es heißt, dass Christoph Columbus auf jeder seiner Reisen ein Bordbuch und/oder ein Tagebuch geführt habe, Fernando spricht von „Journalen", die sein Vater verfasst habe. Schätze sind das, doch von der zweiten Reise in die Neue Welt wird kein Bericht des Entdeckers die Jahrhunderte überstehen. Ein paar Briefe gibt es, in denen Columbus später Bezug nimmt auf diese zweite Reise, und einen detaillierten Auftrag gibt es, mit dem Columbus seinen Boten Antonio de Torres von Hispaniola aus zurück ins spanische Königshaus schickt. Dieser Auftrag wird erhalten bleiben und 500 Jahre später in den Archiven von Sevilla liegen, und ein Schatz ist dieses Dokument deshalb, weil auch die Antworten des Königspaars erhalten sind. Es ist einer der seltenen Belege dafür, wie Isabella und Ferdinand mit ihrem Admiral umgingen und wie der Admiral mit seinen königlichen Vorgesetzten.

Über die Geschichte der zweiten Reise sagt dieses Schriftstück nicht viel, die Geschichte der zweiten Reise erzählen Fernando (vom Hörensagen), der Chronist Bartolomé de Las Casas (vom Hörensagen), die Zeugen Pietro Martire, Michele de Cuneo und Nicolo Syllacio (mäßig erhellend, da sehr subjektiv) sowie vor allem Doktor Diego Álvarez Chanca und Andrés Bernáldez.

Chanca ist ein Arzt aus Sevilla, ein Mann, der das Königspaar gebeten hat, Columbus auf dieser zweiten Reise begleiten zu dürfen, und es gibt Bitten, die nicht mal Könige ablehnen können: Chanca ist Leibarzt bei Hofe und seit Jahren ganz außerordentlich eifrig, deshalb hat er sich das Abenteuer ganz einfach verdient. Dieser Chanca beschreibt die erste Hälfte der zweiten Reise sehr gekonnt, sein Bericht ist ein Brief an die „Ciudad de Sevilla", die Stadt Sevilla.

Bernáldez stammt aus Fuentes, er ist der Enkel eines Notars, 1488 wurde er Priester von Los Palacios bei Sevilla. Bernáldez ist zudem Kaplan des Erzbischofs von Sevilla, Mitglied des Königlichen Konzils und Großinquisitor. Bernáldez ist ein Mann seiner Zeit: Er liebt den Pomp und die Zeremonien, er hasst die Juden und andere Ungläubige, „brennen sollen sie in lebendigen Flammen, bis sie nicht mehr sind", schreibt er. Bernáldez kennt Columbus seit Jahren, er mag Columbus. Der Berichterstatter Bernáldez ist anfangs eher faul, denn er schreibt die erste Hälfte der zweiten Reise bei Doktor Chanca ab. Die zweite Hälfte zeichnet er dann penibel auf.

Fernando erzählt schillernd von der zweiten Reise. Er steht bei der Abfahrt in Spanien am Kai, mitfahren darf er noch nicht; er hat die Aufzeichnungen seines Vaters zur Verfügung, als er seinen Text verfasst. Das Original des Tagebuchs des Admirals ist verschollen.

Das also wird 500 Jahre später die Quellenlage sein.

Columbus hat sich in den Schlössern des Königreichs Kastilien aufgehalten, er war drei Monate lang in Barcelona, er hat seine beiden Söhne besucht und jene Frau namens Beatriz Enríquez de Arana, die für ihn wohl etwas weniger als eine Partnerin und etwas mehr als eine Mätresse war. Kleidung hat er sich gekauft, die seiner würdig war, und am Ende – mit wallenden Umhängen, langem, grauem Haar und gebräunt von acht Monaten auf See – sah er aus „wie ein römischer Senator", schreibt sein Biograf Morison.

Er hätte es sich auch weiterhin gut gehen lassen können in Spanien.

Es wird ihm noch viel besser gehen auf See, so denkt Columbus.

Er will das Gold, er will die Eingeborenen bekehren (das wird offiziell zum obersten, zum hehren Ziel der zweiten Reise erklärt), er will endlich wieder Schiffe kommandieren. Er pilgert nach Guadalupe in Estremadura und betet zur Heiligen Jungfrau von Guadalupe, und die Mönche bitten ihn, eine Insel nach ihr zu benennen.

Viele, sehr viele Freiwillige wollen mitfahren. Juan Rodríguez de

Fonseca, Erzbischof von Sevilla, ist zum Organisator der Expedition ernannt worden, und Fonseca wählt nun 1200 Seeleute und Soldaten und Siedler aus. Fonseca kauft oder chartert 17 Schiffe: die „Santa María la Galante“, Spitzname „Mariagalante“, ist das Flaggschiff, zwei Naos namens „Colina“ und „La Gallega“ und ungefähr zehn Karavellen mit viereckigen Segeln und zwei Karavellen mit den dreieckigen Lateinersegeln und eine kleinere Barke für Ausflüge in flache Gewässer begleiten sie. Jedes Schiff trägt die königliche Flagge, jedes Schiff ist geschmückt.

Es ist eine Armada, die dem Lockruf des Goldes folgt – und all den anderen Lockrufen. Ganz beiläufig hat Columbus zum Beispiel von den vielen nackten Frauen in Indien erzählt. Und die sind nicht weniger eine Sensation im hochheiligen, hochgeschlossenen Spanien des Mittelalters.

Und schließlich, dies vor allem: Im Herbst 1493 ist Columbus ein Held, eine Führerfigur, und darum will jeder halbwegs mutige, einigermaßen flexible Seemann an seiner Seite und Teil seines Triumphzuges sein.

Jedem Kapitän gibt Columbus nun einen verschlossenen und versiegelten Brief, seine Befehle für den Fall, dass die Flotte auseinander gerissen wird. So ist er: Alle Schiffe sollen natürlich La Navidad finden, aber niemandem will der Admiral ohne Not die Route verraten – öffnen dürfen ihren Umschlag nur jene Kapitäne, die den Anschluss verloren haben.

Die Reise beginnt am 25. September 1493, eine Stunde vor Sonnenuntergang, in Cádiz. Gute Winde und laue Lüftchen wechseln sich ab, Columbus und die Seinen erreichen Gran Canaria und müssen ein erstes Schiff reparieren, und dann erreichen sie La Gomera und laden so viel Fleisch, Holz und Wasser, wie sie laden können.

Und diesmal hat er bestimmt keine Zeit für Doña Beatriz, er muss 17 Schiffe versorgen, er klettert von einem zum nächsten, und am

Ende haben sie jede Menge Getreide und Weinschläuche und Pflanzen und Zwieback und gesalzenes Schweinefleisch und Rindfleisch und Schafe und Hühner und 20 Pferde unter Deck. Die Schiffe liegen sehr tief im Wasser.

Sie erreichen Hierro am 13. Oktober, und nun beginnt die Atlantiküberquerung.

Das Licht verändert sich ständig, es spielt in den Segeln, golden schimmert es bei Sonnenuntergang, silbrig bei Mondschein, bedrohlich wirkt es, wenn Wolken aufziehen. Die See ist tiefblau, fliegende Fische springen durch die Luft. 17 Schiffe fahren über das Meer, das bedeutet, dass überall diese weißen Segel sind, und die Order ist, dass sie tagsüber so schnell segeln, wie sie können – sie fahren Regatten, sie genießen es, diese Seefahrt ist sehr lustig – und am Abend aufeinander warten. Dann gibt der Admiral Anweisungen für die Nacht. Auf jedem Schiff, am Heck, wird eine Laterne angezündet, und von nun an muss jeder Steuermann die Position halten, denn nachts segeln sie in Formation. Und alle 30 Minuten sagen die Schiffsjungen an, dass sie nun die Sanduhren umdrehen. Und um kurz vor sieben liest der Priester auf dem Flaggschiff eine so genannte trockene Messe, ohne Wein, denn den würde er hier nur verschütten. Und auf allen Schiffen knien sie nieder und sagen „amen", und ein neuer Tag auf See beginnt.

Sie sind schnell unterwegs, sie machen etwa fünf Knoten, und das heißt, dass sie 2500 Seemeilen in 21 Tagen schaffen. Wenn nicht ausgerechnet wieder einmal das Flaggschiff, die „Mariagalante", so lahm wäre, dass die anderen hin und wieder ihre Segelfläche verkleinern müssen, um dem Admiral nicht davonzufahren, dann wären sie alle noch viel schneller.

An Allerheiligen, am 1. November 1493, gestattet Columbus jedem Reisenden eine Extraration Wasser.

Am 2. November lässt er bei Einbruch der Dämmerung die Segel einholen.

Am Morgen des 3. November ruft der Matrose im Ausguck der „Mariagalante“: „Land in Sicht!“

Man muss es so sagen: Einen besseren Segler hat es vermutlich nie gegeben. Columbus trifft die Antillen genau dort, wo 500 Jahre später Segler mit Tiefenmesser und Global Positioning System landen werden. Es gibt nur eine gute Passage hier, tief und gerade, sonst gibt es überall Sandbänke und Riffe – Columbus findet die gute Passage auf Anhieb. Sein Freund de Cuneo wird den Admiral in seinem Reisebericht so beschreiben:

*Nach meiner bescheidenen Meinung wurde, seitdem Genua Genua ist, noch kein so kluger und kühner Seefahrer geboren wie unser Herr Admiral. Allein aus dem Anblick einer Wolke oder eines Sternes in der Nacht konnte er auf hoher See erkennen, welchen Kurs er einzuschlagen hatte. Bei schlechtem Wetter übernahm er selbst das Ruder, wenn der Sturm vorbei war, hisste er die Segel und ließ die anderen schlafen.*

Die ersten Inseln, die der Admiral in Besitz nimmt, nennt er „Dominica“ (weil er sie an einem Sonntag entdeckt) und „Mariagalante“ (weil er sein Flaggschiff offenbar trotz des Schneckentempos lieb hat). „Sehr bergig, sehr wundervoll und sehr grün bis hinunter zum Wasser“ sind diese Inseln, schreibt Doktor Chanca.

Sehr stolze Spanier ankern also auf der Leeseite, der windabgewandten Seite dieser Inseln, und dann landen sie, festlich gekleidet, auf diesen wunderbar weißen Sandstränden der Karibik, unter Palmen natürlich. Mit der königlichen Standarte in der Hand erklärt der Admiral nun Insel für Insel im Namen des Gesetzes zum Eigentum Spaniens, und dann pflanzen sie ein hölzernes Kreuz. Es müssen groteske Szenen sein, und so klingt das im Original:

*Donde decendió el Almirante é mucha gente con él con la bandera Real en las Manos, adonde tomó posesion por sus Altezas en forma de derecho.*

Im Jahr 1493 ist so etwas natürlich nicht grotesk, es ist heiliger Ernst.

Bald erreichen sie die nächste Insel, was für ein Bild! Ein Vulkan, ein Wasserfall, der direkt aus den Wolken über dem Vulkan zu kommen scheint, der Regenwald, die Palmen, was für Farben! Der Admiral nennt die Insel „Santa María de Guadalupe", er erfüllt also die Bitte der spanischen Mönche; der Name „Guadeloupe" wird bleiben. Ein Kapitän geht mit einem Spähtrupp auf Entdeckungsreise, und er findet verlassene Dörfer. „Vier oder fünf Knochen von den Armen und Beinen von Menschen" bringt er mit, das schreibt Doktor Diego Álvarez Chanca, „und wir vermuteten sofort, dass dies die Karibischen Inseln waren, die bewohnt waren von Menschenfressern."

Sind sie das wirklich? Kannibalen? Die Kaniben oder Kariben, vor denen schon die Indianer auf der ersten Reise gewarnt hatten? Oder wollen die Spanier das nur so sehen, gleichsam prophylaktisch, damit sie eine Rechtfertigung haben für all das, was folgen wird? Für all die Grausamkeiten, die Morde, die Vergewaltigungen, die Plünderungen, die Sklaverei? Kannibalen darf man so etwas schließlich antun, wer Kannibalen abschlachtet, erfüllt Gottes Wille, nicht wahr? Es ist ein Kreuz mit der Religion, Moral ist eine komplizierte Angelegenheit.

Columbus schickt nun Trupps von Spähern los, und einige kommen mit jungen Männern und andere mit jungen Frauen zurück, Gefangene der Kannibalen seien jene gewesen, angeblich.

Einige kommen gar nicht zurück: Kapitän Diego Márquez und seine sechs Männer finden nicht heim zu den Schiffen, sie bleiben verschollen. Landen sie im Kochtopf?

Acht Tage lang liegen die Spanier in der Bucht von Guadalupe, es sind acht Tage, in denen es recht wüst zur Sache geht. „Mehr als 20 Frauen von den Gefangenen wurden geholt", schreibt Chanca, vermutlich ist auch das eine Rechtfertigung: Wer Frauen vor Kannibalen rettet, ist ein Edelmann und kann deshalb natürlich kein Vergewaltiger sein. Die Mädchen „waren nützlich als Übersetzerinnen und vermutlich auch in anderer Hinsicht", wird der Historiker Morison schreiben.

Die Kariben, jener Stamm der Kannibalen also, hätten „bestialische Bräuche“, schreibt Chanca. Erkennbar seien die Kariben an den zwei Bandagen aus Baumwolle, die sie an jedem Bein trügen, eine am Knie und eine über dem Knöchel; sie trügen ihre Haare länger als andere Stämme, und die Gesichter schminkten sie grell, „um Furcht erregender auszusehen“. Sie bauten ihre Boote aus einem Stück Holz und gingen damit auf Menschenjagd, junge und schöne Frauen suchten sie sich vor allem, und mit Fischknochen, Steinen und Muscheln rüsteten sie ihre Pfeile zu tödlichen Waffen hoch.

Doktor Chanca schreibt:

*Diese Frauen berichten auch, dass sie mit einer unvorstellbaren Grausamkeit behandelt werden, denn die Kariben essen die männlichen Kinder, die sie mit ihnen haben, und ziehen nur jene Kinder groß, die sie mit den eigenen Frauen haben. Und die Männer, die sie fangen können, bringen sie lebend in ihre Häuser, um sie zu Fleisch zu verarbeiten, und die toten Männer essen sie sofort. Sie sagen, dass das Fleisch eines Mannes so gut wie sonst nichts auf der Welt sei, und es muss tatsächlich so sein, denn von den Knochen, die wir in den Häusern fanden, hatten sie alles abgenagt, was abzunagen war, so dass nichts übrig war bis auf das, was zu zäh war. In einem Haus wurde der Nacken eines Mannes gefunden, er kochte in einem Topf. Sie kastrieren die Jungen, die sie fangen, und stellen sie als Diener an, bis sie groß sind, und wenn sie dann ein Fest feiern möchten, töten sie sie und essen sie.*

Und Fernando hat auch seine Gruselgeschichten beizusteuern:

*Diesen Männern waren die Geschlechtsteile abgeschnitten worden; sie waren von den Kariben auf anderen Inseln geraubt worden, und die Kariben pflegten ihre männlichen Gefangenen zu kastrieren, damit sie fett wurden, fast so, wie wir es mit Kapaunen tun, um sie schmackhafter zu machen.*

Die Wahrheit? Columbus-Forscher wie Morison werden die Geschichte glauben und von „den menschenfressenden Kariben“ sprechen.

Doch 500 Jahre nach Columbus werden Archäologen schreiben, dass niemals ein Beweis dafür gefunden wurde, dass es in der Karibik jemals Kannibalen gegeben habe. Und Linguisten werden anmerken, dass die Spanier die Einheimischen nicht verstunden, sie sprechen ihre Sprache nicht, so einfach ist das – sie sind in einer fremden Welt, sie kennen weder Bräuche noch Gesten, müssen allerlei missverstehen, haben aber offenbar reichlich Phantasie. Und politische Autoren wie der Amerikaner Kirkpatrick Sale werden schreiben, dass es so ist wie meistens in den blutigen Kapiteln der Geschichte: Die Dämonisierung der Opfer bereitet den Völkermord vor und begründet ihn.

Nach vier Tagen taucht der verlorene Trupp des Kapitän Diego Márquez dann doch wieder auf, zerzaust und abgemagert, denn die sieben Männer hatten sich im Dschungel verlaufen. „Um sie für ihre Verwegenheit zu strafen, befahl der Admiral, den Kapitän in Ketten zu legen, während den anderen die Nahrung geschmälert wurde", schreibt Fernando.

Nach acht Tagen, es ist jetzt der 10. November, ein Sonntag, schippert die Flotte des Christoph Columbus weiter. Es ist eine spektakuläre Tour: Auf jeder Insel steht ein Berg, es geht beinahe senkrecht hinauf; über den Bergen hängt eine einzelne, fette Wolke; die Hänge sind wild bewachsen, an den Stränden wuchern die Palmen; und je nach Tageszeit, je nach Licht verändern sich die Farben der Antillen, werden blasser, werden leuchtend.

Der Admiral entdeckt Puerto Rico, und dann kommt er nach Hispaniola, in jenen Teil, der sehr viel später Haiti heißen wird. „Großartige Flüsse und großartige Bergzüge und weite offene Täler und sanfte Hügel" sieht Chanca dort, und er schreibt: „Ich glaube nicht, dass es auf dieser Insel oder auf den anderen einen Winter gibt, denn sogar Weihnachten fanden wir Vogelnester, einige mit jungen Vögeln und andere mit Eiern."

Danach wird es ernst für Christoph Columbus. Es ist an der Zeit, dahin zurückzukehren, wo er schon einmal war.

Dahin, wo vor etwas mehr als einem Jahr die „Santa María“ sank, wo La Navidad entstand, die erste Stadt in der Neuen Welt, dahin also, wo Columbus eine Menge Männer zurückließ.

Was erwartet ihn dort?

Zunächst erwartet ihn ein Angriff, vier Indianer und zwei Indianerinnen in einem Kanu schießen mit Pfeilen. Sie töten einen Seemann, bevor sie überwältigt werden. Columbus schaut sich die Beute an und schenkt seinem Jugendfreund Michele de Cuneo eine der Indianerinnen als Sklavin. „Als ich sie in meine Kammer geführt hatte, sie war nackt, wie es ihre Gewohnheit war, verspürte ich den Wunsch, ein Vergnügen zu genießen“, berichtet de Cuneo, aber das Mädchen zerkratzt ihm die Haut mit ihren Fingernägeln, und er muss sie mit dem Ende eines Seils verdreschen und fesseln, und sie schreit. „Niemals gehörte Schreie“ seien das gewesen, so de Cuneo, „aber endlich kamen wir zu einem Einverständnis in einer Form, dass es so schien, das kann ich Ihnen sagen, als wäre sie in einer Hurenschule aufgezogen worden.“

Die wilde Frau, die nur gezähmt werden muss und dann auf andere Weise so wild ist, wie man es sich immer erträumt hat?

Seefahrergeschichten. Männergeschichten.

Sie ankern in einer Bucht, die Columbus „Monte Christi“ nennt, noch sind sie etwa 15 Kilometer von La Navidad entfernt. Der Admiral schickt Späher an Land, und sie finden zwei Leichen, bärtige Leichen, keiner der Eingeborenen, nicht einmal einer der angeblichen Kannibalen, hatte einen Bart getragen. Nein, ein gutes Omen sind die Leichen nicht. „Einige unserer Leute erwarteten eher Teuflisches als Gutes“, schreibt Doktor Diego Álvarez Chanca.

Sie setzen die Segel, alle sind ziemlich traurig und still, es ist Abend, es ist der 27. November, als sie in der Bucht von La Navidad ankommen. Aber sie fahren nicht hinein. Columbus weiß noch, wie dumm er war, wie dilettantisch sie alle waren, damals, vor etwas mehr als einem Jahr, als nur dieser eine Schiffsjunge Wache hielt, als sie zuerst ganz sanft auf die Sandbank rutschten und dann die „Santa María" verloren. Diesmal bleiben sie sehr weit draußen und warten, bis es hell wird.

Und dann nähert sich ein Boot mit sechs Indianern, aber Columbus lässt jetzt niemanden mehr an Bord. Er lässt zwei Bombarden feuern, denn seine Männer an Land müssten diese Geschütze erkennen und antworten, schließlich hat ihnen Columbus vor einem Jahr Bombarden dagelassen. Jubeln müssten sie dort drüben an Land, in die Luft ballern, ins Meer springen.

Es bleibt still.

Das Kanu nähert sich erneut, ein Cousin des Häuptlings Guacanagarí ist an Bord, und er kennt Columbus noch vom letzten Besuch. Masken aus Gold hat er mitgebracht, das sind Geschenke, die dem Admiral gefallen. Aber die Geschichte, die der Cousin des Häuptlings erzählt, gefällt dem Admiral nicht, die gefällt keinem der Spanier.

Es gebe einen Krieg auf der Insel, erzählt der Mann. Der Stamm des Häuptlings Caonabo und der Stamm des Häuptlings Mayreni kämpften gegen den Stamm des Häuptlings Guacanagarí, was ein blutiges Gemetzel bedeute. Und mittendrin befänden sich leider die weißen Männer. Nun ja, sagt der Cousin, einige der weißen Männer seien leider an Krankheiten gestorben, und noch einige mehr hätten sich leider, leider gegenseitig umgebracht. Und ... also, die ganze Wahrheit sei, dass ... nun ... also, es gebe keine Überlebenden.

Das ist die halbe Wahrheit, das kann Columbus rekonstruieren. Zuerst haben die beiden Leutnants Pero Gutierrez und Rodrigo de Escovedo ihren Gefährten Jacomo Rico ermordet. Alle drei mochte Columbus: Gutierrez hatte vor einem Jahr den Auftrag gehabt, dem Häuptling Guacanagarí den Verlust der „Santa María" zu melden, und Gutierrez war bei dem ersten Landgang in der Neuen Welt, damals auf Guanahani, dabei gewesen, und Jacomo Rico war der einzige Genuese gewesen, der ihn auf der ersten Reise begleitet hatte. Er hatte sie hier gelassen, er hatte ihnen vertraut, und nun haben sie sich gegenseitig getötet, und keiner weiß, wieso.

Jedoch: Das ist noch nicht einmal das ganze Desaster.

Die Häuser von La Navidad sind „bis auf den Grund niedergebrannt“, so Fernando, es waren Blockhäuser, die ein Erdwall schützen sollte. Fernando schreibt:

*Am folgenden Tage ging der Admiral morgens an Land, und zu seinem großen Schmerz sah er, dass alle Häuser und die Festung zerstört waren; außer zerbrochenen Kisten und Trümmern war von den Christen nichts übrig geblieben.*

Kleidungsstücke liegen herum, ein paar Kleidungsstücke hängen auch in den Hütten der Indianer, und in einer Hütte liegt der Anker der „Santa María“.

Und elf Leichen liegen verstreut in der Gegend, Gras wächst auf ihnen, es stinkt. 39 Männer hat Columbus vor einem Jahr hier gelassen, 39 Männer sind tot, auch sein Vertrauter Diego de Arana.

Seine Leute verlangen Rache, sie wollen die Indianer bestrafen. Aber Columbus zögert. Es seien die Stämme von Caonabo und Mayreni gewesen, sagen ihm die Leute des Guacanagarí, jenes Häuptlings, der in seiner Hütte liegt, schwer am Bein verletzt, wie er sagt, und seine sieben Konkubinen stehen um ihn herum und sehen sehr traurig aus. Doch dann verplappern sich die Leute des Guacanagarí: Ein Spanier habe sich drei Frauen genommen, der nächste vier, und dann … „Sie berichten, die Christen hätten alsbald Streit unter sich bekommen und angefangen, alle Weiber und alles Gold, das sie erreichen konnten, zu rauben“, so formuliert es Fernando. Und wahrscheinlich ist dies die ganze Wahrheit: Die Spanier haben sich in der Sonne der Karibik aufgeführt wie Übermenschen – und deshalb haben ihnen die Indianer gezeigt, wer hier zu Hause ist, und so haben sich die

Indianer diese arroganten Weißen vom Hals geschafft. „Acht von ihnen hätten sich ins Meer geflüchtet, wo sie ertrunken seien, drei seien auf dem Lande niedergemacht worden", schreibt Fernando.

Der Häuptling Guacanagarí ist sehr freundlich zu Columbus, er schenkt ihm eine Menge Gold. Aber dann kommt sein Bruder an Bord und besucht den Admiral, und als keiner so richtig aufpasst, flüstert der Bruder des Häuptlings den zehn Frauen etwas zu, jenen Frauen, die die Spanier aus den Händen der Kannibalen befreit und nun zufällig selbst in Händen haben.

Die Frauen springen über die Reling, sie schwimmen schnell, drei Meilen weit, und fort sind sie, verschwunden im Regenwald.

„Rache", schreien Columbus' Leute erneut.

Aber Columbus will nicht. Er sagt: „Nein. Wir brechen auf."

## Haiti, Sommer 2003

Meistens war es Cape Haïtien. Manchmal war es ein paar Meilen weiter nach Osten, manchmal ein paar Meilen nach Westen, aber immer war es irgendwo hier beim Cape Haïtien. Und immer waren sich die Leute, die nach der „Santa María" und nach La Navidad suchten, sehr, sehr sicher.

Sie musste doch da sein, irgendwo, sie ist doch das berühmteste Schiff der Welt, neben der Arche Noah und der „Titanic". Und das Fort musste ebenfalls da sein, irgendwo dort oben an der Küste Haitis, es war doch die erste Festung Europas in Amerika.

Gefunden wurde ein Anker.

Wirklich sicher ist bloß, dass die „Santa María" auf eine Untiefe lief, als die Mannschaft und ihr Admiral schliefen. Sicher ist, dass Christoph Columbus aus dem Holz der „Santa María" das Fort La Navidad bauen ließ und dass er dann 39 Männer damit beauftragte,

La Navidad zu verteidigen. Sicher ist, dass nur der untere Teil des Rumpfes und die Ballaststeine damals, 1492, im Meer blieben, die „Santa María" war also schon nach ein paar Tagen ein mächtig gezaustes Wrack. Und sicher ist, dass La Navidad schon 1493 niedergebrannt und zerstört war.

Unklar ist allerdings, wo all das passierte, die Beschreibungen des Ortes sind vage. Alle hätten also gewarnt sein können.

Im 18. Jahrhundert fand der französische Historiker Moreau de Saint-Méry einen Anker im Flussbett des Grande Rivière, knappe zwei Kilometer von der Flussmündung und rund drei Kilometer vom Fischerdorf Bord-de-Mer Limonade entfernt. Eine Spur? Nein, nicht wirklich, meinte Saint-Méry, dies müsse jener Anker sein, den der Arzt Diego Álvarez Chanca damals in einer Hütte der Eingeborenen von Hispaniola entdeckt hatte. Jede andere Theorie wäre ja tatsächlich eine sinnfreie Theorie: die „Santa María" in einem Flussbett? Nein, sicher nicht.

Es dauerte weitere 150 Jahre, bis der amerikanische Historiker Samuel Eliot Morison vor der Küste Haitis aufkreuzte. Morison hatte so gründlich wie sonst keiner Columbus' Navigation überprüft, nicht nur mit dem Finger auf der Seekarte, sondern vor allem mit der Hand an der Pinne. Es waren die dreißiger Jahre des 20. Jahrhunderts, und Morison arbeitete als Historiker dort, wo man in Amerika arbeitete, wenn man zu den Besten gehörte: in Harvard. Für einen Professor war er eher jung, gerade Mitte vierzig, und dann hatte er auch noch diese seltsame Berufsauffassung. Er glaubte da an etwas, das unter Professoren als unfein galt, er glaubte, dass es nicht genüge, alte Dokumente zu studieren, um die Vergangenheit zu verstehen. Morison wollte raus, er wollte es ganz genau wissen: Welche Orte hat Columbus gesehen und beschrieben? Welche Kurse kann er gesegelt sein, und wie schnell kam er voran? Wo also kann der Entdecker gewesen sein – und was ist unmöglich? Wo passen die ungenauen Beschreibungen in den Dokumenten zu Wind und Strömungen, und wo passen sie nicht?

Wo ist die „Santa María“ gesunken, wo stand La Navidad?

Morison war Segler, und deshalb kaufte er zusammen mit ein paar Freunden die Brigantine „Capitana“. Sie rüsteten das veraltete Schiff für weltweite Fahrten aus und legten ab. Und mit der „Capitana“ und später mit der Ketsch „Mary Ann“ segelte Morison Columbus' Kurse nach, über den Atlantik, kreuz und quer durch die Karibik, nach Mittelamerika. Und er schrieb seine Beobachtungen auf: Untiefen, Distanzen, Winde, Strömungen, Landformationen, schlechter Ankergrund, guter Ankergrund. Morison schrieb beinahe so, wie er atmete – ständig. Als er Lieutenant Commander der U.S. Navy war, schrieb er 15 Bände über die Einsätze der Marine im Zweiten Weltkrieg. Und über die vier Reisen des Christoph Columbus schrieb er drei Bücher, und für das erste gewann er den Pulitzer-Preis.

1939 kam Morison nach Haiti, und mit Karten und den Berichten über die erste und zweite Reise und vor allem mit dem Verstand eines Seglers versuchte er zu rekonstruieren, was 1492 und 1493 passiert war. Er wusste, dass Columbus dem Indianerhäuptling Guacanagarí von dem Schiffbruch erzählt hatte; und er vermutete, weil es der bei weitem beste Platz für eine Siedlung war, dass das Dorf Guacanagarís dort gewesen war, wo heute das Fischerdorf Bord-de-Mer Limonade liegt. Draußen vor der Küste gibt es ein mächtiges Korallenriff und drei flache Sandbänke.

Dies, glaubte Morison, sei der Ort.

Nur leider existierte die Technik, mit der man ein 450 Jahre altes Wrack in der Weite des Meeres aufspüren kann, damals noch nicht. Morison fand nichts und fuhr weiter.

Zehn Jahre später flog der Pilot Don Lungwitz über das Cape Haïtien, und er berichtete, dass er innerhalb des Korallenriffs eine ovale blaue Fläche gesehen habe. Es war 1955, als sich die Unterwasserforscher Edwin und Marion Link auf den Weg nach Haiti machten, um nach der „Santa María" zu suchen. Sie begannen genau an jenen Stellen, die Morison favorisiert hatte. Sie fanden einen Anker, ohne Ring und Seitenarme zwar, aber es ließ sich immer noch feststellen, dass dieser Anker genau wie jener, den Saint-Méry gefunden hatte, aus Eisen war, dass beide aus derselben Zeit stammten und auf die gleiche Art gebaut waren.

Die Anker der „Santa María"?

Und dann, es war 1967, kam der Historiker und Taucher Fred Dickson, und der hatte sich von dem Piloten Lungwitz die Koordinaten des ovalen Flecks geben lassen. Unter einer dicken Korallenschicht fand Dickson Holz, Keramikreste, Ballaststeine und Eisenstücke, und 25 Meter weiter entdeckte er mehr von alledem, aber auch Glas und dicke Eisenstangen. Radiocarbonanalysen belegten, dass selbst das älteste Fundstück nur 320 Jahre alt war, leider.

Das konnte nicht die „Santa María" sein. Das war ein Kriegsschiff aus dem 18. oder 19. Jahrhundert. Dickson wollte weitersuchen, aber er kam nicht mehr dazu, er starb 1972 nach einem Tauchunfall.

Am meisten erreichte noch Kathleen Deagan, eine amerikanische Wissenschaftlerin, geboren in Portsmouth, Virginia. Kathleen Deagan hat 1975 ihren Doktorgrad in Anthropologie und Archäologie an der University of Florida gemacht, und dort blieb sie auch als Dozentin; im Hauptberuf ist sie heute Archäologin und angestellt beim Florida State Museum; sie ist verheiratet mit Lawrence Harris, ihrem Kollegen, die beiden sind eines dieser Paare, die für die Forschung leben. Kathleen Deagan ist eine burschikose Frau mit schulterlangen, blonden Haaren, eine Frau, die dieses Leben liebt, jahrelang in Zelten und Hütten am Strand, auf den Spuren von Christoph Columbus.

Kathleen Deagan suchte drei Jahre lang dort oben an der Nordküste Haitis, in der Nähe des Ortes Bord-de-Mer Limonade, der Amateurarchäologe William Hodges hatte sie dorthin geführt. Und zunächst fand sie die Ruinen eines Indianerdorfes: En Bas Saline. Sie fand 21 ehemalige Gärten, jeder der Gärten war von einer Art Hecke umgeben gewesen, „dicht und stachelig", so Deagan. Und in der Mitte gab es eine Art Platz, und unter dem Platz gab es Erstaunliches.

Da war eine Grube, Durchmesser etwa ein Meter, Tiefe etwa drei Meter, die Grube musste einst ein Brunnenschacht gewesen sein. Nur: Brunnenschächte waren den Indianern der Karibik unbekannt.

Und in dem Brunnenschacht lagen Muscheln, Scherben, Knochen. Die C14-Analysen ergaben, dass diese Dinge aus dem Jahr 1440 plus/minus 35 Jahre stammen müssten. Das war zu früh. So etwas erleben Archäologen selten: Meistens sind die Gegenstände, die sie analysieren, nicht so alt wie erhofft. Diesmal also war es anders, diesmal schienen sie zu alt zu sein.

Aber dann fanden Deagans Leute den Kiefer einer Ratte, *Rattus rattus,* und einen Zahn eines Schweins, *Sus scrofa,* und Deagan und ihre Leute konnten nachweisen, dass das Schwein mit einiger Sicherheit aus der Gegend von Sevilla gekommen war – und die Ratte auch. Und diese Beweise stachen wiederum die C14-Werte, das war eine Frage der Logik: Die Ratte und das Schwein konnten ja frühestens mit dem ersten Schiff aus Europa gekommen sein, geschwommen waren die beiden nicht. „Es könnte die erste Ratte gewesen sein, die in der Neuen Welt ein sinkendes Schiff verließ", sagt Deagan.

Sie fand Glasscherben und Tonscherben. La Navidad? Viel war nicht übrig. Aber so nahe wie Kathleen Deagan kam La Navidad niemand zuvor und niemand danach.

Eine halbe Million Dollar soll ein amerikanisches Fernsehteam ausgegeben haben, das im Sommer 2003 die „Santa María" suchen ließ – und nichts fand.

## Hispaniola, Winter 1493

Seit drei Monaten sind sie schon unterwegs, und man kann nicht behaupten, dass die zweite Reise bisher ein Erfolg gewesen wäre: Gut, sie haben 20 große Inseln entdeckt und noch viel mehr kleine, aber sie wollten nun mal etwas anderes. Sie haben ein bisschen Gold, aber diese Klümpchen waren Geschenke von den Indianern, sie wollten mehr. Sie haben keine Minen gefunden. Sie haben keine Siedlung gegründet, was ja eines der Ziele der Reise gewesen war: in der Nähe unermesslicher Goldadern eine Metropole zu gründen, die zum Ruhme Spaniens in der Neuen und in der Alten Welt gereichen würde.

Nichts davon ist gelungen.

Und jetzt auch noch Gegenwind.

Sie müssen kreuzen. Es geht nicht voran. Sie schaffen 32 Meilen in 25 Tagen.

Und diese verdammte Gischt macht die Segel schwer und alle nass.

Und diese Enge.

Das Salz.

Und immer dieser elende Zwieback.

Stimmungen können schnell kippen auf Schiffen.

Die nächste halbwegs passable Bucht ist unsere, beschließt der Admiral, als sie immer noch im Norden Hispaniolas sind. „Es gefiel Gott, dass wir ausgerechnet an dem besten und prächtigsten Stück Land landen mussten, das wir hätten finden können", schreibt Doktor Chanca. Es gibt eine große, weite Bucht hier und wenige Untiefen, es gibt riesige Mengen Fisch, es ist windgeschützt, es wirkt perfekt: „La Isabela" nennt Columbus diesen Flecken, er liegt etwa zehn Meilen östlich von Monte Christi und 80 Kilometer westlich von jenem Strand, der 500 Jahre später Puerto Plata heißen und so etwas wie der Ballermann der Dominikanischen Republik sein wird.

Fernando schreibt:

*Die Siedlung nannte er „La Isabela“, zur Erinnerung an die Königin Doña Isabella. Die Lage schien sehr günstig, der Hafen war groß, obgleich offen nach Nordosten, und in Pfeilschussnähe mündete ein schöner Strom, von dem Kanäle gebaut werden konnten, die mitten durch das bewohnte Gebiet führten. Jenseits davon lag eine weite Ebene, und die Indianer sagten, das Minengebiet von Cibao liege in der Nähe.*

In Wahrheit ist es ein mieser Hafen, es gibt hier nur eine leichte Öffnung nach Nordwesten und viele Riffe, keinen Schutz vor den Stürmen. Es ist der zweite Versuch der Gründung einer Stadt in der Neuen Welt, und die Ausgangslage ist eher mittelprächtig.

Hier in La Isabela führt der schreibende Doktor seinen Bericht zu Ende.

Diego Álvarez Chanca erzählt von dem Bau der Stadt: Die eine Seite wird geschützt von der See und von Felsen, die andere von Holz, „so dicht, dass ein Hase kaum hindurchkäme“, und „so grün, dass kein Feuer es zerstören könnte“; und einen Fluss gebe es hier, „Río Isabela“, aus dem sie Kanäle ableiten würden, mit denen sie Mühlen und Wasserräder antreiben könnten.

Diego Álvarez Chanca deutet die Unzufriedenheit der Männer an: Columbus hat die Mahlzeiten rationiert, da sie inzwischen zu lange unterwegs sind und all das, was sie säen, noch Zeit braucht; die Männer müssen schuften, denn eine Metropole ohne Häuser und Stadtmauer ist keine Metropole. Nach dem Vorbild von Cádiz will Columbus seine Stadt bauen lassen, da braucht es natürlich eine Kirche und eine Residenz für den Gouverneur und davor einen Platz, und es braucht ungefähr 200 Häuser. Die Männer werden ungeduldig, sind sie für Bauarbeiten hergekommen?

Und was kann man tun gegen diese verdammte Malaria? Und was gegen die Fischvergiftungen? Doktor Chanca gehen die Medikamente aus.

Diego Álvarez Chanca erzählt von den Einheimischen, die den Bau der Häuser beobachten, nackt sind die Eingeborenen, die Frauen tragen bloß einen schmalen Streifen Baumwolle zwischen den Beinen. Einige würden sich schwarz anmalen, andere rot und weiß, „guter Grund für Gelächter“, und die Haare seien an manchen Stellen lang, an manchen rasiert, und was in Spanien für die Frisur eines Wahnsinnigen gehalten würde, sei hier Ausdruck von Ehre und Bedeutung; ein wenig dumm seien diese Einheimischen, denn sie würden Spinnen und Schlangen und Würmer essen, und leicht zu konvertieren seien sie sowieso, denn „sie machen uns alles nach“.

Diego Álvarez Chanca berichtet von „Dingen, die wundervoll sind“: von Bäumen, die Baumwolle tragen, von Pfirsichbäumen, von Ingwerwurzeln, von Brotbäumen und indischem Pfeffer.

Und nun schickt Columbus zwei Trupps los, in beide Richtungen die Küste entlang, Gold sollen sie suchen und vor allem finden. Alonso de Ojeda kommandiert die eine Expedition. Dieser de Ojeda ist ein junger Mann aus Andalusien, geschickt und hübsch und frech – Königin Isabella hat ihn in ihr Herz geschlossen, als er an der Spitze der Giralda, eines Turms über Sevilla, eine Art Seiltanz mit vielen Pirouetten zur Aufführung brachte. Ein Kerl namens Ginés de Gorbalan führt die andere Expedition, und am 20. und am 21. Januar 1494 sind sie zurück. „Gold in mehr als 50 Strömen und Flüssen“ hätten sie gemeldet, sagt Chanca: „Die Souveräne, unsere Hoheiten, können sich deshalb als die reichsten und am stärksten prosperierenden Könige der Welt betrachten.“

Und dann gibt der Admiral den Befehl, die Flotte zu dritteln. Er selbst will wieder aufs Meer hinaus, neue Welten entdecken. Ein Teil der Truppe soll in La Isabela bleiben und die Metropole in Gang bringen. Zwölf Schiffe dürfen nach Hause: Bericht erstatten, Nachschub und Verpflegung organisieren, die Kranken retten, die Kosten senken.

Der Doktor fährt nun heim, „Gott ist mein Zeuge, dass ich nicht ein Jota neben die Grenzen der Wahrheit getreten bin", schreibt er noch, und dann verstummt er.

Antonio de Torres, Kapitän der „Mariagalante", ist der Kommandeur der Heimkehrer, zwölf Schiffe sollen sich am 2. Februar 1494 auf den Weg machen.

Darum setzt Columbus sich hin und verfasst seinen Auftrag, sein Memorandum für Antonio de Torres, zu übermitteln an König und Königin. Er hat nicht viel Kraft in diesen Tagen, er ist krank, sein Tagebuch unterbricht er vom 11. Dezember bis zum 12. März. Aber den Brief ans Königshaus schafft er noch.

Zuerst, das ist Columbus wichtig, möge de Torres „die königlichen Füße und Hände küssen", die Füße und Hände „meiner natürlichen Souveräne", so schreibt der gebürtige Genuese, „in deren Dienst ich meine Tage zu beenden wünsche".

„Ihre Hoheiten empfangen diese Dienste", wird später auf dem Schreiben stehen, es ist eine Art Vermerk. Das ist die Antwort des Königspaars an Columbus, denn mit diesen Antworten schicken Isabella und Ferdinand den Boten de Torres später wieder zurück zu Columbus. Das Ganze liest sich wie ein Frage-und-Antwort-Spiel, es geht hin und her.

Denn dann handelt Columbus Thema für Thema ab, er bittet um Proviant und Ausrüstung, er preist seine Männer und empfiehlt sie für Gehaltserhöhungen, er rät zu Strategien und bittet um Anweisungen.

Er schreibt:

*Die Gewürze betreffend; allein an der Küste, ohne ins Landesinnere vorgestoßen zu sein, wurden so viele Zeichen und Beweise gefunden, dass es vernünftig ist, noch viel bessere Resultate zu erwarten. Und das Gleiche gilt, die Goldminen betreffend … da wurden so viele Flüsse gefunden, dass diejenigen, die all das sahen und sammelten, hauptsächlich mit ihren bloßen Händen als*

*Werkzeug, so glücklich zurückkehrten und großartige Dinge über die Vorkommen berichteten … Dafür mögen Eure Hoheiten Gott danken, der in all Ihren Angelegenheiten so großzügig zu Ihnen gewesen ist.*

Ihre Hoheiten, das ist festgehalten auf dem Dokument, „schenken Gott großen Dank, und Sie betrachten alles, was der Admiral getan hat und noch tut in dieser Sache, als außergewöhnlichen Dienst“.

Er schreibt, dass er fürs Erste die Goldminen Goldminen sein lassen musste, da Indianer ihn bedroht hätten und da seine Männer krank geworden seien: „Es erscheint nicht sinnvoll, dieses Risiko einzugehen und vielleicht die Männer und die Vorräte zu verlieren.“

Ihre Hoheiten geruhen zu loben: „Das hat er gut gemacht.“

Columbus schreibt, dass die Spanier vorsichtig sein müssten in der Ferne, dass sie kleine Festungen bauen müssten, er verwendet das arabischstämmige Wort „Albarrada“; Albarradas sind Steinmauern, die ohne Mörtel oder sonstige Festiger gebaut werden, sondern nur mit Steinen, die aufeinander zu schichten sind. Dann schreibt Columbus, dass die Indianer „nicht die Menschen sind – es sei denn, sie würden uns schlafend finden –, die etwas gegen andere unternehmen, selbst wenn sie den Plan haben. So haben sie etwas gegen jene anderen unternommen, nur wegen deren mangelnder Vorsicht und wegen all der Gelegenheiten, die diese den Indianern gegeben haben, die es niemals gewagt hätten, die anderen zu verletzen, wenn diese vorsichtig gewesen wären“.

Ein sprachlicher Amoklauf? Wirres Zeug? Nein, das hier ist pure Taktik.

Columbus behauptet damit, dass jene Männer, die er in La Navidad zurückließ, für ihr Verderben selbst verantwortlich seien, da sie nicht auf sich aufgepasst hätten – und damit behauptet er natürlich vor allem, dass es kein Fehler war, sie dort zurückzulassen. Columbus spricht sich also selbst frei, ganz prophylaktisch, es könnte ja sein, dass jemand nach den armen Kerlen fragt. Und dann garantiert Columbus

Sicherheit; ein Fort oder einen Turm will er bauen, für die Reisenden, die Goldsucher und vor allem für das Gold.

Die Taktik geht auf, denn Ihre Hoheiten schreiben: „Das ist gut, und so sollte er es tun."

Columbus bittet um Getreide, das er anbauen möchte, und um Wein, Zwieback, Schinken und gesalzenes Fleisch, „besser sollte es sein als das, welches wir auf diese Reise mitgenommen haben". Und Lämmer und Schafe will er, mehr weibliche als männliche, und Kälber und Kühe. Und Säcke, Decken, Kleidung. Und 200 Kürassiere, 100 Arkebusen, 100 Armbruste und natürlich Munition. Und 50 Melassepfeifen. Und Bergarbeiter aus den Quecksilberminen von Almadén, die ja wohl bestens geeignet seien für die Goldgräberei. Zwei Karavellen, das ist seine Bitte, sollten beladen werden mit Männern und all dem Bestellten und bis zum Mai zurück in der Karibik sein.

Ihre Hoheiten antworten, dass sie Don Juan Rodríguez de Fonseca mit der Erfüllung dieser Bitte beauftragen würden, den Erzbischof von Sevilla.

So geht es seitenlang weiter.

Columbus erzählt von den Kannibalen, die er nach Hause schicke, auf dass sie „ihre unmenschlichen Bräuche aufgeben", Spanisch und den Glauben an Gott lernen, ihre Seelen retten mögen. (Diese Kannibalen „werden Sklaven", schreiben Ihre Hoheiten.)

Columbus entwirft das Modell eines Sklavenmarktes, eine strikt begrenzte Zahl von Karavellen solle die königliche Lizenz erhalten. Die Eingeborenen, schreibt er, seien wohlgebaut und „von sehr guter Intelligenz". (Diese Angelegenheit sei für den Augenblick zu vertagen, schreiben Ihre Hoheiten, und es ist nicht sicher, ob sie gegen die Sklaverei als Quasi-Industrie sind oder ob ihnen Columbus nur zu forsch vorgeht; sicher ist allerdings, dass sie ihm übel nehmen, dass er eigenmächtig Indianer nach Spanien schickt. Las Casas wird später jedenfalls darüber spekulieren, dass dies einer der wesentlichen

Gründe dafür sein könnte, dass Columbus nicht sehr lange Gouverneur von Hispaniola bleibt. Und es bleibt offen, ob Columbus mit seinem nicht sehr geschickten Verhalten Rechnungen begleichen will, weil er dem Sklavenhändler Gianotto Berardi, der die erste und die zweite Reise mitfinanziert hat, noch die Lieferungen schuldet. Und darum bleibt gleichfalls offen, ob Ferdinand und Isabella vielleicht deshalb pikiert sind – weil da Geschäfte ohne ihre Beteiligung aufgezogen wurden.)

Columbus kommt nun eher allgemein zum Geschäftlichen und schreibt, dass er zwei Schiffe gekauft habe, die „Gallega" und die „Santa María la Galante", denn dieser Kauf sei sehr viel rentabler als ständiges Chartern. (Gut gemacht, meinen Ihre Hoheiten.)

Und schließlich kommt Columbus zum Geld, ganz und gar konkret. Er lobt den Diener Pedro Margarite, dessen Anwesenheit „ein Genuss war", und die Diener Gaspar und Beltrán, die ihm das Königshaus mitgegeben hat; er bittet um ganz besondere Fürsorge für den tüchtigen Margarite, der Gattin und Kinder habe, und er preist den Doktor Chanca, der „Fleiß und Großherzigkeit" bewiesen habe. (Und dem einen sichern Ihre Hoheiten 30 000 Maravedís im Jahr zu, dem nächsten wohlwollende Prüfung.) 200 Seeleute seien noch ganz ohne Lohn, klagt Columbus dann. (Nun ja, schreiben Ihre Hoheiten: „Ihre Hoheiten ordnen an, dass diese 200 die Plätze jener einnehmen, die versagt haben oder in Zukunft versagen werden." Das Problem ist, dass das Königshaus zwar rund 1500 Menschen mitfahren ließ auf die zweite Reise, dass aber nur 200 von ihnen auf königlichen Lohnlisten stehen, und diese Listen sollen auf keinen Fall erweitert werden.)

„Geschrieben am 30. Januar des Jahres 1494", schreibt Columbus noch, und am 13. April 1494 quittieren Ihre Hoheiten den Empfang und antworten.

Antonio de Torres, der Bote Columbus', hat Cádiz am 7. März 1494 erreicht; bald macht er sich auf den Weg zurück nach Hispaniola, und nicht zwei, sondern gleich vier Schiffe sollen die von Columbus gewünschten Vorräte bringen.

## Kuba, Sommer 1494

Politik ist selten einfach, das muss unter anderem daran liegen, dass Neid und Hass schlechte Ratgeber sind und Verblendung und Geschwisterliebe noch viel schlechtere. Christoph Columbus trifft im Laufe seiner Karriere als Entdecker Amerikas eine Menge schrecklicher Personalentscheidungen, aus denen dann eine noch schrecklichere Politik wird – und er lernt selten aus seinen Fehlern. Er ist einer dieser Menschen, die gut darin sind, etwas zu erreichen, und die dann nicht wissen, was sie mit dem Erreichten anstellen können.

Columbus hat Streifzüge durch Hispaniola hinter sich, er „führte die Mannschaft von La Isabela samt Trompeten und entfalteten Fahnen mit sich, wie es üblich war, wenn man in den Krieg zog", schreibt Fernando. Er hat, 18 Meilen von La Isabela entfernt, ein Kastell bauen lassen, „St. Thomas" hat er das Kastell genannt, und Pedro Margarite, „einen Mann von großem Ansehen", so Fernando, hat er dort gelassen mit 56 Mann.

Er hat die Indianer erzogen: Fünf Indianer, die den Spaniern Decken durch einen Fluss tragen sollten, waren mitten im Strom umgekehrt und in ihr Dorf gelaufen, und die Decken wollten sie natürlich auch nicht mehr herausrücken. Columbus befahl, „dass jene Indianer mit gefesselten Händen auf dem Platz öffentlich hingerichtet werden sollten. Der gute Kazike bat unter vielen Tränen für sie um Gnade, die ihnen gewährt wurde, nachdem sie durch Zeichen versprochen hatten, nie mehr ein Verbrechen zu begehen", schreibt Fernando.

Es ist April 1494.

Columbus will in diesem April 1494 von Hispaniola aus aufbrechen zu einer Erkundungstour, und das bedeutet, dass er den gerade gegründeten Ort namens La Isabela zurücklassen und in die Hände eines anderen übergeben muss, und so etwas könnte man natürlich strategisch geschickt angehen. Man könnte die besten Leute auswählen, die man hat, denn man könnte kluge Führung und Stabilität erreichen wollen. Columbus aber kann so etwas nicht.

Er ernennt einen Rat, eine Art Kommission. Fray Buil, Pero Hernández Coronel, Alonso Sánchez de Carvajal und Juan de Lujan gehören ihr an, und der Präsident des Rates von La Isabela an der Nordküste der späteren Dominikanischen Republik wird – Tusch! – Diego Colón.

Denn Männern wie Christoph Columbus geht es weniger um kluge Führung, Männern wie ihm geht es um seine Macht und die Macht seiner Familie.

Der Haken ist, dass Diego von den Columbus-Brüdern der schwächste, der kleinste, der Hänfling ist.

Es gibt Christoph, und der ist der Entdecker Amerikas. Seine Rolle macht ihn zum natürlichen Anführer.

Es gibt Bartolomeo, den Forscher und Gefährten gleichermaßen bewundern: Bartolomeo muss ein grandioser Seemann und Soldat sein, er übersteht Stürme und Schlachten, er liebt die Frauen und ist immer entschlossen, und wenn er mal zweifelt, dann tut er zumindest so, als sei er entschlossen.

Und es gibt Diego.

Las Casas, ein Mann, der Christoph Columbus verehrt, beschreibt Diego Colón als fröhlich, friedliebend und reichlich einfältig. Diego ist vermutlich der jüngste der Brüder, er soll 1466 geboren sein, aber das ist nicht sicher; hin und wieder werden Forscher auftauchen, die behaupten, in Wahrheit sei der kleine Diego der große Bruder. Doch das ist nicht weiter wichtig, wichtig ist, wie Diego ist: Diego ist still, er ist harmlos, er wollte mal in der Amtskirche etwas werden, dann aber doch nicht, er kann froh sein, dass er diesen großen Bruder hat. Einerseits. Andererseits weiß man nicht so genau, ob dieser große Bruder wirklich ein Segen für Diego Colón ist.

Denn nun muss Diego Präsident von La Isabela sein, um ihn herum die Indianer, um ihn die Spanier, die Gold wollen und Sex, Männer sind das, die nach Macht streben, Männer eben, die Christoph Columbus akzeptieren können, weil der etwas geleistet hat, aber Diego?

Man kann also sagen, dass die Personalpolitik des Christoph Columbus ein Desaster ist. Er hat ja selbst zwei ehrgeizige Männer zu Führern von Erkundungstrupps, sozusagen zu leitenden Goldsuchern gemacht: Pedro Margarite und Alonso de Ojeda, zwei Männer sind das, die die Einheimischen von vornherein als Diener und Arbeiter betrachten und das Gold der Karibik als ihr Eigentum und Diego Colón als einen Schwächling. Christoph Columbus könnte ahnen, dass das nicht gut gehen wird.

Aber so etwas sieht er nicht, sah er nie, in Momenten wie diesen schon gar nicht: Er will hinaus auf See, die Sorgen an Land lässt er hinter sich, er will wieder entdecken. Er lässt „drei Karavellen mit quadratischen Segeln" klarmachen, schreibt Andrés Bernáldez, Las Casas spricht von einer Nao und zwei Karavellen, die „Niña" ist dabei, die „San Juan" und die „Cardera". Einen Priester hat er dabei, und der besterzogene seiner Indianer, sinnigerweise getauft auf den Namen Diego Colón, soll übersetzen.

Dann bricht er auf, es ist der 24. April 1494.

Nach Nordosten.

Dort ist Land, das wissen sie, da waren sie bereits, und nun wollen sie es erforschen. Es ist Kuba.

Kuba, da ist sich Columbus schon vor dieser Tour sicher, ist nicht Kuba, sondern die chinesische Provinz Mangi, jenes Südchina also, das Marco Polo beschrieben hat.

Und Columbus lernt so viel, er sieht so viel, er ist so gut und gleichzeitig so unfassbar naiv, dass dieser Teil der zweiten Reise gleichzeitig zu einem Beweis seiner Brillanz und zum Dokument seiner Dummheit wird.

Sie kommen vom späteren Haiti und treffen an der Südostspitze, am Cabo Alfaeto, auf Kuba, und dann fahren sie die Südküste Kubas entlang, und sie messen und berechnen exakt, sie navigieren sehr schlau – es ist ja ein tückisches Segelrevier, voller Archipele und Untiefen, voller Kanäle und Riffe, doch sie kommen elegant durch. „Puerto Grande" nennt Columbus eine Bucht, die 500 Jahre später unter dem Namen „Guantánamo Bay" berühmt und berüchtigt sein wird als Heimat eines Gefängnisses für mutmaßliche Terroristen. Ständig schwafelt er und schwafeln seine Männer vom Großen Khan und von Mangi und Cathay, von Marco Polo und den Schätzen Asiens, von Russland und den Tataren, vom Ganges, vom Arabischen Golf, von Äthiopien und Jerusalem – das alles kann ja nicht so weit sein.

„Tierra Firme" ist das Zauberwort, Festland, Tierra Firme ist das, was sie suchen, Kuba muss Tierra Firme sein, Südchina halt.

Sie treffen Indianer, die „an nichts Freude haben außer an Essen und Frauen", so Bernáldez. Sie machen einen Abstecher in den Süden, sind zwei Tage lang auf offener See. Überliefert ist, dass Columbus seine Leute zum Schlafen schickt, während er ganz allein die Segel trimmt; und dann entdecken sie Jamaika, „die lieblichste Insel, die Augen jemals sahen", „nicht sehr bergig", „größer als Sizilien", „ein mächtiges Land und unmessbar bevölkert", schreibt Bernáldez. Columbus wolle „erforschen, ob sich dort wirklich so viel Gold vorfände, wie die Leute aller anderen Inseln behaupten", schreibt Fernando.

Sie beschenken nackte Häuptlinge und werden beschenkt, finden eine Bucht „von extremer Schönheit", wo sie ankern, es ist der 5. Mai. „Santa Gloria" tauft Columbus diesen Ort im Norden Jamaikas; es wird mal ein berühmter Ort werden, Columbus wird noch einmal wiederkommen. Und einmal werden sie angegriffen, und Bernáldez schreibt, dass sie die Hunde auf die Indianer hetzten, „da ja ein Hund so gut ist wie zehn Männer gegen die Indianer“. Dies ist die erste Erwähnung der Kampfhunde, jener Tiere, die von nun an immer dabei sein werden, eine der wirksamsten Waffen der Spanier, sehr nützlich auch gegen flüchtende Kinder. Es ist leider wahr: Mit Kampfhunden beginnt der erste Völkermord, mit Kampfhunden wird er vollendet werden.

Dann drehen die drei Schiffe um Richtung Norden, Richtung Kuba, und dort wieder Richtung Westen, es ist der 15. Mai 1494.

Insel oder Festland? Das ist die Frage, die Columbus umtreibt.

Er fragt Häuptlinge, die ihn kaum verstehen und niemals ihr Stammesgebiet verlassen haben, und wenn die mit sehr viel Selbstbewusstsein versichern, das Land sei unendlich, dann beschenkt der Admiral die Häuptlinge reich. Festland ist das, was er will.

Einmal zählen sie 164 Inseln an einem Tag. Es sind so viele, dass Columbus Sammelnamen vergibt: „Jardín de la Reina“, „Garten der Königin“, was so viel heißt wie: Schöner kann eine Insellandschaft nicht sein. Fernando schreibt:

*Sie sahen viele Kraniche von der Größe und Gestalt der Kraniche Kastiliens, nur waren sie auf diesen Inseln scharlachrot. Auf anderen fanden sie zahlreiche Schildkröten und viele ihrer Eier, Hühnereiern ähnlich, aber mit sehr harten Schalen. Die Schildkröten legen ihre Eier in Vertiefungen, die sie in den Sand graben, decken sie dann zu und lassen sie von der Sonne ausbrüten, bis die Jungen schlüpfen ... Sie erblickten auf diesen Inseln auch Krähen und Kraniche von der Art der spanischen, Meerkrähen und unzählige kleine Vögel, die sehr süß sangen. Die Luft duftete so gut, dass sie meinten, unter Rosen und den besten Gerüchen der Welt zu sein; die Gefahren für die Schifffahrt waren jedoch infolge der vielen Kanäle beträchtlich, und sie brauchten geraume Zeit, um die Durchfahrt zu finden.*

Einmal sehen sie, wie die Indianer Pilotenfische einsetzen, um

Schildkröten zu fangen. Der Trick geht so: Die Fische, deren Schwanzflossen an Schnüre gebunden sind, setzen sich auf die Panzer der Schildkröten, und da die Pilotenfische Saugnäpfe haben, „eine Art Haftkissen", so Fernando, müssen die Indianer jetzt nur noch die Schnur einholen, und schon haben sie die Schildkröte. Der Pilotenfisch kriegt ein Stück Schildkrötenfleisch zur Belohnung und kommt wieder in seinen Eimer. „Ich habe solche gesehen, die sich an sehr großen Haifischen festgesaugt haben", schreibt Fernando, der manchmal zu vergessen scheint, dass er gar nicht dabei ist auf dieser Reise.

Einmal sehen sie viele nackte Einheimische, und ausgerechnet das deuten sie als Beweis dafür, dass sie in Indien sein müssen. Denn hat nicht der Engländer John Mandeville aus Indien berichtet, dass dort Nackte umhergingen, Menschen, denen es peinlich sei, bekleidet zu sein? Hat er. Na also.

Und einmal – das ist einer dieser Momente im Leben des Columbus, die legendär werden – will der Admiral beweisen, dass das hier verdammt noch mal Festland ist, aber wie beweist man so etwas im Jahr 1494? Nun, es gibt Zeugen. Columbus hat rund 100 Mann dabei, er droht ihnen mit Lohnentzug (und mit Liebesentzug droht er sowieso ständig). Deshalb unterschreibt nun die gesamte Mannschaft die Aussage, dass Kuba Festland sei, definitiv. Was zu beweisen war und damit bewiesen ist.

Sie erreichen Gebiete, in denen das Wasser nur noch ein paar Meter tief ist, hin und wieder müssen sie die Schiffe mit Leinen ziehen, und Las Casas berichtet, die Farbe des Wassers habe sich von blau zu grün zu weiß zu tintenschwarz verwandelt – o Wunder der Karibik! Die Mannschaft war natürlich „betrübt und verängstigt", und der Admiral war natürlich „sehr vorsichtig und mutig", schreibt Fernando, und:

*Er gelangte in ein Meer, das grün und weiß gefleckt war, so dass es wie eine Sandbank mit nur ellentiefem Wasser aussah. Hier legte er sieben Meilen zurück, bis er ein milchweißes Meer fand, worüber er sehr erstaunte, denn das Wasser war hier sehr dick.*

Berge sehen sie, bewachsen mit dichtem Urwald, schmale Kanäle zwischen winzigen Inseln passieren sie, Löwenspuren sehen sie, aber das muss eine Täuschung sein, Löwen gab es nie, gibt es nicht auf Kuba.

Und am Ende, das rechnet Bernáldez aus, „haben sie von Cabo Alfaeto aus 1288 Meilen zurückgelegt … auf diesem Kurs, auf dem sie, wie gesagt, sehr viele Inseln und Tierra Firme entdeckt haben"; an den meisten Tagen, lobt der Berichterstatter, hätten sie 200 Meilen geschafft. Kuba ist zwar nur 750 Meilen lang, aber man kann schon auch Umwege machen: Wenn man zum Beispiel in die Buchten hinein- und aus den Buchten wieder herausfährt, kann man auf eine gesamte Küstenlinie von knapp 6000 Meilen kommen.

Was für eine Kreuzfahrt! Und was für ein Erfolg! Häuptlinge haben sie gesehen, die Federschmuck und sonst nichts trugen, und diese Häuptlinge hatten unfassbar hübsche (und gleichfalls nackte) Töchter, Häuptlinge waren das, die so gern mitkommen wollten, um den großmütigsten Hoheiten des Erdballs unter die Augen treten zu können, dem König und der Königin der Königreiche Aragón und Kastilien! Und diese Delfine und diese Palmen und diese Strände! Gold? Nun, man muss ein wenig graben! Aber das Festland, Tierra Firme, ach, das Festland, was für ein wunderbares Festland ist doch dieses Kuba.

Ja, was für ein Erfolg. Columbus glaubt das, er schreibt das alles persönlich nieder, und Bernáldez verwurstet für seinen Bericht die Aufzeichnungen des Columbus.

Der wählt für den Rückweg die einfache Route. Er hat kurz überlegt, ob er nicht weiterfahren sollte: Er müsste genau zur Hälfte um die Welt herum sein, das war das Resultat seiner Berechnungen, aber da hat er einen Kontinent und einen Ozean unterschlagen (in Wahrheit ist er etwa auf Höhe des 84. Längengrades westlich von Greenwich, das ist, von Spanien aus betrachtet, knapp eine viertel Erdumdrehung). Columbus entscheidet sich gegen die Weiterfahrt, weil die Vorräte knapp werden, die Schiffe brüchig, die Seeleute mürrisch. Er fährt auch nicht durch diese verdammten Kanäle und Irrgärten zurück und deshalb auch nicht gegen diesen ewigen Passatwind „und diese gewaltigen Strömungen, die in dieselbe Richtung fließen wie der Wind“ (Columbus), sondern von Cabo de Santa Cruz durchs blaue Wasser nach Süden, bis nach Jamaika.

Er wollte ja noch nach Puerto Rico, aber nun wird er krank. Fernando nennt die Krankheit *„febbre pestilenziale e mal di mazzucco“*, das muss irgendetwas mit Fieber sein, aber diesen Begriff gibt es nicht, den kennt kein Arzt. Fernando erklärt die seltene Krankheit mit Stress: „Oft hatte er in acht Tagen keine drei Stunden geschlafen, was unglaublich erscheinen würde, wenn er nicht selbst in seinen Aufzeichnungen Zeugnis davon gäbe.“ Das ist natürlich ein Beweis für Authentizität!

Ein Nervenzusammenbruch kann es gewesen sein, das wird jedenfalls Samuel Eliot Morison vermuten, und Columbus hat erste Anzeichen von Arthritis; seine Leute beraten und beschließen schnell, dass sie heimwollen. Nach Nordosten zunächst, zurück nach Hispaniola, wo sie den Admiral am 29. September 1494 an Land tragen, und dann wollen sie sofort weiter.

Nach Hause.

Aber so schnell geht das nicht, denn in La Isabela trifft Columbus endlich seine Brüder wieder. Diego, den Kleinen, hat er dort vermutet, der ist schließlich König der Provinz, aber Bartolomeo in La Isabela zu sehen, ist dann doch eine Überraschung.

Vor sechs Jahren haben sich die beiden zum letzten Mal getroffen, dann brach Bartolomeo nach Frankreich auf und Christoph zur Entdeckung Amerikas. Es hat lange gedauert, bis Bartolomeo von diesem Triumph erfuhr, er war zu lange unterwegs, er war ja sogar zu spät zurück in Kastilien, um rechtzeitig für die zweite Reise anzuheuern. Aber das Königspaar ließ ihn vortreten, und Isabella und Ferdinand schätzen ihn sehr, auch wenn sie beleidigt waren, als Columbus sein Bruderherz zum „Adelantado de las Indias" ernannte; dazu sei Columbus nicht berechtigt, meinten sie. Jedenfalls, Bartolomeo muss ein mutiger Mann sein, er kann navigieren und manövrieren, also vieles, was sein Bruder auch kann, aber er kann noch mehr: nachdenken und Menschen führen. Und nun ist er hier, und er bringt Vorräte.

Ende 1494 kommt auch Antonio de Torres wieder nach La Isabela, vier Karavellen hat er dabei und eine Menge Getier, Wein, Kleidung, Waffen, alles, was Columbus wollte, und natürlich einen Brief. Isabella und Ferdinand loben Columbus und bitten ihn höflich, nach Kastilien zurückzukehren, da sie ihn dabeihaben möchten, wenn sie weiter mit Portugal über die Aufteilung der Welt verhandeln.

Aber Columbus folgt dieser Bitte nicht.

Es gibt ja Ärger auf Hispaniola. Spanier haben Einheimische belästigt, Einheimische haben sich gewehrt, Spanier kämpfen gegen Spanier um die Macht, und Columbus will diese Probleme erst lösen. Er erzählt in einem Brief an das Königshaus: „Leute, die in Kastilien nicht einmal in der Lage wären, einen Diener zu halten, beanspruchten hier sechs oder sieben Mann zu ihrer Bedienung und verlangten von mir, ich sollte sie erhalten und ihnen den Lohn zahlen. Mit keiner Vernunft und keiner Gerechtigkeit waren sie zufrieden zu stellen." Es geht also wieder mal um Gier und Gehorsam.

Entstanden ist der „schlimme Zustand", in dem sich die Insel laut Fernando befindet, wohl dadurch, dass Pedro Margarite, Herr über das Kastell von St. Thomas und von Columbus als Hauptmann eingesetzt, die ganze Macht will. Und außerdem, so Fernando:

*Der größte Teil der Christen hatte zahllose Übergriffe begangen; deshalb wurde er von den Indianern tödlich gehasst, und die Eingeborenen weigerten sich, wieder in ihren Gehorsam zurückzukehren.*

Columbus lässt 1500 Indianer festnehmen. Diese einstmals so „friedlichen, harmlosen Indianer"! Er lässt 500 Indianer auf vier Schiffe verladen, es muss menschenverachtend eng sein dort unten unter Deck. Er lässt jeden Spanier in La Isabela wählen: Aus den übrigen 1000 Indianern darf sich jeder einen Sklaven oder, auch das, eine Sklavin aussuchen. Den Rest der Indianer lässt er großmütig frei.

Es ist die Fratze des Columbus.

Columbus schickt die vier Schiffe zurück, 200 Indianer sterben unterwegs und die anderen ziemlich schnell nach der Ankunft. Und in Hispaniola kommt es zur Schlacht. Der Häuptling Guatiguana hat die Indianer vereint, ungefähr 250 000 leben damals auf Hispaniola. Die Indianer wollen La Isabela stürmen, aber die Spanier sind schneller. Christoph und Bartolomeo und Alonso de Ojeda führen 200 Soldaten, 20 Pferde und 20 Hunde in den Kampf, und weil die Spanier Kanonen und die Hunde haben, haben die Indianer keine Chance. „Sehr viele Indianer waren erschlagen, andere wurden gefangen genommen und vernichtet", so Fernando.

Völkermord, anders kann man das alles nicht nennen.

Nach ein paar Wochen ist die Insel „sicher", wie Columbus das nennt. „Sie waren ihrer nicht mehr als 630, viele darunter krank und ein Teil Frauen und Kinder", so Fernando, aber „dennoch konnte der Admiral im Zeitraum eines Jahres die Insel durchstreifen, ohne das Schwert ziehen zu müssen."

Nach ein paar Monaten stehen überall kleine Forts, und die Ausbeutung wird systematisiert. „Repartimientos" heißt das System, das den Kolonialherren Gold und Macht sichert; sie dürfen über die Indianer nach Belieben verfügen, sie dürfen foltern, morden, vergewaltigen, und sie tun, was sie dürfen. Und die Indianer schulden den Spaniern regelmäßige Abgaben.

Der erste Krieg Amerikas ist vorbei, Columbus hält den jetzigen Zustand vermutlich für Frieden.

## New York, November 2003

Es gibt Vorurteile, die sind fies und dumm, man sollte sie keine Sekunde ernst nehmen. Es gibt zum Beispiel das Vorurteil, dass gerade jene Menschen, die sich ganz besonders engagiert für die Umwelt oder die Mitmenschen oder gegen Tierversuche, jedenfalls für eine gerechte Sache einsetzen, mitunter ganz besondere Despoten sind. Oder Intriganten. Oder so arrogant, so wichtig, dass sie kaum noch sprechen können vor Selbstgerechtigkeit.

Und es gibt Kirkpatrick Sale. Kirkpatrick Sale ist ein guter Mensch. Er gilt als gutes Gewissen Amerikas. Kirkpatrick Sale redet und schreibt über Toleranz und Respekt, vor allem um Respekt geht es immer bei ihm: Respekt vor anderen Kulturen, vor dem Fremden, Respekt vor Pflanzen, Tieren, Behinderten.

Kirkpatrick Sale schreibt auch über Umweltpolitik und Menschenrechte, er ist Gründungsmitglied der Grünen Partei von New York. Und all das hat ihn richtig reich gemacht. Anfang der neunziger Jahre, zum 500-jährigen Jubiläum der Entdeckung Amerikas, erschienen eine Menge Bücher über Columbus, so viele und überall auf der Welt, dass man sie nicht zählen kann, und ein Buch machte das Rennen, ein Buch wurde zum Bestseller, ein Buch schlug alle anderen: „The Conquest of Paradise“, „Das verlorene Paradies“. Das Geheimnis dieses Buches war, dass „Das verlorene Paradies“ Columbus verdammte und verurteilte, Columbus hatte keinen Respekt, sagte das Buch, und diese Hinrichtung passte gut in die Zeit. Columbus, der Größenwahnsinnige, der Mörder, der Sklavenhalter, das war der Kern des Buches, und dann waren da noch: Columbus, der Dummkopf, und Columbus, der miserable Navigator.

Es war ein politisch korrektes Buch, perfekt für die erste Hälfte der neunziger Jahre, leider war es ein Buch voller Fehler: Die Übersetzungen aus dem Spanischen waren eher mäßig, die Bewertungen von

Routen und Karten mitunter gewagt, die Bewertung des Navigators Columbus abenteuerlich: Fahren Sie mal ohne Karten, Kompass und GPS in New York los, und probieren Sie, Europa zu treffen, das hätte man Kirkpatrick Sale damals gern zugerufen.

Dennoch, natürlich: Das Buch war fulminant. Die Columbus-Gemeinde schrie auf. Was für eine Entgleisung! Kirkpatrick Sale wurde so etwas wie der Michael Moore der Columbus-Forscher.

Darum ist es natürlich eine Freude, dass der gute Mensch Kirkpatrick Sale für heute zum Interview geladen hat, per E-Mail: „Ich werde in New York sein am 5. und 6. November, der Morgen des 6. wäre die beste Zeit für ein Treffen. Ich werde im Haus 113 West 11th Street in Greenwich sein. Ich habe kein Telefon dort, sagen wir 10 Uhr morgens, 6. November, KS."

Das war die ganze Nachricht, das war lässig. Und dann ist es Donnerstag, der 6. November 2003, eine Minute vor zehn, und die Stadtwohnung des guten Menschen von Amerika liegt im Erdgeschoss eines dieser alten Häuser im Greenwich Village, an der Front diese schwarzen Feuerleitern.

Kirkpatrick Sale trägt einen braunen Trainingsanzug, und eine junge Frau läuft durch die Wohnung, er stellt sie nicht vor. Wenig später sitzt die junge Frau auf einer Reisetasche und schaut auf die Armbanduhr, und Kirkpatrick Sale sitzt an seinem Schreibtisch und sagt: „Ich habe 20 Minuten Zeit. Die Heizung in meinem Landhaus ist ausgefallen, die Techniker kommen nachher, ich muss rausfahren. 20 Minuten also."

Kirkpatrick Sale hat zwei Zimmer in seiner Stadtwohnung, einer Wohnung voller Bücher, mit Parkettboden, auf dem Schreibtisch steht ein Fernseher. Kirkpatrick Sale hat graue Locken, einen grauen Vollbart, er trägt ein goldenes Armband, goldene Ringe und eine silberne Brille.

Moment, 20 Minuten? Mister Sale, Sie wissen, dass Ihr Gesprächspartner aus Deutschland angereist ist?

„Ja, es gibt manchmal Dinge, die man nicht ändern kann, 20 Minuten habe ich, sonst muss ich da draußen in meinem Landhaus frieren“, sagt Kirkpatrick Sale.

Ach so. Nun, das Interview fällt aus, hören wir also einen Vortrag in 20 Minuten.

Kirkpatrick Sale sagt: „Columbus war ein ruheloser Charakter. Er war nicht nett, er war nicht gut, er hatte keinen Respekt. Er war getrieben von Gier und religiösem Fieber.“

15 Minuten. Kirkpatrick Sale sagt: „Columbus war ein gewaltbereiter Charakter. Gewalt gehörte zum europäischen Zeitalter, aber er war gewalttätiger als die meisten Menschen seiner Zeit. Er wollte Gold um wirklich jeden Preis. Er hatte das Ego, zu glauben, dass er der beste Mann der Welt war, ein Auserwählter.“

Zehn Minuten. Kirkpatrick Sale sagt: „Die Taínos waren freundlich zu ihm, sie begrüßten ihn liebevoll, und er versklavte sie. Er verlangte Steuern von jedem, der älter als 14 war. Er kam mit einer Armee, er respektierte niemanden.“ Das ist wahr, jeder Einheimische, der in der Nähe von Goldminen lebte, musste alle drei Monate eine Steuer von drei Unzen Gold bezahlen.

Drei Minuten. Sale hat seine Rede schon tausendmal gehalten, er hört keine Fragen, er sagt: „Columbus war ein Lügner. Er log, wenn es um seine Herkunft ging, wenn es um seine Entdeckungen ging, er log ständig. Er hatte keinen Respekt, vor niemandem, nur vor sich selbst.“

Das Problem mit Sale ist, dass er nur die Fratze des Columbus sehen will und auf keinen Fall dessen Leistungen. Mister Sale, wie viel Geld haben Sie mit Ihrer Polemik verdient? Kirkpatrick Sale steht auf und geht wortlos aus dem Zimmer.

## La Isabela, März 1496

Columbus bricht am 10. März 1496 auf, um endlich nach Hause zu fahren. Wenn man Kastilien denn sein „Zuhause" nennen kann. Er ernennt nun Bartolomeo zum Gouverneur von Hispaniola und segelt mit der „Niña" und einer Karavelle namens „India", die seine Männer auf Hispaniola aus den Überbleibseln zweier gesunkener Schiffe zusammengezimmert haben. An Bord sind 225 Spanier und 30 Sklaven, das muss ungeheuer eng sein.

Sie erreichen diverse Inseln, und einmal sehen sie viele Frauen und keinen Mann, und so entsteht eine Legende. Fernando beschreibt die Insel der Frauen so:

*Diese Weiber sind außerordentlich fett, sonst aber gut gewachsen. Sobald ihre Kinder stehen und gehen können, geben sie ihnen Pfeil und Bogen in die Hand, damit sie das Pfeilschießen lernen können. Alle tragen die Haare lang und geöffnet über den Schultern, sie gehen vollkommen nackt und bedecken keinen Teil ihres Körpers. Die Kazikin, die sie gefangen nahmen, berichtete, jene ganze Insel sei von Weibern bevölkert … In gewissen Zeiten des Jahres pflegten nämlich Männer von einer anderen Insel herüberzukommen, sich mit den Weibern zu verlustieren und sie zu begatten.*

Im wissenschaftlichen Sinne kann diese Geschichte kein Matrose belegen. Aus Mangel an Beweisen.

Sie erreichen Guadalupe und haben nicht genügend Vorräte dabei, und deshalb schlagen nun Spanier vor, dass sie doch die Indianer essen könnten, schließlich seien die Indianer Kannibalen und hätten nichts anderes verdient. Das ist die Logik von Kolonialherren.

Aber das will Columbus nun doch nicht, die Indianer „seien ihre Nächsten und Christen", sagt er laut Fernando.

Am 8. Juni sind sie in Portugal, am 11. Juni in Cádiz. Dort muss er hören, dass König und Königin nicht amüsiert sind. Wenn sie um seine Rückkehr bitten, warum kommt er nicht? Wenn sie sagen, dass das Thema „Sklaverei“ zurückzustellen sei, warum nimmt er Hunderte, Tausende Gefangene?

Was kann es gewesen sein, wenn nicht Machtrausch und Größenwahn? 40 Jahre später werden auf Hispaniola noch 500 Indianer leben.

## Villa Isabela, November 2003

Drei Tipps für Reisende, die nach La Isabela fahren wollen:

Erstens: Sie sollten frühzeitig aufbrechen in Santo Domingo – Sie müssen ja von der Südseite zur Nordseite der Dominikanischen Republik fahren. Das ist noch nicht weiter schlimm, denn dorthin führt eine Art Autobahn, aber dann müssen Sie weiter in den Westen, und dorthin führen keine Autobahnen mehr. Und Sie wollen ja vermutlich am Abend wieder zurück.

Zweitens: Sie sollten vor der Fahrt die Scheibenwischer Ihres Leihwagens überprüfen, weil es in der Dominikanischen Republik eine Menge Autos mit defekten Scheibenwischern und außerdem regelmäßig Wolkenbrüche gibt.

Drittens: Sie sollten nachsehen, ob Sie einen Reservereifen im Kofferraum haben, und mindestens 50 Dollar mitnehmen, falls Sie mitten in der Nacht einen Bauern bezahlen müssen, der beim Reifenwechsel hilft, weil Sie wegen des defekten Scheibenwischers und des Wolkenbruchs das 5000. Schlagloch nicht gesehen haben.

Jedoch: Alles halb so wild, die Menschen sind freundlich in der Dominikanischen Republik, und der Bauer hilft gern, sogar im Gewitter. Und dann kocht er Kaffee. Vor allem aber: Diese Reise war den Ärger und die Angst unbedingt wert.

Villa Isabela ist ein Dorf. Das Dorf hat einen kleinen Marktplatz, eine Cafeteria namens „Delicia“, eine „Farmacia“ und eine Esso-Tankstelle. Sie hören Bob Marley hier, und das eher laut, sie stehen auf der Straße herum und beobachten Vorbeifahrende, und wenn sie krank sind, lassen sie sich von Dr. Rufino Diaz behandeln, Dr. Diaz behandelt alles.

Villa Isabela liegt fünf Kilometer vor dem Meer, und deshalb muss man auf der Hauptstraße bleiben und geradeaus weiterfahren, dann kommt man zum Historischen Park, und dort sieht man die Mauern, teilweise 30 Zentimeter hoch, teilweise 2 Meter hoch. Es waren mal lose aufeinander geschichtete Steine, heute sind sie verkrustet, gleichsam verwachsen.

Kathleen Deagan, die Archäologin vom Florida Museum of Natural History, hat La Isabela ausgegraben. 1987 wurde die erste europäische Stadt in der Neuen Welt entdeckt, 1989 kam Kathleen Deagan hierher, und dann begann sie zu arbeiten; inzwischen hat sie 1,5 Millionen Gegenstände katalogisiert.

La Isabela hat länger gehalten als La Navidad, immerhin fünf Jahre lang, von 1494 bis 1498. Hier lebten die Spanier, von hier aus zogen sie los in die Berge, mit Trompeten, mit Pferden und Hunden, in voller Rüstung, die Eingeborenen waren doch „sehr verwundert", schrieb Las Casas über diese Expeditionen. In La Isabela begann die Kolonisierung. Hier begann die Besiedlung Amerikas durch Europäer. Hier begann der Völkermord. Für Christoph Columbus war La Isabela die Hauptstadt seiner neuen Welt.

Für Kathleen Deagan und ihren Kollegen José M. Cruxent, einen Historiker von der Universidad Nacional Experimental Francisco de Miranda in Venezuela, war La Isabela eines dieser wenigen ganz großen Projekte, die das Leben der weltbesten Archäologen über Jahrzehnte bestimmen.

Es war eine Arbeit „in Isolation, ohne frisches oder fließendes Wasser, Strom, Telefon, Straßen, Post, medizinische Versorgung oder öffentlichen Nahverkehr", so Deagan, es war egal, es war eine wunderbare Arbeit. Das sagen beide.

Wenn man nun durch das historische La Isabela spaziert, sieht man die alten Wege und die Mauern, und man bekommt eine Ahnung davon, wie es hier mal gewesen sein muss. Und wenn man sich durch die Publikationen der beiden Entdecker arbeitet und die Artefakte im Florida Museum of Natural History gesehen hat, dann versteht man Columbus' Welt wieder ein bisschen besser.

La Isabela hatte die Form eines Rechtecks, vielleicht 300 Meter mal 500 Meter groß. Die untere Seite des Rechtecks war die Küstenseite und nicht wirklich gerade; sie war leicht nach außen gewölbt. Das ganze Gelände war von einer Mauer umgeben; es gab Wachtürme und Tore, innere Sicherheit war schon zu Beginn das zentrale Thema Amerikas. Durch das Gelände führten Sandwege, kurvig und unsortiert.

An der nordöstlichen Ecke von La Isabela, natürlich mit Fenster zum Meer, wohnte Columbus, er hatte 5,5 mal 14,5 Meter Wohnfläche, das war standesgemäß damals. Und sein Haus war ein Haus, das zum Teil aus Stein und zum Teil aus gebrannter Erde gebaut worden war, gekittet mit einer Art Limonenpaste. Die Westseite des Hauses fiel irgendwann Erosionen der Klippen zum Opfer; vom Rest sind die Fundamente geblieben, dies also ist das erste mehr oder weniger erhaltene Haus der Spanier in der Neuen Welt.

Ging Columbus damals in Richtung Zentrum, dann kam er zunächst zur Kirche, dorthin wird es ihn täglich gezogen haben. Und dann kam er zum Krankenhaus und zu den Häusern seiner Offiziere, auch die hatten Meerblick. Und ging er ins Landesinnere, dann kam er zu den Häusern und Hütten der Mannschaften. Öllampen, Teller, Gürtelschnallen, Becher mit zwei Henkeln und Kochtöpfe fanden die Forscher dort.

An der westlichen Mauer lag das Lagerhaus, 34 Meter lang. Kügelchen aus Silber und Perlen aus Glas fanden die Forscher hier. Und Quecksilber. Das Quecksilber lagerte in La Isabela in Holzfässern und ist mit den Jahrhunderten in den Erdboden gesickert; damals verwendeten die Spanier Quecksilber zum Schmelzen von Gold.

Einen Brennofen fanden Kathleen Deagan und ihr Kollege José M. Cruxent, und das war wieder eine dieser für Archäologen so aufregenden Erkenntnisse: Bis vor kurzem dachten Historiker, die Spanier hätten sich Schalen, Töpfe und Geschirr stets mitgebracht; nun weiß die Welt, dass die Spanier sich schon zu Zeiten des Admirals Christoph Columbus das Zeug auch in Übersee selbst töpfern konnten. Die Archäologen fanden auch Gussformen und eiserne, also gegossene Kanonenkugeln und Ketten.

Und dann fanden Kathleen Deagan und José M. Cruxent den Friedhof von La Isabela. Die meisten Skelette dort lagen auf dem Rücken, mit Händen, die auf der Brust gefaltet waren, gute Katholiken auch im Tod. Ein Skelett allerdings lag auf dem Bauch, mit den Händen auf dem Rücken. „Möglicherweise das Opfer einer Exekution", sagt Kathleen Deagan. Schon einen Monat nach der Gründung von La Isabela musste Columbus den ersten Aufstand niederschlagen; die Männer wollten Gold suchen und keine Stadt bauen. Bernal de Pisa, Anführer der Rebellen, landete im Gefängnis von La Isabela, seine Anhänger endeten am Galgen.

Schon fünf Jahre später kam das Ende von La Isabela. Epidemien töteten die Spanier. Ein Feuer zerstörte zwei Drittel der Stadt. Ein Hurrikan machte sich über den Rest her, auch über die Schiffe im Hafen. Columbus war zurück in Spanien, aber er schrieb an seinen Bruder Bartolomeo und wies ihn an, sich im Süden nach einem besseren Standort umzusehen. So kamen die Spanier nach Santo Domingo.

La Isabela wurde zunächst die Heimat von Abtrünnigen, von Rebellen. Aber auch die zogen bald weiter, 1498 war die Stadt am Ende. Es gebe keinen Zweifel, sagt Deagan, dass die Spanier in La Isabela unter „Hunger, Krankheit und Müdigkeit" gelitten hätten.

Aber da ist noch etwas anderes: Über Jahrzehnte galt La Isabela als Beweis dafür, dass Columbus als Kolonialherr unfähig gewesen sei, dass er schon die Standorte falsch gewählt habe – ungeschützte Häfen, Buchten ohne Süßwasser. Columbus verteidigte sich in Spanien so:

*So sagten jene, ich hätte die Ansiedlung in die schlechteste Lage der Insel verlegt; in Wirklichkeit ist es die günstigste Lage, was mir von allen Indianern der Insel bestätigt wird … Sie behaupten, sie müssten verdursten; in Wirklichkeit geht der Fluss nahe an der Siedlung vorbei … Sie behaupten auch, diese Gegend sei die ungesündeste der Insel; in Wirklichkeit ist sie die gesündeste, die Erde ist gut, hat einen großen Wasserreichtum, und eine bessere Luft findet man nirgends unter dem ganzen Gewölbe des Himmels.*

Geglaubt hat ihm das kein Mensch.

Das aber, so Deagan, sei sehr ungerecht gewesen. Die Bedingungen in La Isabela seien nämlich sehr gut, meint die Archäologin – wenn man bereit sei, sie zu nutzen. Aber wenn man die Kokosnuss nicht pflückt, sondern an der Palme hängen lässt, dann hungert man; und wenn man in Ritterrüstung am Strand von La Isabela entlangschlendert, dann schwitzt man.

Die „geografischen und materiellen Bedingungen des Lebens in La Isabela“ seien tadellos gewesen, sagt Deagan – gescheitert seien die Spanier in Wahrheit an „ihrer Unfähigkeit und ihrem Unwillen, sich den materiellen und sozialen Bedingungen des Lebens in Amerika anzupassen“.

Wie absurd. Und wie armselig.

Michele de Cuneo, Freund des Admirals, schrieb 1494, dass die Taínos, die Einheimischen der Nordküste von Hispaniola, Papayas, Guaven, Ananas und weit über 40 andere Früchte zu essen hätten; und Muscheln, Shrimps und Fische aller Art; und Schildkröten, „exzellent zu essen“, so de Cuneo. Und fruchtbar sei der Boden, wie leicht wäre es gewesen, dort etwas anzubauen. Fernando Colón schrieb:

*Dieser Regen ist die Ursache der Feuchtigkeit und daher der Fruchtbarkeit dieser Insel, die so groß und wunderbar ist, dass sie (im April) von den im November abgeernteten Bäumen Früchte aßen; daraus geht hervor, dass sie zweimal im Jahr Früchte hervorbringen. Gräser und Saaten reifen ununterbrochen. Zu jeder Zeit findet man in den Bäumen Nester, Eier und junge Vögel. Die Fruchtbarkeit war überaus groß, und täglich erhielt man Bericht von neuen Reichtümern dieses Landes.*

Die Spanier aber waren hilfloser als Pauschaltouristen bei Stromausfall. Sie verharrten einfach, „hungerten im Paradies", so Deagan, und bestellten üppige Lieferungen aus der Heimat: „Weizen, Zwieback, Wein, Essig, Öl, Bohnen, Schinken … Rosinen … gesalzenen Fisch, Zwiebeln, Knoblauch, Zucker, Senf" und vieles, vieles mehr orderten die Abenteurer für das Volk – und noch sehr viel mehr, unter anderem „guten Honig", „50 Paar Hühner" und „Wasser mit Rosenduft" „für den Admiral und seinen Haushalt".

Überhaupt dieser Admiral. Er legte großen Wert darauf zu leben, wie es seinem Rang entsprach. Es gibt da eine Lieferliste „für den Haushalt des Admirals", und die erzählt eine Menge darüber, wie er sich das Heim eines Vizekönigs vorstellte, auch in der Karibik:

*Kleidung und Schuhwerk für ihn selbst;*
*ein Bett, hergestellt aus sechs Matratzen aus feinem britannischem Leinen;*
*Kissen aus Kammertuch, 4;*
*Betttücher aus 50 Prozent Kammertuch, 3 Paar;*
*ein leichtes Federbett;*
*grüne und braune Seidenkleidung;*
*ein Polsterkissen;*
*Wandteppiche aus Tuch mit Darstellungen von Bäumen;*
*Türvorhänge derselben Art, 2;*
*Decken mit seinem Wappen, 4;*
*verzierte Truhen, ein Paar;*
*Parfums;*

*Papier, 240 Bögen;*
*gewöhnliche Matratzen, 12;*
*dicke Bettdecken, 12;*
*gewöhnliche Decken, 12;*
*grünes und braunes Tuch, 73 Meter;*
*Hemden, 80;*
*Gamaschen und Jacken, 4;*
*grobfaseriges Segeltuch, 91 Meter;*
*gewöhnliche Schuhe, 120 Paar;*
*schwarzer Zwirn, 6 Pfund;*
*schwarze gedrehte Seide, 85 Gramm.*

Kathleen Deagan war einigermaßen erstaunt darüber, dass sie so gar keine Spuren von den Dingen fand, die Hispaniola für das tägliche Leben bietet: keine Fischgräten, keine Tierknochen. Aber dann verstand sie: Wer lieber leidet, wer in der Karibik am Meer wohnt und sich gesalzenen Fisch aus Spanien bestellt, der angelt nicht. Der kann nicht überleben in La Isabela. Der lässt die Stadt verfallen und zur Geisterstadt werden.

Die Indianer der Gegend erzählten ihren Kindern über Jahrhunderte Gruselgeschichten von spanischen Gespenstern, die beim Grüßen ihren Kopf in die Luft gehoben hätten.

## Alte und Neue Welt, Sommer 1498

Was kann es gewesen sein? Er hat niemanden umgebracht, na ja, nicht direkt, nicht mit eigenen Händen jedenfalls, er hat seiner Königin und seinem König gedient, und er hat viele ungläubige Indianer zum rechten, einzigen, wahren Glauben geführt, und er hat nicht gestohlen, er hat Gott gepriesen und Vater und Mutter geehrt.

Was also?

Christoph Columbus rätselt.

Er zweifelt.

Er weiß nicht, warum der König und die Königin andere Männer in die Neue Welt fahren lassen, warum andere Männer Gold nach Spanien bringen dürfen, warum andere Männer nun diesen Sklavenmarkt aufziehen, dessen Plan er entworfen hat. Sie haben ihm doch die Titel gegeben und die Exklusivrechte, warum also?

Warum hat Gott sich gegen ihn gerichtet?

So denkt Columbus tatsächlich, er nimmt das alles sehr persönlich, er sieht jedes Schiff, das Spanien verlässt und in die Karibik fährt, als Strafe Gottes.

Und dann begreift er: Es muss sein Stolz gewesen sein, seine Eitelkeit, er hat sich hinreißen lassen zu Pomp und Partys nach der Entdeckung Amerikas.

Und die Misserfolge der vorangegangenen Jahre sind die Strafe seines Gottes, wie kommt es, dass er das erst jetzt versteht? Columbus ist ein gläubiger Mann, man könnte ihn auch einen religiösen Fanatiker nennen, jedenfalls muss er etwas tun.

So kommt es, dass Columbus seinem bisherigen Lebenswandel abschwört. Von nun an trägt er Kutte, er meidet Bälle, er lehnt Einladungen in die Schlösser Kastiliens ab. Es zieht ihn ins Kloster.

Er verbringt seine Tage mit Andrés Bernáldez, dem Kaplan des Erzbischofs von Sevilla. Und er betet. Und er liest die Bibel. Und er wartet.

Ein Treffen mit Isabella und Ferdinand ist ihm versprochen worden, jedoch: Es zieht sich hin. Also betet er. Und liest die Bibel. Wartet.

Doch als er dann endlich zu ihrer Residenz in Valladolid reisen darf, da zeigt sich, dass es Momente gibt, in denen Columbus beinahe so etwas wie diplomatisches Gespür hat, Instinkt dafür, was andere beeindrucken wird.

Denn er lässt jetzt zwei der von der zweiten Reise mitgebrachten Indianer zu sich kommen, es sind zwei Verwandte des Häuptlings

Caonabo, und er lässt sie prächtig schmücken: Bunte Kostüme ziehen die Herren an, ihre Gesichter werden geschminkt, und auf den Häuptern tragen sie goldene Kronen. So setzen sich dann zwei Indianer in Kastilien auf zwei Maultiere und reiten zum König.

Nein, wie exotisch!

Und Geschenke hat Columbus dabei, Goldstücke in der Größe von Taubeneiern.

Und wie großzügig!

Und dann trägt er seinen Wunsch vor: Er will wieder los. Er will ein drittes Mal in die Neue Welt, er will das Festland finden, das Gold Asiens, er findet keine Ruhe in Spanien.

Nun, wohlan, das will bedacht werden.

Doch als die Kunde nach Spanien dringt, dass Manuel I., der neue König von Portugal, eine Flotte ausrüsten lässt, die sehr danach aussieht, als liege ihr Ziel in Übersee, und als dann auch noch bekannt wird, dass ein Mann namens Vasco da Gama das Kommando führen soll – das Ziel? Geheim! –, da werden Isabella und Ferdinand nervös.

Und wenn Könige nervös sind, können sie Untergebene auf den Scheiterhaufen schicken oder mit Gold überschütten, man weiß es nie. Sicher ist nur, dass Dinge in Bewegung kommen.

Auf einmal fassen Ihre Hoheiten von Kastilien den königlichen Beschluss, Columbus alle Titel und Rechte und Privilegien zurückzugeben, und sie beauftragen ihn damit, 300 Soldaten und Seeleute zwecks Besiedlung von Hispaniola zu rekrutieren, dito 30 Frauen zwecks Erzeugung von Nachwuchs für die Kolonien. Die Frauen werden natürlich keinen Lohn erhalten, sie sollen froh sein, dass sie mitfahren und Kinder gebären dürfen.

Damit können die Vorbereitungen beginnen, und der Admiral darf endlich wieder zur See fahren.

Es sind recht zähe Vorbereitungen, und das liegt natürlich an der „Ignoranz und dem Missmanagement auf Seiten der königlichen

Offiziellen", wie Fernando schreibt, aber man muss leider auch sagen, dass der Ruf des Entdeckers Amerikas gelitten hat – und auch, dass die Neue Welt nicht mehr das ist, was sie einmal war. Da gibt es echte Wilde! Da sterben Menschen! Und das Gold liegt gar nicht einfach so herum! Das alles hat sich herumgesprochen in Spanien, und das führt dazu, dass es nicht mehr besonders viele Freiwillige gibt. Columbus muss sich seine Mannschaft in den Gefängnissen Kastiliens zusammensuchen, die dritte Reise wird so etwas wie das erste Resozialisierungsprojekt zur See. Segeln für Knackis – nur Betrüger und Häretiker sind von dieser Amnestie ausgenommen.

Zunächst schickt Columbus drei Frachtschiffe voraus: Alonso Sánchez de Carvajal und Giovanni Antonio Colombo, Cousin des Admirals, und Pedro de Arana, der Bruder seiner ehemaligen Geliebten aus Córdoba, sollen diese drei Karavellen und eine Menge Vorräte nach Hispaniola bringen.

Und dann rüstet Columbus seine Schiffe aus. Die „Santa María de Guía" ist das Flaggschiff, sie ist eine Nao von 101 Tonnen Fassungsvermögen, sie gehört Cristóbal Quintero aus Palos, und der Besitzer ist auch der Kapitän.

Die Karavelle „La Gorda" geht mit auf die große Reise, 60 Tonnen, ihr Spitzname ist „Correo", Hernán Pérez ist ihr Kapitän.

Und die Karavelle „La Castilla" ist dabei, 70 Tonnen, Spitzname „Vaqueños", Pedro de Terreros kommandiert sie.

Das Ziel: südliche Gegenden. Der Plan: zunächst auf die Höhe des späteren Sierra Leone gelangen und dann immer nach Westen. Der Wunsch: irgendetwas Großartiges hinkriegen.

Denn natürlich weiß Columbus, dass dies seine letzte Chance sein könnte. Samuel Eliot Morison wird schreiben, dass Columbus sich mit David verglichen habe: Je größer die Leistung, desto größer die Missbilligung Sauls.

Oder, mit Morison gesprochen:

*Er hatte eine westliche Route zu den Indien gefunden, aber das war nicht genug. Er hatte eine großartige Flotte nach Hispaniola geführt, eine Kolonie gegründet, er hatte die Kleinen Antillen, Puerto Rico und Jamaika entdeckt und Kuba erforscht, aber das war nicht genug. Er musste Gold entdecken und einen neuen Kontinent (was ihm gelang) – selbst das war nicht genug. Natürlich hätte er sich mit einem Titel, einem Schloss und einer Pension zurückziehen und seinen Bruder Bartolomeo Hispaniola regieren lassen können, aber er fühlte, dass da noch viele Entdeckungen zu machen waren in den Indien und dass er der Mensch war, der sie machen musste; und dass er es Seinen Hoheiten schuldete, genau das zu tun. Columbus war nicht die Sorte Mann, die sich kaufen lässt. Wäre er es gewesen, hätten wir nie von ihm gehört.*

Das ist die heroische Sichtweise.

Man könnte Columbus allerdings auch ruhmsüchtig oder egozentrisch nennen.

Es ist die letzte Woche des Mai 1498, als es endlich losgeht.

Sie stoppen vor Porto Santo, „wo sie die heilige Messe hören und lange genug bleiben, um Wasser, Holz und die anderen Notwendigkeiten an Bord zu nehmen", so Fernando.

Sie stoppen vor der Nachbarinsel Madeira, wo Columbus noch immer ein Held ist und gefeiert wird. Sieben Tage lang genießen sie „die Freundlichkeit und Großzügigkeit des Kapitäns" von Madeira, schreibt Fernando.

Sie stoppen vor La Gomera, sicher nicht der Liebe wegen. „Wir luden Käse", notiert Columbus knapp. Die Affäre mit Doña Beatriz ist, wenn es sie denn gegeben hat, ziemlich kläglich zu Ende gegangen. Besser so, schreibt Morison: „Doña Beatriz war so grausam wie schön." Einen Herrn, der das Gerücht gestreut hatte, die Dame sei etwas flatterhaft, habe Doña Beatriz erst zum Rendezvous eingeladen, dann in der Halle ihres Schlosses aufhängen und schließlich leblos vor der Tür seiner Residenz ablegen lassen. Glücklicher Columbus, manchmal hilft es wohl doch, wenn Männer sich aus dem Staub machen.

Sie segeln nach Süden, 750 Seemeilen in sechs Tagen bis zu den Kapverden, Columbus möchte Fleisch an Bord nehmen, aber die Einheimischen haben nicht viel zu verkaufen. Die Kapverden seien „sehr karg, ihre Einwohner leben sehr armselig“, notiert Fernando, und das wird sich auch 500 Jahre später nicht geändert haben: Die Kapverden sind steinig und heiß, sie liegen vor der Westküste Afrikas, aber gleichsam zwischen den Welten. Hier wächst nicht viel, hier passiert nicht viel. Las Casas zitiert Columbus:

*Er berichtete, dass die Aussätzigen hierher kamen, um ihre Krankheit zu pflegen. Es gab nämlich hier eine Fülle von Schildkröten, die so groß waren wie ein Schlachtschild. Indem die Kranken das Fleisch dieser Schildkröten aßen und sich öfter in ihrem Blut wuschen, fanden sie Genesung.*

Nach sieben Tagen, am 7. Juli, bricht die kleine Flotte dann auf zur großen Überfahrt, Kurs Südwest, „er plante, bis unterhalb des Äquators zu segeln und dann geradeaus nach Westen, bis er auf Land stoßen würde“, so Fernando; das Problem ist nur, dass wenig später der Wind nachlässt.

Und dann ist Flaute.

Die drei Schiffe liegen da, die Segel schlaff, nichts passiert, und die Männer schwitzen. Es gibt wenig Schatten an Deck, die spanischen Abenteurer tragen ihre Wollkleidung, trinken rationiertes Wasser und langweilen sich. „Niemand konnte es unter Deck aushalten, und wenn es nicht gelegentlich mal geregnet hätte, glaube ich, dass sie lebend und zusammen mit ihren Schiffen verbrannt wären“, schreibt Fernando.

Zwei Wochen lang geht das so.

Zwei Wochen Stillstand auf See sind unendlich.

Erst am 22. Juli kehren die Passatwinde zurück, aus Nordost natürlich, wie gewünscht, und von nun an schaffen sie sechs Knoten im Schnitt. Am 31. Juli verkündet Columbus, dass sie nun auf Höhe der Kleinen Antillen seien, was eine ebenso richtige wie erstaunliche

Erkenntnis ist: Mit dem Quadranten vertut er sich ständig, mit seinen Vorstellungen vom Erdball – fünf Sechstel Festland, ein Sechstel Wasser – liegt er auf groteske Weise falsch, aber er findet sich trotzdem auf dem Meer zurecht, auch wenn er nirgendwo Festland sieht. Anders gesagt: Columbus findet sich nirgendwo so zurecht wie auf dem Meer.

Weil sie wenig Wasser haben, ändert Columbus den Kurs; sie fahren nun nach Nordosten, weil sie dort, auf Dominica oder sonst wo, Süßwasser an Bord nehmen wollen.

Dann: „Land in Sicht!" Oben im Krähennest hockt Alonso Pérez Nizardo, ein Seemann aus Huelva, und der schreit und schreit, und endlich sehen auch die anderen die drei Hügel. Und sie sinken auf die Knie und danken Gott und der Jungfrau Maria. Ein Fass Süßwasser haben sie noch, ein Fass für drei Schiffe, bald wäre es gefährlich geworden.

„Trinidad" nennt Columbus diese Insel. Sie suchen sich eine Bucht, die Männer gehen von Bord, waschen sich und ihre Kleider. Sie trinken. Sie fahren weiter, legen erneut eine Pause ein, fischen, sammeln Austern. Das hier muss nun aber Asien sein, denkt Columbus, und er ekelt sich, als er wieder nur nackte Eingeborene in einem Kanu sieht.

Dann: Seltsame Dinge geschehen.

Indianer nähern sich in einem Kanu, aber sie bleiben einen Kanonenschuss weit entfernt, und selbst als Columbus ein Begrüßungskonzert veranstalten lässt – mit Trommeln und Trompeten – und als seine Männer das übliche Glitzerzeug in die Höhe halten, die Glasperlen und die Stoffe und den ganzen Plunder, zeigen sich die Indianer zwar beeindruckt, aber anders als gewünscht: Sie schießen Pfeile auf die Entertainer ab, sie müssen die Musik als Vorspiel zum Angriff des weißen Mannes gedeutet haben. Und kaum sind die Indianer weg, verjagt von spanischen Kugeln, kommen die Wellen. Zwei enorme, gewaltige, monströse Wellen.

Ein Vulkan könnte die Wellen auf den Weg gebracht haben, sie heben die spanischen Schiffe 10, angeblich gar 20 Meter hoch und lassen sie niederkrachen. Doch nur wenig geht zu Bruch, eine Ankerkette reißt, der Anker ist verloren. Columbus tauft die Bucht der seltsamen Ereignisse auf den Namen „La Boca de la Sierpe", „Das Maul der Schlange", und sieht zu, dass er herauskommt.

Sie treffen andernorts auf Indianer, die ihnen „einen Likör, so weiß wie Milch", servieren; nach unreifen Pampelmusen schmeckt das Zeug, so Fernando. Und die männlichen Indianer tragen goldene Spiegel an Halsketten, das macht die Spanier gierig, und die Indianerinnen tragen gar nichts, „sie bedecken nichts, nicht einmal ihre Genitalien", wie Fernando protokolliert. Und das macht die Spanier hemmungslos.

Liegt es also an all der Aufregung, dass Columbus das folgende, das wahrhaft epochale Ereignis nicht begreift? Nein, vermutlich liegt es daran, dass Columbus dieses Ereignis hier, ausgerechnet hier, nun gerade nicht erleben will. Jedenfalls: Er ignoriert es. Er verdrängt es.

Trinidad hat ungefähr die Form eines großen J, wobei der senkrechte Landstrich überproportional breit ist. Und Trinidad liegt vor der Küste Südamerikas, vor der Küste des späteren Venezuela. Es ist nicht weit von der Südwestspitze Trinidads zur Küste des späteren Venezuela.

Und dort nun setzt Columbus seinen Fuß auf amerikanisches Festland. Es ist das erste Mal, dass Columbus das tut. Es ist einer der großen Momente der Menschheit, eine jener Taten mit Auswirkungen durch alle Jahrhunderte, die folgen werden.

Es ist der 5. August 1498.

Es gibt eine Landzunge hier an der Küste des späteren Venezuelas, ewig lang, eine Mischung aus Felsen, Dschungel und Sandstränden, und hier landen die Spanier. „Paria" nennen die Indianer diese Halbinsel 1498, und „Paria" wird sie auch 500 Jahre später noch heißen. Die Spanier sehen Hütten und Feuerstellen, aber die Einheimischen sind geflohen vor diesen komischen Schiffen.

Am Strand sitzen Affen.

Vielleicht glaubt Columbus, das hier sei bloß wieder eine dieser immer gleichen Inseln.

Vielleicht ist es Columbus ja peinlich angesichts der Affen, hier mit Fahne und dem ganzen Schnickschnack an Land zu gehen und auch diese Entdeckung zum königlichen Besitz Kastiliens zu erklären.

Vielleicht will er die Anstrengung vermeiden, seine Augen schmerzen, sie sind geschwollen, das Licht ist grell hier.

Vielleicht geht ihm auch – bei all den Entdeckungen, die er so macht, wäre es nachvollziehbar – die immer gleiche Zeremonie auf die Nerven.

Er lässt die Zeremonie jedenfalls ausfallen, ausgerechnet hier auf dem amerikanischen Kontinent.

Er fährt einfach weiter.

Und unterwegs macht er so seine Entdeckungen: Es gibt Einheimische hier, die fertigen ihren Schmuck aus einer Mischung aus Gold und Kupfer an. Das Praktische daran ist, dass sich die Legierung auch über einem Lagerfeuer schmelzen lässt. Und das Schöne daran ist, dass die Indianer liebend gern Gold hergeben, wenn sie Kupfer dafür kriegen, denn Gold haben sie reichlich und Kupfer nicht.

Und in einer Bucht gibt es Perlen, „Los Jardines", „Die Gärten", nennt Columbus die Stelle, die Frauen hier tragen ja eher wenig, aber sie tragen berauschenden Perlenschmuck. Aus Austern hätten sie die Perlen, verraten sie.

Und hier, in genau dieser Bucht, könnte Columbus richtig, unermesslich, ganz, ganz schwer reich werden, das wird sich in den kommenden Jahren zeigen. Denn es gibt viele Perlen hier, es sind unfassbare Mengen, man muss sie nur einsammeln.

Aber Columbus erkennt die Gelegenheit nicht, lässt nur seine Männer ein bisschen tauschen, fährt dann weiter.

Er segelt ein wenig in diesem Golf herum, den Trinidad und das Festland bilden. Die Karavelle „Correo" schickt Columbus voraus, weil sie den geringsten Tiefgang hat; das ist ein Vorteil, wenn man Küstengewässer erkunden will. Und als die „Correo" zu den anderen zurückgekehrt ist, meldet ihr Kapitän Hernán Pérez Erstaunliches: vier Flussmündungen nebeneinander. Und ein paar Meilen weiter: eine sehr breite Mündung. Das ist der Strom, der mal „Orinoco" heißen wird.

Die Insel muss erst noch erschaffen werden, die solche Flüsse hervorbringt; das hier muss ein Kontinent sein, aber Columbus verliert kein Wort darüber.

Es ist der 11. August, und er lässt wieder wenden und nach Osten fahren; und dann – es ist der 15. August, Mariä Himmelfahrt – fahren die Spanier Richtung Norden und aus dem Golf von Paria heraus.

Columbus ist ein seltsamer Mensch, auf eine so irritierende wie interessante Art vermessen, verbohrt, verschlossen. Zwei Wochen lang ist er vor Südamerika herumgefahren, er hat von dieser Insel gesprochen und von jener, und jetzt – er ist inzwischen weit, weit entfernt – bricht es aus ihm heraus.

Das war Festland!

Das ist eine neue Welt!

Und natürlich vertritt er die neue These so vehement, wie er vorher die alte These vertreten hat. Er schreibt:

*Ich glaube, das ist ein riesiger Kontinent, der bis heute unbekannt war. Die Vernunft legt mir das nahe, vor allem wegen der riesigen Flüsse und der Süßwassersee und außerdem wegen der Prophezeiungen von Esdras … dass ja sechs Anteile der Welt aus trockenem Land bestehen und der siebte Teil aus Wasser … Und falls dieses wirklich ein Kontinent ist, ist dies eine beeindruckende Angelegenheit, und so wird es nach Abschluss aller Abwägungen sein, da dort ein so großer Fluss fließt und einen Süßwassersee von 48 Wegstunden Größe bildet.*

Und Columbus nennt diesen Kontinent die „Andere Welt" – *„otro mundo"*.

Er hätte auch „Neue Welt" sagen können – *„nuevo mundo"*.

Es werden ein paar Jahre vergehen, dann wird Amerigo Vespucci hier aufkreuzen, und er wird die Geschichte von der Neuen Welt in die Alte Welt tragen, und dann wird die Neue Welt „Amerika" genannt werden. Nach Amerigo Vespucci.

Es ist Spekulation und graue Theorie, aber es ist zumindest denkbar, dass – wäre Columbus nicht ausgerechnet in dieser Angelegenheit plötzlich bescheiden gewesen, hätte er also die Entdeckung einer Neuen Welt in die Alte Welt hinausgebrüllt – New York und Los Angeles 500 Jahre später in einem Land liegen würden, das den Namen „Columbia" trüge.

Jedoch: Er sagt *„otro mundo"*, und das auch noch ziemlich beiläufig. Und diese andere Welt kümmert niemanden in Spanien, die Nachricht geht unter. Weltgeschichte kann sehr banal sein.

Er schreibt an sein Königshaus:

*Und Eure Hoheiten werden diese riesigen Länder für sich gewinnen, die eine andere Welt sind und wo das Christentum so viel Freude haben wird.*

Grotesk, dass Columbus in gleicher Angelegenheit ein paar Tage später schon wieder abhebt, phantasiert, beinahe irrsinnig wird. Er ist, so formuliert es Morison, „niemals damit zufrieden, dass zwei und zwei vier ergaben; sie müssen 22 ergeben". Columbus segelt vor Südamerika herum, und da vertraut er seinem Tagebuch an, dass er nicht nur einen Kontinent gefunden habe, sondern: das Paradies.

Den Garten Eden.

Dort hinten, wo die Affen unter Palmen hockten.

Und es ist nicht so, dass er das nicht begründen könnte, o nein. Er hat ja ein Buch neben seinem Bett liegen, „Imago Mundi" heißt das Buch, und dieses Bild der Welt basiert auch auf der Genesis. „Und Gott erschuf einen Garten östlich von Eden", steht da, am östlichsten Punkt, dort, wo am Tag der Entstehung der Welt die Sonne aufging. Und Bäume gebe es dort, grandios anzusehen; das müssen die Palmen am Ufer sein! Und einen Fluss gebe es dort, der vier Köpfe habe; wie wahr, den haben die Kundschafter auf der „Correo" gemeldet!

Das Paradies also. Endlich ist auch das Paradies entdeckt.

Es gibt Momente, da möchte man Mitleid haben mit Christoph Columbus. Als Mann seiner Zeit glaubt er das alles ja tatsächlich: dass die Erde an dieser Stelle eine Ausbuchtung hat; und dass diese Ausbuchtung die Form einer Brustwarze hat – damit das Paradies dem Himmel näher ist als der Rest der Erde. Deshalb die Landzunge!

Im seinem Bericht an König und Königin schreibt er:

*Ptolemäus und die anderen Weisen, die über die Erde geschrieben haben, glaubten, die Erde sei kugelförmig. Sie nahmen an, diese Halbkugel (die westliche) sei ebenso rund wie jene Halbkugel, die sie bewohnten … Ich habe keinen Grund, jene Halbkugel nicht für rund zu halten, wie sie es behaupten, aber diese andere Halbkugel ist wie die Hälfte einer schön runden Birne, die, wie ich ausführte, einen erhöhten Stiel hat oder etwas wie die Brustwarze einer Frau auf einer runden Kugel. Ptolemäus und alle anderen, welche die Erde beschrieben haben, kannten diese Seite nicht … Ich nehme nicht an, das irdische Paradies habe die Gestalt eines rauen Berges, wie es beschrieben worden ist, sondern ich bin der Meinung, es befinde sich auf der Höhe jenes Ortes, der die Gestalt des Birnenstiels hat, zu dem man sich nach und nach aus großer Entfernung stufenweise erhebt …*

Er hat Arthritis. Und entzündete Augen. Wissenschaftler werden Jahrhunderte später vermuten, dass Columbus wohl an dem Reiter-Syndrom leidet, einer Kombination aus mehreren chronischen Entzündungen. Fernando notiert:

*Der Admiral schreibt, dass er nicht den vollwertigen Bericht verfassen kann, den er gern verfassen würde, weil die ständigen Wachen seine Augen ganz blutunterlaufen gemacht haben; darum muss er das niederschreiben, was ihm seine Seeleute und Kundschafter berichtet haben.*

Außerdem lebt Columbus natürlich im Mittelalter, und sie sind ein wenig fanatisch mit ihrem Glauben in jener Zeit. Aber gleich so?

Fernando gibt sich alle Mühe, die Gedankengänge seines Vaters zu ignorieren. Der liebende Sohn schreibt zu alldem nur einen Satz: „Aus dem allen schloss der Admiral, dass das Land, das er zunächst als Inseln wahrgenommen hatte, in Wahrheit ein einziger Kontinent war." Auch Las Casas beschreibt lieber diese heroischen Anstrengungen, diese Opfer: „Nun litt der Admiral sehr an den Augen, da er zu wenig schlief, denn er beraubte sich immer des Schlafes, wenn er mit Gefahr zwischen den Inseln hindurchsteuerte." Die Birne, die Brustwarze, das Paradies? Bei Las Casas kein Wort davon, Columbus hat loyale Biografen.

Und dann, endlich, fährt Columbus fort mit dem, was er kann – segeln.

Was er normalerweise kann.

Kurs Nordwest, er steuert Hispaniola an, es ist der 15. August, er will nach Santo Domingo, in die neue Hauptstadt, getauft von Bartolomeo nach dem Namen des Vaters der Columbus-Brüder, Domenico. Christoph aber muss gegen die enorme Strömung ankämpfen, jene Äquatorströmung, die ihn nach Westen schiebt, und die Strömung wirkt umso stärker, weil Columbus nachts die Segel einholen lässt, wegen der vielen Riffe und Sandbänke.

Er landet in Alta Vela, 120 Meilen südwestlich von Santo Domingo, so dramatisch hat er beim Navigieren noch nie danebengelegen. „Es machte ihm schwer zu schaffen, dass er so weit abgefallen war", schreibt Las Casas.

Am 21. August ankert er in einer Bucht, die Columbus „Madama Beata", die „gesegnete Dame" nennt, und da nähert sich eine Karavelle. Es kommt nicht oft vor, dass man andere Schiffe sieht, wenn man ein Entdecker ist. Aber wenn es vorkommt, kann es eine wahre Freude sein: Bartolomeo ist an Bord, den hat Christoph hier nun überhaupt nicht erwartet. Sie fallen sich in die Arme, sie lachen, sie brechen auf nach Santo Domingo, gegen Strömung und Wind, sie brauchen acht Tage. Und am 31. August ankern sie in der Mündung des Ozama, das ist der Hafen von Santo Domingo.

Es sind 30 Monate vergangen, seit Columbus Hispaniola verlassen hat. Es ist eine Menge passiert. „Alle Familien der Insel waren mit einem störrischen und rebellischen Virus infiziert", so Fernando, aber so einfach ist das nicht. Das Leben in der Karibik war schwierig für die Spanier, sie hatten keine Vorräte mehr und waren seltsam hilflos in der Fremde, da konnten noch so viele Bananen und Kokosnüsse vor ihren Füßen liegen. Und sie wurden krank. Und das Gold lag nicht einfach vor ihren Füßen.

Sie waren naiv, dann saßen sie fest. „Sie waren unzufrieden mit der Gegenwart und hoffnungslos wegen ihrer Zukunft", meint Fernando.

Es war die Stunde des Rebellen, und im Fall Christoph Columbus heißt der Rebell Francisco Roldán. Der kommt aus Torre de Donjimeno, ist ehrgeizig und war Columbus lange treu ergeben – darum hatte Columbus Roldán ja auch zu einer Art Bürgermeister ernannt. Doch wie es so geht: Der Chef war weg, Roldán war hier, und er hatte „so viel Prestige und Autorität bei Indianern und Christen gewonnen, dass er sich bald aufführte, als wäre er der Admiral persönlich", schreibt Fernando.

Das alles führte zum ersten Bürgerkrieg in Amerika.

Als Bartolomeo gerade in der Provinz Xaragua war und der jüngste der drei Brüder, der zaghafte Diego, über die Stadt wachte, formierte Roldán seine Truppen. Das Volk war unzufrieden, das Volk war willig, das Volk folgte dem Rebellen.

Roldán gründete Concepción, zugleich Festung und Siedlung, und er zog die Indianer auf seine Seite, indem er ihnen erzählte, die Columbus-Brüder würden immer höhere Abgaben von ihnen fordern, er aber würde sie schützen.

Es gab Kämpfe, es gab Gemetzel. Bartolomeo hatte große Mühe, seine Truppen treu und beisammen zu halten, am Ende versprach er jedem seiner Männer zwei Sklaven für den Sieg. Und dann, endlich, kamen die drei Proviantschiffe an, die Columbus vorausgeschickt hatte. Das kippte die Stimmung, denn Bartolomeo erhielt die Vorräte, und davon waren nun die Rebellen abgeschnitten. Das ist die Lage, als Columbus nach Santo Domingo kommt.

Und der Admiral zeigt sich in den folgenden Wochen von einer Seite, die ihm auf See gänzlich fremd ist. Er zögert. Er traut sich nicht. Er ist unentschlossen und schwach.

Fernando sieht das positiv, natürlich: „Zu diesem Zeitpunkt entschloss er sich, so moderat wie möglich in dieser Sache aufzutreten, weil so die Rebellen leichter wieder zum Gehorsam zu bringen seien."

Aber im Schönreden waren Columbus und die Seinen schon immer Meister.

In Wahrheit beginnt das Desaster damit, dass Columbus den Boten Miguel Ballester zum Rebellenführer Roldán schickt und auf diesem Weg um Verhandlungen bittet. Roldán antwortet: Nein. Keine Verhandlungen, bevor alle Gefangenen freigelassen sind. Und überhaupt: Er, Roldán, könnte ihn, Columbus, leicht zerstören. Wenn er nur wollte. Ach, und der Bote ist sowieso der falsche. Columbus möge beim nächsten Mal den Kapitän Sánchez de Carvajal schicken. Oder keinen. Und – natürlich – freies Geleit will Roldán. Selbstverständlich.

Columbus geht darauf ein, er geht auf alles ein, am 26. Oktober sichert er Roldán freies Geleit zu.

Das Desaster setzt sich damit fort, dass Columbus und Roldán ein Abkommen schließen, das für Columbus ungefähr so vorteilhaft ist wie der Ehevertrag für eine Gattin, die auf die Kinder, Unterhalt und das Haus verzichtet:

*Zuerst: Der Lord Admiral wird ihm zwei gute Schiffe übergeben, ausgerüstet mit Seeleuten und angemessen ausgestattet ...*

Dann sichert Columbus noch Lohnzahlungen zu. Und freien Abzug für alle Rebellen. Und Sklaven als Entschädigung für die harten Jahre auf Isabela. Und einen Brief an das Königshaus, in dem den Rebellen gute Führung attestiert wird.

Dafür erhält Columbus nichts als die Zusage, dass Roldán mit den beiden Schiffen nach Kastilien segeln will – und dass er zehn Tage lang keine Männer aus den Truppen des Admirals abwerben werde.

*Verfasst in Concepción am heutigen Tag, Samstag, 16. November 1498.*

Roldán wartet in Xaragua auf die zugesagten Schiffe, die Schiffe verspäten sich, Roldán kündigt das Abkommen wieder. So geht es hin und her, so vergeht ein knappes Jahr.

Jetzt will Roldán nicht mehr nach Hause, jetzt hat er einen neuen Wunschzettel. Roldán wünscht sich: 1. die Zusage, dass 15 seiner Männer mit dem ersten Schiff nach Spanien fahren dürfen; 2. Häuser und Land für die Männer, die bleiben; 3. dass Columbus öffentlich verkünden möge, dass die Aufstände durch die Falschaussagen einiger weniger teuflischer Menschen verursacht worden seien; 4. die Wiedereinsetzung ins Amt des Oberbürgermeisters.

Und Columbus sichert Roldán dieses Amt tatsächlich auf Lebenszeit zu. „Am Dienstag, dem 5. November, begann Roldán mit der Erfüllung seiner Pflichten in seinem Büro“, schreibt Fernando. Und damit ist Columbus, der Vizekönig und Gouverneur, auf dem Tiefpunkt seines Ansehens; es gibt noch genau zwei Menschen, die ihn ernst nehmen auf Hispaniola: Diego und Bartolomeo.

Aber es ist sowieso längst zu spät für ihn. In Spanien haben König Ferdinand und Königin Isabella genug von den schlechten Nachrichten aus Übersee, und all die Seeleute gehen ihnen auf die Nerven, die Geld wollen und Anerkennung. Außerdem erzählen diese Seeleute überall, dass die Columbus-Brüder nicht fähig seien zu regieren; und dass sie in die eigene Tasche wirtschafteten; und dass sie sich mit ausländischen Prinzen zusammengeschlossen hätten gegen die Interessen der spanischen Krone.

Intrigen! Überall Intrigen!

Columbus' Söhne sind Pagen bei Hofe, und sie erinnern sich später daran, dass die Seeleute mit den Fingern auf sie gezeigt und spöttelnd gerufen hätten: „Da sind sie ja, die Söhne des Admirals der Moskitos, der den Ruin und das Grab kastilischer Ehrenmänner entdeckt hat!"

Deshalb schicken Isabella und Ferdinand den königlichen Kommissar Francisco de Bobadilla nach Hispaniola. Am 24. August 1500 kommt Bobadilla in Santo Domingo an. Columbus befindet sich gerade in La Vega, Bartolomeo weilt in Xaragua, nur Diego ist da. Das Erste, was Bobadilla sieht, sind sieben tote Spanier: Sie hängen an sieben Galgen. Das Erste, was Bobadilla hört, sind Diegos Worte: Morgen werden noch mal fünf aufgeknüpft.

Und das genügt Bobadilla schon. Er übernimmt Fort und Regierung, lässt Diego festnehmen und auf ein Schiff bringen, und dann gewinnt Bobadilla das Volk für sich: Er gestattet jedem, jederzeit an jedem Ort Gold zu suchen, eine populärere Maßnahme wäre wohl nur gewesen, wenn Bobadilla Gold mitgebracht und verteilt hätte. Ein Bote überbringt Columbus einen Brief:

*Don Cristóbal Colón, unser Admiral der Meere. Wir haben den Ritter und Kommandeur Francisco de Bobadilla geschickt, den Träger dieses Briefes, auf dass er Ihnen bestimmte Dinge in unserem Auftrage sagen möge. Wir wünschen, dass Ihr ihm volles Vertrauen und volle Anerkennung schenkt und Euch angemessen verhaltet. Aus Madrid, 26. Mai 1499. Ich, der König. Ich, die Königin.*

Columbus kommt zurück, vermutlich schenkt er Bobadilla nicht besonders viel Vertrauen und noch etwas weniger Anerkennung, und Bobadilla lässt ihn in den Kerker werfen.

Dann kommt auch Bartolomeo zurück, und er überlegt kurz, ob er den Aufstand und die Befreiung des Bruders wagen soll, aber es wäre ein Aufstand gegen das Königshaus, wäre das klug? Auch Bartolomeo landet im Kerker. Bobadilla, so klagt Fernando, habe „keine Anhörung abgehalten und auch keine Beweise gesammelt“, und allen auf Hispaniola habe er bei Androhung „besonders schwerer Strafen“ verboten, die Brüder „öffentlich zu erwähnen“.

Und nun beginnt die erbärmlichste Reise des Christoph Columbus. Bobadilla will ihn in Spanien vor Gericht stellen, und darum lässt er ihn in Ketten legen und auf die Karavelle „La Gorda“ bringen. „Das Bitterste war die Angst, die er empfand, als er von der Festung aufs Schiff geschafft wurde und fürchtete, zur Hinrichtung geführt zu werden“, so Las Casas.

Neben Christoph Columbus liegt Diego. Und Bartolomeo liegt auf der nächsten Karavelle, gleichfalls in Ketten, gleichfalls unter Deck. „Ich konnte nie mit ihm (Bobadilla) sprechen, und er erlaubte bis heute nicht, dass sonst jemand das Wort an mich richtete. Ich schwöre, dass ich nicht begreifen kann, aus welchem Grunde ich gefangen gesetzt worden bin“, schreibt Columbus. „Das war eine unerhörte, verächtliche, erbärmliche, verabscheuungswürdige Tat“, schreibt Las Casas. Und weiter:

*Es genügte ihnen nicht, sie so entehrt und niedergeschlagen zu sehen, Tag und Nacht hörten sie nicht auf, sie zu beschimpfen und zu verhöhnen und überall Schmähschriften gegen sie öffentlich zu verlesen. Am meisten schmerzte es die Unglücklichen, sehen zu müssen, dass unter denen, die sich so verächtlich benahmen, Leute waren, die ihr Brot gegessen, Wohltaten von ihnen empfangen und Freunde von ihnen gewesen waren. Als sie den Admiral in Eisen legen wollten, fand sich niemand, der sich dafür hergab, mit Ausnahme eines schamlosen und undankbaren Kochs, der sie ihm mit ebensolcher Gleichgültigkeit anlegte, wie wenn er ihm ein Lieblingsgericht auftischte. Ich kannte ihn sehr gut und erinnere mich an ihn, er hieß Espinosa.*

Fernando Colón berichtet, dass der Kapitän der „La Gorda“ Columbus die Ketten abnehmen will, aber das will nun Columbus nicht.

Man kann nicht behaupten, dass er frei von Stolz wäre.

Columbus sagt: „Die Ketten wurden mir durch königliche Autoritäten angelegt, und nur die Könige können sie entfernen." Und so liegt er nun da, es schaukelt, es muss stickig sein dort unten, und in einem Brief an seine Freundin Doña Juana de Torres klagt er darüber, dass er, Gottes Bote von „neuen Häfen und einer neuen Erde", so missverstanden werde; schließlich habe er doch „der Souveränität des Königs und der Königin eine andere Welt" unterstellt, wodurch „Spanien, das arm war, das reichste aller Länder werden wird". Und er schreibt:

*Unser Herr, der Daniel aus der Löwengrube rettete, wird mit seiner Weisheit und Macht auch mir helfen. Hätte ich nur auf meinen eigenen Vorteil gesehen, wäre es mir leicht gefallen, dies und alles, was mir in Indien angetan wurde, abzuwenden. Ich wollte aber die Gerechtigkeit walten lassen und dachte nur an die Mehrung des Reiches Ihrer Hoheiten, deshalb bin ich in diese Lage geraten.*

*Jetzt, da so viel Gold gefunden wurde, entsteht der Streit darüber, ob es vorteilhafter sei, es zu rauben oder in den Minen zu arbeiten. Man bekommt für eine Frau leicht 100 Castellani, wie für ein Grundstück, und solches ist sehr im Schwang. Es gibt viele, die Mädchenhandel treiben, und es stehen Mädchen im Alter von neun bis zehn Jahren zum Verkauf. Man bekommt für Frauen jeden Alters einen guten Preis.*

*Die Verleumdung von Seiten böse gesinnter Leute hat mir mehr Schaden zugefügt, als mir meine Dienste Nutzen gebracht haben. Das ist ein schlimmes Beispiel für die Gegenwart und die Zukunft. Ich schwöre, dass sich viele Leute nach Indien begeben haben, die nicht das Wasser der göttlichen Taufe wert waren, und nun kehren sie zurück, ohne dass es ihnen irgendjemand verbietet.*

Wenigstens haben sie Rückenwind, es geht voran. Im Oktober 1500 ist Columbus wieder in Cádiz, noch immer in Ketten. Er wird ins Kloster Las Cuevas gebracht, er ist Gefangener der Krone, und er versteht sich natürlich als Märtyrer. Das Problem ist, dass sein Schicksal niemanden mehr so richtig kümmert: Sechs Wochen vergehen, bis sich seine Majestäten zu dem Befehl bequemen, Columbus die Ketten abnehmen zu lassen.

Las Casas schreibt:

*Die Ketten bewahrte der Admiral sehr sorgfältig auf und befahl, dass sie ihm mit ins Grab gegeben würden, zum Zeichen dafür, welcher Dank den Sterblichen in dieser Welt zuteil wird.*

Erst kurz vor Weihnachten werden die drei Columbus-Brüder vor den Thron gebracht. Der Admiral der Meere trägt die graue Kutte der Franziskaner, und er hat Wundmale an Hand- und Fußgelenken. Ferdinand und Isabella versprechen Gerechtigkeit, sie versprechen die Lösung aller Probleme, aber die Zeit vergeht. Und nichts passiert.

Columbus wird hektisch und immer hektischer. Er hat die Neue Welt entdeckt, er will seine Rechte, seine Anteile. Er rennt von Kommissar zu Richter zu Priester, aber niemand hat etwas zu melden, denn diese Sache ist eine Sache des Königspaares.

Es ist sein Amerika, so sieht er das.

Und er kann nicht verstehen, dass die Zeit nicht still steht, dass er inzwischen als Mann von gestern gesehen wird, dass es andere, Jüngere gibt, dass er zu viele Fehler gemacht hat. Hispaniola ist in einem bedauernswerten Zustand, Ferdinand und Isabella denken nicht daran, Columbus wieder einzusetzen als Gouverneur. Sie sind ja froh, dass endlich Ruhe ist da drüben.

Er müsste, wenn er Diplomat wäre, einsehen, dass er nun abtreten sollte: Sie würden ihm ein Schloss geben, irgendeinen schönen Titel, sie würden ihm eine Pension zahlen bis zu seinem Tod. Sie wollen auch hier in Kastilien endlich Ruhe.

Er will das alles nicht.

Columbus wartet bis Neujahr 1501, und er ignoriert alle Hinweise darauf, dass er sich beweglicher zeigen sollte. Ferdinand und Isabella von Spanien beschließen: Christoph Columbus bleibt Vizekönig und Admiral, das sind wertlose Titel; Gouverneur von Hispaniola wird Nicolás de Ovando. Der bricht auf mit 30 Schiffen und 2500 Mann, und Columbus darf nur einen Boten mitschicken, der dafür sorgen soll, dass das Geld, das dem Entdecker noch zusteht, den Weg nach Spanien findet.

Es ist mehr als nur eine Niederlage, es ist der Untergang des Politikers Columbus, es ist das Ende seiner Macht. Der Mann, dem eine Welt offen stand, eine Neue Welt sogar, hat versagt und verloren, er ist gescheitert. Woran?

## Yale University, New Haven, November 2003

Yale ist eine Burg der Bildung, ein Schloss des Wissens. Yale liegt in New Haven, an der Ostküste der Vereinigten Staaten, von New York aus zwei Stunden in Richtung Norden, in Richtung Boston. Die Häuser hier sind aus alten, dicken Steinen, es schimmert rötlich, bräunlich, gelblich. Und überall sind lange Gänge und Torbögen und Kronleuchter. Und Bücher! Die Bibliothek von Yale ist eine Kathedrale, alt, groß, nein: gigantisch.

Der Historiker Stuart Schwartz, Jahrgang 1940, residiert in der Hall of Graduate Students, 320 York Street, second floor, was nach deutschem Verständnis die erste Etage ist. „Stuart Schwartz" steht auf dem Schild von Zimmer 234, man wartet auf blauem Leder, dann öffnet sich die Tür.

Stuart Schwartz hat weiße Haare und ständig einen Kugelschreiber in der Hand. Er hat große Ohren, und wenn er mal eine Minute lang still ist und nachdenkt, zupft er an diesen Ohren herum. Die Wände in seinem Büro sind gelb, aber das ist kaum noch zu sehen, weil vor allen vier Wänden Bücher bis zur Decke gestapelt sind. Und hinter

Stuart Schwartz steht ein alter Globus. Stuart Schwartz trägt ein graues Hemd und eine graue Krawatte, seine Lederjacke hängt an der Tür, „also", sagt Stuart Schwartz, „was wollen Sie wissen?"

Woran, Mister Schwartz, ist der Politiker Christoph Columbus gescheitert?

„Er war ein wundervoller Segler und ein schrecklicher Gouverneur. Sein Modell für die Kolonisierung Amerikas war exakt das portugiesische Modell, jenes Modell einer ‚Factoria', das er auf Madeira und an der Westküste Afrikas, im heutigen Ghana, erlebt hatte", sagt Stuart Schwartz, und er meint damit: „Columbus sah sich als Fabrikanten, und die Spanier, die ihn begleiteten, sah er als seine Arbeiter und die Eingeborenen natürlich als Sklaven. Sie sollten für ihn das Gold abbauen, und die Spanier sollten dafür von ihm ein Gehalt bekommen. Dieses Modell konnte nicht funktionieren, weil die Spanier, die in die Neue Welt fuhren, das Ziel hatten, Ehrenmänner und reich zu werden – das Letzte, was sie wollten und akzeptieren konnten, war die Unterordnung unter einen Italiener."

Kolonialisierung, das ist das große Thema des Professors Stuart Schwartz. Er kommt aus Springfield in Massachusetts, aus einer dieser armen Familien von jüdischen Einwanderern; die, die nicht mitgingen, kamen im Holocaust um, ermordet in Rumänien.

Sein Vater war der Erste, der es bis aufs College schaffte. Der Vater wurde Arzt und versorgte den Sohn mit Büchern, der Sohn liebte Geschichtsbücher und wollte so werden wie Heinrich Schliemann. Er studierte am Middleburry College, an der Columbia University, wurde nach Yale gerufen, er schreibt Bücher und Aufsätze, er lehrt „Columbus", er ist einer der Großen in seinem Fachbereich.

Leute wie Stuart Schwartz haben dafür gesorgt, dass sich die Columbus-Forschung verändert hat in den vergangenen Jahren: Es geht in der modernen Geschichtswissenschaft nicht mehr so sehr darum, auf welcher Insel Columbus 1492 zuerst einen Fuß in den Sand setzte.

Es geht heute eher darum, was geschah, nachdem Columbus seine Schiffe verlassen hatte, wie die Verbindung zwischen Europa und Amerika entstand, wie sich Europäer und Ureinwohner verstanden und missverstanden, es geht um den Zusammenprall zweier Welten.

„Mich interessierten Kontakt und Konflikt", sagt Stuart Schwartz.

Das alles hat sich entwickelt. Die Wissenschaftler von 1892 sahen Columbus als „größten Menschen, der jemals gelebt hatte", sagt Schwartz. Dann sagt er: „Nennen Sie mir irgendeine ethnische Gruppe, egal welche, ganz im Ernst, und ich finde in unserer Bibliothek das Buch, in dem behauptet wird, Columbus entstamme dieser ethnischen Gruppe. Damals mussten die Immigranten ihre Bindung zu den Vereinigten Staaten nachweisen, und das ging am besten dadurch, dass sie die Verbindung zu Christoph Columbus nachwiesen."

Die Wissenschaftler von 1992 rannten in eine andere Richtung. „Es ging plötzlich um *Political Correctness,* und da war Columbus nun der furchtbarste Mensch, der jemals gelebt hatte", sagt Schwartz. Columbus war der erste Massenmörder, der erste Antiökologe, er war für Antiamerikaner schon in seinen jungen Jahren ein Abziehbild Amerikas, obwohl er Amerika noch gar nicht entdeckt hatte.

Und natürlich ist genau dies das Besondere dieser Figur: Sie ist dehnbar, interpretierbar, man kann mit Columbus argumentieren und gegen ihn, man kann ihn benutzen und vernichten – mit ihm entstand die globale Gemeinde, und dafür kann man diesen Mann hassen und lieben.

Christoph Columbus ist ein Symbol.

Stuart Schwartz kennt jedes Buch und jede Meinung über Columbus, Mister Schwartz, was also ist Ihre Wahrheit über Columbus? Nun, es gibt viele Wahrheiten, Stuart Schwartz hat ungefähr zehn wesentliche Wahrheiten, zehn Thesen über Columbus:

1. Columbus kam aus Genua. „Er wurde 1451 nicht notwendigerweise in Genua geboren, aber irgendwo in Ligurien, und dann zog

die Familie nach Genua", sagt Stuart Schwartz. Und Columbus könnte jüdische Vorfahren gehabt haben, es gibt genügend Indizien: „Konvertierte Juden sorgten für die Finanzierung, und er brach an dem Tag auf, als die Juden das Land verlassen mussten. Aber die Beweise fehlen", sagt Schwartz, „damit werden die Wissenschaftler noch lange zu tun haben."

2. Columbus war nicht schiffbrüchig, er wurde nicht in Portugal an Land gespült. „Das sind mir zu viele Zufälle", sagt Stuart Schwartz, „dass er als Einziger zufällig diese Seeschlacht überlebte und zufällig nach Lissabon gelangte, wo sein Bruder zufällig schon etabliert war, ergibt keinen Sinn. Da fehlt mir der Beweis. Ich glaube, die beiden sind ausgewandert, ganz einfach."

3. Columbus muss Kenntnisse über seine Route und seine Ziele gehabt haben. Stuart Schwartz sagt: „Wenn er oder die Krone wirklich damit gerechnet hat, dass er nach China kommen würde, warum hatte er keine reichen Geschenke dabei? Warum keinen Botschafter? Er wusste von Marco Polo, wie der Große Khan lebte, warum also nahm er Glaskugeln und billige Perlen mit? Warum keine Diplomaten? Und nach seiner Rückkehr sprachen die Königin und er von ‚den Indien'. Ich bin der Meinung, sie waren sich nicht sicher, wo sie da hineingeraten waren, aber sie wussten, dass es nicht China war."

4. Columbus war nicht modern, er war eher der letzte Mann des Mittelalters. Stuart Schwartz sagt: „Dass die Erde rund ist, war zu seiner Zeit längst Stand der Allgemeinbildung. Alle wussten das. Aber er hing noch immer den Konzepten der Bibel nach, er glaubte ja wirklich, das irdische Paradies gefunden zu haben, und das sah für ihn so aus wie eine weibliche Brustwarze. Er trug all diese christlichen Mystizismen und apokalyptischen Ideen mit sich herum, er dachte bizarr."

5. Columbus' wahre Leistung bestand darin, dass er über seine Entdeckung redete und sie verkaufte. Stuart Schwartz: „Die Wikinger waren in Island und fanden Fisch und Eis, sie waren in Grönland und

fanden Fisch und Eis, sie waren in Kanada und fanden Fisch und Eis. Es war dem Rest Europas allerdings egal, und es war den Wikingern egal, wo sie gewesen waren. Columbus erzählte von Gold, und diese Geschichte kannte nach einem Jahr der ganze Kontinent."

6. Columbus wollte von Anfang an eine neue Gesellschaft gründen. „Er ging mit über 1000 Männern auf die zweite Reise und ohne eine einzige Frau", sagt Stuart Schwartz, „es ist gar keine Frage, dass dahinter ein Gedanke stand: dass die weißen Männer sich mit eingeborenen Frauen einlassen würden; dass sie sie im Zweifel einfach nehmen und vergewaltigen würden, lag in der Natur dieser Reise."

7. Columbus hat seine Meinung über die Ureinwohner geändert. „Am Anfang war er beeindruckt", sagt Stuart Schwartz, „er beschrieb sie als freundlich und intelligent. Es ist selbstverständlich, dass er sich für zivilisiert hielt und die Indianer nicht, aber er schätzte sie und bewunderte die Schönheit der Gegend. Als er kein Gold fand, als er gegen die Rebellen angehen musste, opferte er die Indianer – er schenkte sie den Spaniern, er kidnappte sie und brachte sie nach Spanien, und richtig ist, dass er keine Skrupel hatte: Sklaverei war ja üblich im 15. Jahrhundert."

8. Columbus wurde ein Lügner, nachdem er berühmt geworden war. „Auf einmal schönte er seine Vergangenheit, auf einmal erfand er Geschichten. Seine Welt wurde eine Welt der Übertreibungen und Erfindungen", sagt Stuart Schwartz.

9. Columbus war ein Mann ohne Heimat. Stuart Schwartz: „Genua kümmerte ihn nicht, Santo Domingo nicht, Porto Santo nicht, Sevilla nicht. Er reiste herum und sprach nicht einmal von seinem Zuhause."

10. Columbus starb als reicher Mann. „Dass er in Armut zu Grunde gegangen sei, ist eine Legende, er war Admiral der Meere und hatte sein Vermögen gerettet", sagt Stuart Schwartz.

Aber man sollte an dieser Stelle nicht vorgreifen.

# 7 Die letzte Reise

## Flug CM 301, Miami–Panama City, 20. Oktober 2003

Wenn man Nilda Vázquez trifft, sollte man mit einigem rechnen. Nilda Vázquez ist zum Beispiel eine Frau, die Männer nicht ernst nimmt, zumindest selten lange, und Nilda Vázquez liebt es zu überraschen. Manchmal steht Nilda Vázquez im Pyjama vor ihrem Haus und hin und wieder auch im kleinen Rosafarbenen; manchmal ruft sie die Hunde zu Hilfe; ständig schreit sie; und beim letzten Mal legte sie ihre Hände gegeneinander und machte zuckende Bewegungen und dazu dieses Geräusch, das Kinder machen, wenn sie Soldat spielen: „Rattatattata." Es war so, als würde Nilda Vázquez am liebsten alle niedermähen, die sie beim Geldverdienen stören oder beim Plündern der „Vizcaína". Dieses ganze Archäologenpack.

Wenn man also den Sitz 14 F in der ziemlich engen Maschine der Copa Airlines ergattert hat, von Miami nach Panama City, diesen Sitz am Notausgang mit ein bisschen Beinfreiheit, dann ist es ein kleiner Schock, wenn man auf Sitz 15 F Nilda Vázquez erblickt. Und neben ihr ihren Anwalt, Saturio Segarra. Und neben dem Anwalt Nildas Sohn, Ernesto Cordovez. Und neben dem Sohn den Gouverneur von Colón, Gassan Salama, der allerdings schnell wieder nach vorn geht, in die Business Class.

Diesmal aber spielt Nilda Vázquez nicht Erschießungskommando. Sie steht auf und sagt: „Was für eine Freude." Sie setzt sich eine Reihe weiter nach vorn, sitzt nun auf 14 D, sie trägt einen Rock und eine weiße Bluse, sie isst Reis mit Rindfleisch und trinkt Rotwein.

Nilda und ihre Leute waren in Florida unterwegs, weil sie das Wrack heben wollen. „Die ‚Vizcaína'", sagt Nilda. Sie haben deshalb mit Wissenschaftlern geredet und mit Kameramännern, sie haben

Taucher angeheuert, und außerdem haben sie eingekauft, Müsliriegel, Unterwasserlampen und – weil sie so schön war – für 9,80 Dollar eine Wanduhr mit vielen Muscheln.

„Im November kann es losgehen mit der Bergung", sagt Nilda Vázquez, „das Schiff soll in ein Museum in Portobelo, in einem Aquarium soll es liegen, so wie es jetzt im Meer liegt."

Es könnte also eine Art Wettrennen geben, und das geheimnisvolle Wrack ist zugleich Ziel und Prämie. Es treten an: die Unterwasserarchäologen von Texas A&M zusammen mit Carlos Fitzgerald von der Kulturbehörde in Panama City – gegen Nilda Vázquez und ihre Truppe; Leute sind das, die schon eine Menge Kanonen heraufgeholt haben, Leute, die ihre Häuser mit Artefakten voll gestopft haben, Schatzsucher eben.

Rennt Warren White noch mit, jener Mann, der behauptet, er habe die „Vizcaína" entdeckt?

„Warren White ist ein verdammter Lügner, ein Ahnungsloser", sagt Nilda Vázquez, „er behauptet, er habe das Schiff entdeckt, dabei habe ich ihm damals erst gesagt, dass das die ‚Vizcaína' ist."

„Was machen Sie eigentlich schon wieder in unserem schönen Land?", fragt Nilda Vázquez dann.

Warren White besuchen. Warren Whites Geschichte anhören, die Geschichte des ahnungslosen Lügners.

„Grüßen Sie ihn schön", sagt Nilda Vázquez.

## Colón, Panama, 21. Oktober 2003

Christoph Columbus ist nicht wirklich beliebt in Süd- und Mittelamerika, es gibt andere Helden hier. Oben in den USA sind Städte, Universitäten, Straßen und Plätze nach Columbus benannt, im Central Park von New York und überall im Land stehen Denkmäler –

Columbus und George Washington sind die größten Helden der Vereinigten Staaten.

In Panama gibt es seinen Namen nur einmal, es gibt nur Colón, sonst nichts, „Colón", so hieß Christoph Columbus in Spanien. Colón ist heute jene Stadt, wo der Panamakanal in die Karibik mündet, eine Stadt, die von der Seefahrt und für die Seefahrt lebt, rund hundert Schiffe liegen draußen und warten auf die Einfahrt in den Kanal.

Eine arme Stadt. Die Häuser verfallen, Wäsche hängt aus den Fenstern, die Leute sitzen in den Kneipen und auf den Gehsteigen, es gibt nicht viel zu tun in Colón. „Gehen Sie abends in Colón nicht aus", sagen die Menschen in Panama City, aber Colón ist nicht São Paulo oder Bombay, Colón ist eine triste Stadt, aber kein Slum. Rund 200 000 Menschen leben hier, die eine Seite der Stadt nennen sie „Cristóbal" und die andere „Colón".

Und im Zentrum steht der Held, von der Hafenpromenade 200 Meter die Hauptstraße hinab, Columbus in Bronze auf Marmor. Eine hohe Stirn hat dieser Columbus, hinten wallendes Haar wie Jesus: Ist das wirklich Columbus? War Columbus ein zweiter Messias?

Dieser Columbus jedenfalls hat die linke Hand gütig geöffnet, seine rechte ruht schützend auf den Schultern einer sehr nackten, sehr großbusigen, sehr ängstlich dreinblickenden Indianerin.

Der Erlöser Amerikas? Nebenan ist eine Müllhalde, der Supermarkt verkauft Pepsi, „Al Inmortal Descubridor del Nuevo Mundo" steht auf dem Denkmal, „Für den unsterblichen Entdecker der Neuen Welt". Wie sähe Colón wohl aus, wenn Columbus diese Bucht vor 500 Jahren nicht entdeckt hätte?

Es sind rund zehn Kilometer vom Denkmal zum „Panama Canal Yacht Club", der neuen Heimat des Schatztauchers Warren White, jenes Mannes, der davon träumte, eines der Schiffe des Columbus zu entdecken, und der dann nach und nach seine ganz eigenen Theorien über Columbus entwickelte.

„Ich verstehe ihn inzwischen", sagt Warren White, „es fühlt sich inzwischen so an, als hätte ich Christoph Columbus' Telefonnummer."

Warren Whites erste Theorie: Der wissenschaftliche Ansatz, in Briefen und Dokumenten Wort für Wort quasi textanalytisch zu hinterfragen und auf diese Weise die Wrackstellen so exakt wie möglich einzukreisen, führt in die Irre. Es ging Columbus ja gerade nicht darum, diese Stellen für irgendjemanden auffindbar zu machen, es ging ihm eher darum, Spuren zu verwischen. Ein Kommandeur, der die eigene Mannschaft über Kurs und Ziele im Unklaren lässt, der Spuren verwischt, wo er nur kann, der immer und überall Neider fürchtet und Konkurrenten – ein solcher Mann will natürlich auch nicht, dass irgendwer jemals seine Wracks findet. Das soll ausschließlich ihm selbst möglich sein. Wenn er zurückkehrt. Dass er zurückkehrt, ist ja immer selbstverständlich für ihn, denn Columbus hatte stets schon die nächste Reise im Kopf, während er noch unterwegs war.

Warren Whites zweite Theorie: Man muss Columbus als Segler, als Seemann verstehen und die Quellen als Indizien betrachten, mehr nicht. Die besten Unterwasserdetektive der Welt haben in Belén nach der „Gallega", in der St. Ann's Bay auf Jamaika nach der „Capitana" und der „Santiago de Palos" und in Portobelo nach der „Vizcaína" gesucht. Warum haben sie nichts gefunden? Weil nichts übrig ist von den Wracks? Nein. Weil sie woanders liegen.

Warren White sagt, er könne sie finden. Alle vier. Na ja, „alle drei", sagt er, denn „eins habe ich ja schon gefunden, beim Hummersuchen". Ein Großmaul?

Klar. Die Leute, die *über* Warren White reden, finden ihn grässlich. Das liegt natürlich daran, dass er wenig Selbstzweifel hat, und es liegt daran, dass er auf der falschen Seite steht, nicht bei den Wissenschaftlern. Er ist Schatzsucher, er arbeitet für sich und nicht für die Nachwelt. Wenn man dann *mit* ihm redet, merkt man schnell, wie viel er von seinem Job versteht. Und von Columbus.

Jamaika zum Beispiel. Alle haben in der St. Ann's Bay gesucht. Jahrelang. Ein Hurrikan muss die „Capitana" und die „Santiago de Palos" zerstört haben, das war die letzte, traurige Erkenntnis der Wissenschaftler, sonst müsste ja irgendetwas von den Schiffen übrig sein. White sagt: „Columbus gab den Längengrad der St. Ann's Bay mit 23 an, es ist aber 22,6. Irrte er wirklich, weil er nicht unsere Instrumente zur Verfügung hatte? Ich glaube es nicht. Er hatte ein Jahr Zeit, um den Längengrad zu überprüfen, er saß schließlich fest auf Jamaika. Nun, vielleicht stimmt ja der Längengrad, vielleicht ist es ganz einfach nicht die St. Ann's Bay, vielleicht ist es eine andere Bucht. Gebt mir 100 000 Dollar, ach was, weniger, und ich finde die Schiffe."

Oder Belén. Columbus schreibt, er habe die „Gallega" im Fluss zurückgelassen, weil seine Männer sie nicht über die Sandbank gebracht hätten. Also suchten alle Expeditionen den Fluss bis zur Mündung ab, Meter für Meter. „Es war doch Trockenzeit", sagt Warren White, „und Trockenzeiten enden irgendwann. Ich bin sicher, dass der Fluss mit Beginn der Regenzeit die ‚Gallega' ins Meer gespült hat." Einheimische hätten dort, in der Bucht vor Belén, ein Wrack entdeckt, sagt Warren White, ein richtig altes Wrack. „Ohne Kanonen", sagt Warren White, „und auch das ist logisch: Wenn jemand versucht, ein Schiff über eine Sandbank zu bringen, nimmt er alles herunter, was schwer ist."

Die Kanonen der „Gallega" liegen seit 500 Jahren auf der „Vizcaína", da passen Theorie und Wracks zusammen. Wenn das Wrack vor Nombre de Dios die „Vizcaína" ist.

„Sie ist es", sagt Warren White, „da bin ich zu 100 Prozent sicher. Zu 99,9 Prozent."

White, kugelrund, in kurzen Hosen und T-Shirt, mit Schnauzbart und goldener Kette, sitzt in seinem Lederstuhl und wippt vor und zurück. Seine Yacht, die „Makado", liegt draußen an der Pier, er hat sein Büro in einem weißen Gebäude mit grünem Dach, fünf Firmen haben hier jeweils eine Zelle, es gibt Buchstaben statt Hausnummern, „R“ steht über der Tür, die zu Warren White führt.

Zwei Räume gibt es hier drinnen. Im hinteren Raum ist Warren Whites Büro: zugestellt, wild, kein Blatt, das er sucht, findet er sofort. Einen Computer hat er dort und ein Telefon, manchmal sitzt ihm seine Frau Frankie gegenüber, und Frankie sagt Warren dann, wo das, was er sucht, vergraben sein könnte, überall stehen und liegen Farben und Lacke und Staffeleien und allerlei Kram. Und im vorderen Raum, die bröckeligen Wände gelb gestrichen, der Teppich seltsam rosa, hängen die Bilder, mit zehn Jahren begann Warren White zu malen. Seinen Stil könnte man „naiv“ nennen. Oder „romantisch“.

Frauen auf Felsen. Eva und die Schlange, „Eva hat das Gesicht meiner Großmutter“, sagt Warren White. Berühmte Seeschlachten. Und Columbus.

Columbus in der Bucht von Nombre de Dios, seine Männer stehen auf der „Vizcaína“, deuten mit dem Daumen auf die anderen Schiffe, nichts wie runter hier, das sagt diese Geste.

Die „Vizcaína“ ist nackt. Ohne Segel, ohne Männer, zwei Anker liegen vorn am Bug, gewaltige Anker, von Reling zu Reling. Drei Masten ragen in den Himmel. Klein ist das Schiff, das Wasser kommt von unten durch die Ritzen. Man sieht die Inseln vor der Bucht, man sieht die beiden anderen Schiffe davonfahren. Die „Vizcaína“ sinkt, war es so wie auf diesem Bild?

„Natürlich war es so, ich habe es ja so gemalt, wie das Wrack dort unten liegt“, sagt Warren White.

Moment, ist das nicht ein Denkfehler, gibt es denn einen Beweis dafür, dass dieses Wrack die „Vizcaína“ ist?

„Sie ist es“, sagt Warren White.

Er hat das Wrack gefunden, vor vier Jahren, und seitdem sind ein paar Kanonen verschwunden und ein paar Holzstücke, ansonsten ist nichts passiert. Es gab nur Ärger.

„Es ist traurig", sagt White, „Columbus entdeckte eine Welt, wir könnten seine Welt entdecken. Und was tun wir? Wir streiten."

Es begann damit, dass White den staatlichen Archäologen Carlos Fitzgerald ansprach, und der verstand damals nicht gleich, was das Wrack bedeuten würde. „Der Staat Panama hat nicht genug Geld, um ein solches Wrack zu heben", sagte Fitzgerald.

Zeit verging.

White sprach mit Nilda Vázquez, und die verstand sofort, was das Wrack bedeuten könnte.

Und nun wurde es kompliziert. Nilda saß einerseits in dieser Behörde namens INAC, dem Nationalen Kulturinstitut Panamas. Andererseits gibt es da die Firma namens Investigaciones Marinas del Istmo, eine Schatzsucherfirma, Nildas Sohn Ernesto ist dort der Chef, ein paar Amerikaner sollen die Geldgeber sein, Warren White stieg selbst ein und dann wieder aus, weil nichts voranging.

Wer sind die Leute hinter Nilda Vázquez? Namenlos, unauffindbar. Sie reden nicht gern. Nur einmal meldete sich der Sprecher der Investoren zu Wort, Isaac Nunn heißt er, er erzählte der „Los Angeles Times" eine kleine Anekdote: „Einmal fragten die Investoren: ‚Was passiert, wenn es das Schiff des Columbus ist?' Ich sagte: ‚Wenn es sein Schiff ist, dann haben wir das reichste Schiff der Welt.'" Denn dann kann es eine spektakuläre Bergung geben und einen Film und Interviews und, das vor allem, eine Weltausstellung.

Jedoch, die Gegenwart: Das Wrack liegt auf dem Meeresboden vor Nombre de Dios; Gerichte werden sich mit den Rechten beschäftigen, bald, noch ist der Fall nicht an der Reihe. Kanonen und Scherben und jene Holzstücke, die bislang geborgen wurden, liegen noch immer in diesen Süßwasserbassins auf Nildas Grundstück in Portobelo – und immer noch nicht in den Laboren des Archäologischen Instituts irgendeiner Universität.

Nilda Vázquez hat ja tatsächlich Verträge. In einem heißt es, dass bei einer Bergung die Investoren 65 Prozent und die Regierung 35 Prozent der Einnahmen kriegen. In einem anderen heißt es, dass Nildas Leute das Recht haben, über das Wrack in Wort und Bild zu berichten. Exklusiv? Nein, das steht da nicht, und deshalb streiten nun die Regierung von Panama und Nilda Vázquez. Denn als Carlos Fitzgerald begriff, was das Wrack bedeuten könnte, wurde schnell ein Gesetz verabschiedet, das dieses Wrack und alle Wracks an den Küsten Panamas zum nationalen Kulturgut erklärt.

So konnte es kommen, dass die „Vizcaína", wenn sie es denn ist, 500 Jahre nach ihrem Untergang ein zweites Mal in Unwetter und raue See geriet.

Wenn sie es ist?

Eine der ersten wissenschaftlichen Untersuchungen über das Wrack gab Warren White selbst in Auftrag. Er nahm ein Stück Holz aus dem Becken, steckte das Stück Holz in eine Plastiktüte, dann fragte er seinen alten Freund Brendan Buckley von der Columbia University New York, wohin er das Holz schicken könne: „Dr. Bernd Kromer, Radiometrische Altersbestimmung von Wasser und Sedimenten, Institut für Umweltphysik der Universität, Im Neuenheimer Feld 229, 69120 Heidelberg" hieß die Adresse. Und Kromer und seine Mitarbeiterin Sahra Talamo machten das mit dem Holz, was Wissenschaftler C14-Untersuchung nennen und woraus das Alter des Holzes hergeleitet werden kann. Das Holz, das er untersucht habe, stamme vermutlich aus dem Zeitraum zwischen 1480 und 1520, schrieb Bernd Kromer per Brief nach Amerika. Er schrieb weiter: „Es scheint so, dass das Holz relativ nahe an jenem Zeitpunkt gewachsen sein könnte, an dem die Columbus-Flotte aufgegeben wurde. Natürlich wäre das kein Beweis, aber natürlich unterstützt es die Theorie, dass das Schiff aus dem frühen 16. Jahrhundert stammt."

Für Schatzsucher wie Warren White gibt es keine Zweifel mehr. Der Haufen vor Nombre de Dios *muss* die „Vizcaína" sein, der Haufen *ist* die „Vizcaína“, und er, Warren White, ist ihr Entdecker, es ist der Fund seines Lebens.

Für Seemänner wie Warren White ist Christoph Columbus noch immer ein Gott. „Natürlich“, sagt White, „bewundere ich nicht die Art, wie er hier unten Lokalpolitik machte. Aber man muss doch diese großen Entdecker für ihre Entdeckungen bewundern. Dafür, voller Mut und Überzeugung geradeaus in eine Richtung zu fahren, die sie nicht kannten. Und, hey, dieser Mann hatte schreckliche Schiffe, und die Schiffe wurden von Reise zu Reise schrecklicher. Und er hat es trotzdem viermal geschafft.“

Vergleichbar, das sagt Warren White zum Abschied, wäre es, wenn heute eine Expedition zum Jupiter starten würde – „und wissen Sie was, wenn die irgendwo ausgeschrieben würde, würden sich in einer Stunde 10 000 Freiwillige melden“.

Sie auch?

Er sagt: „Ich wäre der Erste. Mann, was waren das damals für Abenteuer!“ Und dann steht Warren White auf, geht zur Tür, er blickt hinaus aufs Meer, er sagt: „Das spürt man noch fünf Jahrhunderte später. Sie müssen nur die Tagebücher und Dokumente der vierten Reise lesen, dann wissen Sie, was ich meine.“

## Simancas, Herbst 2003

Es war Detektivarbeit. Dies fand die Historikerin Consuelo Varela im königlichen Archiv von Simancas über die Besatzung der „Vizcaína“ heraus:

1. *Alejandro, Fray: Kaplan, Soldat auf der „Vizcaína“. Blieb auf Hispaniola. Erhielt am 19. März 1502 6000 Maravedís. Erhielt später 22 600 und 1740 Mrs. und abgezogen wurden 20 860, die an Julián Calvo ausgezahlt wurden.*

2. *Asurraga, Pascual de: Schiffsjunge auf der „Vizcaína". Erhielt am 4. März 1502 4000 Mrs.*
3. *Calle, Alonso de: Matrose auf der „Vizcaína", Vollbürger von San Juan de Puerto, starb am 23. Mai 1503, also vor der Küste Panamas. Erhielt am 31. März 1502 6000 Mrs., seine Witwe erhält das Geld, das die anderen ihm schulden: 68 Mrs. von Francisco de Porras, 17 Mrs. von Gonzalo Flamenco, 90 Mrs. von Francisco de Estrada, 119 Mrs. von Andrés de Sevilla, 318 Mrs. von Guillermo de Sopranis, 26 Mrs. von Francisco Ruiz, 121 Mrs. von Aparicio Martín, 85 Mrs. von Alonso de Almagro, 119 Mrs. von Rodrigo Álvarez und die Hälfte der Heuer von Bartolomeo Fiesci.* (Aber nicht alles kam bei der Witwe an, die Witwe war empört: Am 17. Juli 1506 übertrug sie die Vollmacht an Vicente Yáñez Pinzón, auf dass der das Geld eintreibe „von den Erben des Cristóbal Cólon oder von der Person, die zu zahlen hat".)
4. *Córdoba, Francisco de: Soldat auf der „Vizcaína". War Bediensteter des Admirals, desertierte zu Beginn der Reise auf Hispaniola. Erhielt 6000 Mrs.*
5. *Cheneco: Page auf der „Vizcaína", kam aus der Biscaya. Erhielt am 4. März 1502 3000 Mrs. und später 7564.*
6. *Díaz, Gonzalo: Matrose auf der „Vizcaína". Schwager des Bartolomeo Garca, der Matrose auf der „Capitana" war. Sagt in den Pleitos, den berühmten Prozessen um die Ansprüche der Erben des Columbus, 1515 für den Admiral aus und gibt dort an, er sei zu Beginn der Reise 27 Jahre alt gewesen. Lebte auf Kuba. Erhielt am 12. März 1502 6000 Mrs.*
7. *Durán, Marco: Chirurg und Schiffsjunge auf der „Vizcaína". Starb am 11. September 1504 auf Jamaika. Erhielt am 4. März 1504 6000 Mrs., seiner Familie wurden später 3000 Mrs. zugesprochen, die vom Lohn des Martín de Atón abgezogen wurden.*
8. *Elurriaga, Miguel de: Schiffsjunge auf der „Vizcaína". Starb am 17. September 1502. Erhielt am 1. April 1502 4000 Mrs.*
9. *Escobar, Rodrigo de: Schiffsjunge auf der „Vizcaína". Blieb auf Hispaniola, wo er während der „Pleitos" für Columbus aussagte. Gibt an, er sei zu Reise-*

*beginn 20 Jahre alt gewesen. 1514 war er Vollbürger von Santiago, wo er 6 Sklaven erhielt. Bekam am 16. März 1502 4000 Mrs. und später 15 133 Mrs., von denen seine Schulden bei fünf Kameraden abgezogen wurden.*

10. *Ferrón, Juan: Matrose auf der „Vizcaína". Erhielt am 16. März 1502 6000 Mrs., und am 4. September 1502 kassierte ein Kamerad 22 700 Mrs. von dem Sold des Alonso Vargas, doch Ferrón wies nach, dass das Geld ihm zustand, und er bekam es.*
11. *Fiesci, Bartolomeo: Kapitän der „Vizcaína". Stammt aus Genua. Erhielt am 16. März 1502 24 000 Mrs. Vorauszahlung. Kassierte später von Diego Roldán 547 Mrs., von Juan Rodríguez 520 Mrs., von Juan de Cuéllar 302 Mrs., von Andrés de Sevilla 312 Mrs., von Juan Moreno 600 Mrs., von Rodrigo de Escobar 312 Mrs., von Francisco Ruiz 7730 Mrs., von Francisco de Ávila 15 091 Mrs. und von Fray Alejandro 20 860 Mrs.*
12. *Fuenterrabía, Martín de: Bootsmann auf der „Vizcaína". Erhielt am 1. April 1502 9000 Mrs.*
13. *Gallego, Gonzalo: Matrose auf der „Vizcaína". Desertierte auf Hispaniola, obwohl er noch vier Monate zu dienen hatte. Erhielt am 16. März 1502 6000 Mrs.*
14. *Ginovés, Batista: Schiffsjunge auf der „Vizcaína". Erhielt am 11. März 1502 4000 Mrs.*
15. *Ledesma, Pedro de: Matrose auf der „Vizcaína".*
16. *Levante, Francisco de: Schiffsjunge auf der „Vizcaína".*
17. *Montesel, Pedro: Schiffsjunge auf der „Vizcaína".*
18. *Moreno, Juan: Matrose auf der „Vizcaína".*
19. *Narbasta, Domingo de: Schiffsjunge auf der „Vizcaína".*
20. *Pasan, Juan: Soldat auf der „Vizcaína".*
21. *Pego, Lope de: Matrose auf der „Vizcaína".*
22. *Pérez de Valda, Juan: Schiffsführer auf der „Vizcaína".*
23. *San Juan: Matrose auf der „Vizcaína".*
24. *Sevilla, Andrés de: Schiffsjunge auf der „Vizcaína".*
25. *Vargas, Luis: Schiffsjunge auf der „Vizcaína".*

Was für Männer waren das? Männer, die Columbus vertrauten, waren dabei, einige waren bei einer der ersten drei Expeditionen schon an Bord gewesen. Goldsucher waren dabei, Abenteurer, vor allem aber Männer, die nichts oder jedenfalls nichts Besseres zu tun hatten, Männer, die das Geld brauchten. Sie alle heuerten an, obwohl das Risiko diesmal besonders groß war: Drittklassig waren die Schiffe der letzten Reise, gleichsam Gebrauchtwagen statt Formel 1, angeschlagen und ohne Rückhalt im Königshaus war der Admiral.

Jung war diese Mannschaft, es war die jüngste, die Columbus jemals begleitete. Insgesamt 58 Schiffsjungen waren auf den vier Schiffen und 14 Soldaten, das sind 72 Männer, die 20 Jahre alt oder jünger gewesen sein dürften; einige, ein gewisser Esteban Mateos und ein gewisser Antón Quintero zum Beispiel, sagten später aus, sie seien erst 13 Jahre alt gewesen. Antón Quintero hatte es vermutlich etwas leichter, mit dem Heimweh fertig zu werden, als die anderen Jungs, denn zusammen mit ihm schrieb sich sein Vater ein.

Sehr hierarchisch ging es zu in dieser Mannschaft, die Rollen waren klar verteilt. Einige hatten sogar ihre persönlichen Helfer mitgebracht, niemand allerdings so viele wie Columbus: Der ließ gleich elf persönliche Bedienstete mit an Bord gehen, darunter zwei Kammerdiener. Und sehr hierarchisch wurde bezahlt: Bartolomeo Columbus verdiente 100 000 Maravedís im Jahr und Fernando Columbus 60 000; der Page Esteban Mateos bekam 2000 Maravedís pro Jahr. Generell galt: Kapitäne kriegten 48 000 Maravedís, der Schreiber Diego de Porras kriegte 34 000, Schiffsführer kriegten 24 000, Bootsmänner 18 000, Matrosen und Soldaten 12 000 und Schiffsjungen 8000. Es fuhren auch zwei Kalfaterer, drei Kanoniere, zwei Trompeter mit, und die wurden bezahlt wie Matrosen; es fuhren zwei Fassmacher mit, die bezahlt wurden wie Bootsmänner, und zwei Zimmermänner, die 14 000 Maravedís verdienten. Der Arzt Maese Bernal wurde ordentlich, aber nicht berauschend entlohnt: Er bekam 24 000 Maravedís im Jahr.

Maravedís von 1500 lassen sich schwer in Euro oder Dollar von 2004 umrechnen; die Kaufkraft ist nicht vergleichbar. Am ehesten kann man sich über Umwege annähern: Eine Feinunze Gold kostete 1492 rund 3000 Maravedís und 2004 etwa 400 Dollar; danach wären 100 Maravedís rund 13,50 Dollar. Eine andere Rechnung: Eine Feinunze Silber kostete 1492 etwa 100 Maravedís und 2004 rund 7,50 Dollar; danach wären also 100 Maravedís 7,50 Dollar. Wie gesagt: Annäherungen. Seeleute verdienten damals nicht überragend, aber auch nicht schlecht; Kost und Logis waren zwar gewöhnungsbedürftig, aber immerhin gratis. Was sagen Zahlen aus? Manchmal eine Menge.

Keine Frau war dabei, das konnte Consuelo Varela belegen, kein verurteilter und begnadigter Mörder war dabei, das war schon mal anders gewesen, wenn Columbus auf Reisen ging. 20 Italiener waren dabei und 18 Männer aus der Hafenstadt Palos. 35 Teilnehmer der Reise sagten später in den Pleitos aus, jenen Prozessen, in denen es um das Erbe und die Nachfolge von Columbus ging, 11 sagten für die Krone aus und 24 für die Familie Columbus. Rund die Hälfte der Besatzung, 70 Mann, kehrte zurück nach Spanien, 38 Männer blieben auf Hispaniola, und 35 starben während der Hohen Reise.

Denn es war eine wüste Reise, eine abenteuerliche, eine traurige. Es war die letzte Reise des Christoph Columbus.

## Santo Domingo, 29. Juni 1502

Die vierte Reise, die Hohe Reise, ist angenehm und entspannt, zunächst.

Columbus hat einen Brief seiner Majestäten erhalten, Fernando zitiert daraus: „Wir sind entschlossen, Euch zu ehren und Euch sehr gut zu behandeln … Ihr und Eure Erben sollt alle (Privilegien) genießen, so wie es gerecht ist, ohne jede Einschränkung … Und seid versichert, dass wir uns auch um Eure Söhne und Brüder sorgen werden, so wie es gerecht ist, und Euer Amt soll Eurem Sohn verliehen werden." Mit so einem Brief im Gepäck segelt es sich doch sehr viel leichter und freier.

Außerdem kennt Columbus natürlich inzwischen die Route, er weiß, wie lange es dauert, er kennt die Ziele. Und er hat Fernando dabei, seinen Sohn, 13 Jahre alt, der Junge liebt die See, und vermutlich ist Fernando sehr stolz auf seinen Vater, den Admiral.

In Cádiz sind Vater und Sohn an Bord der „Capitana" gegangen, dann mussten sie drei Wochen lang warten, der Wind war schwach, und wenn er mal blies, dann von vorn. Die kleine, von Anfang an seltsam zerzaust wirkende Flotte lag vor Cádiz fest: die große „Capitana", der Viermaster „Gallega", die „Santiago de Palos", die alle nur bei ihrem Spitznamen „Bermuda" nennen, und die „Vizcaína", das Baby, 50 Tonnen Fassungsvermögen, vermutlich rund 20 Meter lang.

Aber dann kam der Nordwind. Am 11. Mai ging es ein zweites Mal los, zunächst nach Las Palmas, am 25. Mai waren sie vor Gran Canaria, und dann stellten sie einen Rekord auf: über den großen Ozean in 21 Tagen, diese Bestleistung sollte jahrelang halten. Am 15. Juni ließen sie die Anker vor Martinique fallen, sie machten drei Tage Pause, luden Wasser und Vorräte, die Einheimischen sahen zu, wachsam, abwartend, tatenlos.

Und jetzt, im Juni 1502, ist er wieder hier, wieder daheim, Santo Domingo ist ja inzwischen beinahe so etwas wie Heimat für den heimatlosen Columbus; Bartolomeo, Bruder des großen Admirals, hat die Spanier von La Isabela im Norden der Insel hierher in den Süden geführt.

Es gibt eine Kirche in Santo Domingo, es gibt ein paar ziemlich vornehme Häuser mit Säulen, es gibt die Galgen, die man immer gebrauchen kann als Gouverneur, es gibt das Gefängnis, in dem

Columbus selbst schon mal saß, es gibt ein paar Holzhütten. Santo Domingo wird eine Stadt, das ist keine Frage mehr, und diese hier wird halten, sie wird blühen.

Es gibt da allerdings ein Problem.

Andere wollen ebenfalls reich werden in der Neuen Welt, und sie wollen reich werden, ohne Prozente an Columbus abgeben zu müssen oder auch nur Anteile vom Ruhm.

Diese Leute hassen den Entdecker, sie spotten über ihn, sie lachen über ihn, sie intrigieren gegen ihn.

Die traurige Wahrheit ist: Christoph Columbus darf in Santo Domingo nicht einmal mehr an Land gehen. Ein anderer ist nun Herrscher dieser Stadt: Gouverneur Nicolás de Ovando.

## Santo Domingo, Zona Colonial, Oktober 2003

Hier stand einmal der Palast des Gouverneurs, 500 Jahre ist das her. Der „Palacio Nicolás de Ovando" ist heute ein vornehmes Hotel, gebaut aus weißem Stein, mit großen Bögen und langen Gängen und einem Pool mit Meerblick und rostfarbenen Liegestühlen, mit Billardtisch neben der Bar und einem Hauch klassischer Musik – im Palacio Nicolás de Ovando wirkt es ganz so, als hätten die Spanier damals vor allem Stil und Eleganz in die Karibik gebracht, hier kann man die Wirklichkeiten der Dominikanischen Republik sehr schnell vergessen.

Der Palacio Nicolás de Ovando steht dort, wo damals der echte Palast stand oder gestanden haben soll, aber dieser Palacio ist bloß ein Nachbau. Und so ist es mit den meisten Häusern hier oben auf den Felsen über der Mündung des Río Ozama: Sie sehen aus, wie sie damals ausgesehen haben sollen, ausgesehen haben könnten, nun ja, eventuell, sie sollen halt die Touristen herlocken.

Santo Domingo ist heute eine Stadt mit 2,7 Millionen Einwohnern, die Hochhäuser sind schmutzig und die Holzhütten schief, es ist immer laut und ewig stickig in Santo Domingo, nur in diesem Viertel hier, der Altstadt, der Zona Colonial, ist alles sehr hübsch.

Geschwungene Bauten auf Marmor.

Edles Kopfsteinpflaster.

Die Zona Colonial hat nichts mit dem Rest der Stadt zu tun, die Einheimischen jedenfalls kommen selten hierher. Und darum wirkt es, als würden die beiden Welten niemals zueinander finden.

In der Zona Colonial gibt es auch die Alcázar de Colón, jenes Haus soll das sein, das Diego ungefähr 1510 gebaut hat. Ein Steinkasten ist das, wie ein gigantischer Backstein steht das Haus da, mit fünf Torbögen im Erdgeschoss und fünf Torbögen eine Etage höher, es ist ein Nachbau. „Wenn wir ehrlich sind, müssen wir zugeben, dass wir keine Ahnung haben, wie Diegos Haus einmal aussah", sagt der Historiker Tristán Colente.

In der Zona Colonial gibt es das Pantheon, Grabstätte kolonialer Heldengestalten, und es gibt „Las Casas Reales", ein Museum, in dem man Karten und Briefe sehen kann, die 500 Jahre alt sind, Quadranten, Oktanten und Sanduhren, Mühlsteine und Zuckerpressen. Man sieht, wie die Spanier damals aussahen in ihren weiten Mänteln, sie dürften geschwitzt haben bei 40 Grad Celsius. Und man sieht, was sie noch so dabei hatten: Fesseln und Zangen, Holzblöcke für Kopf und Hände, Peitschen, Kugeln und eiserne Reifen für den Hals mit Löchern, durch die die Nägel getrieben werden konnten, immer weiter, so lange, bis die Folterknechte bekamen, was sie wollten, oder eben so lange, bis der Ungläubige bekommen hatte, was er verdiente.

Es gibt Denkmäler der beiden Gegenspieler in der Zona Colonial: Nicolás de Ovando steht auf dem Platz namens „La Atarazana", ein alter Mann mit Halbglatze, den Kopf hat er seltsam nach hinten geschoben, skeptisch wirkt er und düster.

Und Columbus steht im „Parque Colón", auf dem Marktplatz, dem Zentrum der Zona Colonial.

Ein Platz in Kreuzform. Schuhputzer laufen herum und beginnen zu putzen, auch wenn die Touristen den Kopf schütteln, ein paar Pesos kriegen die Jungs natürlich doch, es wäre ja peinlich sonst. Und Schulkinder in Uniform sitzen vor den Mauern, die Hosen beige, die Hemden und Blusen blau. Postkartenverkäufer bieten ausgebleichte Postkarten an, Fremdenführer „für deutsche Lande" laufen über den Platz, Menschen, die vermutlich vieles können, aber sicher kein Deutsch. Und Tauben gibt es hier, Unmengen Tauben.

Und mittendrin steht Columbus, der Abenteurer, den Blick in die Ferne gerichtet. Mit der linken Hand zeigt er nach Westen, neben ihm stehen ein Poller mit Schiffstau und ein Anker. Dieser Columbus ist aus Bronze, und der Sockel ist aus Marmor, und zum Denkmal gehört auch eine Eingeborene, die sich ihrem Entdecker entgegenreckt oder anbietet, nackt ist die Eingeborene bis auf den Kopfschmuck und den sehr knappen Lendenschurz; sie hat einen Stift in der Hand und schreibt gerade „Cristóbal Colón" in den Sockel. Im Februar 1887 hat Ernesto Gilbert diesen Columbus vollendet, und natürlich sagt auch dieser Columbus wieder viel aus über das Selbstverständnis der Kolonialherren, über Oben und Unten, über Männer von damals und ihr Frauenbild.

Und schließlich gibt es in der Zona Colonial, 50 Meter vom Columbus-Denkmal entfernt, noch die „Catedral Basílica Menor de Santa María", die erste Kirche der Spanier in der Neuen Welt. 1540 wurde sie gebaut als Grabstätte für Don Juan Mosquera, Bürgermeister von Santo Domingo, 1992, zum Columbus-Jubiläum, wurde sie restauriert. Hier war Columbus einst begraben, hier soll er begraben gewesen sein, auch das ist ein Rätsel im Fall Christoph Columbus.

Und gegenüber, im Café der „Columbus Plaza", sitzt Tristán Colente, 54 Jahre alt, ein grauhaariger Herr, Geschichtslehrer. Er isst

Dorade, er trinkt „Presidente“, das Bier von Santo Domingo, er sagt: „Columbus hätte hier alles haben können. Die Taínos haben Brot gebacken, Casabe hieß das Brot. Sie haben gejagt, gefischt, Yucca angebaut. Sie hießen die Spanier sogar willkommen. Columbus hätte sich nur auf die Taínos einlassen müssen. Aber weil er das Brot nicht kannte und die Früchte nicht, hat er gehungert, und weil er die Sprache nicht verstand und die Gesten sowieso nicht, hat er die Taínos als Feinde betrachtet und abgeschlachtet. Nein, Columbus hat diese Welt nicht entdeckt, es gab sie bereits, und besiedelt war sie auch. Und nein, er hat Europa und Amerika nicht zusammengeführt. Er ist hergekommen und hat gemordet, kannst du mir eines erklären: Wofür verehrt ihr Europäer diesen Mann?“

Señor Colente bestellt noch ein Bier, er guckt hinüber zur Kirche, flach und niedergedrückt sieht die Kirche aus, dann sagt er: „Es wäre ganz einfach gewesen, wenn Columbus nur offene Augen gehabt hätte.“

## Santo Domingo, Juni 1502

Wie erkennt ein Seefahrer einen nahenden Hurrikan? Nun, es ist eine Sache der Indizien: dunkle Wolken in der Ferne, dunkler als die ganz normalen Regenwolken, zunehmende Winde, schneller zunehmend als üblich, dunkle Flecken auf dem Wasser, das sind die ganz normalen Böen, die jeder Segler herankommen sieht; aber wenn ein Hurrikan kommt, sind die Flecken beunruhigend groß; und, verdammt, sie bewegen sich höllisch schnell.

Einen Hurrikan kommen zu sehen ist schwer genug, einen Hurrikan zu spüren, der noch jenseits des Horizonts ist, das ist die große Kunst. Denn dabei geht es um sinkenden Luftdruck, minimal steigende Temperaturen, dabei geht es darum, dass man dünne, kleine Wolken registrieren und vor allem Veränderungen im Wind fühlen muss.

Wenn man einen Hurrikan fühlt, bevor man ihn sehen kann, hat man meistens Zeit genug, Land zu suchen. Wenn man einen Hurrikan dann sieht, kann die Zeit gerade noch reichen, es kann aber auch schon zu spät sein. Und wenn man beides nicht hinkriegt? Es sind schon viele Schiffe gesunken, weil die Kapitäne einen Hurrikan erst erkannt haben, als er über ihnen war.

Wenige allerdings sanken, weil ihre Kapitäne nicht hinschauen wollten. So wie diesmal.

Diesmal sinken die Schiffe, weil es hier in der Neuen Welt um Macht geht und um Eitelkeit. Es ist alles ein bisschen wie Schachspielen oder Pokern, nur gefährlicher. Es ist alles sehr verkorkst.

Columbus darf die Mündung des Río Ozama, den neuen Hafen, nicht anlaufen, Gouverneur de Ovando verbietet es. Columbus weiß allerdings, dass ein Hurrikan kommt, er fühlt es. Columbus weiß außerdem, dass Ovando eine Flotte nach Spanien schicken will, 30 stolze Schiffe. Was also tut er?

Er ist ein netter Mensch, manchmal, so könnte man das sehen, Fernando zum Beispiel sieht das so. Andererseits, na ja, alles ist relativ. Columbus weiß auch, dass eines der 30 Schiffe sein gesamtes Privatvermögen aus der Neuen in die Alte Welt bringen soll. Und wenig Gold ist das nicht.

Außerdem braucht er ein neues Schiff. „Ich bat um den Gefallen, dass ich zu meinen eigenen Kosten mit einem neuen Schiff ausgestattet würde“, schreibt er, „da eines, das ich mit mir führte, nicht seetauglich war und nicht genügend Segelfläche trug.“ Er meint die „Gallega“, die zu wenig Segelfläche trägt, weil sie nicht genug Ballast geladen hat. Und vor allem der Ballast verhindert ja, dass Winde das Schiff auf die Seite drücken. „Sie war eine Spinnerin und eine furchtbare Seglerin; sie war nicht nur langsam, sondern sie konnte auch kaum die Segel aufnehmen, ohne dass eine Seite des Schiffes beinahe unter Wasser lag, was uns während der Reise noch eine ganze Menge Ärger machen sollte", so beschreibt Fernando die „Gallega".

Und aus all diesen Gründen schickt Columbus nun Pedro de Terreros an Land, den Kapitän der „Gallega", einen dieser Haudegen der Entdeckerzeit, jenen Mann, der alle vier Reisen mitgemacht hat. Terreros kriegt einen Termin beim Gouverneur, immerhin, und er darf ausreden. Er liest also ein Schreiben des Admirals der Meere vor und sagt einen Hurrikan innerhalb der nächsten zwei Tage voraus, er bittet um Anlegeerlaubnis, er rät dringend, die Flotte für acht Tage im Hafen zu lassen und die Leinen zu verstärken.

Jedoch: Da sind diese elenden Eitelkeiten. Die Machtspiele.

De Ovando lacht, er trägt das Schreiben voller Spott seinen Dienern vor, es ist das erste Kabarett in der Neuen Welt, und de Ovando nennt Columbus einen „Wahrsager", und er lacht weiter. Nein, natürlich darf Columbus nicht an Land, was für ein plumper Trick, natürlich läuft de Ovandos Flotte sofort aus, haha! Was für eine Pracht, 30 spanische Schiffe mit vollen Segeln, der Wind ist satt und kräftig, die Flaggen Kastiliens wehen vor Hispaniola.

Columbus macht es schier wahnsinnig. Er trauert. Er schreibt:

*Welcher Mensch … wäre nicht an Verzweiflung gestorben? Denn in solch einem Wetter, auf der Suche nach Zuflucht für mich selbst, den Sohn, den Bruder und meine Freunde, wurden mir das Land und der Hafen verboten, die ich selbst, Gottes Wille gehorchend und Blut schwitzend, für Spanien gewonnen habe.*

Man darf wohl annehmen, dass ein Gefühl wie Schadenfreude einem Menschen wie Christoph Columbus nicht vollkommen fremd ist. Aber er ist so klug, dass er das nicht zu Protokoll gibt. Zunächst befiehlt er seine vier Schiffe in die Mündung des Río Jaina, wo er sehr viel Manövrierraum nach Süden hat, wo die Schiffe treiben können, ohne auf Riffe zu laufen. Und dort warten sie auf das, was kommen wird.

Es kommt, was kommen musste und was nur einer wusste. Es kommt der Hurrikan. Und er kommt von Nordwesten.

Columbus schreibt:

*Der Sturm war schrecklich, und in jener Nacht wurden die Schiffe von mir getrennt. Jedes einzelne wurde schlimm zugerichtet und erwartete nichts als den sicheren Tod; jedes einzelne war sicher, dass die anderen verloren waren.*

Fernando schreibt:

*Es zeigte sich, dass der Adelantado (Bartolomeo), ganz der erfahrene Seemann, der er war, den Sturm dadurch besiegte, dass er weit hinausfuhr, während der Admiral sein Schiff dadurch rettete, dass er nahe an der Küste lag.*

Es sinken 20 Schiffe der Flotte des Gouverneurs mit Mann und Maus, es sterben unter anderem Antonio de Torres und Bobadilla, die Rivalen, die Feinde des Entdeckers.

Andere Schiffe stranden und zerbrechen an der Küste, über 500 Spanier ertrinken.

Es schleppen sich nur vier Schiffe zurück nach Santo Domingo. „Es war Gott eine Freude, die Augen und die Köpfe all dieser Männer zu verschließen, so dass sie dem guten Rat des Admirals keine Beachtung schenkten", schreibt Fernando, „denn wären sie nach Kastilien gelangt, wären sie niemals gerecht für ihre Verbrechen bestraft worden."

Man kann eine Menge Schlechtes über Columbus sagen und so gut wie alles zu Recht, aber ein schlechter Seemann ist dieser Kerl nicht. Und als brauchte es noch ein Wunder: Nur ein Schiff kommt heil nach Spanien, es ist die „Aguja", die den Schatz des Christoph Columbus an Bord hat, 4000 Pesos in Gold, ein Vermögen.

Columbus und alle seine Männer überleben. Sie haben drei Anker verloren und ein Beiboot, mehr nicht. Der Admiral hat seine Leute geschickt durch den Hurrikan geführt.

Anschließend machen sie eine Woche Pause. Die Männer von der „Vizcaína" fangen einen Rochen, der an der Wasseroberfläche schläft; sie fangen das Vieh mit einer Harpune und fesseln es an ein Rettungsboot, bis der Rochen sich in seinem Überlebenskampf selbst zu Grunde gerichtet hat. Es wird ein Festmahl. Eine Woche wie diese ist ein Traum für jeden Segler, hier vor Hispaniola sowieso, in einem der schönsten Reviere der Welt – nicht aber für einen Segler wie Columbus. Ungeduldig ist der und gierig, vielleicht zweifelt er an sich und seinen Entdeckungen, aber das ist schwer zu sagen, von Zweifeln spricht er selten.

Er muss ja, nach drei Reisen in Richtung Westen, irgendwann begriffen haben, dass er nicht in Indien ist, dass es eine Ursache dafür gibt, dass ihn ständig dunkle, nackte Menschen an sandigen Stränden begrüßen und niemals der Kaiser von China; er ist nicht dumm. Ein Indiz dafür, dass er wahrscheinlich ahnt, dass er etwas Neues entdeckt hat, einen unbekannten Kontinent sogar, ist natürlich, dass er in den Berichten von der vierten Reise kaum mehr von Asien spricht. Kein Khan, kein Palast taucht da auf. Und auf der dritten Reise, vor dem späteren Venezuela, schrieb er ja vage von einer „anderen Welt".

Weiß er es also?

Er darf es nicht zugeben, weil er mit seinem König und seiner Königin immer nur über Entdeckungen in Asien und „den Indien" verhandelt hat. Er will seine Anteile, und ein Mann wie Columbus, misstrauisch und missmutig, ahnt oder weiß natürlich, dass seine Königin und sein König solche Schlupflöcher sofort ausnutzen würden, wenn er sie ihnen anböte.

Kein Gold mehr, keine Prozente mehr?

Weil es ja gar nicht Indien ist?

Nun, muss man unbedingt darüber reden?

Und er kann es nicht zugeben, weil das eine Größe erfordern würde, die er nicht hat. Einen Fehler eingestehen? Über die eigene Schwäche lächeln? Kann man sich Christoph Columbus vorstellen, der niederkniet vor dem Thron und sagt: „Entschuldigung, Isabella, das ist Amerika und nicht Indien, da sind lauter Dunkelhäutige und keine Asiaten, aber Amerika ist doch auch schön, nicht wahr?" Nein, der Admiral der Meere macht keine Fehler.

Dennoch: Er weiß es, er muss es wissen, Columbus ist ein verbohrter Mann, ein fanatischer Mann, aber kein Trottel.

## Karibik, Juli 1502

Columbus sucht jetzt, auf der vierten, der Hohen Reise, nach dem Durchbruch durchs Festland, nach dem Fluss, der ihn auf die andere Seite bringt. Es muss weitergehen, das weiß er, aber wo? Er fährt die Küsten auf und ab, er fährt in Mündungen hinein, er schickt Spähtrupps los: Wo, verdammt, geht es weiter?

Seine vier Schiffe fahren durch die Windward-Passage bis zur Südküste Jamaikas, „der Wind und eine schreckliche Strömung waren gegen mich", schreibt Columbus. Dann fahren sie weiter nach Nordwesten bis zur Südküste Kubas, und endlich sind die Winde so, wie Columbus sie haben will, sie schaffen in drei Tagen 360 Seemeilen, und endlich können sie beginnen mit der Suche. Sie sind, es ist Ende Juli 1502, an der Küste einer Region, die ein halbes Jahrtausend später Honduras heißen wird.

Hier sehen sie ein Kanu, das größer ist als alle Kanus, die sie bisher gesehen haben, es ist geschnitzt aus einem Baumstamm, es gleicht einer Galeere, und 25 Indianer rudern das Ding. Eine Kabine hat dieses Boot, es transportiert Baumwolle und Kakaobohnen und ein flüssiges, schäumendes Zeug, das man mit sehr viel gutem Willen Bier nennen könnte. Aber Columbus ist aufgeregt, denn was er hier sieht, ist Zivilisation, das muss eine höher entwickelte Rasse sein.

Diego Méndez de Segura, Jünger und Begleiter des Admirals, eine Art Held der vierten Reise, hat von diesem Trip ins Unglück berichtet. Es gibt da ein Testament, das nüchtern geschrieben und authentisch ist, und dann gibt es da noch einen Bericht, einen, der nicht im Original erhalten ist, er ging durch mehrere Hände, auch Las Casas soll ihn bearbeitet haben, man muss also von Veränderungen und Ausschmückungen ausgehen. „Ophir – Nach dem Bericht des Diego Méndez“ heißt die deutsche Fassung, die 1970 im Horst Erdmann Verlag veröffentlicht und noch einmal bearbeitet, man könnte auch sagen: angereichert und, wenn man vom Original ausgeht, nun ja: durchaus ein wenig verfälscht werden wird. So ist das ja manchmal im Fall Columbus: Ein ehrenwerter Herausgeber namens Dr. Robert Grün veröffentlicht „Leben und Fahrten des Entdeckers der Neuen Welt in Dokumenten und Aufzeichnungen“, aber weil die Dokumente und Aufzeichnungen manchmal etwas trocken geraten sind, dichtet Dr. Grün eben ein bisschen was dazu.

Das Problem bei der Wahrheitssuche ist ja ohnehin, dass alle Geschichten, die später über die vierte Reise erzählt werden, deshalb erzählt werden, weil der Erzähler ein Eigeninteresse hat und immer vor allem die eigene Rolle preisen will.

Es gibt den Brief des Christoph Columbus, den dieser an Isabella und Ferdinand schreibt, als er ohne Schiff auf Jamaika festsitzt und fürchtet, nie wieder nach Spanien zu kommen. Columbus beschreibt sich selbstverständlich als Lenker und Patron dieser Reise, er erwähnt einen Mann wie Diego Méndez nicht einmal, er will, dass er höchstselbst den Ruhm kriegt und seine Familie das Erbe. Sagt er also wirklich und immer die Wahrheit?

Es gibt den Bericht, den Fernando verfasst hat, jener Sohn, der dabei war, als sein Vater scheiterte. Fernando kämpft um die Ehre seines Vaters, um Anerkennung, um das Erbe. Eine objektive Instanz?

Das Testament des Diego Méndez, laut Selbstauskunft ein „Einwohner der Stadt Santo Domingo auf der Insel Hispaniola“, wurde verfasst am „sechsten Tag des Monats Juni im Jahre eintausendfünfhundertundsechsunddreißig“ in Valladolid. Diego Méndez fühlt sich um Einnahmen aus den neuen Ländern betrogen und schreibt, dass nur einer, nämlich er, Diego Méndez, dem Admiral Christoph Columbus und allen anderen während der vierten Reise das Leben gerettet habe; Diego Méndez sagt, dass Diego Méndez niemals Angst gehabt habe; Diego Méndez sagt also im Wesentlichen eines: Diego Méndez ist ein Held. „Ich diente dem großen Admiral Don Cristóbal, ich war mit seiner Lordschaft auf Reisen, um Inseln und unbekannte Länder zu entdecken, und in diesen Diensten brachte ich viele Male mein Leben in Gefahr, um sein Leben zu retten und die Leben derer, die mit ihm fuhren und mit ihm waren", schreibt Méndez. Und: Columbus und seine Familie „stehen in meiner Schuld für viele und große Dienste, die ich ihnen leistete und bei denen ich das Beste meines Lebens aufbrauchte und opferte". Ein Tatsachenbericht? Wahrheit? Wahrheit kann ein großes Wort sein.

Und dann gibt es noch Szenen, Fragmente, Zitate, die aus den Prozessen stammen, Zeugenaussagen für Columbus und Zeugenaussagen gegen Columbus, nicht Wirklichkeit, schon gar nicht Wahrheit, sondern ein großer Haufen Widersprüche.

Und darum muss man genau vergleichen, man muss versuchen, skeptisch zu sein und zugleich phantasievoll, man muss hin und wieder auch damit zufrieden sein, dass sich Dinge nicht mehr klären lassen.

Diego Méndez also sagt in „Ophir" über das seltsame Kanu:

*Wir sahen kupferne Äxte und Glocken, Gefäße aus Marmor und hartem Holz, Tücher und Mäntel aus Baumwolle, gefärbte Hemden ohne Ärmel... und zum ersten Mal in diesen Breitengraden – Geld. Es waren seltsame Münzen, weder aus Gold noch aus Silber, sondern braun und unscheinbar, Nüssen ähnlich.*

Und ein junger Indianer sitzt stolz da, und zwölf junge Frauen stehen und sitzen im Kreis um ihn herum. „Bewundernswerte Bescheidenheit" bescheinigt Fernando diesen Menschen, die aus dem Blickwinkel der Spanier natürlich Wilde sind, „denn wenn einem sein Lendenschurz abgenommen wurde, bedeckte er sofort seine Genitalien mit den Händen, und die Frauen bedeckten ihre Gesichter wie die muslimischen Frauen von Granada."

Spanier und Indianer tauschen. Sie verständigen sich mit Handzeichen. Columbus fragt nach Gold, die Indianer zeigen nach Osten. Columbus fragt nach ihrer Heimat, die Indianer zeigen nach Westen. Dann laden sie ihn ein, ihnen zu folgen. Doch Columbus lässt den Steuermann des Kanus festnehmen, er gibt ihm den Namen Juan Pérez, und dass er so etwas darf, steht für Columbus außer Frage.

Er glaubt ja an den richtigen Gott und der Eingeborene an den falschen. Und deshalb ist Juan Pérez, der bis dahin Jumbe hieß und Steuermann zur See war, von nun an Übersetzer und Dolmetscher des Admirals der Meere.

Und jetzt? Wo ist die Straße, der Durchbruch, das Ziel? Wohin soll Columbus segeln? Nach Westen oder nach Osten?

Nach Westen, das wäre die einfache Route, der Wind bläst hier ständig von Osten, doch das Problem wäre der Rückweg. Gute Seefahrer denken immer zuerst an den Rückweg, daran, dass sie dann vielleicht keine Vorräte mehr haben und schon längst keine Lust mehr, daran, dass auf dem Rückweg auch ihre Schiffe nicht mehr die besten sein könnten.

Columbus steht hinten auf dem Achterkastell, natürlich blickt er in alle Richtungen, er sieht Bucht auf Bucht auf Bucht, er sieht dicht bewachsene Hänge, Regenwälder, er sieht Felswände und Sandstrände und Palmen, und dann befiehlt er: nach Osten.

## Karibik, August 1502

Wer einmal einen Sturm auf hoher See erlebt hat, braucht so etwas kein zweites Mal.

Ein Sturm auf See wirkt, als würde er nirgendwo beginnen und nirgendwo enden, ein Sturm auf See raubt die Orientierung, denn die Welt scheint zu wanken, und nichts ist mehr sicher, nichts fest. Kleidung, Nahrung, alles ist nass.

Ein halbes Jahrtausend später werden die Seeleute sich anleinen, sie werden Rettungswesten mit Peilsendern und Lichtern tragen und trotzdem: Nachts und dort draußen auf dem Meer werden sie geringe Chancen haben zu überleben, wenn sie über Bord gehen.

Im August 1502 ist jeder Mann über Bord automatisch ein toter Mann. Und man geht leicht über Bord im August 1502. Es gibt keine griffigen Spezialschuhe, es gibt keine Suchscheinwerfer und keine Relingsdrähte, sondern nur glitschige Decksplanken. Und die Schiffe rollen, Karavellen, die keinen tief gehenden Kiel haben, sowieso.

Der Sturm kommt aus Osten, Columbus will nach Osten, es wird eine verdammte Quälerei. Sie fahren von der Küste weg und wieder auf die Küste zu, „Kreuzen" nennen Segler das. Kreuzen ist immer zäh und mühsam, aber es ist zermürbend, wenn Seeleute im Moment der Wende vor der Küste sehen, dass sie seit der letzten Wende vor der Küste kein Stück vorangekommen sind. Und wenn sie dann sehen, dass der Sturm sie sogar zurückgepresst hat, lassen sie die Anker fallen und warten auf das Ende des Sturms. „Der Kurs war navigierbar, aber schwierig", sagt Fernando. Columbus schreibt:

*Es waren ein endloser Regen, endloses Blitzen und Donnern. Es schien das Ende der Welt zu sein … 88 Tage lang sah ich weder die Sonne noch die Sterne … Die Schiffe waren dem Wetter ausgeliefert und gebeutelt, mit zerfetzten Segeln, Anker, Rigg, Kabel, Boote und große Teile der Ladung waren verloren; die Leute, erschöpft und niedergeschlagen, schworen ständig, gut zu sein, auf Pilgerfahrten zu gehen; sie hörten einander die Beichte ab … Die Leiden meines Sohnes quälten meine Seele; ich sah ihn, im zarten Alter von 13 Jahren, so verzweifelt, und das für lange Zeit. Aber unser Herr schenkte ihm solchen Mut, dass er sogar den Rest zu trösten vermochte, und er arbeitete, als wäre er 80 Jahre lang zur See gefahren. Das tröstete mich. Ich selbst war krank und war so viele Male dem Tode nahe, aber ich kommandierte von einer kleinen Hütte aus, die die Leute für mich auf dem Achterdeck aufgebaut hatten.*

In dem eher literarisch zu verstehenden Bericht „Ophir“, frei nach Diego Méndez, heißt es:

*Regen, Stürme, Gewitter, Strömungen, die uns von der Küste weg ins Meer hinaustrieben, wurden nun unsere ständigen Begleiter. Dazu begann uns eine drückende, feuchte Hitze zu quälen, die den Schweiß in wahren Bächen aus den Poren trieb und die Kehle und den Körper ausdörrte. Die Schiffe leckten bald, Segel und Takelwerk rissen entzwei, die Vorräte verfaulten. Eine tiefe Mutlosigkeit bemächtigte sich unser aller. 40 Tage dauerte diese Qual. Kaltes Frühstück, Durst, nasse Kleider, als Nahrung verschimmeltes Brot und ein Stück Salzfleisch, ständig niederrauschender Regen, Gewitterböen, Wasserschöpfen, Angst, da kein Schiff das andere sehen konnte. 40 Tage wurden wir von den aus den nahen Mangrovensümpfen anschwirrenden Stechfliegen gemartert, alle schon zu kraftlos, sie zu verscheuchen. 40 Tage gegen den Wind, 40 Tage Regen! 40 Tage schon halb verschlungen von der über den Schiffen sich brechenden See, halb tot durch das ständige Einholen der Leinen und das unablässige Pumpen.*

Die Schiffe sind klein.

Sie sind flach, sie rollen von der einen Seite auf die andere.

Es gibt keine trockene Ecke auf diesen Schiffen, es gibt keine Kajüten für die Mannschaft. Die Seeleute schlafen in jenen Ecken, die sie finden können, auf Taurollen, zwischen den Vorräten, überall. Sie schlafen in Wasserlachen. Es gibt keine Handtücher.

Wenn man auf See in einem Sturm ist, dann denkt man, dieser

Sturm hat kein Ende und keinen Anfang, der hört nie auf. Doch irgendwann ist es vorbei, Diego Méndez sagt laut „Ophir“:

*40 Tage, in denen wir 70 Seemeilen zurücklegten! Hohläugig, verzweifelt, von der Gicht und anderen Krankheiten geplagt, erreichten wir schließlich ein Vorgebirge, wo die Küste, einen Winkel bildend, gerade nach Süden lief. Kaum hatten wir es umsegelt, waren wir auch schon in eine andere Welt eingedrungen. Ein blauer Himmel lachte uns entgegen, ein frischer Wind ließ die Segel knattern, und das Land, das vor uns lag, schien das Paradies selbst zu sein. Wenn der Admiral je einem der von ihm entdeckten Vorgebirge einen zutreffenden Namen gab, so wählte er ihn diesmal. Er nannte das Kap, hinter dem wir qualvolle 40 Tage zurückgelassen hatten, „Gracias Dios“.*

Sie haben es überlebt, die vier Schiffe haben es ausgehalten.

*Gracias Dios,* Gott sei Dank.

## Mittelamerika, September 1502

Am 14. September sind sie am Kap, das Columbus „Gracias Dios“ tauft, es ist eine lang gezogene Kurve voller Felsen, in einem Gebiet, das 500 Jahre später Nicaragua heißen wird. Von jetzt an geht es nach Süden, und mit dem seitlichen Ostwind kommen die vier Schiffe nun ganz gut zurecht, es geht voran.

Sie ankern 120 Meilen südlich von Gracias Dios, weil sie Wasser und Nahrung und Holz laden wollen. Columbus schickt die Boote los, Spähtrupps, sie sind an einer Flussmündung, aber es gibt Strudel dort, „und der Wind frischte seewärts auf, und die See wurde schwer“, so Fernando. Zwei Seeleute ertrinken. Columbus hat einen Sinn für Symbolik, und darum nennt er den Fluss „Río de los Desastres“.

Sie kommen zu einer weiteren Flussmündung, aber es ist Nacht, und darum fahren sie nicht hinein. Zufälle wie dieser machen die vierte Reise zu einer Katastrophe.

Wären sie hineingefahren, hätten sie nur ein wenig durchgehalten, dann wären sie leicht bis zu einem See gekommen, jenem See, der 500 Jahre später Lago Nicaragua heißen wird, und wenn ihnen dort ein Indianer irgendwie verständlich gemacht hätte, dass sie nur 15 Meilen zu Fuß gehen müssten … Wenn, wenn, wenn: Dann hätte Columbus seinen Traum verwirklicht, dann hätte er den Pazifik gesehen, dann hätte alles einen Sinn gehabt. Dann hätte er triumphiert.

Jedoch: Es ist Nacht, und sie fahren an der Mündung vorbei.

Und sie erreichen stattdessen ein Gebiet, das die Indianer „Cariai" nennen, 500 Jahre später wird es Costa Rica heißen.

Und nun sind sie ausnahmsweise einmal nett, man könnte beinahe „respektvoll" sagen, wenn Respekt nicht so etwas wie Gleichberechtigung und Toleranz voraussetzen würde. Es ist wohl eines dieser vielen Missverständnisse, aber sie sind nett, und diesmal ist das ein Fehler.

Sie wollen Geschäfte machen mit den Talamanca-Indianern, und die schleppen Baumwollhemden und Speere mit Spitzen aus Fischknochen und Schmuck aus „Guanin" heran, das ist eine Art vergoldeter Tand, eine Mischung aus Gold und Silber und Kupfer, nichts, was man in Spanien verkaufen kann. Also lehnt Columbus ab. Da schicken die Indianer zwei nackte Jungfrauen auf die Schiffe, die eine vielleicht 8, die andere vielleicht 14 Jahre alt, beide haben Goldketten in den Händen. Das Geschenk ist zur freien Verwendung gedacht, und das Ziel dieses Geschenks ist natürlich die Verbesserung der Handelsbeziehungen. Fernando Colón, etwa so alt wie das ältere der beiden Mädchen, schreibt:

*Sie zeigten großen Mut, und obwohl ihnen die Christen ja in der Erscheinung, den Manieren und der Rasse fremd waren, zeigten sie keine Trauer oder Furcht, sondern wirkten sehr freundlich und bescheiden. Deshalb wurden sie gut behandelt vom Admiral, der sie kleiden und mit Nahrung versorgen ließ, ehe er sie an Land sandte.*

Sein Vater, der Admiral der Meere, hat einen anderen Blick, ist es der Blick des Kenners? Der Blick des Vaters? Columbus schreibt:

*Sie waren beide so verwahrlost, dass sie nicht besser als Prostituierte waren. Sie trugen ein magisches Puder. Als sie kamen, befahl ich, dass sie mit einigen unserer Dinge ausgestattet würden, und schickte sie sofort zurück an Land.*

Und Diego Méndez sagt laut „Ophir“:

*(Cristóbal) ahnte wie wir alle nicht, dass er damit den Indianern eine tödliche Beleidigung zugefügt hatte. Sie griffen uns nicht an, aber die Kunde, dass wir bösartige, gefährliche Wesen seien, lief uns voraus. Sie lief schneller als unsere Schiffe. Und mit ihr lief uns viel Gold davon.*

Auch so kann man sich Feinde machen.

Es kommt zu wüsten Schlachten. Aus dem Dschungel hören die Spanier die dumpfen Trommeln, und dann werden die Schiffe von Kanus eingekreist, die Indianer greifen mit Pfeil und Bogen an und sterben durch spanische Kanonenkugeln. Das erste Jahrhundert des von Europa entdeckten Amerikas ist angebrochen, es wird ein blutiges Jahrhundert.

An Bord der „Capitana“ hat Fernando ein seltsames Spiel entdeckt. Die Indianer haben ihm zwei Nabelschweine geschenkt, und ein Spähtrupp hat einen Klammeraffen mitgebracht, und als der Affe sich wehrte und weglaufen wollte, haben sie ihm ein Bein abgeschnitten. Und nun lassen die Spanier die Tiere gegeneinander kämpfen, „ein neuer und schöner Sport“ sei das, schreibt Columbus an Ferdinand und Isabella, sein Sohn Fernando habe viel Spaß daran. Der Klammeraffe gewinnt den Kampf, Fernando allerdings nennt den Affen „die Katze“: „Die Katze“ würge und beiße und nutze den eigenen Schwanz als Schlinge, „daraus schlossen wir, dass diese Katzen so wie andere Tiere jagen, wie die Wölfe und Hunde Spaniens“.

## Mittelamerika, Oktober 1502

Es ist der 5. Oktober, als Christoph Columbus weitermacht mit der Suche nach der Meeresstraße. Es geht wieder schief. Wie soll man sich aber auch verständigen mit diesen Eingeborenen, diesen Nackten, diesen Wilden, die ja nicht mal ansatzweise Spanisch sprechen?

„Sie laufen vollkommen unbekleidet umher", notiert Fernando empört, „nur die Genitalien bedecken sie mit einem Baumwolltuch."

Und wie dumm sie sind! Ein paar von ihnen tragen goldene Spiegel an Halsketten und wollen sie nicht herausrücken, obwohl die Spanier sehr hübsche Glasperlen zum Tausch anbieten. Es fallen Schüsse, es gibt Verletzte, dann haben die Indianer die Gesetze freien Handels verstanden. Sie kaufen nun fleißig.

Einige Indianer führen Columbus in eine Lagune, es ist die Chiriqui-Lagune, und sie erzählen ihm, dass er sich hier auf einem Isthmus zwischen zwei Meeren befinde, und das Problem sei bloß, dass das andere Meer unerreichbar sei wegen einer gewaltigen Gebirgskette. Dann sagen sie noch etwas, aber das kann Columbus nicht richtig verstanden haben. Er versteht nämlich, dass er im biblischen Land Ophir sei, dort also, wo dereinst die Diener des Hiram den König Salomo mit Bergen von Gold beglückten.

Columbus befragt seinen geraubten Dolmetscher, den Mann, der früher mal Jumbe hieß. Der ehemalige Jumbe erklärt, was zu erklären ist, er erzählt vom reichsten Land der Welt, im Inneren des Kontinents sei es, die Menschen dort trügen Gewänder aus Gold, Kronen aus Gold, Fußspangen aus Gold und Ketten aus Gold. Seehäfen gebe es dort, Armeen, Mauern, und der Name des Landes sei Quiriquiamba. Der Bericht „Ophir", 1970 veröffentlicht, präsentiert einen Dialog; in Dokumenten aus dem 16. Jahrhundert taucht dieses Gespräch nicht auf. Es empfiehlt sich wohl, den Wortwechsel symbolisch zu verstehen und nicht wörtlich:

*„Weißt du den Namen des Herrschers dieses Volkes?“*

*Jumbe schüttelte den Kopf. „Er besitzt keinen Namen – dieser Herrscher aller Herrscher.“*

*„Und der Weg zu ihm?“*

*Jumbe zeigte, ohne zu zögern, nach Südost. „Dort ist der Weg.“*

*„Landeinwärts?“*

*„Der Weg führt mitten durch das Land – zu einem anderen Meer.“*

*„Und kann man ihn mit einem Schiff zurücklegen?“ Das schrie der Admiral fast.*

*Wieder ein Kopfschütteln. „Der Weg führt über hohe Berge, durch dichten Wald. Keiner kann ihn gehen, der ihn nicht kennt.“*

*„Das Meer schneidet das Land in zwei Hälften?“*

*„Ja, in zwei Hälften“, sagte Jumbe.*

*Colón lachte laut und wild auf, dann schloss er die Augen. Er vergaß uns und sprach nur noch mit sich selbst: „Ciamba hat Marco Polo das Land genannt … Quiriquiamba? Quiriquiamba kann nur Ciamba sein … Der Herrscher der Herrscher – der Großkhan. Der breite, ins Meer mündende Fluss – der Ganges. Goldbedachte Häuser, Brücken aus Marmor … Cathay … Zehn Tage bis Cathay …*

*„Zu Fuß“, sagte ich, „durch den Urwald.“*

*Colón zuckte zusammen. Er kehrte aus einer anderen Welt zurück. „Ihr vergesst die wilden Krieger des Großkhans, Méndez“, flüsterte er. „Aber ich werde wiederkommen – mit einem Heer …“*

Ganges? Ophir? Ciamba? Gold? Columbus schreibt über dieses sagenhafte ferne Land:

*Sie sagten, dass die Schiffe dort Kanonen, Pfeil und Bogen, Schwerter und Schilde tragen, und die Menschen tragen Kleidung, und es gibt Pferde in dem Land, und die Menschen sind Krieger und reich gekleidet und haben gute Häuser. Sie sagen außerdem, dass das Meer Ciamba umrundet und dass es von dort eine Zehntagesreise bis zum Fluss Ganges ist.*

Christoph Columbus ist ja immer anfällig für seine eigenen Phantasien, aber es gibt Momente, da wirkt er manisch. Krankhaft. Blind. Nun, er fürchtet zwar die Armeen des Großkhans, hier im späteren Costa Rica, aber dennoch ändert er seinen Plan: Er will jetzt wieder auf Goldsuche gehen, und einen Handelsstützpunkt will er errichten, den Durchbruch zum Pazifik findet er nicht mehr so wichtig.

Heute.

Morgen kann das alles wieder ganz anders sein.

Heute aber nimmt er Kurs auf jenes Gebiet, das 500 Jahre später Panama heißen wird.

## Portobelo, November 1502

Es ist der 17. Oktober, als die „Capitana“, die „Santiago de Palos“, die „Gallega“ und die „Vizcaína“ die Chiriqui-Lagune verlassen. Der Wind kommt von Westen. Und Columbus fährt weiter, und die Indianer am Ufer schlagen die Trommeln, spucken, schwingen Speere.

Es ist der 2. November, als die „Capitana“, die „Santiago de Palos“, die „Gallega“ und die „Vizcaína“ in eine weite, tiefe, an drei Seiten von Bergen und Regenwäldern geschützte Bucht einlaufen. Weit geschwungen ist dieser Ort, „sehr groß, wunderschön, reich bevölkert und umgeben von kultiviertem Land“, so Fernando, „hübsch wie ein Gemälde“. Eine gute Bucht.

„Puerto Bello“, sagt Columbus, „diese Bucht nenne ich Puerto Bello.“ Soll er bleiben?

Puerto Bello wird einmal einer der wichtigsten Stützpunkte in der Neuen Welt werden, die Bucht, die später Portobelo heißen wird, ist besser als gut, sie ist perfekt. Vasco Nuñez de Balboa wird für die Spanier hier ankern, Francis Drake wird hier sein, Forts und Schutzwälle werden hier entstehen, Portobelo wird als uneinnehmbar gelten, denn wer den äußersten Ring überwinden wird, wird am nächsten Ring sterben – bis der Pirat Henry Morgan mit einer schlichten Idee, nämlich vom Land aus anzugreifen, Portobelo erobern wird.

Das ist die Zukunft von Portobelo, dem Umschlagplatz für all das Gold, das in dieser Gegend gefunden und nach Spanien und England verschifft werden wird.

Die Gegenwart, Columbus' Gegenwart, sind die Indianer, und die hier sind sehr freundlich. Noch. Sie bringen Obst, Brot und kleine Goldstücke, und sie freuen sich über die Glasperlen, die die Spanier dabeihaben. Die Spanier bleiben eine Woche lang, nehmen Baumwolle an Bord, dann kommt es zu ersten Kämpfen, und der Admiral will weiter. Wollte er nicht eine Niederlassung gründen? Natürlich, das hier ist eine dieser vielen verpassten Chancen, denn einen besseren Hafen als diesen *schönen* Hafen, „Puerto Bello", wird er auf dieser Reise nicht mehr finden.

Es ist der 9. November, als die Winde die kleine Flotte ein wenig zurückdrücken, als die vier Schiffe in einer Bucht ankern, die Columbus „Puerto de Bastimentos" nennt, „Hafen der Vorräte". Drei kleine Inseln liegen draußen vor der Bucht, der Sandstrand hat die Form einer riesigen, weit geschwungenen Sichel, dahinter liegt ein schmaler, mit Feldern bebauter Küstenstreifen.

Es ist *die* Bucht.

Jene Bucht, die Diego de Nicueza Jahre später „Nombre de Dios" taufen wird.

Aber jetzt, beim ersten Besuch, „fuhren wir nicht nach meinem freien Willen hinein", notiert Columbus, „der Sturm und eine starke Strömung hielten uns für 14 Tage dort fest". Indianer nähern sich in Kanus, aber als sie sehen, dass die Spanier mit Booten auf sie zusteuern, springen sie ins Wasser und schwimmen davon; die Spanier jagen die Indianer, „sehr lustig" findet Fernando das Schauspiel.

Dringende Reparaturen sind fällig. Die Karavellen leiden hier in der Karibik, das Holz wird morsch, Columbus sieht nach, lässt sich berichten: Die Würmer sind da, und nichts hält sie auf. Diego Méndez sagt laut „Ophir“:

*Holzwürmer, groß und dick wie die Finger eines Mannes, hatten die dicksten Balken und Bohlen durchbohrt und morsch und brüchig gemacht. Am ärgsten war die „Vizcaína“ mitgenommen. Ihre Planken glichen einem Sieb, und es war ein Wunder, dass sie nicht schon längst auf dem Meeresgrund lag.*

Die Spanier zimmern sich Hütten und schlafen am Strand. Krokodile gibt es hier, und einmal, mitten in der Nacht, werden alle wach, weil sie Schreie hören, sie sehen noch, wie ein Krokodil einen Mann fortschleppt. „Von unserem Gefährten fanden wir nicht einmal die Gebeine“, erzählt Méndez laut „Ophir“.

Eine wahre Geschichte? Nun ja. In seinem Testament erwähnt Diego Méndez nichts davon. Auch Columbus erzählt diese Geschichte nicht. Und Fernando beobachtet zwar die Krokodile, und er beschreibt sie als derart „grausam“, dass sie, „wenn sie einen schlafenden Mann finden, diesen ins Wasser ziehen und essen“, aber das ist dann doch eine deutlich harmlosere, nämlich eher theoretische Version. Und darum sollte man 500 Jahre später die Geschichte von den Killerkrokodilen höchstens als Beispiel dafür erzählen, wie sich im Fall Christoph Columbus hin und wieder auch Märchen verselbständigen.

Ein paar Meilen weiter ankern sie wieder, „Puerto del Retrete“ nennt Columbus die Bucht, schmal ist sie, und „die Felsen sind scharf wie die Kanten eines Diamanten“, so Fernando, aber „der Kanal ist sehr tief in der Mitte“, und die vier Schiffe quetschen sich hinein. Und ein paar Männer schleichen mit ihren Waffen los und bestehlen ein Dorf, „ein gieriger und zügelloser Haufen Männer“ seien sie, klagt Fernando. Bald stehen viele Indianer am Ufer und drohen mit Speeren, und Columbus versucht sie mit „Geduld und Zivilisiertheit“ zu beruhigen, wie sein Sohn Fernando artig lobt. Aber die Indianer reagieren bloß mit „Arroganz“, und auch dies ist natürlich wieder eine jener Stellen, wo man sich fragen sollte, ob Söhne gute Reporter sein können, wenn sie über ihre Väter schreiben.

Jedenfalls: Vermutlich verliert Columbus die Nerven. Er lässt feuern. Keiner zählt, wie viele Indianer sterben, doch klug ist das alles kaum, gut läuft das alles nicht.

Und es regnet. Es hört nicht auf zu regnen.

Und es kommt so, wie es auf kleinen Schiffen mit großen Mannschaften immer kommt, wenn es schlecht läuft. Die Matrosen tuscheln. Sie bilden Grüppchen, in den Blicken ist Hass. Irgendwer streut ein Gerücht, irgendeiner findet sich immer, der es weiterträgt.

Wir sind verhext.

Wir sind in einem Gebiet, in dem niemals die Sonne scheint.

Der Großkhan hat seine Armeen geschickt, wir alle sollen versklavt werden.

Bartolomeo und Méndez rechnen inzwischen mit einer Meuterei.

In dem Text „Ophir – Nach dem Bericht des Diego Méndez" gibt es eine Stelle, wo Bartolomeo mit Méndez redet und gleichsam prophetisch das Scheitern des Columbus ankündigt. Es klingt nicht unbedingt authentisch, es muss auch diesen Dialog nicht oder jedenfalls so nicht gegeben haben; das Entscheidende ist allerdings, dass das, was Bartolomeo hier, vor der Küste Panamas, gesagt haben soll oder gesagt haben könnte, die Wahrheit ist. So also hat Bartolomeo angeblich gesprochen:

*Wisst Ihr, was mein Bruder vor Antritt der ersten Fahrt versprochen hat? Schiffe voll Gold, Schiffe voll Perlen, Schiffe voll Spezereien. Was hat er gebracht? Wisst Ihr, was er vor Antritt der zweiten Fahrt versprach? Länder, die von Gold und Edelsteinen überfließen. Was hat er gefunden? Vor Antritt der dritten Fahrt hat er gelobt, das Festland, das reiche Indien zu entdecken. Ophir? Welche Früchte hat Ophir getragen? Das Festland? Auch das Festland fand Cristoforo nicht. Der Westweg? Kann man mit dem Westweg leere Kassen füllen? „Euer Dank muss Gold heißen." Das waren die letzten Worte*

*Ferdinands. Bezweifelt Ihr, dass der christlichste aller Könige die Schlinge zuziehen wird, die schon um den Hals meines Bruders liegt, wenn wir wieder ohne Gold heimkehren? ... Nur auf die vollen Bäuche der Schiffe, nur auf sie kommt es an.*

Und darum setzt Columbus sich durch. Er will nicht nach Hause, auf keinen Fall, er will weiter, trotz allem. Nach Osten, das ist sein Befehl. Vielleicht sind seine Männer ganz einfach zu müde, um sich gegen ihn aufzulehnen.

Es geht hin und her. Der Wind kommt von Westen, sie segeln nach Osten, der Wind kommt von Osten, sie müssen nach Westen segeln. Sie können nicht anders, denn mit dem Wind dreht hier immer auch die Strömung. Es ist eine Irrfahrt, und Columbus schreibt etwas, was sich die Wissenschaftler auch 500 Jahre später nicht erklären können: „Dort öffnete sich meine Wunde wieder. Für neun Tage war ich verloren, ohne Hoffnung auf Leben. Niemals haben Augen die See so hoch gesehen, so rau, so bedeckt von Schaum." Wunde? Welche Wunde? Niemand hat je eine Verletzung erwähnt, Las Casas spricht davon, dass Columbus Gicht gehabt habe, aber sonst? Darum werden sich die Wissenschaftler darauf verständigen, dass er das mit der Wunde wohl eher symbolisch meint; stellvertretend für all die Leiden der vierten Reise.

„Wir fahren zunächst nach Puerto Bello. Wir müssen zunächst dem Regen entrinnen", sagt Columbus. Ob er den Glauben an die Meerenge verloren habe, fragt Méndez. Columbus deutet nach Südosten. Er sagt: „Dort liegt der Weg zu dem anderen großen Meer, und dieses Meer ist ganz nahe. Auch wenn ihr über mich lacht, ich rieche es, ich spüre es, ich sehe es, wenn ich die Augen schließe. Es ist ein sanftes Meer, das unter einem blauen, wolkenlosen Himmel liegt. Ein Landweg? Ein Seeweg? Ist das von Bedeutung? Einen Kanal könnten die Indianer graben, wenn ich die Macht besäße, sie dazu zu zwingen ... Warum also sollte man nicht von einem Meer zum anderen reisen können?"

Es ist der 5. Dezember, als sie wieder in Portobelo sind.

Es ist der 7. Dezember, als sie in einen Orkan geraten. Die Matrosen nehmen einander die Beichte ab, sie wollen nicht mehr überleben, sie wollen nur noch, dass es schnell zu Ende geht. „Die Schiffe waren nicht seetauglich und die Mannschaften tot oder krank", schreibt Columbus. Donner und Blitz seien derart grausam gewesen, schreibt Fernando, „dass die Männer sich nicht mehr trauten, die Augen zu öffnen, denn es schien so, als würden die Schiffe sinken und die Himmel herunterkommen ... Niemals hatten die Männer eine halbe Stunde Pause, sie waren tagelang nass."

Es ist der 10. Dezember, als sich ein Wirbelwind, eine Wassersäule, auf die vier Karavellen zubewegt. Columbus betet, er kennt die passende Bibelstelle, er zitiert das Johannes-Evangelium, die Mahnung im Sturm bei Kapernaum: „Ich bin's, fürchtet euch nicht!" Mit der Heiligen Schrift in der linken Hand und dem Schwert in der rechten steht er auf der „Capitana", und mit dem Schwert malt er ein Kreuz in den Himmel und einen Kreis um seine kleine Flotte, er muss aussehen wie eine Mischung aus Jesus Christus und Kapitän Ahab, und er hat Erfolg: Die Wassersäule verfehlt sie. Dieses gottverdammte Wetter, notiert Fernando einmal, greife sie mit der ganzen Wucht eines Mannes an, der „im Hinterhalt auf seinen Feind" gewartet hat.

Es ist die Nacht vom 10. auf den 11. Dezember, als sie den Kontakt zur „Vizcaína" verlieren. Drei gruselige Tage und drei noch sehr viel gruseligere Nächte lang irren Kapitän Bartolomeo Fiesci und seine 25 Mann durch die schäumende See, sie verlieren ein Rettungsboot, sie ankern und müssen doch das Seil kappen, nach drei Tagen und drei Nächten stößt die „Vizcaína" wieder zu den anderen.

Es ist der 13. Dezember, als sie feststecken in einer Flaute. Haie umkreisen die Schiffe, „Furcht erregend, vor allem für jene, die an Omen glauben", so Fernando. Die Männer nehmen einen roten

Stofflappen als Köder, und es gelingt ihnen, ein paar Haie zu fangen. Im Bauch des einen Hais finden sie eine lebende Schildkröte, im Bauch eines anderen den Kopf eines weiteren Hais. Es wird ein Festmahl nach all den Monaten, in denen es nichts gab als Schiffszwieback – Schiffszwieback mit Maden, ein Fraß, den Fernando immer erst nachts zu sich nimmt, wenn er nicht mehr sehen kann, was er da isst.

Es ist der 22. Dezember, als sie in der Mündung des Río Chagres ankern. Und endlich gibt es wieder mal Obst und frisches Wasser.

„Huiva“ nennen die Eingeborenen diesen Hafen, Colón wird er 500 Jahre später heißen, getauft nach Columbus.

Denn 500 Jahre später werden in der Mündung des Río Chagres die Schiffe liegen, die vom Atlantik zum Pazifik wollen. 500 Jahre später wird hier der Panamakanal beginnen.

Es ist wieder einer dieser Momente, in denen alles immer noch eine andere Richtung nehmen könnte. Denn jetzt, Ende Dezember 1502, müsste Columbus sich nur ein paar Kanus leihen. Er müsste sich nur mit den Indianern verständigen und die Indianer verstehen. Die Indianer könnten ihm den Weg flussaufwärts zeigen. Dann wäre es noch ein Fußweg von zwölf Meilen, und er wäre auf der anderen Seite, und vor ihm läge der Pazifik.

Aber Columbus steht sich immer wieder selbst im Weg. Einmal, in der Mitte seines Briefes aus Jamaika, schreibt er: „Die Welt ist klein. Das trockene Land nimmt sechs Teile ein, nur der siebte Teil ist von Wasser bedeckt.“ Das ist ignorant, das ist dumm, selbst für seine Zeit, manchmal scheint dieser Mann mit geschlossenen Augen zu reisen.

Jetzt, hier in dieser Flussmündung, ist er seinem Ziel so verdammt nah, und er weiß es doch eigentlich, denn einmal schreibt er sogar, dass das Ziel, die andere Seite, „so liegt wie Pisa im Vergleich zu Venedig“, und das ist eine erstaunlich exakte Beschreibung Panamas. Aber er lässt auch diese Gelegenheit verstreichen.

Natürlich hat sich auch sein Sohn Gedanken gemacht, warum der Vater gescheitert ist. Und wahrscheinlich kommt Fernando der Wahrheit recht nahe. Er schreibt:

*(Mein Vater) glaubte, dass die Straße da sein müsste, und sie war da. Sein Fehler war, dass er davon ausging, dass sie ein Kanal von See zu See sein müsse, und nicht davon, dass sie ein Landrücken oder ein Isthmus sein könne, denn obwohl das Wort „Straße" ja entweder eine Land- oder eine Wasserstraße bedeuten kann, ging er fest von letzterem aus … und danach suchte er.*

Und Christoph Columbus spricht nicht mit den Indianern, die ihn möglicherweise aufgeklärt hätten, er kommt gar nicht auf die Idee, „ich kam mir vor wie ein Hund, der seine Wunden leckt", sagt er später. Er ist nicht mehr aufnahmefähig, er jagt im Fieberwahn. Und darum verpasst er die Entdeckung, die das Ziel der Hohen Reise ist. Sie bleiben einfach unten in der Bucht.

## Panama City, September 2003

Es gab Jahrzehnte, in denen Columbus vergessen war. Es waren die Jahrzehnte nach seinem Tod.

Dann gab es Jahrhunderte, in denen er gefeiert wurde als Entdecker der Neuen Welt, als Visionär, als mutiger Mann, der die größte Tat aller Zeiten vollbracht habe.

Dann gab es ein Jahrzehnt, in dem Columbus als erster Sklavenhändler des Mittelalters und als erster Massenmörder bezeichnet wurde, als religiöser Fanatiker und als Dummkopf.

Und heute?

„Man kann das eine nicht ohne das andere sehen, die Entdeckung und die Völkerverbindung nicht ohne die Arroganz und den Völkermord, denn Columbus war beides und alles zugleich", sagt Diógenes Cedeño Cenci, „man muss seinen Mut sehen und seine Entschlossenheit, er war definitiv der beste Seemann seiner Zeit, er war pedantisch und gut informiert. Und trotzdem: Er war gierig, Gold war der Sinn seines Lebens, er tötete für Gold, er war verblendet und ignorant, ein ganz schlechter Anführer und Politiker."

Diógenes Cedeño Cenci ist 76 Jahre alt. Er war Präsident der Universität von Panama, er ist Historiker, er hat Bücher über Columbus geschrieben und über die Folgen, die die Entdeckung der Neuen Welt hatte. Diógenes Cedeño Cenci hat einen sehr schmalen Kopf, eine flache Nase und buschige Augenbrauen, sein silber schimmerndes Haar ist in Wellen zurückgekämmt, er trägt eine Brille. Und mit weißem Hemd, roter Krawatte und brauner Hose sitzt er nun in der Bar des „Hotels Ejecutivo" von Panama City und trinkt Kaffee und Mineralwasser.

Die vierte Reise, sagt Diógenes Cedeño Cenci, sei im Grunde die wichtigste gewesen. Erstmals seien die Europäer ja tatsächlich zum Festland Zentralamerikas vorgedrungen, erstmals hätten sich die Indianer aufgelehnt gegen die Entdecker, und vor allem sei es während der vierten Reise erstmals um die Verbindung zwischen Atlantik und Pazifik gegangen. „Dies ist die Reise, die historische Folgen hatte", sagt Diógenes Cedeño Cenci.

Columbus fuhr hin und her vor der Küste Panamas, aber er fand den Durchbruch nicht. Erst Nuñez de Balboa dachte seine Gedanken weiter, 1513 war das, Balboa ging nicht mehr von einer Meeresstraße aus, sondern von einer Verbindung über Land, und so kam es zum Königlichen Pfad über den Isthmus von Panama. So kam es zum Handel, zum Transport, so entstand die Idee, eine Meeresstraße zu bauen.

Und darum, sagt Diógenes Cedeño Cenci, „ist das achte Weltwunder, der Panamakanal, letztlich die Verwirklichung der Vision des Columbus".

So richtig in Gang kam dieses Projekt 1848, nach der Entdeckung der ersten Nuggets in Kalifornien. Von da an wollten Tausende auf die andere Seite der Welt. Zunächst bauten die Amerikaner eine Eisenbahnlinie durch Panama, 1855 wurde sie fertig. Und dann, 1878, gründeten die französischen Ingenieure Napoleon Bonaparte Wyse, Armand Reclus und Pedro J. Sosa das „Panama Canal Project", es sollte ein Kanal auf Meereshöhe werden. Das Problem war, dass Panama in der Mitte ziemlich hoch ist, man hätte ziemlich tief graben müssen, das alles wäre teuer geworden. Die Franzosen verkauften deshalb ihre Rechte an die Regierung der Vereinigten Staaten, und am 15. August 1914 wurde der Kanal eröffnet: Sechs Schleusen heben die Schiffe vom Meeresspiegel hinauf in die Berge und hinter den Bergen wieder hinab; der Kanal ist 82 Kilometer lang; das erste Schiff brauchte 1914 neun Stunden und 40 Minuten für diese Strecke. Der Kanal war ein Machtmittel und eine Geldquelle in Zeiten wahrer und kalter Kriege. Seit dem 1. Januar 2000 allerdings haben die Amerikaner hier nichts mehr zu sagen, der Kanal gehört nun der Republik Panama.

„Was für eine Erfolgsgeschichte, was für eine Leistung", sagt Diógenes Cedeño Cenci. Und dann trinkt er einen Schluck Wasser. Und dann wird er still, er braucht eine Pause.

„Was für ein Kontrast auch zu den Erfahrungen, die Columbus auf der vierten Reise gemacht hat", sagt er schließlich.

Auf dieser vierten Reise, sagt Diógenes Cedeño Cenci, „war Columbus schwach und krank. Er hatte Arthritis und Malaria, er lag im Bett. Er war beinahe blind, konnte nicht laufen, er ging ja kaum noch an Land. Und er muss gewusst haben, dass er nicht in Indien war, blöd war er nicht. Er konnte es nicht zugeben, weil er sein Geld und seinen Ruhm verloren hätte, beides beruhte ja auf Indien. Nein, nein, auf dieser vierten Reise war Christoph Columbus ein geschlagener, verbitterter, gebrochener Mann".

## Belén, Januar 1503

Der Admiral der Weltmeere inspiziert seine Schiffe, und was er sieht, ist nicht gut. Sie sind marode. Löchrig. Holzwürmer haben sich in die Rümpfe gefressen, und nun fressen sie sich voran. Sie dürfen nicht mehr viel Zeit verlieren, das weiß der Admiral, denn der Heimweg ist lang. „Ich kenne niemanden, der ein größeres Martyrium durchstehen musste", schreibt Columbus.

Sie bessern aus, was sie ausbessern können, viel ist das nicht. Dann brechen sie auf, sie fahren nach Westen. Es ist keine schwierige Fahrt – einfach die Küste entlang, Bucht reiht sich an Bucht, dahinter liegt der Dschungel Panamas, es gibt Riffe hier, aber sie reichen nicht weit hinaus. Und dann, am 6. Januar 1503, erreichen die vier Schiffe des Admirals eine Bucht in der Gegend, die Columbus „Veragua" getauft hat, es ist eine breite Flussmündung.

Die Spanier kommen von Osten und biegen nach links, nach Backbord, in die Flussmündung ein, am 9. Januar rutschen zuerst die „Capitana" und die „Vizcaína" über die Sandbank, einen Tag später folgen die anderen beiden Schiffe. Und nun sehen die Spanier rechts die Hügel und den Dschungel, der Dschungel reicht bis hinunter zum Wasser. Und links sehen sie eine sehr große Fläche, Maisfelder sehen sie und 30 Hütten.

Die Einheimischen nennen diesen Fluss „Yebra", Columbus nennt ihn „Río Belén", „Belén" ist das spanische Wort für „Bethlehem", schließlich war gerade Heilige Drei Könige, und so etwas vergisst Columbus nicht.

Sie fahren in die Mündung hinein, sie müssen über eine Sandbank hinweg, das Wasser steht hoch genug. Seite an Seite liegen die vier Schiffe dann hinter der Sandbank in der Mündung des Río Belén, sehr sanft ist die Strömung, und der Himmel reißt auf, die Gewitter hören auf, und die Seeleute, so beschreibt es Diego

Méndez, begrüßen die Sonne „wie eine totgeglaubte geliebte schöne Frau“.

Wird also alles gut? Finden sie ihren Frieden in der Ferne?

Man kann vermutlich eher sagen, dass in Wahrheit schon hier, in Belén, die vierte Reise scheitert; oder jedenfalls, dass hier das Debakel seinen Lauf nimmt, dass Columbus sich von Belén nicht mehr erholen wird. Es wird sich über Wochen hinziehen, es wird ein zermürbendes Ringen, und nach Belén wird Columbus seine Bestform nie mehr erreichen.

Die Katastrophe von Belén beginnt mit einem Pfeilhagel beim ersten Landgang. Die Einheimischen schießen sofort, und die Entdecker feuern zurück, aber diesmal bemühen sie sich darum, kein Massaker anzurichten. Selbst Entdecker lernen dazu.

Am nächsten Morgen schießt dann niemand mehr, und die Entdecker schlagen am Ufer ihr Lager auf. Am dritten Tag, am vierten Tag kommen die Einheimischen ins Lager. Am fünften Tag machen sie Angebote. Am sechsten Tag sind die Bedingungen geklärt: Glasperlen, Schellen und bunte Tücher gegen Gold, das Geschäft läuft. Und die Spanier hören, dass die Indianer, wenn sie Gold suchen, ihre Frauen nicht anfassen und fasten – und Columbus schlägt vor, diesen Brauch zu übernehmen.

Ein Phantast?

Phantasie hatte Columbus immer, das war ja mal seine Stärke. Aber jetzt ... Fiebert er wieder? Es gibt keine genauen Diagnosen, keine verlässlichen Zeugenaussagen, aber es gibt Indizien: Der Admiral verlässt die „Capitana“ kaum noch, er befehligt seine Leute im Liegen, er redet noch ein wenig wirrer daher als sonst, wahrscheinlich ist, dass die Malaria ihn erwischt hat.

Registriert er, dass er eines seiner Ziele erreicht hat?

„Dorado. El Dorado! Endlich hatten wir es gefunden“, schreibt Méndez. Denn hier in Belén gibt es Gold, endlich. Es gibt Platten,

Kugeln, Schüsseln, Klumpen, die Einheimischen geben das Zeug bereitwillig her, „die Gefahren hatten sich gelohnt: Wir würden alle reich und mit Gold beladen den Boden der Heimat betreten", glaubt Méndez.

Ein Indianer sagt den Entdeckern, wer der Hüter des Schatzes ist. Quibian heißt der Häuptling, ein Krieger und ein Gauner soll dieser Quibian sein, 80 000 Männer soll er befehligen.

500 Jahre später werden die Wissenschaftler nicht sicher sein, ob „Quibian" ein Name oder ein Titel ist, in manchen Berichten steht schließlich „der Quibian"; „Quibian ist der Name, den diese Indianer ihrem König geben", schreibt Fernando. Die Menschen von Belén allerdings werden 2003 einen Häuptling namens Quibian verehren, der 1503 Columbus Widerstand leistet.

Nur Diego Méndez, sagt Diego Méndez, ahnt, was nun kommen wird. Im Original seines Berichts von der letzten Reise sagt er:

*Außer mir schöpfte niemand Verdacht. Ich begab mich zum Admiral und sagte: „Herr, diese Leute, die hier in Kriegsordnung vorbeikommen, sagen, sie müssten sich mit denen von Veragua vereinigen, um gegen die von Cobrava Aurira zu ziehen. Aber ich glaube das nicht. Vielmehr glaube ich, dass sie sich vereinigen werden, um unsere Schiffe niederzubrennen und uns alle zu töten." Und das traf auch wirklich zu.*

Die Spanier lassen einen weiteren Sturm vorbeiziehen, diesmal erwischt es den Vordermast der „Capitana", und einmal kollidieren „Capitana" und „Gallega", weil eine Leine gerissen ist, aber dann, es ist der 6. Februar, brechen sie mit zwei Booten und 68 Mann ins Landesinnere auf. Bartolomeo kommandiert das eine Boot, Méndez das andere. Und wie seriös dieser Méndez als Zeuge in eigener Sache einzuschätzen ist, belegt seine Version dieses Ausflugs: Danach ist er natürlich allein mit „einem einzigen Gefährten" unterwegs, was für ein Mann! Und Indianer versichern ihm, „ich würde zusammen mit meinem Gefährten erschlagen werden", und dann ist er im Dorf des

Häuptlings, „es war ein großer Platz, umgeben von 300 Köpfen von Feinden, die sie im Kampf erschlagen hatten. Als ich zur Behausung des Kaziken kam, vernahm ich ein lautes Geschrei von Weibern und Kindern, die ... brüllend ins Innere vordrangen". So weit also Méndez.

Die Wahrheit: Nach drei Stunden auf dem Río Veragua erreichen Bartolomeo und Méndez und ihre 68 Männer ein Dorf, und dort tritt ihnen der Häuptling samt Gefolge entgegen, nackt ist dieser Quibian, nackt und sichtbar unbewaffnet.

Und Quibian bewirtet sie, und Quibian bietet ihnen an, ihnen drei Führer mitzugeben zu den Minen, und sie laufen fünf Stunden lang durch den Dschungel, sie trauen Quibian nicht, rechnen ständig mit einem Überfall, aber dann sind sie da, „am Beginn der Goldfelder", so Méndez, „wohin wir blickten – Gold! Gold in der Erde, Gold in den Steinen, unter den Steinen, sogar unter den Baumwurzeln". Sie tragen fort, so viel sie tragen können, und sie lassen eine Menge Gold zurück, weil sie es nicht schleppen können, wie absurd! Wie unvorstellbar wäre das noch vor ein paar Tagen gewesen!

Doch war es tatsächlich so? Es war sicherlich so oder so ähnlich. Columbus selbst schreibt ja, dass er 70 Männer an Land geschickt habe, die auf seine Befehle hin das Gold gefunden hätten, er schreibt, dass sein Bruder die Gruppe angeführt habe, nur von Méndez sagt Columbus an dieser Stelle nichts.

Sie tragen das Gold zusammen, sie bringen es auf die Schiffe. So geht das eine Weile, zuerst wird der Anteil der spanischen Krone auf die „Vizcaína" geladen, dann wird die „Gallega" voll gepackt, Columbus glaubt, dass er endlich am Ziel ist, er plant schon die fünfte Reise.

Und dann kommt doch wieder alles ganz anders.

Der eine Haken ist, dass dieser Quibian ein ziemlicher Trickser ist. Er führt gerade Krieg gegen das Volk der Urirá, und er hat die Fremden nicht zu den eigenen Goldminen, sondern zu denen der Urirá geführt, es dauert etwas, bis Columbus das begreift. Intrigieren können die Ureinwohner Amerikas schon, das müssen sie nicht von den Europäern lernen.

Der andere Haken ist, dass Columbus entscheidet, dass genau hier, in der Mündung des Río Belén, der perfekte Platz für den reichsten Hafen aller Zeiten ist und dass genau jetzt der Zeitpunkt gekommen ist, diesen Hafen zu bauen. Bartolomeo soll die Kolonie leiten, während Columbus „nach Spanien zurückkehren würde, um Verstärkung und Vorräte zu holen", so Fernando. Sie beginnen mit dem Bau, und bald stehen zwölf Hütten. Santa María de Belén soll die Stadt heißen.

Vielleicht hätten sie vorher einmal die Menschen fragen sollen, die bereits hier leben. Eine Stadt der Spanier ist jedenfalls nicht Quibians Wunschtraum.

Bartolomeo kehrt von einem Erkundungstrip zurück und entscheidet, dass der beste Platz für die neue Stadt gleich hier neben der Flussmündung ist. Die halbe Mannschaft, 80 Männer, soll bei ihm bleiben. Sie bauen sich ein mächtiges Haus, halb Lager und halb Waffenkammer, und sie bauen kleinere Hütten. Und die Indianer kommen auf einmal nicht mehr ins Lager der Eindringlinge, doch die brauchen eine Weile, bis ihnen das auffällt.

Die Indianer kauen ständig auf irgendwelchen Kräutern herum, „wir entschieden, dass sie das wegen ihrer verfaulten Zähne taten", sagt Fernando, und nun malen sie auch noch ihre Körper rot an und ihre Gesichter schwarz, und die Eindringlinge aus der Alten Welt sehen den Bewohnern der Neuen aus der Ferne zu; dann ziehen sich die Eindringlinge lieber auf ihre vier Schiffe zurück, und dort hören sie nun die Trommeln. „Die grünen Wände des Urwalds waren mit einem Mal eine Mauer, hinter der der Tod lauerte", schreibt Diego Méndez.

Columbus erzählt diese Geschichte natürlich anders, er erzählt, dass er alles, was kommt, vorausgesehen habe:

*Ich gründete eine Siedlung und gab dem Quibian, wie sie den Herrscher des Landes nennen, viele Geschenke. Und ich wusste, dass die Harmonie nicht lange anhalten würde; sie waren barbarisch, und unsere Leute waren sehr aufdringlich, und immerhin hatte ich von seinem Territorium Besitz ergriffen.*

Wie weise und unfehlbar der Admiral sich auch sieht – er hat einen Fehler gemacht, den man niemals machen darf auf See.

Den Rückweg muss man sich offen halten, immer, und das weiß Columbus. Aber er hat sich mitreißen lassen. Es war dieser verdammte Goldrausch, da ist Columbus nicht der Erste, den es davonträgt, und schon gar nicht der Letzte.

Das Problem ist nämlich, dass der Regen nachgelassen hat und der Wasserspiegel gesunken ist, das Problem ist die Sandbank zwischen Flussmündung und offenem Meer. Die Regenfälle der letzten Wochen haben ganze Sandberge in die Flussmündung gespült, „wir waren gefangen und ohne Hoffnung", so Fernando.

Sie kommen nicht raus hier, sie stecken fest mit Schiffen, die nicht mehr stabil sind, die „aussehen wie Bienenwaben, durchsiebt vom Schiffsbohrwurm", wie Fernando schreibt, sie werden „festgehalten durch die Gewalt des Meeres und des Windes, die den Sand in solcher Menge vor sich her trieben und aufhäuften, dass davon die Mündung des Flusses versperrt wurde", so Méndez im Original seines Berichts.

Und die Indianer kommen heran, zu Fuß und mit Kanus, sie schleichen und fahren um die Eindringlinge herum und schlagen die Trommeln, es vergehen drei Tage, aber sie greifen nicht an. Méndez und Bartolomeo beraten sich, der Admiral scheint nicht ansprechbar zu sein, zu krank, zu verwirrt, wer weiß das. Méndez bricht auf, um mit Quibian zu verhandeln. Rodrigo de Escobar begleitet ihn, Escobar ist Schiffsjunge auf der „Vizcaína". Die beiden nehmen Schere, Kamm und Spiegel mit in den Dschungel. „Ich tat so, als wollte ich zu ihm (Quibian) gehen als Arzt, um ihn von einer Wunde zu heilen, die er in einem Bein hatte, und im Gegenzug für die Geschenke, die ich ihnen machte, ließen sie mich in die königliche Residenz", so beschreibt Méndez in dem anderen Text, seinem Testament von 1536, diese Szene.

Als sie in Quibians Dorf sind, beginnt Escobar damit, erst Méndez und dann dem Häuptling die Haare zu schneiden, es soll eine vertrauensbildende Maßnahme sein. Aber es hilft nichts. Der Dialog, der in dem Bericht namens „Ophir" zitiert wird, wird in dieser Form erst viele Jahre später aufgeschrieben, außerdem haben die Spanier natürlich Verständigungsprobleme in der Neuen Welt – es ist also nicht wirklich wahrscheinlich, dass dieser Wortwechsel wörtlich geführt wurde. Es ist allerdings ein schöner Dialog.

Méndez: „Unser Häuptling wartet auf dich. Er hält viele Geschenke für dich bereit: zehn Hände voll Perlen, einen Ballen Stoff, viele Glocken und einen Spiegel wie diesen hier."

Quibian: „Ich brauche keine Geschenke."

Méndez: „Du führst dein Volk ins Verderben."

Quibian: „Ihr werdet alle sterben."

Méndez: „Weißt du nicht, dass wir alle unsterblich sind?"

Quibian: „Du lügst. Einen von euch hat ein großer Fisch gefressen." (Er meint das Krokodil.) „Und ihr anderen seid geflohen. Wir fürchten euren Blitz und euren Donner nicht."

Méndez: „Wir haben hundert Donner und tausend Blitze."

Quibian: „Ich habe beim Vollmond geschworen, euch zu töten. Durch einen anderen Entschluss würde ich mein Gesicht verlieren."

Das nennt man wohl „Scheitern der Friedensverhandlungen". Immerhin lässt Quibian die beiden Botschafter der Weißen zu den Schiffen zurückkehren – lebendig.

Und nun?

Es gibt Zeugen, die sagen, Columbus habe befohlen, Quibian festzunehmen. Diego Méndez schreibt in seinem Testament:

*Seine Lordschaft rief mich zu sich, um zu beraten, was nun zu tun sei, und meine Meinung war, dass wir den Häuptling und all seine Anführer gefangen nehmen sollten, denn wenn sie gefasst wären, würden die gewöhnlichen Menschen gehorsam. Seine Lordschaft war derselben Meinung.*

Diego Méndez de Segura wird zum Helden dieser vierten Reise, das liegt daran, dass er später, als die Entdecker auf Jamaika festsitzen, etwas tun wird, was nicht viele fertig bringen.

Aber hier in Belén? War es so, wie er sagt?

Méndez hatte als Soldat auf der „Santiago de Palos" angeheuert, und er ist ein Liebling des Admirals, und er hat Mut. Aber er ist eben auch derjenige, der diese Geschichte erzählt.

Fernando erzählt eine vollkommen andere Geschichte, in der Diego Méndez keine Rolle spielt. Fernandos Geschichte geht so: Am 30. März erzählen die Dolmetscher, dass sie erfahren haben, dass Quibian die Häuser der Eindringlinge niederbrennen will, und da beschließt Columbus, dem Häuptling „eine Lektion zu erteilen und seinen Nachbarn Angst einzuflößen, indem er und all seine führenden Männer festgenommen werden und nach Kastilien gebracht werden sollten, auf dass sie den Christen dienten", schreibt Fernando.

Wer ist der Boss? Eben.

Und so bricht Bartolomeo mit 74 Männern auf zum Indianerdorf, die letzten Meter legt er mit seinen fünf engsten Vertrauten zurück, er erreicht die Hütte Quibians, gibt vor, sich dessen verletztes Bein ansehen zu wollen, überwältigt und entführt ihn. „Der Adelantado fühlte keine Angst", schreibt Fernando.

War es so?

Nun ja, Diego Méndez sagt natürlich, dass er, Diego Méndez, den grausamen Indianerhäuptling Quibian überwältigt habe.

Und dann treffen sich die zwei Versionen mit zwei Helden ein und derselben Entführung wieder, denn nun brauchen die Erzähler einen Versager. Der Versager ist für beide Helden Juan Sánchez.

Quibian ist also gefangen, sie fesseln ihn, und dann bringen sie ihn zur Flussmündung. Der Steuermann und Cheflotse Juan Sánchez hat auf das Entführungskommando gewartet, er übernimmt Quibian in der Morgendämmerung am Ufer und will ihn zur „Capitana" bringen. Weil es hell wird, verstecken sich Méndez oder eben Bartolomeo und seine Leute in den Wäldern. Und Quibian beginnt fürchterlich zu jammern, diese Schmerzen! Das Bein! Und Sánchez löst seine Fußfesseln, und da springt Quibian über Bord, mit gefesselten Händen, und rettet sich, das wird ihn über die Jahrhunderte zum Nationalhelden Panamas machen.

„Er wurde gefangen genommen, zusammen mit seinen Frauen, Söhnen und Dienern. Es ist wahr, dass seine Gefangenschaft nicht lange dauerte; der Quibian entkam einem rechtschaffenen Mann, in dessen Verantwortung ich ihn übergeben hatte", so erzählt Columbus diese wilde Geschichte. Es gibt auch Teilnehmer dieser Reise, die die ganze Aktion von Anfang bis Ende nicht verstanden haben, Leute wie Diego de Porras, und diese Leute machen Columbus später für die Eskalation verantwortlich.

Jedenfalls, als es langsam dunkel wird und Méndez und seine Männer wieder hervorkommen, ist die Schlacht um Belén schon im Gange. Denn Quibian will sich rächen.

Drei Schiffe konnten Columbus und seine Kapitäne mittlerweile über die Sandbank manövrieren, ihre Männer standen im Wasser und zogen; eine Menge Proviant ließen sie zurück, damit die Schiffe leichter wurden, das Gold nahmen sie natürlich mit. Aber die „Gallega" liegt noch in der Flussmündung, sie soll den Männern, die die Kolonie aufbauen werden, als Festung dienen. Ein schöner Plan, aber nun ist die Flotte auseinander gerissen, und die Indianer greifen die „Gallega" mit Speeren, Fackeln und Pfeilen an. Méndez gibt die Hütten auf, das war es mit der Kolonie, er zieht sich auf die „Gallega" zurück, 56 Mann hat er noch.

Sie versuchen, die „Gallega" über die Sandbank zu ziehen, und scheitern. „Auf einmal kamen viele Eingeborene auf mich zu", schreibt Méndez in seinem Testament, „da waren mehr als 400 Männer, bewaffnet mit Pfeil und Bogen und Schlingen." Méndez verliert sieben Männer, der Kampf dauert drei Stunden, „und unser Herr schenkte uns einen wunderbaren Sieg, uns, die wir so wenige gegen so viele waren". So werden Helden geboren.

Und draußen vor der Bucht steht Columbus auf der „Capitana", und es kommt zu einer der besonders seltsamen Szenen dieser Reise. Surreal ist, was nun passiert. Kann das noch Taktik sein? Oder ist es schon der Beweis von Wahnvorstellungen? Von Schizophrenie? Oder einfach nur von Malaria?

Columbus schreibt:

*Ich schleppte mich zum höchsten Punkt des Schiffs und rief mit zitternder Stimme, mit schnell laufenden Tränen die Kriegsgötter Eurer Majestäten an … Erschöpft und stöhnend schlief ich ein. Da hörte ich eine leidenschaftliche Stimme, und sie rief: „O wie dumm und wie langsam bist du, deinem Gott zu glauben und zu dienen, dem Gott aller Götter! Hat Er mehr für Mose und Seinen Diener David getan als für dich? Seit du geboren wurdest, hat Er dich in Seiner aufmerksamen Obhut gehabt … Die Indien, die ein so reicher Teil der Welt sind, machte Er dir zu Eigen … Hat Er mehr für die Menschen Israels getan, als Er sie aus Ägypten holte?"*

Diese Stimme – ist es ein Engel, oder ist es Gott höchstselbst? Die Stimme endet mit den Worten:

*„Fürchte dich nicht; habe Vertrauen; all diese Kümmernisse sind auf Marmor und niemals ohne Grund geschrieben."*

Nun ja, seine Männer, das ist überliefert, wundern sich. Und zufälligerweise hat kein anderer die Stimme gehört.

Er liegt eine gute Woche dort draußen, und drinnen in der Bucht von Belén kämpfen sein Bruder und Méndez und die anderen ums Überleben. Méndez schreibt in seinem Bericht:

*Ich befand mich am Strand bei den Hütten, die wir errichtet hatten, und sie waren auf dem Hügel etwa in Pfeilschussweite. Sie begannen, Spieße und Stöcke zu schleudern, ähnlich wie beim Angriff auf einen Stier. Die Geschosse waren zahllos und hagelten unablässig auf uns nieder. Einzelne lösten sich vom Haufen los und kamen herbei, um uns mit ihren Keulen zu erschlagen, aber keiner von diesen kehrte zurück, sie blieben niedergestreckt mit abgehauenen Armen oder Beinen oder von unseren Schwertern durchbohrt. Davon bekamen sie solche Angst, dass sie sich zurückzogen, nachdem sie von unseren 20 Mann 7 im Kampf getötet hatten.*

(Von einem Toten und sieben Verwundeten berichtet Fernando.)

Und irgendwann hockt Diego Méndez dann drinnen in der Flussmündung und sieht, dass Hilfe kommt, endlich Hilfe, ein Boot nähert sich, Diego Tristán, der Kapitän der „Capitana", und zehn Männer sind an Bord. Aber die Indianer erwischen das Boot, und sie erwischen Tristán und die anderen. „Sie töteten Tristán mit einem Speer, den sie durch sein Auge rammten", schreibt Fernando.

Diego Méndez nimmt zwei Kanus, lässt sie durch Äste verbinden, und daran befestigen seine Leute nun die Vorräte, Wein, Öl, Zwieback. Siebenmal fahren sie hin und her, bringen die Lebensmittel und nach und nach die Männer über die Sandbank hinweg. Méndez in seinem Bericht:

*Alsdann schifften sich meine Männer ein. Ich blieb mit fünf Mann bis zuletzt an Land und ging erst nachts mit der letzten Ladung an Bord. Der Admiral anerkannte meine Handlungsweise, umarmte und küsste mich auf die Wangen, um mir für den großen Dienst zu danken, den ich ihm erwiesen hatte. Er bat mich, den Befehl über das Kapitänsschiff sowie alle Leute und die ganze Reise zu übernehmen, was ich dann auch tat, um ihm nützlich zu sein, denn es handelte sich um eine sehr mühevolle Aufgabe.*

Wie selbstlos.

Die „Gallega" bleibt zurück, sie ist das erste Schiff, das Columbus auf der Hohen Reise verliert. Die „Gallega", die 27 Mann in die

Neue Welt gebracht hat, gehörte Alonso Cerrajano, einem Ehrenmann, einem so genannten Vollbürger von La Coruña. Columbus hatte die „Gallega" gechartert. In den Unterlagen der Pleitos wird es über die „Gallega" heißen: Sie war im Dienst vom 4. März 1502 bis zum 15. April 1503, „als sie in Veragua verblieb und dem Admiral und den Leuten als Festung diente". Das Schiff „wurde von der Besatzung aufgegeben".

Der wesentliche Unterschied zwischen den Berichten zum Fall Columbus liegt immer darin, wer erzählende, wer handelnde und wer passive Figur ist. Columbus jedenfalls sagt, nun habe er seine Leute eingesammelt, und dann sei er aufgebrochen, von Méndez kein Wort.

Und dann ernennt er Diego Méndez zum Nachfolger Diego Tristáns, zum neuen Kapitän der „Capitana" – und eben nicht zum Kapitän der gesamten Flotte. „Ich akzeptierte, um ihm zu dienen, sei es auch, was es war, eine Sache von schwerer Arbeit", schreibt Méndez in seinem Testament, und dass es harte Arbeit ist, das immerhin ist fraglos die Wahrheit.

Sie starten.

Fernando Colón schreibt, dass sich die letzten Geiseln, jene Männer aus dem Stamm Quibians, die nicht fliehen konnten, unter Deck aufhängen. „Ihr Tod war kein großer Verlust für unsere Flotte", so Fernando. Dann schreibt er: „Nach zwei Tagen blieb nichts mehr in der Bucht zurück bis auf den wurmzerfressenen Rumpf der ‚Gallega'."

Und Christoph Columbus schreibt:

*Ich brach in der Osternacht auf im Namen der Heiligen Dreifaltigkeit, mit Schiffen, die verrottet waren und von Würmern zerfressen und voller Löcher. Dort in Belén ließ ich eines und viele Gegenstände zurück.*

## Belén, Januar 2003

Das Problem mit diesem Telefon ist, dass die Leute von „Cable and Wireless" immer gleich einen Hubschrauber schicken müssen, wenn es kaputt ist. Es kommt halt vor, dass sich Kinder an die Satellitenschüssel hängen, es kommt allerdings noch öfter vor, dass Stürme das Telefon lahm legen. Darum ist es auch jetzt wieder kaputt. Wie immer. Und zurzeit ist es so, dass das Telefon schon seit zwei Jahren kaputt ist, seit zwei Jahren warten die Menschen von Belén auf den Mann von Cable and Wireless.

Doch der kommt nicht. Weil es zu weit ist.

Zum Arzt beispielsweise sind es acht Stunden. Per Boot. Im vorangegangenen Jahr ist wieder einer an einem Schlangenbiss gestorben, nur weil kein Arzt da war. „Es gab hier mal einen Arzt, aber der ist nun auch schon eine Weile weg", sagt Arthur Saunders aus Belén.

Belén, das sind: 45 Holzhütten auf Stelzen, die Stelzen schützen die Hütten in der Regenzeit; eine Kirche; 300 Menschen; ein Kiosk, wo es gefrorene Mirinda gibt und Kartoffelchips, sonst nichts, vielleicht wird es bald wieder Cola geben, aber dann muss das nächste Schiff natürlich Cola geladen haben. Belén ist ein Weg mit sehr vielen Schlaglöchern, ein Weg aus Steinen und Sand. Belén ist ein Schulgebäude, sechs Jahre lang können die Kinder dorthin gehen, 59 Kinder sind es zurzeit, es gibt drei Fächer, Lesen, Rechnen und Geschichte, und nach sechs Jahren haben die Kinder dann entweder Verwandte in Colón und können weiterlernen oder nicht, dann bleiben sie hier. Belén ist Fischfang. Belén, das sind Kokosnüsse, es ist bloß nicht leicht, in einem Land Geld mit Kokosnüssen zu verdienen, in dem an jeder Straßenecke eine Kokospalme steht.

Belén ist ein Dorf an einer Flussmündung, es sieht aus, wie es damals ausgesehen haben muss, braun ist das Wasser des Río Belén. Belén ist ein Flecken im tropischen Regenwald. Belén ist das Ende der Welt.

Denn es gibt im Jahr 2003 nicht mehr viele Orte wie diesen, so isoliert, so weit weg von allem, und das liegt daran, dass hierher keine Straße führt, nicht mal eine Sandpiste, nur das Meer gibt es oder den Dschungel. Man kann von Colón aus herreiten, das dauert zwei Tage, oder man nimmt ein Boot, das dauert acht Stunden, oder man mietet einen Hubschrauber für 420 Dollar die Stunde. Man kann nicht behaupten, dass viele Wege nach Belén führten.

Den Dorfvorsteher Arthur Saunders, 53, hat die Liebe hergebracht, Arthur Saunders stammt aus Colón, in Colón gibt es Arbeit und Bars und Fußball, da kann man leben, aber was soll man tun, wenn man eine Frau liebt, und die Frau will nicht weg aus ihrem Heimatdorf? Wie oft liebt man im Leben? Arthur Saunders trägt eine Baseballmütze, ein blaues Poloshirt, eine graue, bis zu den Knien hochgekrempelte Hose, er trägt Badeschlappen, alle anderen hier sind barfuß, er lebt nun seit 32 Jahren am Ende der Welt. „Kommen Sie“, sagt er, „ich zeige es Ihnen.“

Das Dorf ist 500 Meter lang, der Fußweg, der hindurchführt, ist zwei Meter breit. „Das da ist unsere Town Hall“, sagt Saunders und zeigt auf ein Wellblechdach auf vier Stützen, „Belén ist demokratisch. Das heißt, wenn wir Probleme haben, treffen wir uns hier und reden darüber.“

Welche Probleme haben Sie?

„Na, wer das nächste Boot nach Colón steuern soll, solche Sachen“, sagt Saunders. „Das ist unser Park“, sagt er dann.

Der Park ist eine Art Marktplatz, ein Quadrat aus Beton, zwölf Bänke, in der Mitte ein Sockel. Für das Denkmal. Für Columbus?

„Columbus war ein Killer, ein Mörder“, sagt Arthur Saunders, „Columbus hätte alles getan für Gold, er hat die Indianer vernichtet, er fühlte sich überlegen, so, als ob er tun konnte, was er wollte. Ich wünschte, er wäre nie hierher gekommen.“

Und das Denkmal?

„Das Denkmal ist für Quibian, natürlich“, sagt Arthur Saunders, „für den Mann, der Widerstand geleistet hat. Sie haben ihn gefangen genommen, sie haben ihn gefesselt, er sprang gefesselt aus dem Boot, sie haben geschossen, er ist entkommen. Er ist unser Held. Wir feiern hier nicht den Columbus-Tag, den 3. November, wir feiern den 28. Februar, den Quibian-Tag.“

Was wurde aus Quibian?

„Wir wissen es nicht, leider wissen wir nichts“, sagt Saunders, „und die Archäologen interessieren sich immer nur für Columbus.“

Es ist inzwischen 16 Jahre her, da waren die Archäologen hier. Donald H. Keith war hier, Keith ist ein dunkelhaariger Typ mit Vollbart, seine Nase ist sehr groß, er trägt gern offene Hemden und Halstücher und Sonnenbrille. Donald Keith weiß alles über die Schiffe der Entdecker, was man wissen kann, kennt all die Schiffe der Entdecker, die gefunden wurden, er nennt sich selbst „The Grand Nagus“, andere nennen ihn „The Commander“. Keith residiert heute in Corpus Christi in Texas, er ist der Präsident der Firma „Ships of Discovery“. Damals aber, 1987, war er noch bei Texas A&M, das ist jene Universität, die weltweit vorn liegt in der Unterwasserarchäologie.

Donald H. Keith ist einer dieser Männer, die seit Jahrzehnten davon träumen, ein Wrack des Columbus zu finden.

Und er ging die Sache sehr penibel an.

Zunächst musste er sich für ein Wrack und damit für einen Ort entscheiden. Keith und seine Leute lasen, was sie finden konnten.

Die „Santa María“, *das* Entdeckerschiff, schied aus, weil sie 1492 von Columbus' Leuten zerlegt wurde, um La Navidad zu bauen; weil das Gebiet, wo die Reste von La Navidad versunken sein könnten, 60 Quadratkilometer groß ist; weil sich die Küste Haitis im Laufe der Jahrhunderte enorm verändert hat.

Die zwei oder drei Schiffe, die Columbus auf der zweiten Reise im Hurrikan vor Bahía de Isabela im Norden Hispaniolas verlor, Ende

1494 und Anfang 1495, schienen Keith nicht besonders geeignet, weil aus Teilen der Wracks ein neues Schiff gezimmert wurde, die „Santa Cruz". Außerdem war die Quellenlage dünn und damit auch die Verlässlichkeit der Ortsangaben. Trotzdem fuhr Keith los, er fand ein paar auffällige Stellen im Meer, die Suchinstrumente reagierten, aber genau an diesen Stellen waren die Stein- und Korallenschichten mehrere Meter dick. Die Chancen waren minimal, und das rechtfertigte den Aufwand nicht.

Und dann waren da die Wracks der vierten Reise. Die „Capitana" und die „Santiago de Palos" liegen vor Jamaika, sie werden von immer neuen Teams gesucht, aber, das sagt Donald Keith, „das ist eine enorm schwierige Aufgabe wegen der geomorphologischen Veränderungen der Küstenlinie Jamaikas". Donald Keith weiß, wovon er spricht, er war ja selbst in der St. Ann's Bay, und seine Kollegen waren dort, sie haben alles gegeben, aber sie sind gescheitert, sie haben nichts gefunden, was auf die „Capitana" oder die „Santiago" hingedeutet hätte.

Die „Vizcaína" also?

Die „Vizcaína" müsste vor Portobelo liegen, sagt Keith, aber weil Portobelo seit Jahrhunderten kein Seehafen mehr ist, sind die Gewässer deshalb trübe durch Unmengen von Schlick. Und die „Vizcaína" sei deshalb vermutlich „tief begraben unter Jahrhunderten von Müll", entweder zerstört und verrottet oder unauffindbar.

Für Donald H. Keith blieb nur ein Schiff. Sein Schiff. Die „Gallega".

„Es war klar, dass der Río Belén die besten Möglichkeiten eröffnete, eine gut erhaltene, identifizierbare, nicht geplünderte Karavelle aus der Entdeckerzeit zu finden", sagt Keith.

Die Leute von Texas A&M begannen im Frühling 1987. Sie begannen mit einem Hubschrauberflug, sie suchten nach dem Gebiet, das Columbus und sein Sohn Fernando und Diego Méndez und Diego de Porras beschrieben hatten, sie suchten eine Flussmündung mit einem hohen Berg auf der Westseite des Flusses und einer Ebene im Osten, mit genügend Tiefe für die Einfahrt und genügend Platz zum Ankern. Der Río Miguel de la Borda war zu mickrig, der Río Veragua zu eng, schlicht unnavigierbar, und beim Cocle del Norte gab es keine Berge. Es war schnell klar, dass das heutige Belén auch das historische Belén war.

Und dann scheiterte Donald H. Keith, es war ein langsames, ein quälendes Scheitern, so wie eine Niederlage durch Elfmeterschießen nach Verlängerung im Wiederholungsspiel.

Keith unterzeichnete in Panama City einen ganz wunderbaren Vertrag mit dem „Instituto Nacional de Cultura", er durfte exklusiv graben und konservieren und analysieren, sieben Jahre lang. Keith brachte einige der besten Leute her, die es gibt in diesem Job, der Gutachter Ric Hajovsky war dabei und Bob Adams, der sein so genanntes Sub-Bottom-Sonar in ein Kanu baute; das ist ein Gerät, das mit Schallwellen arbeitet und Veränderungen im Untergrund sucht und findet, monatelang fuhr Bob Adams damit die Bucht rauf und runter. Keith holte seine Studenten her, sie zelteten und schliefen in Hütten, sie tauchten sechs Stunden am Tag, es war ein großes Abenteuer. Keith bat Antonio Tourino hinzu, Tourino ist Geomorphologe an der University of Panama, und von Tourino wollte Keith wissen, ob sich das Flussbett des Río Belén möglicherweise verschoben habe; nein, Fels und Sand waren seit Jahrtausenden unverändert, sagte Tourino.

Es gibt Leute, die glauben, dass die „Gallega" zwar im Flussbett zurückgelassen wurde, aber mit der nächsten Regenzeit, der nächsten Flut hinaus ins Meer gespült worden sei. Der Schatzsucher Warren White gehört zu diesen Leuten, „man muss draußen im Meer suchen und nicht drinnen im Fluss", sagt White, und er sagt, dass ein paar Taucher ihm neulich erzählt hätten, da draußen vor der Bucht von Belén liege ein richtig altes Wrack.

Aber Keith glaubt das nicht. Keith sagt: „Sieben Jahre nachdem die ‚Gallega' zurückgelassen wurde, berichtete ein Spanier, er habe ihre Reste gesehen. Also muss sie mit Anker dort gelegen haben. Und die ‚Gallega' hatte Tonnen von Ballaststeinen an Bord, die sie in den Untergrund pressten. Nach sieben Jahren war sie bereits mit dem Untergrund verwachsen, da wurde sie nicht mehr hinausgeschoben."

Er hätte sie finden müssen. Er suchte sieben Jahre lang. Er fand sie nicht.

Er fand ein paar Scherben, und die Scherben waren alt, sie stammen vermutlich aus Santa María de Belén, dieser Ansammlung von Hütten, die zur neuen Kolonie werden sollte und nur ein paar Tage hielt; so lange, bis Quibian sie niederbrannte.

Ein Trost waren die Scherben nicht. Manchmal hassen Unterwasserarchäologen ihren Beruf. Denn auch die Besten haben keine Garantien. „Es gibt immer ganz wunderbare Theorien", sagt Donald H. Keith, „und dann sieht die Praxis immer wieder ganz anders aus."

„Leider", sagt Arthur Saunders, der Dorfvorsteher von Belén.

„Natürlich hassen wir Columbus, natürlich verachten wir ihn", das sagt Saunders zum Abschied, „aber wenn die ‚Gallega' gefunden worden wäre, dann hätte uns Columbus wenigstens etwas gebracht: ein wenig Ruhm und ein wenig Geld."

# 8 Schiffbruch und Meuterei

*Allein mit meinen Sorgen, krank, in täglicher Erwartung des Todes, umgeben von ungefähr einer Million Wilden, voller Grausamkeit und feindselig und vollkommen getrennt von den heiligen Sakramenten der heiligen Kirche, wird meine Seele vergessen sein, wenn sie hier meinen Körper verlässt. Weine für mich, wer Gnade, Wahrheit und Gerechtigkeit in sich trägt.*

Christoph Columbus in einem Brief aus Jamaika

## Panama, April 1503

Es ist Ostersonntag, als die geschrumpfte Flotte des Christoph Columbus wieder unterwegs ist vor der Küste jenes Landes, das 500 Jahre später Panama heißen wird. Es ist eine traurige Flotte, die da von Bucht zu Bucht segelt: Die „Capitana", die „Santiago de Palos" und die „Vizcaína" sind zerfressen und schwer beladen, die Mannschaft der „Gallega" musste aufgeteilt werden auf den Rest der Flotte; es regnet und stürmt, und die Männer pumpen tagsüber, und sie pumpen nachts; der Kommandeur, Christoph Columbus, versinkt mal im Fieber und dann wieder in religiösen Prophezeiungen.

Ein guter Seemann allerdings bleibt er.

Sie wollen nach Hause, und sein Plan ist, erst einmal so lange nach Osten die Küste entlangzurutschen, bis sie genau südlich von Santo Domingo sind; Columbus hat Strömung und Wind sehr gekonnt berechnet, besser kann man nicht navigieren. Leider hat seine Mannschaft keine Geduld mehr, mit ihm nicht, mit niemandem, keiner an Bord der drei Schiffe will hören, dass sie noch ein paar Tage nach Osten fahren müssen, alle sagen: „Es reicht! Nach Norden! Nach Hause! Jetzt!"

Sie sind kurz vor einer Meuterei. Sie hassen den Admiral.

Sie glauben, dass er sie anlügt und ganz andere Ziele im Kopf hat, sie sagen: „Wir sind längst südlich von Santo Domingo." Aber er setzt sich durch, und dann, es ist kurz nach Ostern, folgt der Katastrophe zweiter Teil.

Die „Vizcaína" packt es nicht mehr. Sie ist löchrig, sie zerfällt. Das Wasser steigt, es steht längst fest, dass die „Vizcaína" es niemals über das offene Meer nach Hispaniola schaffen wird. Sie fahren in eine Bucht hinein, vermutlich ankern sie, Schiff neben Schiff, und dann holen sie von der „Vizcaína" herunter, was sie brauchen und was sie transportieren können mit den beiden anderen, nicht viel weniger löchrigen Schiffen.

Die Besatzung natürlich.

Das Gold natürlich.

Die Segel natürlich.

Die Kanonen allerdings sind zu schwer. Kanonen sind ein Schatz im Jahr 1503, ein Schatz für jeden, der in der Neuen Welt eine Festung oder ein Dorf bauen will. Aber es bringt ja nichts: Wenn sie die Kanonen der „Vizcaína" auf die „Capitana" und die „Santiago de Palos" packen würden, würden auch diese beiden Schiffe Santo Domingo vermutlich nicht mehr erreichen, dann lägen sie viel zu tief im Wasser. Es gibt keine Alternative.

Und dann ist die „Vizcaína" nackt, ein Gerippe, und von unten steigt das Wasser herauf. Und dann geben sie auf, sie lassen sie treiben und sinken.

Columbus, das muss hier noch einmal zitiert werden, beschreibt diese Tage später in seinem Brief aus Jamaika so:

*Ich brach in der Osternacht auf, im Namen der Heiligen Dreifaltigkeit, mit Schiffen, die verrottet waren, von Würmern zerfressen, voller Löcher. Dort in Belén musste ich eines mit vielen Gegenständen zurücklassen; in Puerto Bello tat ich das Gleiche mit einem anderen.*

Wenige Worte, nüchtern und klar. Sie zeigen, was Schiffe für Columbus sind: Transportmittel, sonst nichts. Wenn sie verloren sind, sind die Schiffe auch schon vergessen, und daran ändert nicht einmal dieses lausige Geschäft etwas: Columbus hat die „Vizcaína" gerade erst ihrem Eigentümer abgekauft, am 15. Februar war das. Juan de Orquiva, so genannter Vollbürger von Guetaria, bekam 40 000 Maravedís für den Kahn, gerade zwei Monate lang war Columbus Besitzer der „Vizcaína".

Diego Méndez schreibt in seinem Testament:

*Am letzten Tag des April 1503 verließen wir Veragua mit drei Schiffen, unser Ziel war es, die Rückreise nach Kastilien zu schaffen. Und da die Schiffe vollkommen durchlöchert und zerfressen vom Schiffsbohrwurm waren, konnten wir sie nicht über Wasser halten. Nach 20 Meilen ließen wir eines zurück, die anderen beiden blieben uns, waren aber bald in einem schlimmeren Zustand als das aufgegebene, so dass die Mannschaften mit den Pumpen und Kesseln und Gefäßen es nicht schafften, das Wasser, das durch die Wurmlöcher hereindrang, herauszuhalten.*

Das Erstaunliche an diesem Bericht ist, dass Diego Méndez sich nicht einmal die Mühe einer Ortsangabe macht. In „Ophir", jenem Text, der „nach einem Bericht des Diego Méndez" verfasst, also im Nachhinein von anderen bearbeitet und aufgepeppt wurde, heißt es, auch das muss hier wiederholt werden:

*In Santa María de Belén hatten wir nie richtig Zeit gehabt, die Schiffe zu überholen, zu verpichen und zu kalfatern. Das rächte sich nun, als wir Puerto Bello erreicht hatten. Dort mussten wir auch die „Vizcaína" zurücklassen – die Holzwürmer hatten schon den Schiffsboden zerstört.*

Aber wenn man weiß, wie „Ophir" zu Stande gekommen ist, nämlich vom Hörensagen über die Jahrhunderte und am Ende mit einiger Phantasie, dann ahnt man, dass die Grundlage dieser Angabe mit großer Sicherheit andere Texte sind, zum Beispiel die von Fernando. Bei Fernando liest sich das Ende der „Vizcaína" so:

*Wir hielten unseren Kurs, bis wir Puerto Bello erreichten; dort mussten wir die „Vizcaína" aufgeben, denn sie nahm zu viel Wasser auf, und ihre Planken waren vollkommen zersiebt vom Schiffswurm. Der Küste folgend, segelten wir weiter bis hinter Retrete.*

Es steht außer Frage: 500 Jahre später werden diese Textstellen das zentrale Argument jener Leute sein, die nicht glauben, dass das Wrack vor Nombre de Dios die „Vizcaína" sei. Nombre de Dios ist nicht Portobelo, Nombre de Dios liegt 20 Meilen östlich von Portobelo, und das ist im April 1503 nicht einmal in der Nähe, es ist eine Tagesreise entfernt. Und schließlich ist da noch Diego de Nicueza, der in seinen Berichten vermerkt, dass er in der Bucht von Portobelo die „Vizcaína" entdeckt habe.

Es ist allerdings so, dass es mindestens fünf Argumente gegen die Portobelo-These gibt.

Erstens: Die einzige überzeugende Quelle ist Columbus selbst; es könnte allerdings sein, dass er die Stelle, wo die „Vizcaína" sank, nicht einmal wirklich registriert hat, weil er im Fieberwahn vor sich hin dämmerte, oder es könnte sein, dass er diese Stelle nicht verraten wollte, da er ja eine fünfte Reise plante und da er sein Herrschaftswissen niemals preisgab. An Bord der „Vizcaína" war eine Menge Kanonen. Warum sollte er einem seiner Feinde die Vorlage geben, damit dieser die wertvollen Waffen bergen konnte? Möglich also, dass die Bezeichnung „in Puerto Bello" als falsche Fährte gedacht ist.

Zweitens: Portobelo oder Puerto Bello ist der Ort, mit dem die Menschen in Spanien etwas anfangen können. Nombre de Dios heißt 1503 noch Bastimentos. Es ist möglich, dass Columbus eine Ortsangabe machen wollte, die der Königin zumindest bekannt vorkommt. Dann hätte er ganz einfach ganz grob die Gegend bezeichnet, will und muss es die Königin wirklich genauer wissen?

Drittens: Fernando ist damals 14 Jahre alt. Welcher Mensch kann sich, wenn er Jahrzehnte später an eine Reise mit seinen Eltern zurückdenkt, noch exakt und ohne Verwechslungsgefahr, an eine Bucht erinnern, in der etwas passiert ist, was zur Zeit des Geschehens nicht weiter wichtig war? Als Fernando sein Buch schreibt, Jahrzehnte später, hat er vermutlich den Brief seines Vaters neben sich liegen. Man weiß es nicht, aber es ist zumindest denkbar, dass Fernando die Ortsbezeichnung einfach bei seinem Vater abschreibt. Und danach schreibt einer vom anderen ab, und so wird aus einer schludrig oder mutwillig hingeworfenen Bemerkung eine Tatsache – stille Post eben, und schon die erste Quelle könnte die Ursache des Fehlers gewesen sein.

Viertens: 500 Jahre später Sprachforschung mit Dokumenten zu betreiben, die in einem längst vergessenen Spanisch verfasst und per Hand kopiert und immer wieder abgeschrieben und übersetzt wurden, ist eine heikle Sache. Meinte Columbus wirklich wortwörtlich „in" Puerto Bello? Könnte er nicht auch „bei" Puerto Bello gemeint haben?

Fünftens: Diego de Nicueza hat in Wahrheit gar nicht die „Vizcaína" in der Bucht von Puerto Bello gesehen, also keine Masten, die noch aus dem Wasser ragten, das ist ein Gerücht – er hat dort nur einen Anker gesehen, und diesen Anker hat er der „Vizcaína" zugeordnet, weil er dachte, Columbus habe sie in dieser Bucht aufgegeben. So jedenfalls berichtet es Nicueza.

Richtig ist, dass es keine einzige Quelle gibt, die behauptet, dass die „Vizcaína" vor Bastimentos alias Nombre de Dios zurückgelassen wurde; niemand hat jemals gesagt, dass die „Vizcaína" vor Nombre de Dios liegen *muss*.

Richtig ist allerdings auch, dass die Quellenlage, die für Puerto Bello spricht, schwammig ist und dünn. Und diese dürren Angaben lassen einen Schluss sicherlich zu: Die „Vizcaína" *kann* vor Nombre de Dios liegen.

## Nombre de Dios, September 2003

Die Menschen von Nombre de Dios erfuhren im Oktober 2001 von dem Wunder. Ein Onkel des Bruders einer Einwohnerin von Nombre de Dios kann lesen, und dieser Onkel des Bruders der Einwohnerin von Nombre de Dios hatte drüben in Panama City eine alte Zeitung in die Finger gekriegt, und dort stand, dass die „Vizcaína" des Christoph Columbus entdeckt worden sei. Vor Nombre de Dios.

Als die Menschen von Nombre de Dios dies hörten, beriefen sie eine Bürgerversammlung ein. 3500 Menschen leben hier, sie leben vom Fischen und vom Ackerbau. Sie leben nicht gut, die Restaurants sind leer, die Jugendlichen sitzen auf dem Marktplatz herum, sie leben einfach irgendwie. Denn seit die Amerikaner Panama verlassen haben, ist Nombre de Dios eines dieser vielen panamaischen Dörfer ohne Touristen, ohne Industrie, ohne Zukunft. Berauschend schön könnte der Strand sein, ohne den Müll und ohne die Fäkalien, aber der Müll und die Fäkalien verschwinden nun mal nicht einfach so.

Und Juana Rojas, Mitglied der Gemeindeverwaltung, sitzt in einem blauen Plastikstuhl auf ihrer Terrasse. Ein Mobile aus Muscheln hat Juana sich gebastelt, es hängt von der Decke herab, man muss sich das Leben erträglich machen, wenn man kein Geld hat. Juanas Haus hat zwei Zimmer und ein Wellblechdach, neun Menschen leben darunter.

„Wir dachten, dieses Schiff sei unsere Chance", sagt sie.

„Wir dachten, es ist doch unsere Bucht, unsere Geschichte. Wenn dieses Schiff gehoben wird, kommen die Menschen hierher. Die Touristen, die Forscher. Wir dachten, hier würde ein Museum entstehen, wir dachten, dieses Schiff würde uns in die Zukunft helfen", sagt sie.

Die Menschen von Nombre de Dios sahen Boote über dem Wrack, sie sahen Taucher ins Wasser steigen, sie hörten Autos, die nachts durchs Dorf fuhren, sie riefen eine Anwaltskanzlei an, und die Anwälte sagten: Ihr müsst abwarten, ihr habt keine Ansprüche.

Die Schatztaucherin Nilda Vázquez will die Artefakte in alle Welt verkaufen.

Der Archäologe Carlos Fitzgerald will ein Museum bauen, in Portobelo oder in Panama City.

Die Menschen von Nombre de Dios warten ab.

## St. Ann's Bay, Jamaika, Juni 1503

Am 1. Mai erreichten die zwei Schiffe, die dem Admiral der Meere noch geblieben waren, eine Gruppe weißer Felsen, die Columbus „El Mármol" nannte, viele Jahrhunderte später wird hier die Grenze zwischen Kolumbien und Panama beginnen. Und erneut versammelten sich die Kapitäne und Seeleute der „Capitana" und der „Santiago de Palos", und wieder forderten sie Columbus auf, endlich den Kurs Richtung Norden zu ändern. Längst seien sie südlich von Santo Domingo, sagten sie, vermutlich hätten sie sogar Guadeloupe schon passiert. Nein, nein, sagte Columbus, das sei ein Irrtum. Aber Columbus war von Krankheit geschwächt. Er konnte sich nicht länger durchsetzen.

Es war die dümmste Meuterei in der Geschichte der Seefahrt. Dämlicher ging es nicht.

Denn Columbus hatte Recht: In Wahrheit waren sie südlich von Jamaika und noch rund 900 Meilen westlich von Guadeloupe; sie hätten also noch ein paar Wochen lang die Küste Richtung Osten entlangfahren und erst dann Richtung Norden segeln sollen – vielleicht hätten sie es dann tatsächlich nach Santo Domingo geschafft, nur so hätten sie es jedenfalls schaffen können.

Aber sie änderten den Kurs, und damit verloren sie. Sie segelten zwar so hoch am Wind, wie es ging, aber der Wind kam von Osten und drückte sie immer weiter leewärts, also nach Westen. Dieser Kurs konnte nicht nach Santo Domingo führen.

Am 10. Mai waren sie auf Höhe der Little Cayman Island nordwestlich von Jamaika; am 12. Mai waren sie vor jenem Archipel Kubas, das Columbus „Jardín de la Reina" getauft hatte. Es war eine einzige Quälerei: Sie hungerten, denn sie hatten keine Vorräte mehr außer Zwieback und Öl. Sie stritten. Sie waren endlos weit weg von ihrem Ziel. Sie pumpten das Wasser aus den beiden Schiffen, aber die Löcher wurden immer größer. Sie waren „erschöpft davon, Tag und Nacht an drei Pumpen zu arbeiten, um die Schiffe über Wasser zu halten", schreibt Fernando.

Und dann kamen die Stürme.

Eine Ankerleine der „Santiago de Palos" riss, die „Santiago de Palos" krachte gegen die „Capitana", der Bug der „Capitana" splitterte und ebenso das Heck der „Santiago de Palos", und sie kamen nicht voneinander los, und dann zertrümmerte die „Santiago de Palos" das Ruder der „Capitana". Und die Leute von der „Capitana" warfen Leinen hinüber, und der Anker der „Capitana" musste beide Schiffe halten.

Dann kam der 10. Juni, und weil Columbus sah, dass die zwei Schiffe nicht mehr lange durchhalten würden, beschloss er, sie ein letztes Mal aufs offene Meer hinauszujagen.

Es war eine Wette auf das Glück.

Er setzte auf eine Brise, die sie bis nach Hispaniola tragen würde.

Er verlor.

Denn das Wasser stieg, die „Santiago de Palos" würde es nicht schaffen, das sahen sie alle, und darum beschloss Columbus, dass sie nur noch ein letztes Ziel anlaufen konnten: die nächste Bucht.

Die Bucht wird 500 Jahre später St. Ann's Bay heißen, sie ist weit geschwungen, „Santa Gloria" hat Columbus sie genannt, als er während der zweiten Reise hier ankerte.

Santa Gloria, was für ein Zynismus.

Es ist der 25. Juni, als Columbus dieses letzte Manöver fährt, er macht das gekonnt: Er lässt die beiden Schiffe Seite an Seite in die Bucht fahren, nur ein paar Meter trennen sie.

*Der Admiral befahl, sie aneinander zu binden. Näher und näher kam die Küste, wir wurden zurückgestoßen, in die Höhe gehoben und dann rasch von dem sandigen Strand angezogen. Ein Knirschen, ein Krachen, ein Splittern von Holz, ein letzter Ruck, der uns alle nach vorne warf. Stille, kein Schaukeln, kein Schlingern mehr. Wir saßen fest, und wieder geschah das Wunder, dass die beiden Schiffe nicht auseinander brachen. Rasch stützten wir sie auf beiden Seiten ab, damit sie nicht kippten, und zogen sie dann noch weiter denn Strand hinauf.*

So beschreibt Diego Méndez laut „Ophir" die letzten Meter der letzten beiden Schiffe des Christoph Columbus.

Flink werfen die Seeleute Leinen von Deck zu Deck, und dann fesseln sie „Capitana" und „Santiago de Palos" aneinander.

Die beiden Schiffe werden nun die Heimat der Schiffbrüchigen sein, schneller wurde selten ein Haus gebaut. Mit Palmenzweigen basteln die Seeleute sich Dächer. Und hier sind sie also: 116 Männer, gestrandet auf Jamaika, in einer Welt, die ihnen immer noch fremd und gefährlich vorkommt. Was nun?

Zunächst befiehlt der Admiral, die Schiffe zur Festung zu machen, er teilt die Wachen ein. Die Indianer am Ufer winken zwar freundlich, aber schon morgen, sagt der Admiral, könnten sie angreifen, kein anderes Volk sei so unberechenbar. Weil er allerdings ahnt, dass vielleicht hin und wieder auch die Spanier nicht ganz unschuldig sind an Eskalationen, verbietet er seinen Leuten, an Land zu gehen.

Und da sitzen sie nun in zwei Schiffen auf dem Strand, selten passte die Metapher von den Fischen auf dem Trockenen so wie jetzt, und die Frage bleibt: Was nun? Nun beginnt die Heldengeschichte des Diego Méndez.

Es ist die Geschichte jenes Mannes, der Christoph Columbus rettet, des Mannes, der etwas schafft, was kaum zu schaffen ist. Die Geschichte leidet ein wenig darunter, dass für wesentliche Teile der Geschichte Diego Méndez die einzige Quelle ist, und Diego Méndez ist nun mal ein eitler Kerl, ein Angeber, einer, der nur seine Taten sieht und ansonsten bloß die Feigheit des Rests der Menschheit – wenn er Nahrungsmittel besorgt, dann erzählt er, dass er wilde Tiere erlegt habe, und fügt wie ein Sprechautomat an, „dass niemand sonst sich darum kümmerte, Nahrung für den Admiral und jene, die mit ihm waren, zu finden". Aber die Fakten sind unstrittig. Diego Méndez ist nicht nur eitel, er ist wohl tatsächlich ein mutiger Mann.

Und seine Heldengeschichte beginnt damit, dass er ein Schwert in die Hand nimmt und sich drei der besten Männer aussucht. Für den ersten Landgang – irgendeiner muss es ja machen. Sie erreichen ein Dorf namens Aguacadiba, und die Indianer sind freundlich. Die Indianer machen Geschäfte mit den Weißen. Zehn getrocknete Fische kosten ein Stückchen Schnur, ein Laib Cassava-Brot kostet zwei Glasperlen, ein ganzes Boot voller Fleisch kostet ein Messer, es ist lange her, dass die Spanier ein solches Festmahl hatten.

Diego Méndez erreicht, dass die Indianer täglich Brot und Früchte zu den Schiffen in der St. Ann's Bay bringen.

Diego Méndez zieht weiter, er kommt in ein Dorf namens Mellila, und schließlich erreicht er das östliche Ende Jamaikas, und der Häuptling der Gegend ist ein Mann namens Ameyro.

Méndez und Ameyro werden Freunde. Im Original seines Berichts erzählt Méndez:

*Ich gab ihm meinen Namen, er nahm den meinigen an, das ist bei ihnen das Zeichen großer Verbrüderung.*

Und dann beginnen Méndez und Ameyro zu tauschen. Méndez gibt ein Hemd, einen Messinghelm und einen Mantel. Und er kriegt ein Kanu und sechs Ruderer.

Auf dem Seeweg kehrt Méndez zu Columbus zurück. Zehn Tage lang hocken sie in der St. Ann's Bay, sie schwitzen, sie haben genug zu essen, aber sie wissen noch immer nicht, wie sie jemals von hier wegkommen sollen. Da nimmt Columbus Méndez angeblich zur Seite, und Méndez berichtet, dass Columbus sagt:

„Diego Méndez, mein Sohn; nicht einer von denen, die ich hier habe, erkennt die große Gefahr, in der wir schweben, nur du und ich. Aber wir sind sehr wenige, und die wilden Indianer sind viele."

Worauf will er hinaus?

Columbus fährt fort und sagt: „Sie können leicht unsere Schiffe in Brand setzen. Und diese Verabredung, dass sie uns Nahrung bringen, kann ihnen schon morgen unerfüllbar erscheinen, und dann bringen sie uns nichts mehr."

Worauf, verdammt noch mal, will Columbus hinaus?

Columbus sagt: „Ich habe die Idee, dass es einer unternehmen könnte, in diesem Kanu, das du gekauft hast, die Insel Hispaniola zu erreichen, um dort ein Schiff zu kaufen, mit dem es möglich wäre, von hier aus dieser großen Gefahr zu fliehen, in der wir alle uns befinden. Sag mir deine Meinung."

Und Diego Méndez sagt: „Herr, ich sehe die Gefahr, die uns droht, sehr gut, sie ist größer, als man denken kann. Den Plan jedoch, mit einem so kleinen Fahrzeug wie diesem Kanu nach Hispaniola hinüberzusetzen, halte ich nicht nur für schwierig, sondern für unausführbar. Ich wüsste nicht, wer es wagen sollte, sich einer solchen Gefahr auszusetzen und ein Meer von 40 Seemeilen inmitten von Inseln, wo der Wellengang sehr heftig ist, zu überqueren."

Ach was. Er kennt den Helden nicht?

Columbus sagt, was er sagen muss: Doch, einer könnte es schaffen.

Und Méndez sagt: „Mein Gebieter, ich habe viele Male mein Leben aufs Spiel gesetzt für Euer Leben und das aller anderen, und unser Gott hat mich wunderbarerweise immer gerettet." Doch diesmal, sagt Méndez, solle Columbus alle Männer zusammenrufen und sie fragen, ob sie bereit wären, das Risiko auf sich zu nehmen, ob einer von ihnen diesen unfassbaren Mut hätte. „Ich bezweifle es", sagt Méndez, „und wenn sie sich alle zurückziehen, dann werde ich mein Leben zu Euren Diensten aufs Spiel setzen wie viele Male zuvor."

Und klar: So geschieht es. Columbus fragt nach Freiwilligen, es gibt keine Freiwilligen, und Diego Méndez steht auf und sagt: „Herr, ich habe nur ein Leben, ich will es aber für den Dienst Eurer Gnaden und für das Wohl aller, die hier sind, wagen, denn ich hoffe zu unserem Herrgott, dass er mich retten wird, wie er es schon so oft getan hat, wenn er sieht, welch gute Absicht mich beseelt."

Mendez beginnt also mit den Vorbereitungen. Er zieht das Kanu an Land, schmiert es mit Teer ein, verstärkt den Bug und das Heck mit Brettern, bastelt sich ein Kielschwert, stellt einen kleinen Mast auf, näht sich ein Segel.

Es ist Juli, die Hurrikanzeit ist vorbei, aber die See ist immer noch rau. Es sind 108 Meilen. In einem Kanu.

Einem?

Vermutlich kann man viel lernen über die Glaubwürdigkeit der Quellen im Fall Christoph Columbus, wenn man sich dieses Detail ein wenig genauer ansieht: Fernando Colón schreibt von zwei Freiwilligen und zwei Kanus, und der Plan seines Vaters sei gewesen, dass Diego Méndez nach Hispaniola fahren solle, um ein Schiff zu kaufen – und dass Bartolomeo Fiesci ihn begleiten und nach Méndez' Ankunft sofort nach Jamaika zurückkehren solle, um dort Columbus Bericht zu erstatten. Zwei Männer, zwei Kanus, jeweils sechs spanische Matrosen und zehn Indianer an den Paddeln, so jedenfalls beschreibt Fernando den Trupp, der nun losfährt, um den Entdecker Amerikas zu retten. Es wäre immer noch eine Heldentat, es gäbe nur eben mehrere Helden.

Diego Méndez jedoch nennt sich, immer nur sich, Diego Méndez verliert in seinen Berichten und in seinem Testament kein Wort über Bartolomeo Fiesci.

Er setzt sich dort auf Jamaika hin, und weil er weiß, was für ein Unternehmen vor ihm liegt, verfasst er die Inschrift seines Grabsteins und lässt nur das Datum seines Todes offen: „Hier ruht in Frieden DIEGO MÉNDEZ, welcher der königlichen Krone von Spanien bei der Entdeckung und Eroberung Indiens gemeinsam mit dem Admiral Don Cristóbal Colón getreulich diente. Er starb am … und bittet um die Barmherzigkeit eines Paternosters und eines Ave-Maria."

Und während nun die zwei Kanus vorbereitet werden für die Überfahrt, setzt sich auch Columbus hin und schreibt einen Brief. Sitzt er am Strand, unter Palmen? Oder bleibt er dort hinten auf dem Deck der „Capitana" liegen? Es ist nicht überliefert, aber klar ist, dass er nun einen seiner berühmtesten Briefe verfasst, die „lettera rarissima", einen Brief an Isabella und Ferdinand, den Diego Méndez mitnehmen soll, jenen Brief, in dem Columbus Rechenschaft ablegt über sein Leben, in dem er darüber klagt, wie ungerecht er behandelt wurde von seinen Rivalen, vom Königshaus, vom Leben. Auch Columbus erwähnt übrigens seinen Boten Méndez mit keinem Wort, er schreibt: „Diesen Brief schicke ich mit der Hilfe und durch die Hände von Indianern; es wird ein großes Wunder sein, wenn er seine Bestimmung erreicht."

Und ansonsten schreibt Columbus Sätze wie diese:

*Wenn ich von mir selbst spreche, muss ich sagen, dass ich wenig Gewinn aus diesen 20 Jahren gezogen habe, während deren ich mit viel Arbeit und unter großen Gefahren gedient habe, denn bis heute habe ich kein Dach über meinem Kopf in Kastilien; wenn ich zu schlafen oder zu essen wünsche, habe ich keinen Ort, zu dem ich gehen kann, abgesehen von einer Gaststätte oder einer Taverne, und dort fehlt es mir meist an den Möglichkeiten, die Rechnung zu begleichen.*

Unsinn, alles Unsinn. Columbus besitzt eine Menge Gold, er hat stetige Einkünfte, und dass er kein Haus hat, hat den Grund, dass sein Haus ständig leer stehen würde, weil er ja ständig dieses Amerika entdecken muss. Oder Indien.

Er schwärmt in dem Brief von seinen Entdeckungen, der Küste von Veragua, „wo ich an den ersten zwei Tage größere Beweise von Gold sah als in Hispaniola in vier Jahren", und „dieses Land könnte nicht hübscher und kultivierter sein", schreibt Columbus – er meint eben jene Küste, wo er zwei Schiffe und viele Seeleute verlor und sich so elend fühlte wie noch nie. Er schwärmt vom Gold an und für sich, denn „wer es besitzt, kann tun, was er will, in dieser Welt, und der kann Seelen ins Paradies führen". Er schwärmt von seinen Seeleuten und bittet „Eure Hoheiten, dass Ihr, da jene arm sind, befehlen möget, dass sie sofort bezahlt werden".

Dann kommt er langsam zum Schluss und jammert noch einmal mit ganzer, mit letzter Kraft. Er schreibt:

*Ich kam, um zu dienen, im Alter von 28 Jahren, und nun habe ich kein Haar mehr am Körper, das nicht grau wäre, und mein Körper ist geschwächt, und was mir von den Jahren meines Dienstes geblieben war, wurde ausgegeben oder mir weggenommen und verkauft … Es muss angenommen werden, dass dies nicht auf Euren königlichen Befehl hin geschah. Die Wiederherstellung meiner Ehre und die Erstattung meiner Verluste … werden den Ruhm Eurer königlichen Würde verbreiten.*

Und schließlich schreibt er:

*Ich bin so ruiniert, wie ich es beschrieben habe; bisher habe ich um andere geweint; nun möge der Himmel Mitleid mit mir haben, und die Erde möge um mich weinen …*

*Ich bin nicht aufgebrochen zu dieser Reise, um Ehre oder Reichtümer zu gewinnen; alle Hoffnung darauf war bereits tot. Ich kam zu Euren Hoheiten mit wahrer Hingabe und mit Feuereifer, und ich lüge nicht. Ich bitte Eure Hoheiten demütig, dass Ihr, falls es Gott gefällt, mich von diesem Ort fortzu-*

*bringen, mir gestatten möget, nach Rom oder zu anderen Orten zu pilgern. Möge die Heilige Dreifaltigkeit Euer Leben und Eure Besitztümer bewahren und das Wachstum Eures Wohlstands garantieren.*

*Geschrieben in den Indien, auf der Insel Jamaika, am 7. Juli des Jahres eintausendfünfhundertunddrei.*

Und dann muss Christoph Columbus den Brief gefaltet und versiegelt und mit dem ihm eigenen Pathos überreicht haben, denn dann brechen Diego Méndez und Bartolomeo Fiesci auf.

## Karibisches Meer, Juli 1503

Sechs Spanier und zehn Indianer sitzen jeweils in einem Kanu, es sind zwei Kanus, das sagt Fernando Colón.

„Ein Christ und sechs Indianer" haben in diesem einen Kanu Platz, das sagt Diego Méndez.

Egal. Es wird sich 500 Jahre später nicht klären lassen, wer Recht hat, wahrscheinlicher ist natürlich die Beschreibung Fernandos, denn der hat es in diesem Fall nicht nötig, eine Heldenlegende zu stricken. Ein Kanu, zwei Kanus, das macht ja keinen Unterschied, für niemanden, nur für einen wie Méndez, der den Ruhm nicht teilen will.

Der erste Versuch scheitert schnell. Die Spanier wollen zunächst zur äußersten Landzunge Jamaikas fahren und dort auf ruhige See warten, aber sie werden von Indianern angegriffen. Méndez berichtet natürlich von „großen Gefahren und Mühen", da „ich auf meiner Fahrt von seeräuberischen Indianern in Gefangenschaft genommen wurde, woraus mich Gott auf wunderbare Weise befreite". Dafür ist er wieder mal die einzige Quelle. Sicher ist allerdings, dass die Spanier in die St. Ann's Bay zurückkehren.

Wagt Méndez es noch einmal?

Er wagt es noch einmal.

Columbus gibt Méndez nun 70 Leute mit, die ihn auf dem Landweg zu jener äußersten Landzunge Jamaikas begleiten, und natürlich wird er diesmal nicht angegriffen, und dann wird die See ruhiger, und dann bricht er ein zweites Mal auf.

Es dauert fünf Tage und vier Nächte. Eine Quälerei. Es gibt keinen Schutz vor der Sonne. Wenig Nahrung. Nach der ersten Nacht haben sie kein Süßwasser mehr, die Indianer haben es heimlich getrunken, die Fässer sind leer. Manchmal springen sie ins Meer und baden. Dann geht es weiter. Manchmal liegen sie einfach da, bedecken die Köpfe mit den Händen und lassen sich treiben. Dann weiter. Jamaika ist nur noch ein silbriger Streifen am Horizont, dann ist kein Land mehr zu sehen. Weiter.

Ein Indianer springt ins Meer, schlägt mit den Händen um sich und sinkt in die Tiefe. Weiter.

Diego Méndez sieht, „dass einer der Indianer Salzwasser trank, und (ich) hinderte ihn nicht daran. Er starb gegen Morgengrauen". Weiter.

Es ist Mittag, der dritte Tag, es muss 40 Grad heiß sein hier in der Karibik. Kein Schatten und kein Wind. Weiter.

Die Indianer können nicht mehr, sie trinken Salzwasser, sie sterben, die Spanier werfen die Leichen über Bord und paddeln selbst. Weiter.

Und dann: ein Felsen im Meer, „kein Baum, kein Strauch, kein Kraut, kein Fluss, keine Quelle. In der glühenden Sonne irrten wir umher, nach Wasser suchend. Endlich fanden wir eine Höhle, in der sich Regenwasser gesammelt hatte", so Méndez. Weiter?

Noch nicht. Sie schlafen sich aus, einen halben Tag lang, jetzt ist es ja nicht mehr weit. Méndez geht zum östlichen Ende des Felsens, „was war das? Träumte ich noch? Träumte ich schon wieder? Ich fuhr mir mit der Hand über die Augen. Ich träumte nicht. Vor mir lag, zum Greifen nahe, Kap Tiburón. Höchstens noch acht Seemeilen trennten uns von unserem Ziel, von Hispaniola". Also weiter. Und dann sind sie da.

Man möchte diesen Kerl ungern einen Helden nennen, er ist zu egozentrisch, aber was für eine Leistung war diese Tour!

108 Meilen. In einem Kanu (oder eben in zwei Kanus). Eine Meile pro Stunde, das war das Tempo.

## St. Ann's Bay, Jamaika, 2. Januar 1504

Man muss nicht auf hoher See meutern, man kann das auch auf Schiffen tun, die auf den Sand gesetzt und aneinander geschnürt sind. Das ist dann eine ungewöhnliche Meuterei, aber andererseits, in diesem speziellen Fall sind ja auch die Umstände ungewöhnlich.

Columbus und seine Leute sitzen in der St. Ann's Bay fest, und keiner von ihnen weiß, ob sie die Küsten Spaniens jemals wiedersehen werden. Die Stimmung ist mies, die Männer haben nicht viel zu essen, sie haben kein Fleisch und keinen Wein mehr, ausgezehrt und müde sind sie, und einige werden krank. Und Columbus liegt auf seinen Decken und rührt sich nicht, diese fürchterliche Gicht! Und Diego Méndez und Bartolomeo Fiesci sind seit Monaten fort, es gibt keine Nachricht von ihnen, und keiner weiß, ob hier jemals ein Schiff ankommen wird.

Irgendwer sagt, er habe gehört, dass draußen, weit draußen auf dem Meer, zwei leere Kanus vorbeigetrieben seien. Das war's dann, sagt ein anderer. Irgendwer sagt, dass Columbus doch gar nicht nach Hause wolle. Der wird in Spanien doch nur ins Gefängnis geworfen, das weiß er doch genau, sagt ein anderer, der will doch noch nicht mal nach Santo Domingo, sagt der Nächste, der will doch hier bleiben und alle zwingen, mit ihm hier zu bleiben und hier zu sterben.

So beginnen Meutereien immer.

„Der will uns reinlegen!"

„Dieser Dreckskerl!"

„Nicht mit uns!"

Die Porras-Brüder führen die Meuterer an, Diego de Porras war der Schreiber der kleinen Flotte, Francisco de Porras war der Kapitän der „Santiago de Palos". Diese beiden Herren haben vermutlich recht einfach kalkuliert: Gouverneur Nicolás de Ovando ist ein Feind des Admirals, er wird sie also wohl kaum bestrafen für die Meuterei; und in Kastilien ist Bischof Juan de Fonseca seit vielen Jahren ein Freund der Familie de Porras; vor allem geht eine Schwester der Porras-Brüder mit Señor Alonso Morales, dem Schatzmeister Kastiliens, ins Bett, wie nützlich kann die Liebe sein!

Darum: Sie müssen nichts fürchten, sie können nur gewinnen, so rechnen die beiden.

Und dann stürmt Kapitän Francisco de Porras in die Kabine des Admirals und ruft: „Señor, warum versuchen Sie nicht, nach Kastilien zu gelangen? Wünschen Sie, uns alle hier festzuhalten bis zum Untergang?"

Nein, nein, keinesfalls, antwortet der kranke Admiral, und seine Stimme ist schwach, „ich wünsche wie kein Zweiter, nach Hause zu kommen, ich wünsche es für mich und für die Männer, für die ich verantwortlich bin, aber ich weiß so lange keinen Weg, bis uns ein Schiff abholt". Dann schlägt Columbus eine Versammlung der Offiziere vor, und der Meuterer hebt sein Schwert und ruft: „Wir haben keine Zeit mehr zum Reden, Sie müssen sich entscheiden: Entweder Sie fahren mit uns, oder Sie bleiben mit Gott!" Dann dreht de Porras sich um, dort stehen die Männer, und er ruft: „Ich bin für Kastilien, wer ist mit mir?"

„Wir sind mit dir", rufen sie draußen auf dem Deck der schrottreifen „Capitana".

Das ist der Schlachtruf der Meuterer: „Nach Kastilien!" Sie brüllen sich Mut zu, sie rauben zehn kleine Kanus, nehmen Indianer mit, denn irgendwer muss ja die Arbeit machen, und stechen in See.

Columbus quält sich aus seinen Decken, er will aufstehen und eingreifen, doch seine Diener halten ihn zurück. Sein Bruder Bartolomeo will kämpfen, er hat eine Lanze in der Hand, die Meuterer sperren ihn zu Columbus in die Kajüte.

Die Meuterer wollen nach Osten, aber dass der Wind von Osten kommt, das hätten sie vorher beachten sollen. Sie werfen ihren Proviant über Bord. Sie werfen die Indianer über Bord, und wenn die Indianer sich an der Bordwand festkrallen, hacken die Spanier ihnen die Hände ab. Sie kehren zur Nordostspitze Jamaikas zurück und versuchen es noch zweimal, und dann geben sie auf. „Nach Kastilien" ist nun eine eher absurde Parole, denn die Meuterer schlagen ihr Lager im Nordosten Jamaikas auf, Aomaquique heißt das Dorf, und die Meuterer führen Krieg gegen die Indianer, und außerdem führen sie natürlich Krieg gegen Christoph Columbus.

Der sitzt mit seinen 50 Männern in der St. Ann's Bay fest, sie leben von dem, was die Indianer ihnen bringen. Es ist ein Witz, wie lebensunfähig die Entdecker sich auch hier wieder anstellen: Es gibt Kokosnüsse in der Bucht, es gibt Bananen und Ananas und Fische – aber wenn die Indianer ihnen nicht jeden Morgen Brot und Wasser bringen würden, würden die Entdecker verhungern oder verdursten.

Es macht die Sache nicht einfacher, dass die Indianer langsam die Lust verlieren. Diese Spanier essen verdammt viel, ein Spanier, das berichtet Fernando, futtert so viel wie 20 Indianer, und leider können die Spanier für Speis und Trank nicht mehr zahlen. Sie haben keine Perlen mehr.

Warum aber Zechpreller bedienen? Als die Indianer langsam erkennen, dass sie von dem Arrangement nicht viel haben, stellen sie ihre Dienste ein, es ist Ende Februar. „Das bedeutete ein ernsthaftes Problem", sagt Fernando.

Es ist an der Zeit für den berühmtesten Trick des Christoph Columbus.

Ob es sich wirklich so zugetragen hat?

Nun ja, das mit dem Ei des Columbus ist eine Legende, man könnte es auch „Lüge" nennen. Aber der Trick von Jamaika, der berühmte „Eclipse trick", wird immerhin von Zeugen beschrieben, am schönsten allerdings wieder einmal von seinem Sohn.

Der berühmte Eclipse trick funktioniert so, dass Columbus in diesen letzten Tagen des Februar 1504 natürlich schon weiß, dass es in der Nacht des 29. eine totale Mondfinsternis geben wird. Also bittet Columbus die Häuptlinge der Indianer an Bord des Holzhaufens, der einmal die „Capitana" war, und dort oben erzählt er ihnen, dass er ein Gesandter Gottes sei und dass Gott mit ihnen, den Indianern, zürne, weil sie ihm, dem Gesandten Gottes, die Gastfreundschaft verweigert haben und ob sie ihm glauben würden oder nicht? Betrachtet den Mond heute Nacht, Gott wird euch ein Zeichen seiner Wut senden, ruft Columbus, der Mond wird dunkel sein und einen flammenden Rand haben, und das Feuer wird ein Zeichen der Wut Gottes sein, ruft Columbus. Dann zieht er sich auf sein Lager zurück, die Knochen schmerzen, aber er weiß, dass er gut war. Und in der Nacht, als der dunkle Mond am Himmel steht, erfüllt ein Heulen und Jammern die St. Ann's Bay. Und dann kommen die Indianer zurück und bitten Columbus, mit seinem Gott zu reden und diesen Gott um Verzeihung zu bitten, und Columbus zieht sich zurück, es wird langsam Morgen, und dann sagt Columbus: Wenn ihr uns fortan wieder gebt, was uns zusteht, wird Gott den Schatten vom Mond nehmen. Und die Indianer versprechen es.

Dann geht die Sonne auf.

Das wird ein Festmahl am 1. März.

## Hispaniola, März 1504

Méndez und Fiesci haben es geschafft, sie sind da.

Bartolomeo Fiesci, so erzählt es Fernando, will sofort zurück nach Jamaika, das ist schließlich sein Auftrag, er sollte Méndez ja begleiten und dann den Schiffbrüchigen Bericht erstatten. Aber es ist keiner mehr da, der ihn begleiten will. Die Männer sind erschöpft oder tot, sie weigern sich mitzukommen, und darum kehrt Fiesci niemals nach Jamaika zurück.

Diego Méndez hat Fieber, er hat Schüttelfrost, er macht zwei Tage Pause, aber dann muss er weiter. Er treibt seine Ruderer an. Sie fahren die Küste Hispaniolas entlang. Sie müssen den Gouverneur finden. De Ovando sei in der Provinz Xaragua unterwegs, hört Méndez, dort im Westen gebe es Aufstände, dort gebe es Krieg.

Das ist die Wahrheit, und es ist ein widerlicher Krieg. Die Spanier führen sich auf wie Herrenmenschen, was vermutlich einen ganz einfachen Grund hat: Sie fühlen sich wie Herrenmenschen.

Es gibt eine Frau namens Anacaona in der Provinz Xaragua, die Witwe des Häuptlings Caonabo und die Schwester des gestorbenen Häuptlings Behechio. Anacaona muss eine faszinierende Frau sein; Las Casas nennt sie „kultiviert“ und „begabt“, andere beschreiben sie als mutig, klug, kraftvoll, Méndez nennt sie die „großartigste Frau der Insel“. Jedenfalls ist diese Anacaona die neue Anführerin, und sie wird verehrt von ihrem Volk.

Nicolás de Ovando lässt sie ermorden. Er bittet die indianischen Häuptlinge und ihr Gefolge zu einem Festmahl in eine große Hütte, dann lässt er zusperren und Feuer legen; insgesamt lässt de Ovando laut Diego Méndez 84 Menschen hängen und verbrennen, laut Las Casas sind es nur 80, aber dieser Unterschied spielt dann wohl auch keine Rolle mehr.

Dies ist die Schattenseite der Entdeckung Amerikas, von Anfang an.

Dieser Nicolás de Ovando hat kein Tagebuch geführt. Wenn man ihn bewertet, muss man natürlich berücksichtigen, dass die einzigen Beschreibungen, die es gibt, von seinen Gegnern stammen.

Trotzdem, es gibt Tatsachen. Scheiterhaufen und Galgen gibt es, auf und an denen viele Indianer starben.

Die sieben Monate sind auch eine Tatsache: Sieben Monate lang hält de Ovando den Boten Méndez gefangen. Nein, er schickt kein Schiff, um Columbus zu retten, Menschlichkeit ist kein Wert und kein Kriterium in der Neuen Welt, es geht um Macht. Der Dialog zwischen de Ovando und Méndez ist nicht überliefert, jedenfalls nicht seriös überliefert, weil es nur die Version in einer eher romanhaften Passage von „Ophir" gibt:

Méndez fordert, dass das eine Schiff, das im Hafen von Santo Domingo liegt, sofort nach Jamaika geschickt wird.

De Ovando lächelt und sagt: „Der Statthalter bin ich, Diego Méndez."

Méndez: „Ein Spanier auch? Ein Christ auch?"

De Ovando: „Nicht ich trage die Schuld, dass der Admiral mit Schiffen nicht umzugehen weiß."

Méndez geht mit geballten Fäusten auf de Ovando zu und ruft: „Ihr seid ein Lump."

De Ovando tritt zurück, klatscht zweimal in die Hände, zwei Wächter treten auf.

De Ovando: „Ergreift ihn. Werft ihn in den Kerker. Er ist ein Rebell."

Es kann so gewesen sein, es muss nicht so gewesen sein. In seinem Testament schreibt Méndez nur, dass er dort in Xaragua „sieben Monate lang" in Gewahrsam gewesen sei.

## St. Ann's Bay, Jamaika, Mai 1504

Gibt es größeren Zynismus? Kann etwas mehr schmerzen? Mehr schmerzen als dies: Schiffbrüchige hocken an ihrem Strand, sehen ein Schiff heranfahren, das Schiff kommt in die Bucht, das Schiff wendet und fährt aus der Bucht heraus, und die Schiffbrüchigen hocken an ihrem Strand. Eine Fata Morgana?

Es ist eine kleine Karavelle, eine spanische Karavelle, natürlich jubeln Columbus und seine Männer, natürlich liegen sie sich in den Armen. Nicolás de Ovando, der Gouverneur von Santo Domingo, der Gegenspieler des Christoph Columbus, hat die Karavelle geschickt, Diego de Escobar heißt der Kapitän, und de Ovando hat de Escobar angewiesen, nachzusehen, ob Columbus noch lebe und wie die Lage so sei in der St. Ann's Bay.

Zwei Fässer Wein hat de Escobar mitgebracht und ein halbes gesalzenes Schwein und einen Brief von Diego Méndez, immerhin, er sei angekommen und tue alles, um die Schiffbrüchigen abholen zu lassen, schreibt Méndez.

Und dann hat de Escobar leider noch die Anweisung, niemanden, wirklich und absolut niemanden an Bord zu nehmen. Also: Anker wieder rauf! Und weg ist die Karavelle.

Und die Schiffbrüchigen hocken am Strand von Jamaika und staunen. Immerhin wissen sie jetzt, dass Méndez es wirklich nach Hispaniola geschafft hat, aber nein, einen größeren Zynismus kann es nicht geben. Was müssen das für Tage sein für die Spanier, die in der Karibik vor der Sonne fliehen, die auf ihren festgefahrenen Schiffen herumlungern und darauf warten, dass es endlich wieder Nacht wird und kühler, was für eine Tristesse. Woche auf Woche, Monat auf Monat. Und was für eine Langeweile.

Und dann müssen sie kämpfen.

Columbus hat um Verhandlungen mit den Meuterern gebeten, er

weiß, dass er nicht überall ausschließlich Feinde haben darf, er ahnt, dass man es ihm in Spanien nicht verzeihen wird, wenn er ohne die Porras-Brüder heimkehrt.

Und darum schickt Columbus zwei Boten zu den Meuterern, und er bietet viel. Die Wiedervereinigung ohne Bedingungen. Den Verzicht auf Bestrafung. Méndez wird ein Schiff schicken, das lässt Columbus den Meuterern ausrichten, sie alle können endlich von hier wegkommen. Und Columbus bietet ein viertel Schwein. Aber die Porras-Brüder haben genug von diesem Christoph Columbus, sie können ihn nicht mehr ertragen, sie halten ihn für größenwahnsinnig, verblendet, unzurechnungsfähig, und sie wollen die Macht. Sie sagen, dass sie dem Admiral nicht trauen, und sie fordern: ein Schiff, falls zwei Schiffe kommen; ein halbes Schiff, falls nur ein Schiff kommt.

Das kann Columbus nicht akzeptieren, ein Admiral kann sich nicht vorführen lassen, dann ist er nicht mehr lange Admiral.

Und darum scheitern die Verhandlungen, und darum fürchten die Meuterer, dass sie allein zurückbleiben werden auf Jamaika, und darum greifen sie an.

Es ist der 20. Mai 1504, es wird ein echtes Gemetzel. Loyalisten gegen Revolutionäre. Bartolomeo kommandiert die Loyalisten, und am Strand von Jamaika kämpfen sie mit Schwertern und Messern, es wird alles immer absurder. Und die Indianer stehen vermutlich oben am Waldrand und wundern sich über den angeblich zivilisierten Teil der Menschheit. Der persönliche Diener des Admirals Christoph Columbus stirbt, und die Meuterer Juan Sánchez und Juan Barva sterben, was für ein Tod.

Juan Sánchez war Lotse, Steuermann und Offizier, „Piloto Mayor" hieß sein Rang, und Juan Barva war Kanonier auf der „Capitana". Barva erhielt am 26. Mai 1502 seine erste Heuer, 6000 Maravedís; ihm steht noch mehr Geld zu, aber das wird seine Witwe María de Vera in Empfang nehmen, ein schöner Trost.

Die Loyalisten siegen, aber sie feiern nicht. Sie legen die Besiegten in Ketten. Bartolomeo will sie grausam bestrafen, aber die anderen überzeugen ihn, dass sie sich zurückhalten müssen: Wenn zu viele Spanier tot sind, könnten die Indianer die Überlebenden angreifen.

## Karibik, Juni 1504

Sieben Monate sind verstrichen, sieben Monate lang saß er in Haft. Doch nun, endlich, hat Gouverneur de Ovando Diego Méndez freigelassen, endlich konnte Méndez sich auf den Weg nach Santo Domingo machen.

Drei Schiffe sind dort angekommen.

Méndez hat ein Schiff gekauft, er hat es mit Brot, Wein, Schweinen, Schafen und Obst beladen lassen und nach Jamaika geschickt, er hat dem Kapitän Diego de Salcedo sehr genau beschrieben, wo Christoph Columbus hockt.

Und als nun die beiden anderen Schiffe die Rückreise nach Kastilien antreten, geht Diego Méndez an Bord, er will dem König und der Königin Bericht erstatten über die Hohe Reise.

Die Sieger des kleinen spanischen Bürgerkrieges auf Jamaika feiern erst, als Ende Juni das nächste Schiff in die St. Ann's Bay fährt, es ist wieder nur eine kleine Karavelle, es ist ein Déjà-vu-Erlebnis der seltsamen Art: ein Schiff, das tief im Wasser liegt, ein Schiff, das ächzt und schwankt, ein Schiff, das dem Holzwurm vielleicht noch bis zum Jahresende standhalten wird, länger aber ganz sicher nicht.

Immerhin, diesmal heißt der Kapitän Diego de Salcedo, und dieser Mann ist ein Anhänger des Christoph Columbus. Und sein Auftraggeber ist Diego Méndez, und der hat natürlich ausdrücklich befohlen, alle an Bord zu nehmen, die an Bord wollen.

Es ist der 28. Juni 1504, als der schiffbrüchige Christoph Columbus endlich gerettet ist, nach einem Jahr und vier Tagen.

Und zwei Holzhaufen bleiben zurück, zwei Schiffe, die den Admiral und seine Leute von Spanien in die Neue Welt getragen haben, bis nach Jamaika, aber eben nicht weiter.

## St. Ann's Bay, Frühjahr 2003

Drei kleine Boote kreuzen draußen vor der Bucht, Fischerboote vermutlich. Die eine Hälfte der Bucht ist steinig, scharfe und schwere graue Felsbrocken liegen dort bis hinunter ins Wasser, Stoßstangen und Autoreifen liegen auf den Felsen. Die andere Hälfte der Bucht ist sandig, ein karibischer Strand, die St. Ann's Bay liegt auf der Nordseite Jamaikas, der schönen Seite. Es ist die Seite der Buchten und des Dschungels und der Palmen und des weißen Sandes, arm allerdings sind die Menschen hier wie überall auf der Insel.

Es gibt eine Bar am Strand, einen Schuppen aus Holzlatten, und dort sitzen ein paar Rastafaris herum und trinken und rauchen und betteln. „Wir machen für euch den Strand sauber, einen Dollar kostet das", sagen sie. Sie hören Peter Tosh, der war mal Jamaikas Nummer zwei hinter Bob Marley, die Bässe sind laut, es dröhnt und vibriert. Diesen Strand hat vermutlich schon lange keiner mehr gesäubert.

„Guinness brings out the Power in you" steht auf dem einen der zwei gigantischen Werbeplakate.

„Take home everyone's favorite products" steht auf dem anderen.

Die St. Ann's Bay im Frühjahr 2003, 500 Jahre später, ist ein trauriger Ort.

Und wenn man den Strand verlässt und 200 Meter ins Landesinnere geht, dann findet man ein Polofeld, frei herumlaufende Kühe,

„Paul's Millennium Supermart", die „Columbus Beach Cottages" und natürlich das Denkmal.

Der Columbus der St. Ann's Bay, 1957 erbaut, ist aus Bronze, er steht hoch oben auf neun Stufen, breitbeinig steht er da, den rechten Fuß ein wenig voraus, er steht in einem kleinen Park, einem tropfenförmigen Park, unten rund, oben spitz. Der Columbus der St. Ann's Bay trägt kurze Haare, lange Strümpfe, einen Admiralsstab, und er guckt mit erhobenem Kinn in die Ferne, stolz und entschlossen soll das vermutlich wirken, es wirkt selbstgerecht. Ziemlich klein ist dieser Columbus, eine Pflanze wächst aus seinem Kopf, Scherben liegen zu seinen Füßen, der Zaun rostet. Und nebenan liegt die Columbus Preparatory School, und dahinter liegt die Marcus Garvey High School. Marcus Garvey war Revolutionsführer und Prediger, er wird verehrt wie ein Gott auf Jamaika. Etwas allerdings ist da durcheinander geraten, denn das Motto der Schule heißt: „Strive for excellence", und im Wappen der Schule segeln drei Schiffe auf hohen Wellen.

Die St. Ann's Bay im Frühjahr 2003, 500 Jahre später, ist ein seltsamer Ort. Aber dieser Ort birgt einen Schatz, das steht fest, für Unterwasserarchäologen ist der Schatz einer der größten anzunehmenden Funde, doch wo genau dieser Schatz liegt, das weiß kein Mensch.

Dieser Schatz: zwei Columbus-Schiffe, die „Capitana" und die „Santiago de Palos".

Sie lagen in der Brandung, in den Strand gefahren vom Entdecker persönlich, und genau so ließ Christoph Columbus sie im Juni 1504 hier zurück, das ist überliefert.

Das müsste doch wohl zu schaffen sein, dachte Roger Smith ein paar Jahrhunderte später, diese Schiffe muss ich finden, dachte er.

## Tallahassee, Florida, Sommer 2003

Roger Smith kann stundenlang über alte Schiffe reden – oder über nichts anderes als die Anordnung von Spanten und Planken am Rumpf alter Schiffe. Sein Arbeitsplatz wechselt, meistens ist es irgendeine Bucht, oft ist es irgendeine Bibliothek, manchmal ist es irgendein Labor, und jetzt ist es sein Büro: 500 South Bronough Street in Tallahassee, der Hauptstadt Floridas, zwei Blöcke vom Capitol des Gouverneurs Jeb Bush entfernt, es ist das Gebäude des State Museum, und Roger Smith haust in der dritten Etage, Zimmer 302, grüner Boden, weiße Wände.

Roger Smith ist ein rundlicher Kerl, er sitzt in einem Büro, das er voll gestopft hat mit Büchern über alte Schiffe und mit Büchern über die Rümpfe alter Schiffe. Er sitzt an einem schweren Schreibtisch, sein Laptop ist an Lautsprecher angeschlossen, Smith liebt klassische Musik. Links von ihm stehen seine Bücher, und auf dem Regal liegen die Mützen von all den Expeditionen: „Sunken Treasures", „U. S. S. Florida" und so weiter. Hinter ihm hängen die Urkunden, die Auszeichnungen, „The Explorers' Club" und so weiter, und ein sehr schönes Bild hängt da, aus einem Wal entsteht ein Schiff, das Schiff hat am Ende die Form des Wals, das ist die Evolution der Seefahrt, und rechts von Roger Smith steht sein Aktenschrank.

Es ist eng in diesem Büro. Und Roger Smith erzählt von der Unterwasserarchäologie. Dem Thema seines Lebens.

Denn er liebt das alles ja wirklich: die Legenden und die Mythen versunkener Schiffe, die Romantik und die Tragödien, die Schätze und die Waffen. Schiffe transportieren „Gegenstände, Kleidung, Tiere, Technologien, Krankheiten, Menschen", sagt er, „sie transportieren eine Idee und eine Weltanschauung, und wenn sie sinken, wird all das eingefroren".

Es ist nur so, dass Unterwasserarchäologie ein zähes Feld ist, ein frustrierender Beruf, es gibt mehr Niederlagen als Siege, „sehr viel mehr Detektivarbeit als John-Wayne-Arbeit", sagt Roger Smith, „Unterwasserarchäologie heißt, Entdeckungen zu vergleichen mit Dingen, die schon bekannt sind, endlose Lektüre, zartes Arbeiten, denn man kann ja niemals zurück zum Urzustand. Wenn ich etwas berge, ist es raus, ich kann viel kaputtmachen da unten".

Okay, Roger, aber wie war das nun in der St. Ann's Bay? Wie lief das mit den Columbus-Schiffen?

„Moment", sagt Roger Smith und steht auf. Etwa einmal pro Stunde steht Roger Smith auf und holt sich einen Kaffee aus der Küche, und ein weiteres Mal pro Stunde nimmt er den Fahrstuhl ins Erdgeschoss. Dann geht er eine rauchen.

Roger Smith ist ein Kerl mit Vollbart und kurzen, grauen Haaren. Er trägt eine runde Brille, einen silbernen Armreif, ein schwarzes Polo-Shirt und in der Brusttasche zwei Kugelschreiber. Smith ist der Sohn eines Diplomaten, wurde in Salt Lake City in Utah geboren, wuchs in Japan und Deutschland auf, in Bremen, Heidelberg und Hamburg; dort leitete sein Vater das Amerikahaus, Roger hatte eine Hündin namens Susi, die an der Alster die Schwäne jagte, er spielte Eishockey und fing Aale. Und er wusste nie, was er anfangen sollte mit seinem Leben, „ich war Cowboy und Hippie, und nichts fühlte sich echt an", sagt er, bis er ein Buch entdeckte, „The Lost Ships" von Peter Throckmorton, und das war es. Er ging zunächst zur University of Pennsylvania, und dann bettelte er so lange, bis sie ihn in das neue Programm von Texas A&M aufnahmen, das war die Elite, damals schon; dort machte er seinen Doktor, dann ging er als State Underwater Archaeologist nach Florida, er lehrt an der University of West Florida und an der Florida State University.

Und heute ist Roger Smith einer dieser vier, fünf Helden in der kleinen Szene der weltbesten Unterwasserarchäologen, einer dieser Verrückten, die 16 Stunden am Tag arbeiten, die Bücher in einer

Auflage von ein paar hundert Stück schreiben, die in den trüben Gewässern von Flussmündungen tauchen, dort, wo man etwa einen Meter weit sehen kann und ständig durchgeschüttelt wird.

Die „Capitana" also, die „Santiago de Palos" also, ach, damals in der St. Ann's Bay, und endlich beginnt Roger Smith zu erzählen.

Aber zunächst ein bisschen allgemeiner.

Ein Schiff des Columbus also, für Roger Smith wäre es ein „Meilenstein der Archäologie" und „eines der größten Geschenke an die Geschichte". Die Menschheit weiß wenig, sie weiß so gut wie nichts über die Schiffe der Entdecker. Es war ja eine sehr kurze Phase in der Historie der Seefahrt, 30, vielleicht 50 Jahre lang dauerte diese Phase: Gebraucht wurden damals wendige Schiffe, schnell mussten sie sein und dennoch stabil, sie mussten nicht viel Laderaum haben, da es erst einmal um Entdeckung und noch nicht um Ausbeutung ging, und sie mussten mit ungewissen Winden den Rückweg schaffen können.

Nach diesen Bedürfnissen entstanden die Karavellen, jene „Schiffe, die die Welt verändert haben", sagt Roger Smith; und als die Neue Welt entdeckt war, als es um Gold ging und um Sklaven, verschwanden diese Schiffe langsam wieder von den Weltmeeren, von da an bauten die Europäer Transporter mit reichlich Stauraum.

Die wichtigsten Merkmale der Karavellen, sagt Roger Smith, waren drei, die miteinander zu tun hatten: Erstens hatten sich die Spanier von den Arabern diese dreieckigen Segel abgeschaut, Lateinersegel genannt, die auf den Karavellen an zwei, drei und manchmal vier Masten und in Kombination mit den klassischen viereckigen Segeln eingesetzt wurden; so konnten die Entdecker besser auf wechselnde Winde reagieren, so mussten sie sich nicht länger stumpf vom Wind geradeaus treiben lassen, und wenn ein Kapitän geschickt war, dann ließ er so trimmen, dass die Vorsegel den Wind in das Großsegel lenkten. Weil deshalb die Anforderungen an das Schiff stiegen und auch die Belastungen, wurde zweitens der Rumpf verstärkt, auf einen vorkonstruierten, an Bug und Heck scharf nach oben gezogenen Rahmen, eine Art Skelett, wurden die Planken genagelt, „das war der Beginn einer starken europäischen Rumpftradition", sagt Roger Smith. Karavellen waren ungefähr 2,3-mal so tief wie breit, und ihr Kiel war ungefähr 2,4-mal so lang wie die maximale Breite, und das Deck war ungefähr 3,3-mal so lang wie die Breite. Und um diese Schiffe in tropischen Stürmen auf Kurs halten zu können, bauten die Spanier drittens exakt in der Verlängerung der Längsachse ein Heckruder ein. „Die Takelage, der Rumpf und das Ruder, das war alles sehr gekonnt", sagt Roger Smith.

Und ein paar Dinge sind noch bekannt: Die Waffen wurden während der Reise unter Deck verstaut, meist waren es zwei schwere Kanonen, Bombardettas genannt, und rund 20 kleine Geschütze, kurz vor der Küste wurden die Dinger dann nach oben geschleppt. So viel zum groben Verständnis.

Und die Details?

Tja, also, die Details. Es gibt keine Aufzeichnungen und keine Pläne, nur Zeichnungen, die viele Jahrzehnte später entstanden. Um die Details zu verstehen, müsste man endlich mal eine dieser Karavellen finden.

Denn dass die Wissenschaftler mit ihren Theorien entweder ewig weit weg sind von der Wirklichkeit oder aber ein paar wichtige Dinge übersehen haben müssen, das haben die Nachbauten eindrucksvoll bewiesen.

Enrico d'Albertis, Mitglied der italienischen Columbus-Kommission, zeichnete 1892 die ersten Baupläne nach den wenigen historischen Angaben. Eine spanische Kommission zog nach, Cesáreo Fernández Duro zeichnete die nächsten Modelle, und danach wurden drei Schiffe gebaut, „Santa María", „Pinta" und „Niña", pünktlich zur World Columbian Exposition in Chicago 1894 waren die Schiffe fertig. Die „Santa María" rollte mächtig und hatte den Drang, ihren

Kurs um 90 Grad zu verfehlen, aber sie kam irgendwie an – die beiden anderen mussten leider geschleppt werden, es war kein prächtiges Schauspiel, als die Pötte Amerika erreichten, irgendetwas stimmte da nicht.

1962 baute der Spanier Carlos Etayo Elizondo eine bessere „Niña", gut aber war sie noch immer nicht: Sie hatte dreieckige und viereckige Segel dabei, aber das half alles nicht, denn sie brauchte von Palos nach San Salvador 97 Tage, Columbus hat diese Strecke in 36 Tagen geschafft.

„Echte und gute Rekonstruktionen müssen nun einmal auf den authentischen Fragmenten dieser Zeitkapseln basieren, die vor Haiti und der Dominikanischen Republik, vor Panama und Jamaika auf dem Meeresboden liegen", sagt Roger Smith.

Dann holt er sich einen Kaffee.

Dann geht er eine rauchen.

Und als er zurückkommt, ist der Kaffee kalt, und Smith setzt sich hinter seinen braunen Schreibtisch.

„Wo waren wir?"

St. Ann's Bay, wie war es in der St. Ann's Bay?

„Moment noch", sagt Roger Smith, und dann sagt er, dass die Schiffe des 15. und 16. Jahrhunderts für ihn so etwas wie eine Familie sind – eine kleine Familie, denn viele Wracks gibt es bisher nicht. Natürlich hat Roger Smith sie alle gesehen, und wenn ein Neugeborenes hinzukommt, dann vergleicht Roger Smith das neue Baby mit den älteren.

„Und natürlich hoffen wir immer auf Columbus", sagt er, „der Name ist stets präsent, aber dann war es bisher doch jedes Mal ein anderes Baby." Wobei, wenn ihm dieser kleine Exkurs gestattet sei, Columbus ihn ja gar nicht interessiere: „Columbus", sagt Smith, „war nur ein italienischer Geschäftsmann, der den Spuren anderer folgte. Er war kein großer Seemann, denn vor ihm waren orientalische Besucher und europäische Fischer in Amerika. Aber natürlich hat er den Ruhm. Er hat die Geschichte. Aber mich interessiert nicht der Mensch, mich interessieren seine Schiffe. Nicht er war besonders, die Schiffe waren besonders."

Dann holt er sich einen Kaffee.

Diesmal geht er keine rauchen.

Und dann erzählt Roger Smith von Jamaika, 1981 kam er zum ersten Mal in die St. Ann's Bay.

„Aber fangen wir noch ein wenig früher an", sagt Roger Smith und lehnt sich zurück, und seine Hände liegen auf seinem Bauch.

Santa Gloria, jene Bucht, in der Christoph Columbus die „Capitana" und die „Santiago de Palos" zurückgelassen hatte, jene Bucht, die heute St. Ann's Bay heißt, spielte in den Jahrhunderten danach keine große Rolle mehr.

Diego Colón wollte hier eine Stadt entstehen lassen, Diego wurde ja 1509 Gouverneur, und es wurden ein paar Häuser gebaut, Sevilla La Nueva hieß diese Siedlung, aber dann zogen die Spanier weiter in den Süden Jamaikas.

Und der tropische Regenwald besiegte die Siedlung, und bald waren alle Häuser wieder verschwunden. Und dann, 1692, kam das große Erdbeben. Die ganze Insel wurde erschüttert, und zerstört wurde Port Royal, jene Metropole des goldenen Zeitalters der Piraten, wo Henry Morgan und seine Horden ihr Gold in die Bordelle und Tavernen trugen. Port Royal, vergraben in Schlick und Schlamm, liegt im Südosten Jamaikas, und die St. Ann's Bay liegt im Norden, es sind zwei Stunden Autofahrt. Dieses Erdbeben von 1692, sagt Roger Smith, sei einer jener Zwischenfälle, die archäologische Unternehmungen zu einer Lotterie machen. Da kann man noch so gut vorbereitet sein.

Wenn zum Beispiel das Erdbeben alles zerstört hat, was übrig war von den Schiffen, was dann? Und wenn das Erdbeben die Küstenlinie verändert hat, wenn Strand und Felsen heute gar nicht mehr so aussehen wie damals? Wenn heute die Straße dort entlangführt, wo vor 500 Jahren der Strand war, ja, was dann? Sollen Archäologen eine Straße sprengen und mal nachsehen, was darunter verborgen ist?

Und was, wenn es weitere Erdbeben gab? Kleinere, längst vergessene Erdbeben, aber vielleicht Erdbeben, deren Epizentrum zufällig in der St. Ann's Bay lag?

„Es ist ein schwieriger Job", sagt Roger Smith, „es ist der schönste Job der Welt."

1932 wurde die Welt erinnert an das, was einst in der St. Ann's Bay geschehen war; das Pferd des Aufsehers einer britischen Plantage stolperte über einen Stein, und der Stein gehörte zu einer Zisterne, und die Zisterne hatte einst zum Neuen Sevilla, zu Sevilla La Nueva, gehört. Der Archäologe C. S. Cotter begann zu buddeln, und bald hatte er Fundamente der Häuser des Diego Colón freigelegt.

Der Erste, der nach den beiden Schiffen suchte, war der Amateurarchäologe William Goodwin. Goodwin war sicher, dass die Wracks nicht in der St. Ann's Bay liegen würden, sondern nebenan in Don Christopher's Cove, einer sehr schmalen und sehr flachen Bucht, woher sollte die ihren Namen sonst haben? 1935 begann Goodwin zu suchen, er bohrte 150 Löcher, 1938 gab er auf und ging wieder.

Samuel Eliot Morison kam als Nächster, 1940 war das, und er bereitete jene Expedition vor, die die Grundlage seiner Columbus-Bücher werden sollte. Morison war ein prächtiger Segler, und er erklärte die Theorie von Don Christopher's Cove für Unsinn. Zu schmal und zu flach sei es dort, es wäre irrsinnig gewesen, wenn Columbus dort eine Landung riskiert hätte, und sowieso: Kann es nicht sein, dass Don Christopher's Cove nach Don Christóbal Yssasi getauft wurde, dem letzten spanischen Gouverneur von Jamaika, einem umtriebigen Kerl, der als Schmuggler ein bisschen was dazuverdiente und genau hier, eben in Don Christopher's Cove, sein Versteck hatte?

Doch, doch, das kann schon sein.

Morison folgerte, dass Columbus seine Schiffe an der Westseite der St. Ann's Bay zum letzten Halt trieb, dort ist es tief und breit, leicht zu manövrieren, aber die Frage ist natürlich, ob Columbus sich mit diesen zerfressenen Kähnen seinen letzten Hafen überhaupt noch aussuchen konnte.

Egal, die Suche begann.

Es war 1968, als das erste Team aus Texas in die Bucht kam, Robert Marx führte es an, einer der Pioniere der Unterwasserarchäologie. Marx fand Holz, Steine, Keramik und Obsidian in dem Gebiet, das Morison für die Suche empfohlen hatte. Dann machte Marx Sonaraufnahmen in der ganzen Bucht, und er fand einige Zielobjekte, „Targets". Und er fand Glas, Eisenstücke, Holzkohle und Feuerstein.

Zeitungen schrieben, die ersten Schiffe des Entdeckers Amerikas seien gefunden worden. Sensation! Weltsensation!

Die Regierung Jamaikas bat um Hilfe, der französische Taucher Frédéric Dumas erschien und holte Ballaststeine, Glas und allerlei Artefakte ans Tageslicht, das Problem aber war: Das Zeug war zu jung, es waren Weinflaschen aus dem 18. Jahrhundert dabei, daraus konnte Columbus nicht getrunken haben.

Leider doch keine Weltsensation.

Dumas sagte, dass hier vermutlich einmal ein beliebter Ankerplatz gewesen sei, und dann sagte er noch, dass es keine Spur von der „Capitana" oder der „Santiago de Palos" gebe.

Und dann, 1981, kam Roger Smith nach Jamaika. Sein Kollege John Gifford begleitete ihn. Die beiden begannen mit Kartenvergleichen, mit Luftaufnahmen, mit historischen Dokumenten, sie wollten so genau wie möglich ergründen, wie sehr sich die Küstenlinie verändert hatte in fünf Jahrhunderten.

Sie hatte sich sehr verändert, das war das Ergebnis. „Es gab die Möglichkeit, dass die Schiffe des Columbus unter dem heutigen Sandstrand lagen", sagt Roger Smith, „oder unter dem Freeway."

Es begann die Archäologenarbeit: Planquadrate, Skizzen und dann die Suche, Quadratmeter für Quadratmeter im Wasser und am Strand, mit Magnetometer und Sub-Bottom-Sonar, Instrumente sind das, die Veränderungen im Untergrund anzeigen.

Sie konnten beweisen: Jene Gegend im Westen der Bucht war tatsächlich einst ein reichlich genutzter Ankerplatz gewesen. Sie fanden nämlich jede Menge Artefakte aus vielen verschiedenen Epochen, dieser Beweis interessierte bloß niemanden.

Sie fanden: ein englisches Handelsschiff aus dem 18. Jahrhundert, exzellent erhalten unter einer zwei Meter dicken Schicht aus Lehm und Schlamm, aber auch das interessierte nur die Gemeinde der Unterwasserarchäologen und selbst die nur für ein paar Stunden.

Sie jubelten: Da war eine Veränderung im Untergrund, und als sie dreidimensionale Bilder davon bastelten, wurden aus der Veränderung zwei nebeneinander liegende Schiffe.

Und sie trauerten: Als sie tauchten, entdeckten sie doch nur eine Menge Müll, Steine, Eisen – aber keine Spur eines Wracks.

Sie machten weiter und immer weiter. Sie bohrten unterhalb des alten Sevilla La Nueva, unterhalb der Straße; Probebohrungen waren das, sie konnten ja nicht die ganze Bucht durchwühlen.

Und dann mussten Roger Smith und John Gifford aufgeben. „Wir haben nichts entdeckt, was älter wäre als 1692, und wir haben alle Mittel eingesetzt, die wir haben", sagt Roger Smith. Und die „Capitana" und die „Santiago de Palos" blieben und bleiben verschollen.

## Santo Domingo, Sommer 1504

Die Karavelle schleppt sich durch den Atlantik, sechseinhalb Wochen braucht sie nach Santo Domingo. Gouverneur de Ovando empfängt Columbus mit einem Lächeln und bietet ihm ein Bett in seinem

Haus an, aber das ist „der Kuss eines Skorpions", schreibt Fernando, also falsches Spiel. Dann nämlich lässt de Ovando Francisco de Porras frei, den Anführer der Meuterer.

Diesmal bleibt Columbus für seine Verhältnisse gelassen. Weil er sich nicht lange mit de Ovando aufhalten will, vielleicht auch weil er einsieht, wer hier stark ist und wer nicht, chartert er eine Karavelle, und am 12. September bricht er zu seiner letzten Rückreise auf.

Sein Bruder, sein Sohn und 22 Männer segeln mit ihm, die anderen bleiben auf Hispaniola, sie haben genug.

Auf der Rückreise bricht einmal der Großmast, aber mit Schiffen kennen die Entdecker sich besser aus als mit Menschen, sie zimmern sich einen neuen. Und nach 56 Tagen und den üblichen Stürmen und Gefahren sind sie endlich zu Hause, in Sanlúcar de Barrameda erreichen sie Spanien.

Columbus schreibt einen Brief an seinen Sohn Diego, er schreibt, dass er „das Paradies und mehr gewinnen" wollte, dass dies aber „unmöglich" war oder aber die Anforderungen „weit über mein Wissen und meine Kräfte hinausgingen".

Zweieinhalb Jahre dauerte die Hohe Reise.

Columbus wollte den Durchbruch finden, diese verdammte Meeresstraße. Er wollte Gold. Er hat gekämpft. Er hat verloren.

Er ist ein kranker Mann am Ende seines Lebens.

## Sevilla, Oktober 2003

Auch aus Sicht der spanischen Krone war die Hohe Reise ein Reinfall – vier Schiffe verloren und so gut wie nichts gewonnen. Was sie hingegen kosten sollte, das hätte Königin Isabella auf den Maravedí genau nachlesen können, vielleicht hat sie es auch getan. In ihren Akten, heute im königlichen Archiv von Simancas, lag die Abrechnung. Mitte Oktober 2003 erst hat Juan Gil sie gefunden. Nicht, dass Gil danach gesucht hätte, denn so funktioniert die Columbus-Forschung nicht. „In den Archiven sind Tonnen von Papier, vieles ist nicht katalogisiert, nicht zusammengefasst“, sagt Gil. Nirgendwo gibt es *die* Columbus-Akten. Es gibt allenfalls die Akten von Menschen, die keiner mehr kennt.

In anderen Dokumenten war Gil auf einen Namen gestoßen: Alonso de Morales. Ein Name ist eine Spur, und diese hier war wieder Gils Lieblingsspur: die Spur des Geldes. Denn de Morales war ein Schatzmeister der Königin – und zwar zu jener Zeit, als Columbus von seiner vierten Reise nach Spanien zurückkehrte.

Das Gute: Buchhalter pflegten ihre Akten, das war ihr Job, und so wanderten die Akten in einer gewissen Ordnung in die Archive.

Das Problem: Buchhalter und Schatzmeister produzierten sehr viel Papier, auch das war ihr Beruf. Es war ein langweiliger Beruf, und so hinterließen sie meistens den trockensten Lesestoff, der sich denken lässt. So war es auch diesmal in Simancas.

Gil fragte die Archivare, ob sich in den Regalen der Gesamtbestand der Akten des Schatzmeisters Alonso de Morales finde. Und er hatte Glück. In Stapeln türmte sich bald um sein Lesepult, was de Morales der Nachwelt hinterlassen hatte, wofür sich aber niemand interessiert hatte, bis Gil kam. „Ein königlicher Schatzmeister“, sagt Gil, „bezahlte vielleicht 20 Leute am Tag: Spesen, Abrechnungen, Löhne. Jede Zahlung hat er verbucht.“ Jede Buchung musste Gil nun entziffern, verstehen, einordnen. Immerhin schrieben Spaniens Buchhalter sehr ordentlich, weil jeder Fehler Geld kosten konnte.

Und in den Papierstapeln fand Juan Gil schließlich dreieinhalb Seiten voller Zahlen, dreieinhalb Seiten, die 500 Jahre lang verschwunden waren: die Kalkulation der vierten Reise. Und schon die trockenen Daten der Buchhalter deuten darauf hin, dass diese Reise ein Desaster werden musste.

Columbus hatte vor der Abfahrt überschlagen, wie viele Matrosen und Offiziere er brauchen würde. Und was das alles kosten würde. Er kam auf genau 3 163 600 Maravedís. Doch die Buchhalter waren zäher als er, und sie waren geizig. Über Wochen hinweg handelten sie ihn herunter. Zuletzt genehmigten Morales' Leute ihm exakt 2 259 239 Maravedís.

Deshalb hatte er weniger Schiffzimmerleute dabei, als nötig gewesen wären. Und weniger Kalfaterer, die einen leckenden Rumpf abdichten konnten. Deshalb hatte er nicht auf jedem der vier Schiffe einen Lotsen, sondern nur einen Cheflotsen für die ganze Flotte, den Piloto Mayor Juan Sánchez, dem aber die Untergebenen fehlten. Und deshalb hatte er mehr Schiffsjungen an Bord als erwachsene Matrosen, denn ein Schiffsjunge kostete in der Regel nur 666 Maravedís pro Monat, ein Matrose hingegen 1000 Maravedís. Columbus' letzte Mannschaft, sagt Juan Gil, „war nichts als ein Haufen von Halbstarken".

Die Tragödie der vierten Reise ist auch das, was Anunciada Colón de Carvajal an ihrem Vorfahren besonders fasziniert. Anunciada Colón de Carvajal ist jetzt 49 Jahre alt, eine schöne, aristokratische Frau, sehr bedächtig, und auf keinen Fall würde sie ein vorschnelles Urteil über Columbus fällen. Sie hat ihr Leben lang versucht, den Mann zu verstehen. Und sie möchte ihn nicht als rücksichtslosen Egomanen verdammen, wie manche das tun, sie kann ihn aber auch nicht als Helden verehren, was andere tun.

Ihr Bruder, Cristóbal Colón, hat nicht nur den Namen des Entdeckers geerbt, wie es Tradition ist in der Familie, er führt auch den Titel „Herzog von Veragua", er diente bis vor kurzem als Offizier der spanischen Marine, er liebt die See, Hubschrauber, Schiffe, alles, was sich schnell bewegt.

Er ist ein unkomplizierter Mann, der garantiert nichts Falsches sagt, wenn er irgendwo eine Rede halten soll. Und darum wird er gern vorgezeigt bei Feierlichkeiten, etwa 1992 zum 500-jährigen Jubiläum der ersten Reise.

Man kennt ihn in Spaniens feiner Gesellschaft, sein Name steht in den Zeitungen. Die Familie ist prominent – so prominent, dass der Vater von Anunciada und Cristóbal, der natürlich auch Cristóbal Colón hieß, 1986 von den baskischen Separatisten der ETA ermordet wurde. „Einfach nur so, weil er berühmt war", sagt Anunciada Colón, „das hatte nichts mit Columbus zu tun."

Für das Intellektuelle in der Familie ist sie zuständig, und bei ihr kann man nicht immer sicher sein, dass sie nur das sagt, was genehm ist. Sie ist Historikerin, stellvertretende Direktorin der Stiftung „Mapfre Tavera", die, finanziert von einem Versicherungskonzern, historische Dokumente herausgibt, auch auf CD-Rom, damit die Kinder der Internetgeneration etwas über die Vergangenheit ihres Landes lernen.

Als Anunciada Colón anfing zu studieren, da suchte sie nach dem, was ihr Vorfahr vernichtet hatte. Sie las alles, was sie bekommen konnte über die Kultur der Taínos, der Mayas, der Azteken, der Inkas – sie las alles über jene Völker, die untergingen, als die Konquistadoren Columbus folgten.

Sie ist befreundet mit der Columbus-Forscherin Consuelo Varela, und sie kennt auch deren Columbus-Akten. In den Dokumenten lernte Anunciada Colón den goldgierigen Columbus kennen, den rücksichtslosen Eroberer, den Mann mit dem Blick des Sklavenhändlers, den kalten Mann – jenen Columbus, von dem Consuelo Varela sagt: „Ich kann ihn manchmal nicht ausstehen." Doch all das seien nur Aspekte einer komplizierten Persönlichkeit, sagt Anunciada Colón. „Wir Historiker haben so eine Art Vergrößerungsglas. Wir halten es über einen Ausschnitt eines Lebens, sehen kleine Dinge ganz groß, und sagen dann, aha, so war dieser Mann. Aber wenn wir das Glas über einen anderen Ausschnitt halten würden, sähe dieser Mensch vielleicht ganz anders aus", sagt sie.

Hält sie ihr Vergrößerungsglas über die vierte Reise, sieht Columbus für sie überhaupt nicht mehr aus wie der rücksichtslose Sieger, denn „die vierte Reise war sein größter Kampf. Die vierte Reise ist das beeindruckendste Kapitel, weil seine Leute dabei unglaublich gelitten haben". Columbus selbst hatte die größten Hoffnungen in diese Expedition gesetzt, deshalb nannte er sie ja auch die „Hohe Reise". Er wollte endlich die Durchfahrt nach Indien finden, von deren Existenz er fest überzeugt war. Er wollte beweisen, dass er doch Recht hatte, dass es hinter dem Land, das er da im Westen entdeckt hatte, noch weiter ging, vielleicht doch bis nach Indien, China. Er hatte sich mehr vorgenommen als jemals zuvor, sogar die Schiffe wollte er selbst konstruieren, mit noch weniger Tiefgang als die Karavellen, noch schneller, wendiger und besser geeignet, flache Küstengewässer zu erkunden, in Flüsse vorzustoßen und dort irgendwo die Passage nach Westen zu finden.

Aber er scheiterte. Was für ein Drama, meint Colón, ein kleiner, mieser Wurm habe den großen Entdecker erledigt, jener Schiffsbohrwurm, den die Spanier damals „broma" nannten. Und heute, sagt Colón, heiße „abrumado" so viel wie geplagt, gepeinigt, gequält.

Columbus wurde geplagt, gepeinigt, gequält auf der letzten Reise. Und trotzdem, er habe sich großzügig verhalten, sagt seine Nachfahrin. Anunciada Colón de Carvajal sagt: „Sein Benehmen auf Jamaika war nicht das eines starken Mannes. Er war geschlagen, und er war nachgiebig. Er bat doch die spanische Krone, die Meuterer nicht zu bestrafen. Tut so etwas ein Despot?"

# 9 Ein namenloses Schiff

## Corpus Christi, Texas, September 2003

Das Wrack liegt vor der Küste Panamas, ist es das Wrack der „Vizcaína“? Sie könnte es sein, sicher. Wer aber war noch in der Bucht von Nombre de Dios zu jener Zeit? Wer ankerte dort? Gibt es andere als Christoph Columbus, die dieses Schiff dort zurückgelassen haben könnten?

1494 wurde der Vertrag von Tordesillas geschlossen, der eine Linie von Pol zu Pol zog und Spanien die westliche und Portugal die östliche Hälfte der Erde zusprach.

1498 begriffen König Ferdinand und Königin Isabella, dass die spanische Hälfte viel zu groß war, um sie allein von Columbus erforschen zu lassen.

1499 autorisierte die Krone deshalb vier weitere Expeditionen. Die Reisen waren zwar teuer und nur schwer zu finanzieren, aber wer es sich leisten konnte, brach auf; und wer es sich nicht leisten konnte, brach mitunter ebenfalls auf, denn man konnte ja zum Piraten werden; Alonso de Ojeda zum Beispiel kaperte das Schiff, mit dem er in die Neue Welt fuhr.

Es blieb kein spanischer Boom. Die Briten fuhren hinterher, John Cabot war der Erste, und dessen Sohn Sebastian verkündete 1509 die Entdeckung Kanadas. Und die Portugiesen respektierten die Trennlinie nicht, sie fühlten sich betrogen, und die Brüder Corte Real setzten die Segel und jagten über den Atlantik.

Spanien aber lag vorn, und Spanien blieb vorn. Zwischen 1499 und 1505, sagt Donald Keith, der Chef von „Ships of Discovery“ in Corpus Christi, Texas, habe es mindestens elf Entdeckungsreisen der Spanier in die Neue Welt gegeben.

Alonso de Ojeda, Juan de la Cosa und Amerigo Vespucci brachen im Mai 1499 in Spanien auf; vor der Küste Südamerikas trennten sie sich, Vespucci fuhr nach Süden und am Amazonasdelta vorbei, die beiden anderen reisten nach Norden. Ein paar Tage später waren Peralonso Niño und Cristóbal Guerra dort; man sah sich nicht, und man traf sich nicht in der Neuen Welt, es gab für alle genug zu entdecken, es waren ja reichlich Inseln da.

Eine dritte Flotte machte sich auf den Weg, Vicente Yáñez Pinzón kommandierte sie und verlor bei den Bahamas zwei Karavellen. Diego de Lepe folgte Pinzón, kopierte dessen Route, und weil er selbst wenig entdeckte, kann man zu dem Schluss kommen, dass dieser de Lepe ein großer Feigling war oder ein noch größerer Dilettant.

Und dann, 1500, fuhren Alonso Vélez de Mendoza und Luis Guerra die Küste Brasiliens entlang und beanspruchten das schöne Land für Spanien; dass Pedro Alvares Cabral es längst für Portugal beansprucht hatte, war ihnen entgangen – kann ja passieren bei so viel Neuland und ohne Funkkontakt. Amerigo Vespucci war 1500 auch schon wieder unterwegs, diesmal segelte er auf portugiesischen Schiffen; der Mann, nach dem Amerika benannt wurde, war so etwas wie der Söldner unter den Entdeckern.

Um 1502 fuhren für Spanien Rodrigo de Bastidas und Juan de la Cosa Richtung Norden, bis zum Isthmus von Panama und noch weiter, so weit, bis sie vor Hispaniola alle vier Schiffe in einem Sturm verloren. Sie retteten sich nach Santo Domingo, heuerten an, als die Flotte des Francisco de Bobadilla sich auf den Heimweg machte, und dann kam jener Hurrikan, der 19 Schiffe verschlang, jener Hurrikan, den Columbus lange vorher gespürt hatte. (De Bastidas und de la Cosa waren auf dem einzigen Schiff, das durchkam.)

Jedenfalls, es gab reichlich Verkehr in der Karibik, schon bald waren die Wasserstraßen in die Neue Welt viel befahren. Kuba wurde umrundet und erobert, Puerto Rico wurde spanische Kolonie, den Gouverneur Nicolás de Ovando und seinen Nachfolger Diego Colón drängte es zur Expansion.

1512 befahl König Ferdinand seinen Abenteurern, eine Westpassage zum Orient zu suchen, und vielleicht, sagt Donald Keith, wurde ja bei diesen Versuchen Florida entdeckt. Von Ponce de León. Den Orient allerdings fand der arme Kerl nicht.

Erfolgreicher, jedenfalls in dieser Hinsicht, war ein Jahr danach Vasco Nuñez de Balboa. Der entdeckte den Pazifischen Ozean, es war fraglos eine ruhmreiche Tat, und dann kam der Auftrag von König Ferdinand, Südamerika zu umrunden. Proviant für zweieinhalb Jahre ließ Balboas Kapitän Juan Díaz de Solís an Bord seiner drei Schiffe nehmen, aber das half ihm auch nicht: Bis zum Río de la Plata kam Balboa, dann starb er, ein Schiff sank, und noch zehn Jahre später sammelten Schiffe, die zufällig vorbeikamen, Schiffbrüchige von 1516 ein.

Und dann fanden die Spanier die Schätze Yucatáns.

1517 sah Francisco de Córdoba das Gold, und er musste dafür bezahlen; die Indianer wehrten sich erbittert, 57 Soldaten starben.

Im Januar 1518 brach die nächste Expedition Richtung Yucatán auf, geführt von Juan de Grijalva, dem Neffen des Gouverneurs von Kuba. Acht Monate lang kamen keine Nachrichten von Grijalva, Hernán Cortés folgte ihm, elf Schiffe und 600 Mann hatte Cortés dabei, das war der Beginn vom Ende des sagenhaften Reiches von Yucatán. Alonso Alvarez de Pineda fuhr die Golfküste Nordamerikas ab, er sah den Mississippi und Texas, und nach ihm kam Ferdinand Magellan, auf der Suche nach einem befahrbaren Weg nach Indien.

Es waren gewaltige Anstrengungen. Es waren teure, gefährliche Abenteuer. Nicht alle Konquistadoren überlebten, nicht alle Schiffe kehrten zurück. Wer also hat nun nachweislich Schiffe verloren in der Neuen Welt?

Donald Keith hat in Archiven gegraben und alles gelesen, was zu finden war, er las Briefe, Gerichtsakten, Steuererklärungen und Kontoauszüge, und am Ende hat Keith eine Liste zusammengestellt, eine Liste der verlorenen Schiffe aus dem Zeitalter der Entdecker, von 1492 bis 1520:

*1492: Entdecker*: Columbus; *Schiffstyp*: Nao; *Schiffsname*: „Santa María"; *Ort*: Bucht von Caracol, Hispaniola.

*1494*: Columbus; Karavellen; „Mariagalante" und „La Gallega"; Isabela Bay, Hispaniola.

*1495*: 1. Columbus; Karavellen; „San Juan" und „Cardera"; Isabela Bay, Hispaniola.
2. Juan de Aguado; vier Schiffe; Name unbekannt; Isabela Bay.

*1498*: John Cabot; vier Schiffe; Namen unbekannt; Nordamerika.

*1499*: Alonso de Ojeda; Karavelle; Name unbekannt; Jacmel Bay, Hispaniola.

*1500*: Vicente Yáñez Pinzón; zwei Karavellen; Namen unbekannt; Bahamas.

*1501*: 1. Gaspar Corte Real; Karavelle; Name und Ort unbekannt;
2. Cristóbal Guerra; Karavelle; Name unbekannt; Perlenküste, Venezuela.

*1502*: 1. Miguel Corte Real; Karavelle; Name und Ort unbekannt;
2. Rodrigo de Bastidas und Juan de la Cosa; vier Schiffe: Karavelle, Nao, Pinasse; „San Antón", „Santa María de Gracia", dritter und vierter Name unbekannt; Kap Tiburon auf Hispaniola, Kap Canongia auf Hispaniola, dritter und vierter Ort unbekannt;
3. Francisco de Bobadilla; 19 Schiffe vor Hispaniola;
4. Alonso de Ojeda; Karavelle; „Santa Ana"; Margarita Island.

*1503*: 1. Alonso de Ojeda; Karavelle; „Magdalena"; südöstliche Karibik;
2. Columbus; Karavellen; „Gallega" und „Vizcaína"; Río Belén in Panama und bei Portobelo in Panama.
3. Gonzalo Coelho; vier Schiffe; Namen unbekannt; vermutlich Südamerika.

*1504*: 1. Columbus; Karavellen; „Santiago de Palos“ und „Capitana“; vermutlich St. Ann's Bay, Jamaika;
2. Cristóbal Guerra; Karavelle; Name unbekannt; bei Cartagena, Kolumbien;
3. Juan Luis Guerra; Karavelle; Name unbekannt; Golf von Urabá, Kolumbien.

*1505*: 1. Juan Luis Guerra; Typ, Name und Ort unbekannt;
2. Juan de la Cosa; fünf Schiffe; Typ unbekannt; Urabá, Kolumbien und Südküste Jamaikas.

*1508*: über 20 Schiffe vor Santo Domingo, Hispaniola.

*1509*: 1. Bernaldino Talavera; Typ und Name unbekannt; Jagua-Bucht, Kuba;
2. mehrere Schiffe vor Santo Domingo, Hispaniola.

*1510*: 1. Francisco Pizarro; Pinasse; Name unbekannt; Kap St. Antón, Kuba;
2. Sebastián de Ocampo; Typ und Name unbekannt; Jagua-Bucht, Kuba.

*1511*: 1. Juan de Valdivia; Karavelle; Name unbekannt; Pedro Bank, Süd-Jamaika;
2. Rodrigo Colmenares; Typ und Name unbekannt; Kuba;
3. Diego de Nicuesa; Pinasse; Name unbekannt; westliche Karibik.

*1516*: Juan Díaz de Solís; Typ und Name unbekannt; Messiambu, Brasilien.

*1517*: Hernández de Córdoba; Brigantine; Name unbekannt; vermutlich Champotón, Mexiko.

*1519*: Hernán Cortés; drei Karavellen und sieben kleinere Schiffe; vor Veracruz, Mexiko.

*1520*: 1. Diego de Camargo; zwei Karavellen; Namen unbekannt; bei Veracruz;
2. Miguel Díaz de Aux; Typ und Name unbekannt; bei Veracruz;

3. Alonso Alvarez de Pineda; zwei Schiffe; Namen unbekannt; Panuco, Mexiko;
4. Pánfilo de Narváez; Typ und Name unbekannt; Veracruz;
5. Hernán Cortés; drei Schiffe; Namen unbekannt; Veracruz;
6. Ferdinand Magellan; Typ unbekannt; „Santiago“; Río de Santa Cruz.

Über 100 Schiffe sind das, einige verschwanden einfach auf hoher See, andere sanken vor Anker in geschützten Buchten und wurden über die Jahrhunderte von Strömungen und den Lebewesen der Unterwasserwelt zerlegt.

Diese Liste lässt es nicht gerade wahrscheinlich wirken, dass ein anderer spanischer Entdecker ein Schiff in der Bucht von Nombre de Dios zurückgelassen hat, ein anderer als Christoph Columbus; vor Columbus war keiner dort, nach Columbus kam jahrelang keiner mehr. Diego de Nicuesa, Abenteurer und glänzender Seefahrer, war der Nächste, der die Bucht anlief, ein Jahrzehnt nach Columbus war das, und de Nicuesa blieb: Er gründete den Ort Nombre de Dios.

Und wenn man den Gedanken weiterdenkt, dass das Wrack zur Flotte de Nicuesas gehört haben könnte, dann wäre es seltsam, dass der Kommandeur Kanonen und Anker auf dem Schiff ließ und nicht an Land holte. Das wäre verschwenderisch, fahrlässig, dumm. Darum ist es nicht wirklich wahrscheinlich.

Es bleibt Columbus, immer wieder bleibt nur Columbus, jedenfalls offiziell.

Gleichzeitig bleiben natürlich Unsicherheiten: Könnte vor Nombre de Dios nicht ein Schiff liegen, das in der Neuen Welt gebaut wurde und von Santo Domingo aus auf Reisen ging, ein Schiff also, das niemals in europäischen Büchern geführt wurde?

Die Antwort ist einfach: ja.

Und könnte es nicht auch eines jener Schiffe gewesen sein, die schwarz und auf eigene Rechnung unterwegs waren, ohne dass die spanische Krone jemals von ihnen erfahren sollte?

Zweifellos. Schwarzfahrer waren überall auf den Weltmeeren unterwegs, Männer eben, die keine Steuern zahlen wollten – und Piraten. Es ist deshalb natürlich denkbar, dass allein deshalb kein weiteres Schiff in den Büchern auftauchte – gemeldet unter der Rubrik „vor der Küste Panamas gesunken" –, weil dieses weitere Schiff offiziell nicht existierte, nicht existieren durfte.

Das ist ein Problem, mit dem Unterwasserarchäologen ständig zu tun haben. Denn diese Möglichkeit, sei sie nun realistisch oder reine Theorie, ist immer erst dann auszuschließen, wenn ein Wrack eindeutig identifiziert ist, „wenn der Führerschein des Kapitäns gefunden ist", wie Filipe Castro von Texas A&M es nennt, wenn also nicht nur die Indizien des Ausschlussverfahrens vorliegen, sondern ein positiver Beweis.

Castros Kollege Donald Keith hat das Wrack von Nombre de Dios gesehen, und der Kollege Roger Smith aus Tallahassee hat es natürlich auch gesehen.

Das letzte Wrack aus dem 16. Jahrhundert, an dem Roger Smith gearbeitet hat, war das „Pensacola Bay Wrack", eine Galeone, „eine Art Möbelwagen", sagt Smith, das Schiff war 29,5 Meter lang und 9,48 Meter breit. Smith und seine Kollegen fanden eine Menge Waffen und Werkzeug und Handelsgüter, und sie konnten rekonstruieren, dass dieses Schiff 1559 gesunken sein muss; damals gab es einen Hurrikan vor der Küste Floridas, vier spanische Schiffe waren gerade dort unterwegs, Spanien wollte in der Pensacola Bay eine Kolonie gründen. Priester waren an Bord, Frauen waren an Bord, Pferde waren an Bord. Und alle vier Schiffe sanken. Das Wrack, das sie entdeckt haben, sei entweder die „Jesus" gewesen, das Flaggschiff der Flotte, kommandiert von Diego López, welcher ertrank in ebenjenem

Hurrikan von 1559 – oder die „St. Andres“, das zweitgrößte Schiff des Quartetts, aber dieser verdammte Führerschein, der letzte Beweis fehlt noch.

Und solange Unterwasserarchäologen diese positiven Beweise nicht haben, arbeiten sie mit dem, was sie haben, anders geht es nicht. Sie vergleichen Waffen mit den Waffen anderer Wracks, vergleichen den Schiffbau, die Artefakte mit anderen Wracks und all den gespeicherten Daten, und aus vielen Details können sie sich dann über immer neue Vergleiche immer näher an den Tag herantasten, an dem das Schiff gesunken ist. Und an den Namen und an die Geschichte des Schiffes.

Kanonen mit Steinkugeln? Holz ohne Metallbeschlag? Das ist alt, das ist verdammt alt! Das ist älter als alles, was bisher gefunden wurde.

Donald Keith kennt ja tatsächlich alle Wracks aus der Zeit der Entdecker, er hat sie alle gesehen. „Das perfekte Wrack“, sagt Keith, „ist, vollständig ausgerüstet, in einem geschützten Hafen gesunken und niemals geplündert worden“ – das perfekte Wrack gibt es nicht.

Keines der über 100 Schiffe von Donald Keith’ Liste wurde bis heute gefunden. Oder andersherum: Es gibt natürlich Wracks, sehr aufregende sogar, aber keines dieser Wracks konnte bisher als eines der 100 verlorenen Entdeckerschiffe identifiziert werden.

Diese Wracks liegen auf Riffen und Sandbänken, meistens in flachem Wasser; Strömungen und Tiere sorgen auf diesen Riffen und Sandbänken einerseits dafür, dass sich das Holz ziemlich schnell auflöst, doch andererseits bilden sich hier, im warmen Salzwasser der Karibik, sehr schnell Verkrustungen, und diese Verkrustungen schützen alles, was aus Stein und Metall ist.

Welche Wracks gibt es vor den amerikanischen Küsten?

Es gibt die „Padre Island Wracks“. Vier Schiffe waren 1554 von Veracruz nach Spanien unterwegs, sie hatten zwei Millionen Pesos in Gold geladen. Es war April, es kam der erste Hurrikan. Drei der vier

Schiffe sanken auf dieser kilometerlangen Sandbank vor Texas, vor Padre Island, ungefähr 150 Menschen starben. Bauarbeiten auf der Insel und Schatztaucher zerstörten eine Menge, aber Teile von zwei Schiffen, vermutlich von der „Espíritu Santo" und der „San Estebán", sind erhalten, Münzen und Navigationsinstrumente und Waffen. Die Padre Island Wracks waren die ersten, auf denen die Unterwasserarchäologen aus Texas diese mächtigen Bombarden fanden, fast drei Meter lange Kanonen, ausgerüstet mit mehreren Pulverkammern und zusammengesetzt aus vielen kleinen Eisenstücken, da das Gießen von ganzen Kanonenrohren noch nicht erfunden war.

Es gibt das „Bahía Mujeres Wrack". Der Rechtsanwalt José de Jesús Lima fand dieses Wrack 1958 zufällig beim Tauchen, es liegt an der Nordwestspitze der Halbinsel Yucatán in drei Meter Tiefe. Ein Haufen Ballaststeine lag dort unten und ein paar kleinere spanische Kanonen, Versos genannt, die leicht zu transportieren und sehr wendig sind, Kanonen, die aus vier Teilen zusammengefügt sind: Rohr, Drehgelenk, Pulverkammer und Verschluss, die Projektile waren bleiummantelte Eisengeschosse. Ein ungewöhnlicher Anker lag dort unten noch, ein echtes Fundstück für Liebhaber: Drei Meter lang ist der Schaft, erstaunlich kurz (im Verhältnis 1:2,6) sind im Vergleich dazu die Seitenarme. Hat der Anker nicht gehalten? Was ist passiert? Und vor allem: Wessen Schiff war das? Gehörte es de Valdivia, de Grijalva, vielleicht sogar Cortés? Man weiß es nicht, und vermutlich wird man es niemals wissen.

Es gibt das „Highborn Cay Wrack". In sechs Meter Tiefe liegt dieses Wrack, sehr klar und sehr warm ist das Wasser hier auf den Bahamas. Das Highborn Cay Wrack ist einer der größten Schätze der Unterwasserarchäologen: Auch hier fanden sie Kanonen und Ballaststeine und Anker, und hier lagen auch noch ein Messer und eine ungefähr zwei Meter lange Harpune herum, aber hier ist vor allem das Holz erhalten, Teile des Rumpfes waren noch da, vergraben unter

Sand. Die Archäologen konnten den Rumpf rekonstruieren, teilweise jedenfalls, sie wissen, wo der Großmast stand, sie wissen, mit welcher Breite und in welchem Abstand die Baumeister dieses Schiffes Planken und Spanten zurechtsägten. Die Taucher fanden auch zwei Anker, die 150 Meter nordwestlich vor dem Wrack lagen, und das deutet darauf hin, dass die Mannschaft in einem Sturm versuchte, das Schiff zu stabilisieren. Und dass sie mit diesem Versuch gescheitert ist. Eine genaue Datierung des Wracks gelang bis heute nicht, auf 1500 bis 1570 legen sich die Wissenschaftler fest, und das bedeutet natürlich alles und nichts. Vicente Yáñez Pinzón war 1500 in der Gegend unterwegs, er verlor zwei Karavellen; wäre dieses Schiff seines, dann müsste es hier irgendwo ein zweites geben. Aber bis heute wurde kein zweites gefunden.

Und es gibt, vor allen anderen, das „Molasses Reef Wreck".

Unterwasserarchäologen sehen Hunderte Wracks in ihrem Berufsleben, sie suchen nach Wracks, sie vergleichen Wracks, sie sind süchtig nach Wracks, aber im Leben eines Unterwasserarchäologen gibt es drei, höchstens vier Wracks, die ihn wirklich begeistern; *„the wrecks of my lifetime"*, sagen sie bei Texas A&M. Mehr als vier sind es nicht, denn die Arbeit an diesen Wracks, all die Schritte der Konservierung und der Analyse, dauert zehn Jahre oder länger. Drei oder vier Wracks, das sind die 30 oder 40 Jahre einer Archäologenkarriere.

Es sollten also echte Treffer sein.

Das Wrack von Nombre de Dios, „Vizcaína" oder nicht, „kann definitiv eines der Wracks meines Lebens werden", sagt Filipe Castro von Texas A&M.

Und das „Molasses Reef Wreck" ist definitiv eines der Wracks im Leben von Donald Keith. Er hat seine Doktorarbeit über „Molasses Reef" geschrieben, ein Buch und jede Menge Aufsätze.

1982 kam die Einladung durch die Regierung der Turks and Caicos Islands: Ob die Herren von Texas A&M sich nicht mal eine Wrackstelle ansehen wollten, sechs Meter tief und im Südosten von Turks and Caicos, auf einem Korallenriff. Klar, die Herren wollten.

Und sie wussten schnell, dass sie da etwas ganz Besonderes vor den Tauchermasken hatten: Sie sahen so genannte Arkebusen, das sind kleine Kanonen, Waffen, die die Seeleute auf die Schulter nahmen, Vorläufer der Muskete; Arkebusen waren Waffen des 15. Jahrhunderts, ein paar wurden vielleicht noch Anfang des 16. Jahrhunderts verwendet, aber das war die Ausnahme. Und die Taucher sahen jede Menge eiserne Kanonenkugeln, Kugeln aus einem Stück, auch das deutete auf das Ende des 15. Jahrhunderts hin. Und die Taucher fanden einen Hügel aus Ballaststeinen, elf Meter lang und drei Meter groß war der Hügel und 35 Tonnen schwer. Und die Taucher fanden Keramik aus Spanien.

Ihre Methode war induktiv, das heißt, dass sie von den Artefakten auf die Herkunft des Schiffes schließen wollten, und sie kamen weit.

Da war Füllmaterial zwischen Planken, da waren lange, schräg installierte Holzstifte, um Spanten und Kiel zu verbinden. Und diese Bauweise war typisch baskisch, der Rumpf war aus Eiche, zusammengefügt mit Eisenbolzen und dicken hölzernen Nägeln.

Da waren Töpfe und Schalen und Teller und Behälter für Olivenöl – allesamt spanisch. Da war kein Schmuck, da waren keine Tauschwaren, da war kein Glas, alles an Bord hatte Sinn und Zweck, alles musste funktionieren und nicht hübsch aussehen.

Da waren zwei kleine Anker, vermutlich für den sofortigen Gebrauch auf Deck, und ein riesiger, der vermutlich unter Deck lag, und da waren viele winzige Anker für die Beiboote.

Da waren jene Sorten Bombarden und Versos, die den Forschern schon von anderen spanischen Schiffen bekannt waren. Zwei Bombarden, zwei besonders starke Versos, genannt „Versos dobles“, und 14 kleinere Versos, das war die klassische Bewaffnung zu Beginn des 16. Jahrhunderts, denn alle Seefahrer rechneten immer und überall mit Piraten und natürlich damit, dass die Bewohner der Neuen Welt sich wehren würden.

Die Herren von Texas A&M vermuten, dass sie da eine spanische Karavelle vom Ende des 15. oder Anfang des 16. Jahrhunderts haben, die Rekonstruktion des Rumpfes beweist, dass das Schiff etwa 20 Meter lang war.

Ein Entdeckerschiff? Möglich.

Oder eines der ersten Sklavenschiffe? Vielleicht. Vicente Yáñez Pinzón war in der Gegend, aber auch Ponce de León war damals hier.

Es passiert Archäologen oft, dass sie das letzte Stück eines Puzzles nicht finden können, weil es dieses letzte Stück nicht mehr gibt. Des Rätsels Lösung ist nahe, aber ob die Herren von Texas A&M sie jemals finden werden? Wird es so auch in Nombre de Dios sein?

## Texas A&M University, September 2003

Die Welt ist entdeckt, das Zeitalter der Entdecker ist lange vergangen. „Nur die Archäologie kommt dieser Zeit nahe, im doppelten Sinne", sagt Donny Hamilton, denn „Archäologen können zum einen ja wirklich viele Geheimnisse der Entdeckerzeit entschlüsseln. Dabei verstehen die Archäologen die Entdecker und ihre Zeit, Schiffe zum Beispiel tragen niemals nur Ladung, sondern immer auch Ideen. Und darum fühlen Archäologen sich, zum anderen, ein wenig selbst wie Entdecker."

Darum, sagt Donny Hamilton, „bin ich Archäologe geworden".

Man kann durchaus demütig werden, wenn man zum ersten Mal durch die Gänge der Unterwasserarchäologen von Texas A&M läuft. Vor Raum 128, „Old World Laboratory", sind Fundstücke des „Uluburun Ship Wreck" ausgestellt, 1982 wurde das Schiff gefunden, 1994 wurde das Projekt abgeschlossen – das „Uluburun Ship Wreck", auf einer Klippe in 40 Meter Tiefe vor der Türkei entdeckt, ist das älteste Wrack, das jemals aus irgendeinem Meer gefischt wurde.

Es ist ungefähr 3300 Jahre alt.

Es waren Gefäße für Öle an Bord, eine Art Angelhaken, Messer, Schwerter, eine bronzene Statue und ein goldener Pokal. Es gab keinen ausgeprägten Kiel und keine Ballaststeine, die Ladung diente zum Stabilisieren. Es gab noch etwa zwei Prozent des Rumpfes – ein paar Holzstücke.

Keine Frage, für Cemal Pulak, Büro 128A, geboren in Izmir, seit 1980 hier bei Texas A&M, war das „Uluburun Ship Wreck" das Schiff seines Lebens. Pulak arbeitet so wie die meisten hier: von morgens halb acht bis abends um sieben, dann macht er eine Stunde Pause, dann arbeitet er weiter bis ein Uhr nachts. So funktioniert Wissenschaft an Universitäten wie Texas A&M, und wenn man Pulak zum Mittagessen einladen will, sagt er: „Sorry, ich habe noch einen Papierstapel wegzuschaffen."

Pulak und seine Kollegen, die Unterwasserarchäologen von Texas A&M, arbeiten in einem ockergelben Bau mitten auf dem aberwitzig großen Campus der Uni. Texas A&M hat insgesamt über 50 000 Studenten, Texas A&M steht seit Jahrzehnten auf der Liste der fünf größten amerikanischen Hochschulen. Texas A&M ist eine eigene Stadt, hat einen eigenen Flughafen, liegt mitten im Niemandsland von Texas, drum herum Sand und Staub und flaches Land. „College Station" heißt die Stadt, die an Texas A&M grenzt, College Station wurde nach jener Bushaltestelle benannt, wo einst die ersten Studenten ausstiegen.

Das Gebäude der „Divers", der Taucher, wie die Unterwasserarchäologen von den Professoren anderer Fakultäten ein bisschen spöttisch und ein bisschen neidisch genannt werden, hat drei Etagen, es ist ziemlich lang gezogen, die Türen sind braun, die Wände gelb, und im Gang riecht es wie im Krankenhaus. Es gibt hier ein Klassenzimmer, Raum 102, einen „Schiffsmodell-Shop", Raum 106, und am Ende des Gangs, Räume 112 bis 117, gibt es die Büros des „Institute of Nautical Archeology" (INA). Es wird von denselben Leuten geführt wie die Abteilung der Unterwasserarchäologen von Texas A&M, das INA macht dasselbe, es existiert, weil es Regeln gibt: Das private Institut darf Sponsorengelder einsammeln, die für die Universität tabu sind, das private Institut muss nicht immer auf die Entscheidungen des Kanzlers warten. Es ist also ganz praktisch, wenn man sich je nach Ziel und Möglichkeiten überlegen kann, wer eine bestimmte Operation durchführt: Texas A&M oder INA.

Klar, dass Donny Hamilton der Chef beider Abteilungen ist. Ungefähr 50 Meter liegen seine zwei Büros auseinander, und er geht diesen Weg oft, weil er nie weiß, wo er welches Papier deponiert hat. Klar, dass Donny Hamilton meistens entscheidet, dass Texas A&M und INA eng zusammenarbeiten und sich die Aufgaben teilen.

Wie also werden Sie die Arbeit am Wrack von Nombre de Dios angehen, Donny?

„Kommen Sie mit, wir zeigen Ihnen erst einmal etwas", sagt Donny Hamilton.

Es ist eine Viertelstunde hinaus zum „Riverside Campus", „Conservation Research Laboratory" steht auf dem Schild. Das Labor ist eine schmucklose Halle, weiß und mit Holzdach, im Zweiten Weltkrieg war diese Halle ein Feuerwehrhaus, und heute ist sie das Herz der Hamilton-Truppe. Denn hier werden all die Schiffe bearbeitet, dies ist der, wie die Amerikaner sagen, „non-sexy part" der Unterwasserarchäologie, die Konservierung der Artefakte, die fünf, acht, zehn Jahre dauern kann.

Draußen auf dem Hof gibt es ein paar große Becken, die Regenwasser sammeln, weil die Forscher sehr viel Wasser brauchen und weil Wasser inzwischen kostbar ist in den Vereinigten Staaten; jeder Liter Regenwasser rettet Donny Hamilton etwa fünf Cent. Hier gibt es sehr viele kleinere Becken und Badewannen, in denen Kanonen liegen, und Schläuche führen in die Becken, in denen es blubbert und zischt. Denn dies sind die beiden ersten Regeln der Konservatoren: Die Fundstücke müssen ständig nass bleiben, weil all die Verkrustungen im Trockenen immer härter würden; das Eisen der Kanonen ist nur durch elektrolytische Entrostung zu erhalten, da es sonst oxidieren, letztlich auseinander fallen würde. Eisen ist schließlich brüchig und instabil, sehr viel instabiler als Holz: Unter einer Sandschicht zum Beispiel kann Holz 1000 Jahre alt werden, Eisen jedoch nur 200. Holz lässt sich mit Alkohol und Zuckerlösungen vergleichsweise einfach erhalten. Eisen hingegen rostet im Wasser, und wenn es dann im Trockenen ist, rostet es erneut. Darum ist es nur logisch, dass auf vielen Wracks von Äxten und Hämmern nur noch die Stiele, aber nicht mehr die Köpfe gefunden werden.

Hier draußen auf dem Hof gibt es Gabelstapler, weil das ganze Zeug per Hand nicht zu schleppen wäre. Hier gibt es eine Lagerhalle, in der der Kollege Peter Fix den Rumpf eines Fundstücks namens „La Belle" rekonstruiert hat; per Knopfdruck kann er das Schiff aus dem Wasser hieven, es riecht ein wenig muffig, aber die „La Belle" ist mächtig, sie ist imposant. Und Generatoren gibt es hier draußen.

Und drinnen gibt es jede Menge Aktenschränke, „jedes winzige Ding, das wir bearbeiten, kriegt eine eigene Karte", sagt Donny Hamilton. Das ist die dritte Regel: Ordnung halten, sonst weiß sehr schnell keiner mehr, welcher Holzbrocken und welcher Tonhenkel zu welchem Schiff gehören.

Es gibt Web-Kameras für Live-Übertragungen im Internet, es gibt viele Tische, an denen Bastlerinnen wie Helen C. Dewolf arbeiten, Menschen also, die „jedes einzelne Stück Holz lieben, lieben müssen, sonst wird man ja verrückt hier", sagt jedenfalls Helen C. Dewolf. Und Bohrer und Lineale und Klebstoff und Bücher gibt es und an den Wänden Tabellen und Grafiken und Karten, klassische Musik läuft, an der Decke hängt die Flagge Kubas neben jener der USA. Und ganz hinten rechts, hinter dem Schild mit der Aufschrift „Caution! Radiation Area“, steht die Röntgenmaschine.

Und hier sitzen Donny Hamilton und Filipe Castro nun zusammen und überlegen, wie sie mit dem Wrack von Nombre de Dios arbeiten werden.

Zunächst: „Einige Dinge da unten sind so fest miteinander verwachsen, das ist so ein gewaltiger, nicht zu bewegender Block geworden, dass wir da mit dem Presslufthammer ranmüssen“, sagt Donny Hamilton. „Und das“, sagt Filipe Castro, „ist immer heikel, weil man kleinere Zerstörungen logischerweise gar nicht verhindern kann.“ Und was passiert dann? „Du zerteilst den gewaltigen Brocken so vorsichtig wie möglich“, sagt Donny Hamilton, „und dann bringst du die vielen kleineren Brocken ins Labor und durchleuchtest sie, und dann beginnen die Arbeiten mit den Chemikalien, mit denen wir die Artefakte von all den Ablagerungen befreien.“

„Wir werden das in sieben Schritten machen“, sagt Filipe Castro.

Sieben Schritte also:

1. In Brocken, die so groß sind wie möglich, wird das Wrack gehoben, verladen und nach Texas gebracht, zuerst die Kanonen und Anker, dann die Ballaststeine und Scherben, am Schluss der Rumpf. Aus großen Brocken werden kleinere Brocken, alles wird fotografiert und bewertet, und jede Erkenntnis wird vermerkt.

2. Mit Hammer, Meißel und Bohrer werden die groben Verkrustungen entfernt und mit Messer und Pinzette die feinen, alles wird fotografiert, vermessen, eingetragen.

3. Die Elektrolyse in den Becken und Badewannen beginnt, und das ist ein zähes Geschäft: Bei Kanonen kann das ein Jahr dauern, und an jedem Tag werden die Fundstücke aus dem Wasser gefischt und per Hand bearbeitet, weitere Krusten verschwinden, und dann wandern die Fundstücke wieder ins blubbernde Wasser.

4. Chemikalien helfen bei der Konservierung. Und dann sind die Fundstücke so weit, dass sie blinken und glänzen, sie werden wieder fotografiert und vermessen.

5. Der aufregendste Teil der Arbeit: Zentimeter für Zentimeter wird der Rumpf rekonstruiert. In welchem Winkel lagen die Balken und Spanten aneinander? Wie waren sie befestigt? Wie wurden die Nägel durch welche Löcher geschlagen?

6. „Und dann sind die Fundstücke dazu bereit, wieder nach Panama verschifft zu werden", sagt Filipe Castro, „und dort steht dann hoffentlich das Museum, und die Ausstellung kann beginnen."

7. Und bei Texas A&M entstehen nun Modelle des Schiffs und Examens- und Doktorarbeiten und Aufsätze und Bücher. Wenn das Wrack von Nombre de Dios die „Vizcaína" ist, werden es viele Texte sein.

„Aber vermutlich wird es dauern, bis wir das wissen", sagt Filipe Castro.

## Berlin, Januar 2004

Als Wolfram zu Mondfeld die Unterwasserbilder des Wracks vor Nombre de Dios zum ersten Mal sah, da wurde er so nervös wie jemand, der 30 Jahre lang auf ein Geschenk gewartet hat und nun das Päckchen vor sich sieht. Und der jetzt ganz dringend und um jeden Preis glauben will, dass sich das Warten auch gelohnt hat.

Der Mann mit der alten Lederjacke spürt seit 30 Jahren den Schiffen der Entdecker nach, den Karavellen. Er ist kein Professor, kein Unterwasserarchäologe, und doch versteht er viel von den Schiffen vergangener Zeiten. Das ist sein Job, schließlich hat er viele jener Modellschiffe gebaut, die jetzt zwischen den kühlen Stahlträgern und den kargen Backsteinwänden des Deutschen Technik-Museums in Berlin stehen. Auch die Karavellen.

Bislang haben sie jeden Experten verzweifeln lassen. Noch mehr frustrieren sie einen Modellbauer wie Mondfeld, der mit verträumter Liebe gern Hunderte Stunden leimt und feilt, um auch noch das letzte Ankerspill bis zum letzten Nagel detailgetreu zu rekonstruieren, im Maßstab 1:50. Das ist zwar sehr klein, eine Karavelle misst in diesem Maßstab nicht einmal einen halben Meter vom Bug bis zum Heck. Das ist aber auch nicht so klein, dass man sich Ungenauigkeiten leisten könnte.

Und das war bislang das Problem mit den Karavellen.

Bis jetzt wusste niemand genau, wie sie aussahen. Ausgerechnet jene Schiffe, die die Welt stärker verändert haben als alle anderen, sind in einem blinden Fleck der Menschheitsgeschichte versunken, fast spurlos. Es gibt kein Wrack, nach dem man Pläne zeichnen könnte – und es gibt keine Pläne, nach denen sich eine Karavelle rekonstruieren ließe. Die Baupläne sind verschollen, falls die Schiffbaumeister der Spanier und Portugiesen überhaupt welche gezeichnet haben. Und bislang hat kein Forscher mehr als einige Planken einer Karavelle gefunden – weder in der Karibik noch an Afrikas Westküste, und auch nicht da, wo sie herkamen, in den Gewässern an den Küsten der Iberischen Halbinsel.

Mondfeld fehlten also die Fakten. Und so hat er wie alle anderen eben auch alte Stiche, Gemälde und Münzen mit der Lupe untersucht, um herauszufinden, wie diese Schiffe ausgesehen haben könnten. Doch die vagen Bilder gaben unter der Lupe auch nicht besonders viele Details preis.

Taucher und Experten in U-Booten entdeckten zwar römische Galeeren im Mittelmeer, Schatzsucher räumten die gesunkenen Porzellan-Dschunken der Chinesen aus, Archäologen buddelten die Drachenschiffe der Wikinger aus dem Schlick von Schlei und Roskilde-Fjord. Nur die Suche nach den Karavellen, viele hundert Jahre jünger als Galeeren oder Drachenschiffe, blieb erfolglos. „Wir wissen mehr über die Schiffe der Wikinger als über die Schiffe der Entdecker der Neuen Welt", sagt Mondfeld und klingt ein wenig beleidigt. Wie waren die Karavellen – wie war ihr Rückgrat konstruiert, der Kiel? Wie stabil waren sie, wie viel Wind und Welle konnten sie vertragen, wie lebten die Männer an Bord? Und welche Chancen hatten sie zu überleben, wenn das Meer rau wurde? Wie genau waren die Spanten gebaut? Wo saßen die Anker, wie waren die Kanonen montiert?

Man weiß, dass sie wendig waren und schnell, bei geringem Tiefgang, was gut ist für Expeditionsschiffe, die nah an unbekannte Küsten segeln sollten oder sogar Flüsse hinauf. Aber wie wenig Tiefgang? Was also konnten Männer wie Columbus, Männer wie Magellan, Vespucci, Ojeda oder Cortés mit ihnen erreichen und was nicht? Wo könnten sie gewesen sein – und was ist unplausibel? Um das wirklich zu wissen, müsste man schon eine Karavelle finden.

Und deshalb fesseln die Unterwasserbilder aus der Karibik Mondfeld. „Dieser Fund ist eine Sensation", sagt er: „Was da liegt, ist eine Karavelle. Und das heißt, wir können so ein Schiff jetzt zum ersten Mal dokumentieren."

Der Mann hat das Wrack nicht selbst gesehen. Aber die Bilder und die Lageskizzen der Taucher scheinen ihm schon klar genug – sogar klar genug, um dem Schiff möglicherweise seinen Namen zurückgeben zu können: „Die ‚Vizcaína'", schwärmt Mondfeld, „dies könnte die ‚Vizcaína' sein."

Es sind nur Indizien, die er sieht, aber eines der Indizien ist stark. Die Planken des Wracks liegen direkt im Sand. Nirgendwo sind Bleiplatten zu sehen, Bleiplatten, die einfach da sein müssten, wäre dieses Schiff nicht aus der Zeit von Columbus. Denn Blei ist ewig: Es rostet nicht, es zerbröselt nicht, und es ist viel zu schwer, um von Strömungen weggeschwemmt zu werden. Wenn jetzt kein Blei da ist, war an dem Schiff niemals Blei.

Und das deute schon mal auf Columbus hin, behauptet Mondfeld, der keine Angst hat, mit einer forschen Prognose auch mal auf die Nase zu fallen: „1508 gab die spanische Krone einen Erlass heraus. Der Schiffsbohrwurm in der Karibik, der *Teredo navalis*, hatte mehr Schiffe versenkt als irgendein Feind oder irgendein Sturm. Deshalb sollten ab sofort alle Schiffe unter Wasser mit Bleiplatten beschlagen werden. Und nach 1509 ist garantiert kein Schiff mehr aus spanischen Häfen ausgelaufen ohne Blei." Dieses Schiff müsse also Spanien vor 1509 verlassen haben. Mondfeld ist sich da sehr sicher: „Ausnahmsweise war das ja mal ein guter Erlass, ein vernünftiger Erlass. Schiffe waren damals sehr teuer. Schon das Holz war schweineteuer. Die Spanier mussten Holz mühsam aus dem Norden importieren." Deshalb hätten Reeder und Kapitäne wahrscheinlich umgehend zentimeterdicke Bleiplatten außen auf ihre Schiffe nageln lassen, glaubt er.

Auch Mondfeld weiß, dass noch eine andere Variante denkbar ist: Dieses Schiff könnte ja einem schlampigen Kapitän gehört haben, oder einem Reeder, dem das Geld fehlte für die Bleiplatten. Oder einem Abenteurer, der sich nicht um Erlasse scherte. Oder Piraten, die sich um gar nichts scherten. Und dann könnte es eben doch jünger sein. Doch Mondfeld gibt sich unbeirrt. Spätestens nach Columbus' vierter Reise hätten alle Seeleute gewusst, „dass da drüben ein Seeungeheuer lebt, das Schiffe schneller frisst, als man sie bauen kann". Alle in Spanien hätten gewusst, dass der schleimige, weiße Wurm, *Teredo navalis*, dick wie ein Daumen, Matrosen tötet, Schiffe versenkt und teure Ladungen vernichtet, indem er sich durch die Planken beißt.

Welchen Sinn hätte es also gehabt, ein ungeschütztes Schiff loszuschicken?

Zudem hätten die Bleiplatten ja auch andere Vorteile gebracht, die jedem Seemann sofort einleuchten mussten: Bleiplatten schützen ein Schiff beispielsweise, wenn es auf ein Riff läuft. Blei hält selbst Korallen ab, die Holzrümpfe sonst bei ein wenig Brandung innerhalb von Minuten zerfetzen können. Noch nützlicher war das Blei als Ballast: Tonnenschwerer Ballast ganz unten am Rumpf, das ist es, was Segelschiffe auch bei hohen Wellen aufrecht hält. Ballast verhindert, dass sie kentern. Ohne Ballast kommen die meisten Segelschiffe kaum heil aus dem Hafen.

Vor dem Erlass schleppten die Spanier also Steinquader in die Rümpfe ihrer Schiffe; eine billige Lösung, aber eine schlechte. Denn nun, nach 1508, hing mit dem Blei das nötige Gewicht außen am Rumpf. Die Steine konnten über Bord geworfen werden, die Laderäume leerten sich, die Mannschaft konnte mehr stauen – Vorräte auf dem Weg in die Neue Welt, Schätze vielleicht auf dem Heimweg.

Nein, das Blei hätte zu viele Vorteile gehabt. Das Wrack vor Nombre de Dios müsse schon deshalb aus Columbus' Zeit stammen, mutmaßt Mondfeld.

Und dann hat er sich noch die Kanonen angeschaut, die aus dem Wrack ragen. „Stabringrohrgeschütze", sagt er. Aus Eisen. Eisen und Salzwasser vertragen sich nicht. Schon gar nicht in der feuchten Hitze der Tropen. Die Matrosen konnten zusehen, wie der Rost blühte. Als Columbus zur vierten Reise aufbrach, seien Kanonen aus gegossener Bronze neuester Stand der Technik gewesen, sagt Mondfeld. Bronze rostet nicht. Aber Bronze war teuer. Stabringrohrgeschütze aus Eisen hätten einige Spanier deshalb weiter benutzt, weil sie sie benutzen mussten: „Diese Dinger waren veraltet, aber sie waren billig." Die Eisenkanonen funktionierten miserabel, sie waren eher so etwas wie Steinschleudern, die ein bisschen donnerten und qualmten. Ein Schmied baute sie, indem er rohe Eisenstangen bündelte. Dann stülpte er eiserne Ringe über die Stangen und schmiedete sie zusammen – so gut das ging, und es ging nicht immer gut. „Die Kanonen waren für das eigene Schiff fast gefährlicher als für den Feind. Die sind nämlich häufig einfach explodiert", sagt Mondfeld.

Und selbst wenn die Kanonen nach vorn schossen, flogen die Kugeln nicht allzu weit. „Ein paar hundert Meter nur", so Mondfeld. Denn schon die Grundidee der Konstruktion hatte eine schwache Stelle: die Abdichtung zwischen Pulverkammer und geschmiedetem Rohr. Wenn der Kanonier das Geschütz laden wollte, schob er erst von hinten die Kugel in das Rohr. Dann drückte er meist einen Pfropfen nach – Tuchfetzen oder was gerade greifbar war. Und danach setzte ein Helfer die Pulverkammer, einen Eisenkasten voller Schwarzpulver, auch wieder von hinten auf das Rohr. Die Pulverkammer ragte zwar in das Rohr hinein, war sie doch spitz wie ein Trichter. Und die Matrosen verkeilten sie meist noch von hinten mit einem Pflock. Trotzdem war die Verbindung zwischen Rohr und Kammer selten dicht: Der Druck der Explosion musste teilweise zur Seite verpuffen, nur ein vergleichsweise müder Hauch konnte die Kugel vorne aus der Mündung pusten.

Die miserable Bewaffnung hält Mondfeld jedoch für ein weiteres brauchbares Indiz: Columbus hatte wenig Geld für die Ausrüstung seiner Schiffe. Er musste sparen. Und er wollte auch keine Seeschlacht gewinnen. Indianer konnte er mit den alten Donnerrohren allemal noch beeindrucken. Also reichten sie. Das passe zur Geschichte der vierten Reise, sagt Mondfeld – ebenso wie die Lage der Kanonen auf dem Wrack. „Normalerweise müssen die Kanonen an der Reling verteilt gestanden haben", sagt Mondfeld. Sie müssten nun weit verstreut rund um den Wrackhügel zu finden sein. Auf dem Wrack liegen aber viele Kanonen auf einem Haufen, wie auf einer Schrotthalde. Mondfeld sagt: „Die sind bestimmt an Deck einfach übereinander geworfen worden. Und das spricht für die Columbus-Theorie, denn die ‚Vizcaína' ist ja nicht gesunken, sondern bewusst aufgegeben worden."

Mondfeld glaubt sogar, das Ende der „Vizcaína" vor sich sehen zu können: „Die haben wahrscheinlich zwei Schiffe in der Bucht Bordwand an Bordwand vertäut, so wird man das wohl gemacht haben. Dann haben sie Sachen verladen, die brauchbaren auf das andere Schiff, alles Überflüssige auf die ‚Vizcaína'. Auch Kanonen. Dann haben sie die Leinen gekappt – und wahrscheinlich noch Löcher in den Rumpf der ‚Vizcaína' gehackt. Da hätte vielleicht aber auch ein Fußtritt gereicht, so wurmzerfressen wie die gewesen sein muss. Die wollten die sicher versenken, um den Indianern nicht zu zeigen, welche Technik sie hatten."

So könnte es gewesen sein. Und Mondfeld kann sich auch schwer vorstellen, wem das Schiff sonst gehört haben könnte, wenn nicht Columbus. Ihm fällt nur noch Rodrigo de Bastidas ein, das wäre eine Möglichkeit. Der Notar aus Triana bei Sevilla verschaffte sich 1500 eine Lizenz der spanischen Krone, Länder zu entdecken, die Columbus auf seinen ersten Reisen noch nicht gefunden hatte. Mit zwei Schiffen stach de Bastidas in See, sobald er das Papier hatte, das heute im Archivo General de Indias in Sevilla liegt.

De Bastidas wusste, was er wollte. Er war auf Columbus' zweiter Reise mit an Bord, und nun wollte er mit den Indianern handeln und als reicher Mann heimkehren. Und er wurde reich, im heutigen Venezuela, in Kolumbien, und auch Panamas Küste segelte er Richtung Norden ab, er kam sehr wahrscheinlich nach Nombre de Dios und Portobelo. Und auch seinen Schiffen setzte der *Teredo navalis* übel zu, seine Leute mussten sie zwischendurch einmal überholen – und trotzdem standen schließlich alle Mann an den Pumpen.

„Doch soweit wir wissen", sagt Mondfeld, „hat de Bastidas seine Schiffe heil durchgebracht. Er hat keines verloren." Auch auf der Liste der verschollenen Entdeckerschiffe, die Donald Keith zusammengestellt hat, steht keine Bastidas-Karavelle.

## Texas A&M University, Dezember 2003

Filipe Castro, in Portugal geboren, in College Station am Rande der Texas A&M University sesshaft geworden, hat ein Büro mit vielen Büchern, Seekarten und Weltkarten, er hat ein Stehpult, zwei Schreibtische, Telefon, einen Computer. Mehr braucht er hier nicht, er ist oft monatelang unterwegs.

„Das sind die schönsten Momente in meinem Beruf", sagt er, „wenn du den Taucheranzug überstreifst, einen Tropfen Shampoo auf den Gläsern der Maske verreibst und kurz davor bist, ein neues Wrack zu entdecken."

So wie vor einem Jahr vor Nombre de Dios, Panama.

„Was für ein Wrack, da sind bestimmt acht mal drei Meter vom Rumpf erhalten. Ein Traum für uns! Das Wrack liegt in der Gegend, in der Columbus die ‚Vizcaína' verloren hat. Aber wir müssen vorsichtig sein mit Thesen, und im archäologischen Sinne haben wir hier auf jeden Fall einen Jackpot – falls das Wrack tatsächlich eine Karavelle aus den ersten 30 Jahren des 16. Jahrhunderts ist, wofür ja alles spricht", sagt Filipe Castro.

Der Begriff „Karavelle" tauchte erstmals im 11. Jahrhundert in Italien auf, er bezeichnete Fischerboote. Im 12. und 13. Jahrhundert war die Karavelle verschwunden, es war zunächst die Zeit der Koggen, dann kam die Zeit der so genannten Coccas. „Sie hatten ein großes, viereckiges Segel, mit dem sie schnell vor dem Wind gefahren werden konnten, und ein dreieckiges, was zum Navigieren gut war", sagt Filipe Castro. Der Nachteil sei damals noch gewesen, dass die Segel sehr weit vorn am Bug angebracht waren, und deshalb wirkten natürlich alle Kräfte dort vorn, und das Schiff war schwer zu steuern. Und so kam es dazu, dass die Masten weiter nach hinten wanderten, vor allem natürlich der Großmast; Europas Seefahrer entwickelten jene Segelschiffe, die uns heute noch vertraut sind. 1409 wird erstmals der Typ Nao erwähnt, ein Schiff mit Großmast und Platz für weitere Segel an Bug und Heck.

Und mit der Nao kam die Karavelle zurück in Spanien und in Portugal, in Spanien allerdings hielt sie sich länger.

Um 1450 herum, sagt Castro, sei diese moderne Technik des Schiffbaus entwickelt worden, die heute selbstverständlich ist: Statt Planke an Planke zu zimmern, wurde zuerst ein Rahmen entworfen, eine Art Skelett, und dann wurden die Planken der Form des Rahmens angepasst.

„Wir gehen davon aus, dass auch die Karavellen schon so gebaut wurden, aber wir wissen es nicht", sagt Filipe Castro, „ob es so war, wird eine der Erkenntnisse von Nombre de Dios sein."

Sollte das Wrack von Panama tatsächlich ein Schiff von 50 Tonnen Fassungsvermögen sein – Castro glaubte es nach den Tauchgängen, die Form der Planken passte, die Anker allerdings wären dann außergewöhnlich groß, und die Dicke der Planken, sechs Zentimeter, wäre überraschend –, so könnte man folgern: „18 Meter Länge von Bug bis Heck, 15 Meter auf der Wasserlinie, 12 Meter am Kiel. Auch das werden wir irgendwann genau wissen."

Und woran glauben Sie?

„Ach", sagt Filipe Castro, „als Archäologe können Sie mit Wunschdenken und falschen Theorien Ihre Karriere ruinieren. Natürlich würde ich liebend gern ein Columbus-Schiff heben – es wäre spektakulär. Aber ich warte ab. Eine Karavelle, die vom Beginn des 16. Jahrhunderts stammt, wäre für uns Archäologen in jedem Fall eine Sensation."

Also, noch einmal, was glauben Sie?

„Ich lege mich nicht fest", sagt Filipe Castro, „aber – also gut, meine Prognose ist, dass es so ausgehen wird: Es kann die ‚Vizcaína' sein, aber wir werden es niemals beweisen können."

Wenn sie es denn ist, dann ist sie ohne Frage eines dieser berühmtesten Wracks aller Zeiten, wie die „Titanic", die „Bismarck", die

„Bounty", die „Whydah" des Piraten Bellamy, der goldbeladene Raddampfer „Central America", die „Girona" der spanischen Armada.

Donny Hamilton sitzt in seinem INA-Büro. Urkunden hängen an der Wand, Handgranaten aus vergangenen Kriegen und Porzellanfiguren stehen in den Regalen, was man halt so findet als Archäologe. Hamiltons Brille sitzt ein wenig schief, sein Bart ist ein wenig zauselig, er trägt ein kariertes, lilafarbenes Hemd und wippt in seinem grünen Lederstuhl vor und zurück, weshalb man sagen kann, dass er so aussieht wie immer.

Und er ärgert sich, denn nichts geht voran in Panama, mit dem Wrack vor Nombre de Dios. Es gibt keine Zusage von der Regierung, die Firma von Nilda Vázquez hütet die gehobenen Kanonen, „nicht mal eine Zeichnung haben die gemacht", sagt Donny Hamilton. Wenn die Forscher wenigstens einmal eine Kanone für ein paar Wochen in ihr Labor holen dürften, würden sie schnell sehr viel mehr wissen. Jedoch: nichts. Donny Hamilton kann telefonieren und E-Mails schreiben, Carlos Fitzgerald kann E-Mails schreiben und telefonieren, es hilft alles nichts, weil niemand zurückruft, und wenn doch, dann gibt es immer nur Versprechungen, aber niemals etwas Verbindliches. Der alte, der scheinbar ewige Kampf hat begonnen: Wissenschaft gegen Geschäft, Archäologen gegen Schatzsucher.

Im Sommer 2004 will Texas A&M in Nombre de Dios mit der Arbeit beginnen. Sie haben in Belén nach der „Gallega" gesucht und nichts gefunden; sie waren in der St. Ann's Bay und haben nach der „Capitana" und der „Santiago de Palos" gesucht und nichts gefunden. Damals gingen zwischen 200 000 und 300 000 Dollar drauf.

Jetzt ist es anders. Es gibt ein Wrack, es ist nur noch nicht identifiziert. Das Problem ist, dass dieses Wrack im Hoheitsgebiet eines Landes liegt, in dem nur wenig vorangeht – und so gut wie nichts ohne Bestechung und doppeltes Spiel.

Sommer 2004? Es wird eng.

Filipe Castro hat einen Zeitplan für die Arbeiten am Wrack in Nombre de Dios aufgestellt. Zehn Jahre werde das Projekt dauern, schreibt er. Konkret: „2004 – Bau des Labors und Beginn der Analysen und der Konservierung von Fundstücken; vorsichtige Erhebungen an der Fundstelle; 2005 – Konservierung und Studium der Fundstücke; Beginn der archäologischen Bergung; 2006 – Konservierung und Studium der Fundstücke; Ende der archäologischen Bergung; 2007/2008 – Konservierung und Studium der Fundstücke durch ein gemeinsames Team (lokal und Texas A&M); 2009 bis 2013: Konservierung und Analyse der Fundstücke durch das lokale Team. Wir müssen allerdings sehr vorsichtig sein, weil es notwendig werden könnte, eine dritte Bergungssaison durchzuführen, weil man das Wrack schützen muss etc."

Und Donny Hamilton möchte mit der Arbeit an dem Wrack beginnen, da ist er inzwischen ziemlich ungeduldig, aber die Sache mit der „Vizcaína" sieht er genauso wie sein Kollege Filipe Castro; Donny Hamilton glaubt, dass der Haufen in der Bucht von Nombre de Dios die „Vizcaína" sein kann, weil schon die vielen fetten Bombarden dafür sprächen: „Auf keinem anderen Schiff in der Neuen Welt wurden sie gefunden, denn sie waren nach 1500 nicht mehr üblich. Das heißt wahrscheinlich, dass dieses Schiff ein ganz frühes Schiff ist", sagt Hamilton.

Seit knapp 30 Jahren ist Donny Hamilton inzwischen bei Texas A&M. Für prähistorische Archäologie hatte er sich zunächst interessiert, allerdings an Land und nicht unter Wasser. Aber damals, Anfang der Siebziger, hatte er Frau und Kind und keinen Job, und „ich hätte alles angenommen, was mir ein wenig Geld gebracht hätte", sagt er. Er bekam einen Job im „Conservation Lab" der University of Texas, und als George Bass, eine Art Vaterfigur der Unterwasserarchäologie, Mitte der siebziger Jahre das „Institute of Nautical Archeology" gründete, bot er Hamilton eine Stelle an.

Und heute ist Hamilton der Chef der Abteilung. Er hat 50 Studenten in seinem Programm, aber er hat niemals das studiert, was er nun lehrt. „Er kann es einfach, manchmal gibt es Genies“, sagt Filipe Castro. Und Hamilton redet wenig über sich, aber umso lieber über seine Truppe und die 20, 30 Projekte, an denen sie gleichzeitig arbeitet. „Wir sind bei weitem die Besten in der Welt“, sagt er, „wir haben zwei- bis dreimal so viele Artefakte wie alle anderen Institute zusammen, niemand kommt dem, was wir machen, auch nur nahe.“ Es ist schon wahr. Wenn man sich umhört, wer führend sei in der Unterwasserarchäologie, dann hört man: Die Flinders University in Australien ist gut, die University of Southampton ist gut, St. Andrews in Schottland ist gut, East Carolina und Florida State sind gut, aber niemand ist so gut wie Texas A&M.

Nur manchmal hilft das alles nicht.

Zum Beispiel dann, wenn in Panama so gar nichts vorangeht.

Zum Beispiel dann, wenn in der Bucht von Nombre de Dios ein Wrack auf dem Meeresboden liegt, das eines der aufregendsten Wracks aller Zeiten ist. Es ist nämlich so, dass Texas A&M zwar einen Plan hat, der Wissenschaftler und Studenten aus Brasilien, Mexiko und Panama beteiligen soll, der zu einer Analyse des Schiffs und anschließender Rückführung in ein Museum in Panama führen soll – aber in Panama sitzen Leute, die meinen, sie könnten das Geschäft ihres Lebens mit dem Wrack von Nombre de Dios machen. „Mir sind Fundstücke von der ‚Vizcaína‘ zum Kauf angeboten worden“, schreibt Warren White in einer E-Mail aus Belén, was schon deshalb grotesk ist, weil Warren White das Wrack entdeckt hat.

Es ist Dienstagmorgen, 10 Uhr, als Filipe Castro in seinem Büro sitzt und zum Telefon greift. Castro trägt eine grüne Kordhose und ein rosafarbenes Hemd und ein kariertes Sakko, er hat breite Schultern und schwarze Locken, er wählt die Nummer von Nilda Vázquez in Panama und sagt: „Nilda, man muss dieses Wrack bergen und sauber dokumentieren und konservieren, alles andere ist ein Verbrechen … nein, man kann das Holz nicht in ein Aquarium legen, da es dort zerfällt … nein, man muss es behandeln und konservieren, und dann braucht man kein Aquarium mehr … wissen Sie was: Wir zielen auf das archäologische Wissen, mehr wollen wir nicht, Carlos Fitzgerald möchte ein stabiles Projekt für die Uni von Panama City daraus machen, und Sie wollen Geld verdienen, was Sie ja gern tun können – mit einem Museum, aber doch nicht mit dem Verkauf von Kanonen von diesem Wrack … wir sollten zusammenkommen können … ich habe drei Schwestern und weiß, wie man Konflikte löst … ja, wir sollten uns treffen, bis dann, bye." Und hinter Filipe Castro stehen die Ordner: „Iberian Ships" eins bis drei, „Columbus Ships", wie gern würde er beginnen.

Castro wuchs in Santarém in Portugal auf, jeden Sommer fuhr die Familie an die See zum Schnorcheln und Schwimmen. Die Fischer von Baleal erzählten ihm vom Meer und von versunkenen Schiffen, und dann las er die großen Seefahrerromane, und dann sah er die Filme von Jacques Cousteau im Fernsehen, und dann ging er schnorcheln und fand seinen ersten silbernen Löffel. Er begann ernsthaft zu tauchen, „und die Jungs von Texas A&M waren natürlich meine Götter". Zum Masters-Studium luden sie ihn endlich ein, dann machte er seinen Doktor, dann bekam er seine erste Dozentenstelle.

„Tauchen", sagt Castro, „ist die ultimative Freiheit, solange du Luft hast. Es ist Magie. Es gibt keine Zäune, keine Grenzen, es ist Niemandsland und Paradies. Auf Wracks sieht man in das Leben anderer Menschen hinein. Man versteht ihre Wünsche, Pläne, Träume. Und man denkt langsamer unter Wasser. Man sieht vor sich, wie dort Menschen starben." Wenn Castro taucht, nimmt er 13 Kilogramm Blei mit; es presst ihn auf den Boden, es hält ihn stabil dort unten auf dem Grund. Er hat Tafel und Bleistift dabei, ein Netz,

Klebeband, Draht, ein Maßband, einen Kompass, einen Winkelmesser, ein Messer, eine Kamera und Plastiktaschen.

„Wie gern würde ich loslegen in Panama“, sagt Castro.

Aber er kann nicht loslegen.

Ein kurzes Protokoll eines vorläufigen Scheiterns.

*April 2003:* Im Berliner Rathgen-Institut hat Dr. Christian Goedicke vier Keramikscherben untersucht, die vom Wrack stammen. Er hat die so genannte Thermolumineszensmethode angewandt, mit der gemessen wird, wie lange die Keramik seit dem Brennen radioaktiver Strahlung aus der Umgebung ausgesetzt war. Goedickes Ergebnisse: „Probe Nummer 1: 1449 +/- 31 Jahre; Probe Nummer 2: 1606 +/- 22 Jahre; Probe Nummer 3: 1450 +/- 34 Jahre, Probe Nummer 4: 1561 +/- 25 Jahre“. Ein irritierendes Ergebnis. Die Proben Nummer 2 und 4 sind zu jung für ein Wrack vom Beginn des 16. Jahrhunderts, und die Proben Nummer 1 und 3 sind ungewöhnlich alt.

Eine Theorie, die alle Wissenschaftler, die an dem Projekt mitarbeiten, für möglich halten: 1. Die Scherben Nummer 2 und 4 passen nicht zu den definitiv sehr alten Waffen und zu dem nicht mit Metall beschlagenen Holz; es könnte sein, dass diese Scherben angeschwemmt wurden, weil Nombre de Dios nach 1510 zu einem viel befahrenen Hafen wurde; es könnte aber auch sein, dass zum Beispiel die Nähe zu Ballaststeinen oder anderen Dingen die Umweltstrahlung, der diese Scherben ausgesetzt waren, verändert haben. 2. Die alten Scherben Nummer 1 und 3 könnten aus Gefäßen stammen, die mehrmals verwendet wurden; ein europäisches Schiff jedenfalls war Mitte des 15. Jahrhunderts sicher noch nicht in dieser Bucht.

Aber alles kann natürlich auch ganz anders sein, und weil die vier Werte so unterschiedlich sind, muss man letztlich sagen, dass sie in Wahrheit wenig aussagen.

*Mai 2003:* Juan M. Ramírez, Direktor des Agriquem-Labors in Sevilla, hat Speisereste auf geborgenen Scherben untersucht; es war eine komplizierte chemische Angelegenheit. Und am Ende konnte Ramírez sagen, dass es sich bei den Speiseresten um Olivenöl aus Süd-Andalusien handelt.

*Juni 2003:* Wolfram zu Mondfeld hat sich alle Werte und Theorien zum Wrack angesehen und fasst seine Ergebnisse schriftlich so zusammen: „Sollte nicht Señor de Bastidas genau dort auch ein Schiff aufgegeben haben, dann handelt es sich bei dem Wrack von Nombre de Dios um die von Columbus auf seiner vierten Reise dort aufgegebene ‚Vizcaína'. Dieses Wrack nicht gründlichst zu untersuchen wäre eine wissenschaftliche Todsünde!" Hat Mondfeld sich forttragen lassen von seiner Begeisterung? Mondfeld schreibt über die Bewaffnung des Schiffes, dass „Steinkugeln ab dem frühen 16. Jahrhundert nicht mehr gebräuchlich" waren – zehn steinerne Kugeln wurden auf dem Wrack gefunden. Und über die Bewaffnung des Wracks sagt er: „Die hohe Zahl, die gefunden wurde, spricht dafür, dass es sich hier nicht um die Bewaffnung *eines* Schiffes handelt, sondern dass hier die Geschütze *mehrerer* Schiffe versenkt wurden."

*November 2003:* Das „Beta Analytic"-Institut in Miami hat ein weiteres Holzstück vom Wrack analysiert. Die C14-Untersuchung „verlief normal", so steht es im Protokoll, „es gab genügend Karbon für eine akkurate Messung": Mit hoher Wahrscheinlichkeit stamme das Holz aus dem Zeitraum zwischen 1530 und 1550. Das ist ein weiteres wichtiges Ergebnis, und es ist, wenn man sich wünscht, dass das Wrack die „Vizcaína" sein möge, natürlich ein Tiefschlag. Ein Schiff, dass 1503 sinkt, kann logischerweise nicht aus Holz gebaut sein, dass von einem zwischen 1530 und 1550 geschlagenen Baum stammt. Der Kieler Professor Pieter Meiert Grootes untersucht dieselbe Probe und bestätigt das Ergebnis. Filipe Castro sagt: „Man muss Werte, die einem nicht passen, genauso ernst nehmen wie Werte, die einen Traum bestätigen – alles andere wäre keine Wissenschaft." Grootes sagt: „Man darf aber natürlich auch nicht ein ganzes Haus auf einem winzigen Stück Holz aufbauen. Natürlich sind Fehler möglich bei diesen Messungen. Und wenn man 500 Jahre zurückgeht, sollte man eine Karenzzeit von 30, 40 Jahren einrechnen." 30, 40 Jahre sind wichtig in diesem Fall. Filipe Castro sagt: „Wir brauchen mehr Daten."

*Januar 2004:* Warum eigentlich können die Arbeiten in Nombre de Dios nicht endlich beginnen? Es ist ganz einfach: Nilda Vázquez und ihre Schatzsucherfirma, der immerhin der Gouverneur von Colón, Gassan Salama, vorsteht, wollen es nicht. Sie wollen Geld. Und die Regierung von Panama und ihr Archäologe Carlos Fitzgerald halten sich heraus oder können sich nicht durchsetzen. Es geschieht: nichts. Filipe Castro schreibt E-Mails: „Es ist 9.50 Uhr, und Nilda ist nirgendwo zu erreichen ... Dann habe ich es bei Gassan versucht: nirgendwo!" Dann ist Nilda am Telefon und sagt, dass ihr die Firma des Schatzsuchers Kim Fisher in Florida gesagt habe, das Wrack sei Millionen wert. Gassan Salama sei offenbar „überzeugt, dass er die Gesetze ändern, ganze Berge von Geld machen und jede Menge Wracks finden" könne, klagt Castro. George Bass, großer alter Mann der Unterwasserarchäologie, schreibt: „Ich bin seit 43 Jahren im Geschäft und habe niemals von einem Land gehört, das irgendeinen finanziellen Vorteil davon gehabt hätte, mit Schatzsuchern zusammenzuarbeiten. Dagegen waren die Museen, die auf der Arbeit von Unterwasserarchäologen in der Türkei, in Zypern, Israel, England und Schweden basieren, um nur die zu nennen, die ich aufgesucht habe, allesamt große, große Touristenattraktionen, die ihren Regierungen Eintrittsgelder brachten und den Einwohnern die Einnahmen aus Taxifahrten, Hotelübernachtungen, Flugreisen, Restaurants etc."

Das Problem: Nilda Vázquez und Gassan Salama haben die Schlüssel zu den Becken, in denen die Fundstücke von Nombre de Dios liegen, und niemand in Panama hat die Kraft, sich gegen die beiden durchzusetzen.

Filipe Castro schreibt an Gassan Salama: „Unser Plan ist es, ein Team nach Nombre de Dios zu bringen und eine komplette Karte der Fundstelle zu machen, dann die Kanonen heraufzuholen, eine erneute Karte zu machen, dann den Ballast zu kartografieren und heraufzuholen, dann den Rumpf zu beschreiben. Dann kommt der heikle Teil: Wir werden entscheiden, ob es möglich ist, den Rumpf zu bergen, jedes Stück Holz einzeln protokollieren und ein 3-D-Modell der Reste des Rumpfes anfertigen. Dann werden wir sehen, ob Ihr Museum die Möglichkeiten hat, den Rumpf auszustellen, und eine Entscheidung darüber treffen, wie wir das Holz bergen und behandeln und in einem Museum rekonstruieren ... Dann können Sie beginnen, Replikate zum Verkauf im künftigen Museum und für die Wanderausstellung anzufertigen."

Doch daraus wird nichts, jedenfalls vorerst.

Es ist Mitte Januar, als Filipe Castro nach Panama City fliegt, es ist ein wenig wie einstmals in Camp David, es ist eine Art Friedensgipfel. Es gibt Mineralwasser, es ist ein karger Raum, ein paar Stühle, ein Tisch, sonst nichts. Nilda Vázquez ist da, ihr Sohn Ernesto ist da, Gassan Salama ist da, und Filipe Castro und der Taucher Karl Vandenhole sind da.

Und alle versichern, dass sie nur an die Sache denken, an die Wissenschaft, an den Nutzen für die Forschung und für die Bevölkerung Panamas. Und alle sagen, dass Texas A&M natürlich ein hervorragendes Institut für dieses Projekt ist. Und alle sagen, dass sie ihren Egoismus zurückstellen und konstruktiv für die Sache arbeiten wollen. So weit das Palaver. Dann die Details. Und dann sagt Gassan Salama, dass er natürlich unmöglich darauf verzichten kann, Fundstücke vom Wrack zu verkaufen.

Das allerdings ist der Kern. Ein archäologisches Projekt, das auf ein Jahrzehnt angelegt ist und mindestens 1,5 Millionen Dollar kosten wird und wahrscheinlich mehr, kann niemand angehen, der nicht weiß, ob die Artefakte, die er untersuchen will, nicht zwischendurch bei EBay auftauchen und dann auf Nimmerwiedersehen verschwinden werden.

Und darum ist der Gipfel gescheitert, darum fliegt Filipe Castro nun wieder zurück nach Texas.

Es geht so weiter, wochenlang, monatelang, jahrelang. Immer wieder fliegt Filipe Castro nach Panama, führt hier ein Gespräch und wartet dort darauf, ein Gespräch führen zu dürfen. „Wir wissen, dass Sie seriös arbeiten, niemand will, dass Schatztaucher Kanonen verkaufen", das hört Castro immer wieder, aber die Genehmigung, endlich beginnen zu dürfen, bekommt er nicht. Und irgendwann hat er mit allen geredet, allen geschrieben, und von nun an kann Castro nichts mehr tun, nur noch warten.

Einmal gibt es Gerüchte: Das Wrack sei verschwunden, heißt es, aber Taucher fahren hin und finden es, unversehrt. Dann läuft diese seltsame Genehmigung ab, die Nilda Vazquez und ihre Leute besaßen, aber heißt das nun, dass die Archäologen ihre Arbeit tun können? Nein, das heißt es natürlich nicht, denn in Panama dauern Dinge wie diese länger als anderswo. Der Panama Supreme Court, der Oberste Gerichtshof, hat sich des Falles angenommen, und wann er entscheiden wird, ob er jemals entscheiden wird, steht nicht fest.

Es ist der 19. September 2005, als ein Fax bei Texas A&M eintrifft, Aktenzeichen 1468-05 DG, Absender ist Reinier Rodríguez, neuer Generaldirektor des Instituto Nacional de Cultura, kurz INAC, von Panama. Und Rodríguez schreibt:

*Nach Prüfung Ihres „Proyecto de Arqueología Subacuática Playa Damas" bedauern wir, Sie darüber informieren zu müssen, dass es uns unmöglich sein wird, Ihnen die Erlaubnis zu erteilen, an der Fundstelle zu tauchen, zu forschen und zu bergen.*

*Der panamesische Oberste Gerichtshof hat vorübergehend alle Aktivitäten an der Fundstelle Playa Damas gestoppt wegen des Gerichtsverfahrens, das eingeleitet wurde gegen den Bergungsvertrag zwischen der Bergungsfirma, die dort arbeitete, und der Direktion für Kataster- und Vermögensangelegenheiten des Ministeriums für Wirtschaft und Finanzen. Solange der Oberste Gerichtshof nicht zu einer Entscheidung gelangt ist, ist es deshalb unmöglich, irgendeine Art von Forschung vor Playa Damas zu betreiben.*

*Dennoch sind wir natürlich sehr an einer fruchtbaren und freundschaftlichen Zusammenarbeit interessiert.*

Das ist es also, vorerst. Und das Wrack, das vielleicht die „Vizcaína" von Christoph Columbus ist, liegt seit fünf Jahrhunderten in der Bucht von Nombre de Dios, und eine Weile wird es dort auch noch liegen bleiben.

# 10
# Ein Ende

*Da es nun klar ist, dass Ihre Hoheit nicht gesonnen ist, die mündlichen und schriftlichen Versprechungen, die sie mir gemeinsam mit der Königin (die Gott selig haben möge) gemacht hat, zu erfüllen, glaube ich, dass es für mich, der ich ein Insekt bin, ebenso nutzlos wäre, dagegen ankämpfen zu wollen, wie wenn ich den Wind geißeln wollte, und dass es gut sein wird, wenn ich nun, nachdem ich getan habe, was ich konnte, Gott, unseren Herrn, schalten lasse. Er ist mir stets gewogen gewesen und hat mir in allen Nöten geholfen.*

Christoph Columbus

## Sevilla, November 1504

Christoph Columbus ist manchmal erstaunlich schlau und manchmal verblüffend dämlich. Er ist ein Mann mit Träumen und Phantasien, das ist natürlich eine seiner wesentlichen Stärken. Er ist zugleich ein Mann, der falschen Visionen nicht abschwören kann, der sich niemals korrigiert, folglich ein Mann, der sich zu grotesken Fehleinschätzungen hinreißen lässt.

Als er nach Spanien zurückkehrt, denkt er wie immer, dass dort alle nur auf ihn warten würden – doch niemand interessiert sich für ihn. Er erwartet, dass er zumindest vor eines der königlichen Gerichte gebeten würde, um von seinen Abenteuern zu erzählen; diese Erwartung ist angebracht, denn jeder Kapitän darf nach seinen Reisen den Gerichten berichten, das ist so üblich – doch von Columbus will niemand mehr etwas wissen.

Von diesem Wirrkopf.

Seine „lettera rarissima“, jener Brief, den er auf Jamaika verfasst hatte, hat dem König und der Königin endgültig gereicht, zu selbstgerecht, zu wahnwitzig klang der Admiral da.

Der Entdecker Amerikas ist zurück, und keinen kümmert es.

Und dann stirbt auch noch Isabella, die Königin, *seine* Königin.

Am 8. oder 9. November ist Columbus endlich wieder in Sevilla, und dort erfährt er, dass Isabella in Segovia zu Gericht sitzt, aber dann wird sie krank, und am 26. November 1504 ist es vorbei, da „ging sie hinüber in ein besseres Leben“, wie Fernando Colón schreibt. Es ist traurig, und politisch ist es fatal für Columbus: Isabella hat ihn jahrelang verstanden und gefördert, sie hat ihn so nehmen können, wie er ist, und nun ist niemand mehr da. Doch braucht er überhaupt noch Förderer? Ist es nicht endlich genug?

Columbus ist reich, er hat Gold von der vierten Reise, er hat jenes Gold, das den Hurrikan vor Santo Domingo überstanden hat, und er hat eine Kiste Gold, die ihm Gouverneur de Ovando schicken ließ, erstaunlicherweise.

Es könnte reichen, aber Columbus hadert, mit allen und mit dem Schicksal, er ist zerfressen von Selbstmitleid. Und sein einziges Thema sind „mein Zehntel, mein Achtel und mein Drittel“.

Richtig ist, dass ihm der erste Vertrag mit dem Königshaus, abgeschlossen 1492, tatsächlich zehn Prozent aller Erträge aus den von ihm entdeckten Ländern zusagt – das wäre das Zehntel. König Ferdinand lässt ihm aber bloß ein Zehntel jenes Fünftels auszahlen, das der Anteil der Krone ist, zwei Prozent statt zehn Prozent also.

Richtig ist, dass Columbus versprochen worden war, dass ihm ein Achtel aller Ladungen jener Handelsschiffe zustehe, die aus den indischen Kolonien herüberkommen – das wäre sein Achtel. Aber de Ovando und all die anderen denken nicht daran, irgendetwas abzugeben, nicht mehr als diese eine Kiste Gold, die Columbus zustand.

Richtig ist, dass es eine Passage in den Verträgen gibt, wo steht, dass

Columbus „auf die gleiche Weise“ von Steuern und ähnlichen Einnahmen profitieren solle „wie der Großadmiral Kastiliens“, und der bekam 33,3 Prozent von den Kanaren – das wäre sein Drittel.

Es ist nur eben so, dass all diese Formulierungen reichlich vage sind und nicht realistisch: Würde Columbus so viel Geld bekommen, wäre er der Einzige, der wirklich an der Entdeckung Amerikas verdiente. Und dass kein König der Welt derart großzügig ist, müsste er ahnen. Außerdem, das ist natürlich nur eine Kleinigkeit, beruhen die Abmachungen ja auf dem Handel mit Indien. Indien, nicht Amerika!

Columbus mietet sich ein Haus in Sevilla, dort findet er „Erholung von seinen vielen Leiden und Entbehrungen“, so Fernando.

Aber er entspannt sich nicht, Columbus ist keiner, der die Ruhe nach den wilden Jahren genießen kann. Er schreibt Briefe, damit die Seeleute, die die zweieinhalb Jahre der Hohen Reise mit ihm durchgestanden hatten, endlich bezahlt werden, dreimal bittet er den Schatzmeister Kastiliens, die Jungs endlich auszuzahlen; das ist ziemlich nobel. Die Wissenschaftler werden Jahrhunderte später davon ausgehen, dass das alles ein Schlag ins Wasser ist, „erfolglos“, „jahrelang bekam niemand irgendwas“, wird selbst der Historiker Morison schreiben. Die Spanierin Consuelo Varela dagegen wird dokumentieren, dass das Gegenteil stimmt.

Columbus hat Erfolg mit seinen Bitten, nicht mit denen in eigener Sache, aber mit denen für seine Seemänner. Nach und nach bekommen die armen Kerle tatsächlich ihr Geld.

Es gibt eine erste Zahlungsanweisung, die „Primera carta-nómina“; für die Ausrüstung der vier Schiffe und den Lohn der Besatzung weist die Krone am 28. Mai 1505 in Segovia die Auszahlung von 326 852 Maravedís und 4 Kornados an.

Es gibt eine erste Auszahlungsliste, die „Primera nómina de pago“; am 5. August 1505 erhalten 25 Mannschaftsmitglieder eine Heuer von insgesamt 623 573 Maravedís.

Es gibt eine zweite Zahlungsanweisung, die „Segunda carta-nómina"; am 2. November 1505 erhält der Zahlmeister Sancho de Matienzo den Auftrag, an 38 Männer, die auf Hispaniola geblieben sind, insgesamt 673 858 Maravedís herauszurücken.

Und deshalb gibt es später auch noch eine zweite Auszahlungsliste; sie nennt mit dem Datum 8. August 1506 genau 38 Personen, die insgesamt 475 393 Maravedís erhalten haben, weniger als angewiesen, ein bisschen Schwund ist immer.

Es vergehen Monate, Columbus sitzt in seinem Haus in Sevilla, und nach und nach begreift er, dass er am Ende seiner Reisen angekommen ist. Er ist 53 Jahre alt, und er ist krank. Er kann nicht mehr ernsthaft darauf hoffen, wieder als Vizekönig und Gouverneur von Hispaniola eingesetzt zu werden, und das weiß er, das muss er wissen. Es geht jetzt um seinen Ruf, um sein Erbe, um die Zukunft seiner Söhne. Vor allem Diego ist auf einem Weg, der dem Vater gefällt: Er hat Doña María de Toledo geheiratet, eine Blaublütige, die Cousine des Königs, und die Gesellschaft hat ihn aufgenommen. Diego ist geschickt, ein Charmeur, er zielt auf die Rechte und Titel seines Vaters, er will Gouverneur in der Neuen Welt werden, aber anders als sein Vater spricht er nicht über seine Ziele. Er lächelt und kommt vorwärts.

Am 21. November 1504 schreibt Columbus an Diego:

*Liebster Sohn,*

*ich hatte große Freude, Deinen Brief zu lesen und zu vernehmen, was Dir der König, unser Herr, gesagt hat; dafür sollst Du ihm die königlichen Hände küssen. Es ist gewiss, dass ich Ihren Hoheiten gedient habe mit ebenso viel Fleiß und Liebe, als ich gearbeitet habe, um mir das Paradies zu erwerben. Sollte ich in etwas gefehlt haben, geschah es aus der Unmöglichkeit, es anders zu machen, oder weil mein Wissen oder meine Kräfte nicht ausreichten. In solchen Fällen fordert der Herrgott von uns Menschen nicht mehr als den guten Willen.*

*Auf die Bitte des Herrn Schatzmeisters Morales nahm ich auf meine letzte Reise die zwei Brüder de Porras mit. Der eine, Francisco, wurde zum Kapitän, der andere, Diego, zum Schatzmeister gemacht. Keiner von beiden brachte die Eignung für diese Ämter mit ... Auf der Insel Jamaika meuterten sie. Ich war darüber so verblüfft, wie wenn die Sonne plötzlich Dunkelheit verbreitet hätte. Ich lag auf den Tod krank, und fünf Monate lang marterten sie mich mit grenzenloser Grausamkeit, ohne jeden Grund. Zuletzt machte ich sie alle zu Gefangenen, gab ihnen aber alsbald die Freiheit wieder ... Sie kommen auf einem nächsten Schiff, das ich jeden Tag hier erwarte, mit dem Notar nach, der die Untersuchung vorgenommen hat ... In meinen Vorschriften, die ich von Ihren Hoheiten empfangen hatte, steht, dass alle mir gehorchen müssen und dass ich über meine gesamte Mannschaft die bürgerliche und strafrechtliche Gerichtsbarkeit ausübe. Das nützte mir jedoch nicht, denn der Statthalter sagte, solche Anordnungen seien innerhalb der Grenzen seiner Statthalterschaft nicht gültig. De Ovando schickte de Porras zu den Herren, die dem Indienamt vorstehen. Er veranstaltete weder eine gerichtliche Untersuchung noch einen Prozess ... Ich wundere mich nicht, wenn der Herrgott Strafen sendet. Diese Leute benehmen sich auf eine schändliche Weise, noch nie hat man von einem grausameren Verrat und einem ähnlichen Schurkenstreich gehört.*

*Ich schrieb darüber an Ihre Hoheiten in einem anderen Brief und sagte ihnen, sie dürften nicht zulassen, dass mir eine solche Schmach zugefügt würde. Ich schrieb auch an den Herrn Schatzmeister und bat ihn, nicht auf Grund dessen, was sie ihm sagen würden, sein Urteil zu fällen, sondern mich zuerst anzuhören. Es wird gut sein, wenn Du diese Bitte wiederholst. Ich weiß wirklich nicht, woher sie die Kühnheit nehmen, vor sein Angesicht zu treten, nachdem sie solche Taten verübt haben. Ich werde ihm wieder schreiben und ihm auch eine Abschrift von dem schicken, was sie mir beschworen haben ... Empfehle mich der Gunst aller und teile ihnen mit, dass ich die Absicht habe, bald hinzureisen.*

*Ich würde mich sehr freuen, einen Brief von Ihren Hoheiten zu empfangen und zu erfahren, was sie befehlen. Wenn Du eine Möglichkeit siehst, bemühe Dich, mir das zu verschaffen. Empfehle mich auch dem Herrn Bischof und Juan López, erinnere sie an meine Krankheit und an den Lohn, der mir für die geleisteten Dienste gebührt.*

*Geschrieben in Sevilla am 21. November.*

Und am 27. Dezember 1504 schreibt Columbus an Nicoló Oderigo, den Botschafter seiner alten Heimatstadt Genua am Hofe Spaniens:

*Vortrefflicher Herr,*

*... ich traf hier sehr krank ein. In der Zwischenzeit starb die Königin, meine Herrin, die Gott zu sich genommen hat, ohne dass ich sie noch einmal sehen konnte. Bis jetzt kann ich noch nicht sagen, wie es mit meinen Angelegenheiten weitergehen wird. Ich nehme an, Ihre Hoheit werde in ihrem Testament dafür Vorsorge getroffen haben, und der König, mein Herr, wird dem wohl entsprechen ...*

*Der oberste Admiral des Weltmeeres und Vizekönig und Generalstatthalter von Indien ...*

Es ist natürlich eine vergebliche Annahme. Isabella hat in ihrem Testament kein Wort über Columbus verloren. Und darum muss der Admiral weitermachen, immer weiter. Am 5. Februar schreibt Columbus an Diego:

*Liebster Sohn,*

*Diego Méndez ist am Montag des laufenden Monats von hier abgereist. Nach seiner Abreise sprach ich mit Amerigo Vespucci, dem Überbringer dieses Briefes, der sich dorthin begibt, um über Schifffahrtsangelegenheiten zu unterhandeln.*

*Er hatte immer den Wunsch, mir Freude zu machen. Er ist ein sehr anständiger Mann. Das Glück war ihm nicht günstig, wie vielen anderen, und seine Anstrengungen haben ihm nicht den verdienten Nutzen gebracht. Er begibt sich zum Hof mit dem Wunsch, etwas zu unternehmen, das mir zum Wohle gereicht, und wenn das in seiner Macht steht, wird er es auch tun ... Du wirst dort am besten sehen, was zweckdienlich sein könnte. Arbeitet auf dieses Ziel hin. Er möge sich dafür verwenden und sprechen und möge alles ins Werk setzen, aber es soll heimlich geschehen, damit auf ihn kein Verdacht fällt. Alles, was darüber gesagt werden konnte, habe ich ihm gesagt. Ich habe ihm mitgeteilt, wie die Belohnung beschaffen ist, die man mir zuteil werden lässt. Dieser Brief ist auch für den Herrn Adelantado bestimmt, damit er sich überlege, was noch unternommen werden könnte.*

*Seine Hoheit muss überzeugt werden, dass seine Schiffe diesmal den besten und reichsten Teil Indiens berührt haben; und wenn seine Hoheit noch mehr zu wissen wünscht, werde ich ihn mündlich zufrieden stellen, da es schriftlich unmöglich gesagt werden kann.*

*Der Herr behüte Dich.*

*Geschrieben in Sevilla, am 5. Februar.*

*Dein Vater, der Dich mehr liebt als sich selbst*

Geht das? Kann Columbus irgendjemanden mehr lieben als sich selbst?

Im Frühjahr 1505 geht es Columbus mal wieder besser, und darum sattelt er einen Maulesel. Er macht sich auf in Richtung Madrid, sein Ziel ist das Gericht von Segovia, denn nun soll der Kampf um die Anteile des Entdeckers beginnen. Er schickt einen Brief voraus:

*Durchlauchtigster und mächtigster König,*

*in meinen Briefen schrieb ich, was bezüglich meiner Privilegien bestimmt worden ist; ich habe bereits gesagt, dass in den königlichen Händen Eurer Hoheit Geben und Nehmen liegt und dass alles wohl getan sein wird. Die Herrschaft und der Besitz, den ich genoss, sind die Grundlage meiner Ehre, und ungerechterweise wurde ich all dessen beraubt. Seit langer Zeit hat unser Herrgott kein so offensichtliches Wunder mehr getan wie dieses, als er den, der mich beraubt hatte, samt allen, die ihm dabei geholfen hatten, auf dem besten Schiff von 34, in ihrer Mitte und dicht bei der Ausfahrt aus dem Hafen untergehen ließ, und zwar auf eine Art und Weise, deren nähere Umstände niemand erfuhr.*

*Demütig bitte ich Eure Hoheit anzuordnen, dass an meiner Statt mein Sohn in alle Ehren, die ich hatte, eingesetzt werde; denn es geht dabei um meine*

*Ehre. In allem Übrigen mag Eure Hoheit tun, was sie als das Dienlichste für sie erachtet, ich werde mich durch alles belohnt fühlen. Ich glaube, dass mich die Sorge um das Schicksal dieses Briefes so krank macht, wie ich bin …*

Es empfängt ihn König Ferdinand mit offenen Armen, ein König ist dieser Ferdinand, der sich nun stolz gibt, stolz auf seinen berühmten Seemann, und der deshalb verspricht, einen Schlichter zu bestellen, da all diese Prozesse doch zu vermeiden seien.

Columbus lehnt ab, er traut den königlichen Schlichtern nicht, und außerdem, sagt er, seien die Verträge und seine Rechte eindeutig, worüber also verhandeln?

Vermutlich lächelt König Ferdinand milde, und dann macht er seinen zweiten Versuch; er deutet an, dass Columbus ein wunderschönes Haus und reichlich Geld kriegen würde, wenn er auf diese dubiosen Titel und Anteile verzichten würde.

Columbus lehnt ab, er fühlt sich entehrt.

„Er wollte alles oder nichts, und nichts bekam er“, wird Morison schreiben. Jetzt, da langsam klar wird, welche Schätze in der Neuen Welt liegen, „wollte der König die absolute Kontrolle“, schreibt Fernando.

## Valladolid, 1506

Gerichte können langsam sein, damals schon, und wenn einem Richter der Wunsch seines Königs dargebracht wird, dann kann dieser Richter noch viel langsamer richten.

Das Gericht zieht also erst einmal um, von Salamanca nach Valladolid, und der Entdecker Amerikas, gepeinigt von Arthritis, schleppt sich hinterher. Dann kann er nicht mehr aufstehen, sein Bett in Valladolid, das wird er ahnen, wird sein letztes sein.

Columbus verfasst ein letztes Testament. Er verteilt die Gelder, die Anteile also, die ihm die Prozesse einbringen würden, prophylaktisch an seine beiden Söhne und andere Angehörige, und er verfügt, dass in Hispaniola eine Kapelle gebaut werden möge, wo täglich für seine arme Seele zu beten sei.

Columbus hofft ein letztes Mal auf bessere Zeiten, als er hört, dass Doña Juana in Spanien angekommen sei, die Tochter der verstorbenen Isabella, und dass diese Doña Juana Ansprüche auf den Thron anmelde. Er schickt seinen Bruder Bartolomeo zu Doña Juana, die später als „Johanna die Wahnsinnige" in die Geschichte eingehen wird.

Dann kommt der 19. Mai 1506, und Columbus kann kaum noch sprechen und sich kaum noch bewegen. Im Wesentlichen ist sein Testament bereits am 25. August 1505 in Segovia entstanden, aber jetzt, am 19. Mai 1506, wird es beglaubigt. Columbus schreibt:

*Als ich im Jahre 1502 von Spanien abfuhr, setzte ich eine Verfügung auf und errichtete ein Majorat über meine Güter. Ich ordnete an, was mir zum Wohl meiner Seele, zum Dienst des ewigen Gottes, zu meiner Ehre und der Ehre meiner Nachfolger nützlich schien. Diese Schrift hinterlegte ich im Kloster von Cuevas in Sevilla beim Bruder Don Gaspara Corrizio, zusammen mit anderen Schriften und mit den Privilegien und Dokumenten, die ich vom König und der Königin, meinen Herren, erhalten habe. Diese Vergütungen bestätige ich hiermit und schreibe zur Ergänzung und Erklärung meiner Absichten das Folgende nieder, ich befehle es so zu erfüllen, wie es mein Wille ist.*

*Meinen lieben Sohn Don Diego setze ich als Erben all meiner Güter und Ämter ein, die ich zu ewigem und erblichem Rechte habe; und wie ich es bei der Einsetzung des Majorats anordnete, soll mein Sohn Don Fernando das Erbe erhalten, wenn mein Sohn Don Diego keinen männlichen Erben haben sollte; sollte Don Fernando keinen männlichen Erben haben, erbt mein Bruder Don Bartolomeo in gleicher Weise; hätte auch er keinen männlichen Erben, erbt mein anderer Bruder; und so soll die Erbschaft jeweils auf den nächsten männlichen Blutsverwandten meines Stammes übergehen; und das soll ewig gelten. Es soll keine Frau erben, wenn nicht der ganze Mannes-*

*stamm erloschen ist; sollte dies eintreffen, dann erbt die nächste Blutsverwandte meines Stammes.*

*Ich befehle meinem Sohn Don Diego oder seinen Erben, das genannte Majorat nicht zu mindern, sondern im Gegenteil zu mehren, um mit dessen Ertrag und mit seiner Person und seinen Fähigkeiten dem König und der Königin, unseren Herren, zu dienen und beizutragen zum Gedeihen des christlichen Glaubens.*

*Als ich dem König und der Königin, unseren Herren, Indien schenkte – ich sage schenkte, denn es ist offenbar, dass ich es ihnen durch den Willen unseres Herrgotts als eine Sache gab, die mein Eigentum war; und das darf ich wohl behaupten, denn ich fiel Ihren Hoheiten deswegen beschwerlich, Indien war unbekannt, und der Weg war all denen, mit denen man darüber sprach, verborgen –, gaben Ihre Hoheiten zum Zwecke dieser Entdeckungsfahrt nicht mehr als eine Million Maravedís aus und wollten nicht mehr dafür aufwenden, während ich nicht nur meine Idee und meine Person dafür einsetzte, sondern auch gezwungen war, den Rest aufzubringen. So gefiel es Ihren Hoheiten, mir als meinen Anteil von Indien, Inseln und Festland, westlich einer Linie, die sie 100 Seemeilen von den Azoren und Kapverdischen Inseln von Pol zu Pol ziehen ließen, ein Drittel und ein Achtel von allem zuzusprechen und dazu noch den Zehnten von allem, was man in jenen Ländern findet, wie das aus meinen Privilegien und Gnadenbriefen deutlich hervorgeht.*

*Da man bis jetzt den Ertrag, den Indien abwerfen würde, noch nicht ermitteln konnte, und in der Hoffnung, dass durch Gottes Barmherzigkeit dieser Betrag sehr groß sein wird, stelle ich hiermit fest, in welcher Weise er verteilt werden soll. Don Fernando soll zunächst einen und einen halben Cuento jährlich erhalten, mein Bruder Don Bartolomeo 150 000 Maravedís und mein Bruder Don Diego 100 000 Maravedís, weil er zur Kirche gehört. Aber diese Bestimmungen sind nicht endgültig, weil, wie oben erwähnt, der Ertrag noch nicht feststeht.*

*Zur Verdeutlichung des oben Gesagten erkläre ich, dass es mein Wille ist, dass mein Sohn Don Diego das Majorat und alle meine Güter und Ämter erben soll, dass alle Einkünfte, die er aus dieser Erbschaft bezieht, alljährlich in zehn Teile geteilt werden sollen. Der erste Teil dieser zehn Teile soll unter diejenigen Verwandten verteilt werden, die sich in größter Bedürftigkeit befinden, ferner an Bedürftige und an fromme Leute. Alsdann soll er von den neun übrig bleibenden Teilen zwei nehmen und sie in 35 Teile teilen, davon soll mein Sohn Don Fernando 27 Teile, Don Bartolomeo fünf Teile und drei Teile mein Bruder Don Diego bekommen.*

Es ist das alte Spiel: Es geht um Drittel, Achtel und Zehntel, man kann Columbus zweifellos hartnäckig nennen.

Oder obsessiv.

Oder egozentrisch.

Oder narzisstisch.

Es geht noch eine Weile so weiter, dann kommt der Admiral langsam zum Schluss. Er schreibt:

*Ich befehle meinem Sohn Diego oder dem, der Erbe sein wird, alle Schulden, die ich aufzähle, zu zahlen, und zwar nach der Liste, die ich aufschreibe, und in der Art, wie es dort gesagt ist. Außerdem sollen alle Schulden bezahlt werden, die aus beglaubigten Verschreibungen stammen, und ich befehle ihm, für Beatriz Enríquez, die Mutter meines Sohnes Don Fernando, Sorge zu tragen, sie mit den nötigen Mitteln zu versorgen, dass sie davon würdig leben kann; sie ist ein Mensch, dem ich tief verpflichtet bin; dies soll zur Entlastung meines Gewissens geschehen, denn es drückt schwer auf meine Seele. Ausführlicher darüber zu sprechen ziemt sich hier nicht.*

*Geschrieben am 25. August 1505 in Segovia.*

*Christoforus*

Angehängt hat Columbus die Liste derer, denen Schulden zu erstatten sind:

*In erster Linie den Erben von Gerolamo del Porto, dem Vater von Benito del Porto, Kanzler in Genua, 20 Dukaten oder der entsprechende Wert* (vor 36 Jahren hatten Columbus und sein Vater Domenico sich 35 genuesische Lire, umgerechnet 20 spanische Dukaten, von jenem Benito del Porto geliehen); *einem Juden, der beim Eingang des Ghettos von Lissabon wohnte, oder einem von einem Priester Bezeichneten, der Wert einer halben Silbermark ...*

Er hat ein schlechtes Gewissen, keine Frage. Ob der namenlose Jude jemals gefunden, ob er je gesucht wird, ist nicht überliefert.

Es ist der 20. Mai 1506, als es zu Ende geht. Der „Admiral der Meere und Vizekönig und Gouverneur der Indien" liegt, den Rücken gestützt und den Kopf erhöht, auf seinem Bett in Valladolid, und die Krone straft ihn mit Verachtung.

Es war ein Leben voller Fehler und Verbrechen, es war ein Leben der grandiosen Leistungen. Es war das Leben eines Mannes seiner Zeit, eines Mannes, der mutig war, aber niemals mutig genug, sich gegen Grausamkeiten zu stellen und gegen den Hochmut anderer Europäer. Es war das Leben eines Navigators und Seemanns, der Sensationelles schaffte: Columbus entdeckte auf der ersten Reise Kuba, Hispaniola und die Bahamas, auf der zweiten Reise die Kleinen Antillen, Jamaika, Puerto Rico, auf der dritten Reise Trinidad und Venezuela und auf der vierten Reise Honduras, Nicaragua, Costa Rica, Panama und Kolumbien.

Es war, es ist ein großes Leben.

Es ist ein Ende als Vergessener.

Kein Bischof ist hier in diesem Haus in Valladolid, kein Gesandter des Königs, kein Vertreter des Gerichts. Und morgen und in den Tagen danach wird es nicht einmal eine Meldung in den offiziellen Chroniken geben, nicht vom Tod und nicht von der Beerdigung.

Seine beiden Söhne sind hier, Diego und Fernando. Sein jüngster Bruder Diego ist hier. Die letzten beiden Freunde sind gekommen, immerhin, Bartolomeo Fiesci und Diego Méndez. Sie rufen einen Priester herbei, und der liest eine Messe und erteilt die Sakramente.

Columbus sagt: „*In manus tuas, Domine, commendo spiritum meum*" – In Deine Hände, o Herr, befehle ich meinen Geist.

Dann ist es still in dem kleinen Haus in Valladolid.

# Epilog

## Columbus' Leichnam

Es gibt Denkmäler, die man nicht begreifen kann. Weil sie so hässlich sind oder so heuchlerisch oder so größenwahnsinnig. Der „Faro Colón" ist all das auf einmal. Und außerdem ist der Faro Colón noch: defekt und verlassen. Eine Ruine.

Der Faro Colón ist ungefähr 250 Meter lang und 100 Meter breit und 50 Meter hoch. Das Ding soll die Form eines gigantischen, liegenden Kreuzes haben, es sieht eher aus wie ein futuristisches Schlachtschiff. Der Faro Colón ist das neue Wahrzeichen Santo Domingos, gebaut zum Columbus-Jahr 1992, zum 500. Jahrestag der Entdeckung Amerikas. Der größte Leuchtturm der Welt sollte der Faro Colón werden, und ganz oben in dem Kreuz wurden die Lampen eingebaut.

Damals, 1992, wurde dieses Monstrum von der Seite aus angeleuchtet, und Tausende Strahler leuchteten senkrecht in den Himmel, es war ein Fest von New Yorker Dimensionen. Santo Domingo liegt allerdings in der Dominikanischen Republik, und die Dominikanische Republik ist Dritte Welt. Wenn der Leuchtturm leuchtete, fiel im Rest von Santo Domingo der Strom aus, und darum leuchtet der Leuchtturm schon lange nicht mehr.

Es war auch schon bald kein Geld mehr da, um die Bronzeplatten und den Marmor zu pflegen, das Ding hat heute die Farbe von Schlamm. Es ist fleckig geworden in den elf Jahren. Immerhin, die vielen kitschigen Inschriften kann man noch entziffern, Papst Johannes Paul II. und Aristoteles werden auf den gewaltigen Marmorplatten zitiert, aus denen das Ding zusammengesetzt ist. „CRISTÓBAL COLÓN Gran Almirante del Océano", das steht da gleich mehrmals.

Nein, die Menschen von Santo Domingo verstanden damals nicht und verstehen auch heute nicht wirklich, warum ihr Präsident für dieses Ding so viele Millionen ausgeben musste. Und nein, sie ignorieren das Ding, die Parkplätze sind leer, ein paar Jogger schleppen sich die Kieswege entlang, aber niemand will hinein in das Ding.

Man kann hinein in den Bau, man fühlt sich dort nur wie in einem Grab. Immerhin wie in einem sehr, sehr geräumigen Grab. Hier drinnen haben sie eine kleine Weltausstellung hingekriegt, jedes Land, das wollte, hat irgendwelche Geschenke geschickt: Die USA sind mit Zeitungsseiten zum 11. September 2001 vertreten, Argentinien mit Holzfiguren von Jorge Luis Borges, Chile mit Silberschmuck, und Paraguay hat nur eine Fahne herausgerückt, mehr nicht.

Und dennoch, selbst in dieser Denkmal gewordenen Groteske kann man einen Moment der Stille finden, man kann hier ruhig werden und nachdenklich, denn immerhin steht hier der Sarg.

Wenn man das Ding als gigantisches, liegendes Kreuz versteht, dann ist der Sarg genau da, wo sich die beiden Balken des Kreuzes treffen, genau in der Mitte. Der Sarg ist ganze 1,20 Meter lang, er ist aus Bronze, er steht auf zwei Marmorsockeln, das Wappen Kastiliens ist auf dem Sarg zu sehen und die Zahl 1492, und vorn und hinten ist jeweils ein Kreuz.

Ein Soldat in weißer Uniform bewacht den Sarg, „hier liegt Christoph Columbus", flüstert der Soldat.

Liegt hier Christoph Columbus?

„A Cristóbal Colón, Descubridor de América" steht in goldener Schrift auf dem Baldachin, den sie über den Sarg gebaut haben, zehn Meter hoch, ein Monument des Kitsches, mit Blümchen und Türmchen und brüllenden Löwen.

„Natürlich liegt Columbus hier", sagt der Historiker Tristán Colente, „er lag in der Kathedrale, jahrhundertelang, und 1992 wurde er hierhin umgebettet. Wo soll er denn sonst liegen?"

Nun: Das mit den Knochen des Christoph Columbus ist nicht so eindeutig, wie Colente es gern hätte. Ganz im Gegenteil. Das mit den Knochen ist eine verwegene Geschichte, und Wissenschaftler versu-chen zurzeit, mit modernsten Methoden ihr letztes Kapitel zu schreiben.

Doña Anunciada Colón de Carvajal, die direkte Nachfahrin von Christoph Columbus, die Historikerin, arbeitet schon seit Jahren daran, eine besonders skurrile Episode dieser Zeit aufzuklären. Ein sehr dickes Buch hat sie darüber geschrieben, der Dokumentenanhang allein wiegt einige Kilogramm. Es heißt „Cristóbal Colón – Incógnitas de su muerte": „Rätsel um den Tod des Christoph Columbus". Das Buch ist so dick, weil es sehr viele Rätsel gibt, und es sind so viele Rätsel, weil der Leichnam des Entdeckers über Jahrhunderte hinweg fast ebenso viel herumgereist ist wie Columbus selbst zu Lebzeiten.

Zuerst beerdigten die Angehörigen Columbus dort, wo er gestorben war, in Valladolid. 50 000 Maravedís kostete die Beerdigung. Das Geld erschwindelten sich die Verwandten von einer Bank in Genua. Darum gab es später einen Prozess, den die Familie verlor und der zeigte, dass die Angehörigen wohl ebenso geldgierig waren wie der Entdecker selbst.

Schon drei Jahre später wurde sein Leichnam wieder exhumiert und nach Sevilla gebracht und dort im Kartäuserkloster Santa María de las Cuevas bestattet, auf der Flussinsel La Cartuja.

1537 entschied die Familie Colón aber dann doch, dass der Admiral für immer dort ruhen möge, wo er es sich gewünscht hatte: auf seiner Lieblingsinsel Hispaniola. Columbus' Knochen wurden zusammen mit denen seines Sohnes Diego in die Neue Welt verschifft und in der Kathedrale von Santo Domingo zum dritten Mal begraben. Dort lagen sie wahrscheinlich bis 1795.

In dem Jahr musste Spanien den Ostteil Hispaniolas an Frankreich abtreten. Und die abziehenden Spanier wollten ihren großen Entdecker auf keinen Fall unter fremder Herrschaft liegen lassen. Sie nahmen das, was sie für die Knochen Columbus' hielten, mit in ihre nächstliegende Kolonie, nach Kuba.

Wieder begruben sie Columbus, diesmal in Havanna. Das war die vierte Beerdigung.

Aber es war nicht die letzte. Denn 1898 wurde Kuba unabhängig. Und wieder mussten die Spanier weichen. Und wieder nahmen sie die Knochen des Entdeckers mit, diesmal in die Heimat.

Vom Leichnam des Christoph Columbus war inzwischen nicht mehr allzu viel übrig, die Reste passten in eine Bleikiste von der Größe eines Kindersarges. Und um diese Box bauten die Spanier in der Kathedrale von Sevilla ein Denkmal: vier überlebensgroße Statuen, die einen überdimensionalen Sarg tragen. Und darin: die Bleikiste.

Es ist ein trotziges Denkmal.

Denn als es gebaut wurde, hatte der Ärger schon längst begonnen: 21 Jahre zuvor, 1877, sollten Bauarbeiter Teile der Kathedrale von Santo Domingo restaurieren. Und direkt links vom Altar stießen sie in den Fundamenten auf eine andere Bleikiste.

„Don Cristóbal Colón" stand auf der Kiste.

Und das nun ist jene Kiste, die heute im Bronzesarg des Leuchtturms von Santo Domingo liegt.

Seit ihrer Entdeckung streiten sich deshalb Experten, streiten sich vor allem die Länder, wer denn nun den echten Columbus hat. Und: Wenn die Kiste in Santo Domingo echt ist – wessen Knochen haben dann die Spanier damals mit nach Havanna genommen? Wessen Knochen liegen also jetzt in der Kathedrale von Sevilla? Sind es vielleicht die Knochen seines Sohnes Diego?

Um die Sache noch ein bisschen komplizierter zu machen: 1960 öffnete ein Experte der US-Universität Yale die Bleikiste von Santo Domingo. Und er stellte fest, dass die Knochen darin zu zwei verschiedenen Skeletten gehören. Keines davon ist komplett. Sind Vater und Sohn vielleicht etwas durcheinander geraten?

Jahrelang fahndete Anunciada Colón nach historischen Dokumenten, nach der Wahrheit. Sie fand zwar viel Papier, aber keinen eindeutigen Beweis.

Doch dann kooperierte sie mit Historikern und Naturwissenschaftlern der Universität Granada. Die Experten hofften, dass sie den alten Streit beenden könnten, vielleicht, irgendwann. Denn zum Team gehörten DNA-Experten. Und mit einer Genanalyse, meinte Dr. José Antonio Lorente vom Institut für Rechtsmedizin, „müssten wir in der Lage sein, die Hauptfrage zu beantworten, nämlich ob diese Überreste in Sevilla authentisch sind oder nicht".

Dafür benötigte Lorente freilich Vergleichsmaterial. Geeignet wären vor allem die Knochen von Columbus' Mutter. Die gibt es nicht mehr.

Also die Knochen eines seiner Brüder.

Woher nehmen? Anunciada Colón glaubte zu wissen, wo Diego Colóns Überreste abgeblieben sind.

Diego – leicht zu verwechseln mit Columbus' gleichnamigem Sohn – war wohl der jüngste der drei Colombo-Brüder und mit Sicherheit der schwächste. Er war zwar zu Lebzeiten kurz Präsident des Rates der Stadt La Isabela auf Hispaniola. 1495 kehrte er aber nach Spanien zurück, ihm wurde gestattet, sich im Reich niederzulassen, wo es ihm beliebte – eine seltene Ehre.

Er blieb nicht lange in Spanien, sondern fuhr wieder nach Hispaniola. Aber der Königliche Kommissar Francisco de Bobadilla ließ ihn verhaften und erneut zurück nach Kastilien verschiffen. So ging das noch ein paar Jahre lang hin und her zwischen den Kontinenten. Kein Drama, denn Diego Colón lebte allzeit gut vom Geld seines Bruders, er hatte ein Haus und ein paar Sklaven, und er starb 1515 in Sevilla.

Sie beerdigten Diego Colón in einer Krypta des Klosters Santa María de las Cuevas. Jahrhunderte später ließ der britische Unternehmer Charles Pickman das Kloster umbauen zu einer Porzellanfabrik. Die Krypta mauerten seine Arbeiter teilweise zu, den Rest nutzten sie als Lagerraum.

1930 lokalisierten die Pickman-Nachfahren hinter Mauern die alte Krypta. Erst 1950 wurde das Gewölbe dann aber geöffnet. Und im Boden fand sich ein Skelett, der Sarg war längst zerfallen. Ein Gerichtsmediziner stellte fest, es müsse sich um die Überreste eines Mannes handeln, etwa 1,68 Meter groß und gestorben im Alter von 50 bis 65 Jahren – und zwar vor einigen Jahrhunderten.

Schon damals kam die Theorie auf, es könne sich eigentlich nur um die Reste von Diego Colón handeln, na ja, theoretisch auch noch um die seines berühmten Bruders Christoph, da der Leichnam des Entdeckers schließlich ebenfalls eine Zeit lang in dem Kloster gelegen hatte.

Die Pickman-Direktoren fanden es irgendwie schick, Colón-Knochen in einer Zinkkiste zu verstauen und die in eines ihrer Büros zu stellen. Sie nahmen die Metallbox auch mit, als die ganze Fabrik einmal innerhalb Sevillas umzog.

Und dort, im neuen Gebäude, stieß Anunciada Colón schließlich auf den kleinen Sarg. Nachdem sie das ungewöhnliche Möbelstück in ihrem dicken Buch erwähnt hatte – keine gute PR in einem katholischen Land –, wurde die Kiste im Garten der Fabrik vergraben.

Aber nur für ein paar Jahre.

2002 ließ Anunciada Colón die Kiste erneut aus der Erde holen – als DNA-Vergleichsmaterial.

Und dann, Anfang Juni 2003, stand sie daneben, als die Wissenschaftler aus Granada auch das Denkmal in der Kathedrale von Sevilla öffneten. Darin fanden sie zwei Metallboxen: Eine davon sollte die Knochen von Columbus' Sohn Fernando enthalten.

Und in der anderen waren jene Knochen, die damals aus Havanna gerettet wurden. „Wir dachten, wir würden vielleicht nur einen Haufen Staub finden", sagte Marcial Castro, Chef des Historikerteams, das die Untersuchung begleitete, „aber es lagen noch jede Menge Knochen darin."

Mit Polizeieskorte brachten die Wissenschaftler die drei Kisten nach Granada. Im Labor begannen Lorentes DNA-Spezialisten damit, die Skelette miteinander zu vergleichen, um herauszufinden, ob die drei Männer Vater, Sohn und Onkel waren.

Castro und Lorente wollten außerdem etwas anderes klären. Und wären die beiden nicht ernsthafte Experten, müsste man das als ganz groben Schwachsinn abtun.

Es geht um die Spanien-Theorie. Ihre Verfechter glauben, Columbus sei keineswegs in Genua geboren. In Wahrheit sei er der uneheliche Sohn eines spanischen Prinzen namens Carlos de Viana, der auf Mallorca lebte. Dort sei der Entdecker 1461 zur Welt gekommen, den Namen habe er von seiner Mutter, Margarita Colón, Spross einer jüdischen Familie aus Felantix auf Mallorca.

Für die Theorie spricht so gut wie nichts, und die Gegenbeweise, all die Akten aus Genua, in denen Christoph Columbus auftaucht, sind erdrückend. Aber der Prinz von Viana liegt in Tarragona begraben. Und auch von seinen Knochen hatten sich die Experten der Universität Granada eine Probe besorgt. Und weil sie schon mal dabei waren, wollten sie auch gleich diese Theorie prüfen.

Wochenlang arbeiteten die Wissenschaftler, dann gaben sie auf. Die Knochen waren zu marode, eindeutige Gen-Beweise ließen sich nach all den Jahrhunderten nicht mehr finden. Bliebe also neben Sevilla nach wie vor noch Santo Domingo. Oder Havanna. Vielleicht haben die richtigen Knochen aber schon das erste Grab in Valladolid nie verlassen. Oder sie wurden im Lauf des ganzen Durcheinanders gerecht auf Alte und Neue Welt verteilt. Was zum Leben des Christoph Columbus passen würde.

## Columbus' Nachfahren

Fernando Colón, der uneheliche Sohn des Entdeckers, schrieb über seinen Vater, nicht ganz objektiv, nicht ganz falsch. Er wurde bekannt als Gelehrter, als Sammler außergewöhnlicher Bücher und durch einen Briefwechsel mit Erasmus von Rotterdam. Aber er starb ohne Nachkommen.

Diego Colón, ehelicher Sohn und Haupterbe, kam dort an, wohin sein Vater immer gewollt hatte: in der Welt der Adligen. Nach seiner Heirat mit Doña María de Toledo ernannte deren Cousin, König Ferdinand, den jungen Colón 1509 zum Gouverneur von Hispaniola. Das Paar lebte in Santo Domingo, und Diego starb 1526.

Luis Colón, der einzige eheliche Sohn Diegos und folglich der einzige akzeptierte Enkel des Entdeckers, wurde, so die Columbus-Forscherin Consuelo Varela, zum „schwarzen Schaf der Familie". Seine Mutter schaffte es, ihm die Titel Herzog von Veragua und Marquis von Jamaika zuzuschanzen, und eine Pension von 10 000 Dukaten bekam der Junge auch. Elf Jahre lang, von 1540 bis 1551, war er sogar Gouverneur von Hispaniola, ziemlich erfolglos jedoch, denn in der Neuen Welt verlor er alle wichtigen Schlachten, und bei einer dieser Niederlagen verlor er seinen Stiefbruder Francisco, den unehelichen Sohn Diegos.

Außerdem war dieser Luis ein echter Hallodri, ein Herumtreiber, einer eben, der den Ruhm seines Großvaters vor allem nutzte, um bei den Damen des Königreichs zu landen. Er heiratete 1542, er heiratete 1546, er heiratete ein Jahrzehnt später erneut. Das Problem: Keine der Ehefrauen war gestorben – und Scheidungen waren damals nicht üblich. Als Luis wegen Polygamie verhaftet und zu fünf Jahren Kerker verurteilt wurde, brach er aus, fand natürlich eine Mätresse, heiratete die Mätresse natürlich ebenfalls, und die Ehefrauen eins bis drei staunten. Luis wurde verbannt und starb 1572 im Exil in Algerien.

Immerhin, die Familie überlebte all die Jahrhunderte und gehört heute zu den prominentesten Spaniens. Familienoberhaupt, Träger des Namens und des Titels ist heute Cristóbal Colón XX., Herzog von Veragua. Er war Offizier der spanischen Marine, auch das will schließlich die Tradition, und ist nun Geschäftsmann.

Don Cristóbal ist vor allem aber ein leidenschaftlicher Hochseesegler. Und auch seine Schwester, die Historikerin Anunciada Colón, liebt kaum etwas so sehr wie das Meer.

## Columbus' Entdeckung

Dass der Kontinent, den Christoph Columbus entdeckt hat, heute nicht Columbia heißt, liegt nicht nur an Amerigo Vespucci, dem ehemaligen Assistenten des Sklavenhändlers Gianotto Berardi, der nach Columbus vor dem späteren Venezuela aufkreuzte. Schuld hat vor allem ein Kartenzeichner aus der deutschen Provinz. Und das kam so:

Als die Firma Berardis durch die enormen Kosten von Columbus' zweiter Reise Bankrott gegangen war, übernahm Vespucci die Abwicklung des Unternehmens. Später half er auch, die Schiffe von Columbus' dritter Reise auszurüsten. Columbus sah ihn immer als guten Freund.

Von 1499 an zog es Vespucci dann selbst auf See, freilich wohl meist nur als Passagier auf den Schiffen anderer Entdecker, manchmal immerhin auch als Navigator oder als Kapitän eines Schiffes in einer Flotte. Aber mehr nicht. Dafür war er jedoch ein großartiger Erzähler. Und ein ebenso großartiger Lügner.

Er erfand eine ganze Expedition und schilderte andere Reisen, etwa nach Brasilien, in farbigen Briefen an Bekannte und Würdenträger, ganz so, als wäre er selbst der entscheidende Mann der Flotte gewesen. Sein Verdienst, immerhin: Er ahnte wohl, dass sie es da mit einer „Neuen Welt" zu tun hatten. Und deshalb hieß einer seiner Texte „Mundus Novus", und das war ein neuer Gedanke.

Und während Columbus seine Entdeckungen meist recht trocken beschrieb, ließ der Florentiner nichts aus. Besonders das Liebesleben der Indianer hatte es Vespucci angetan. Die Indianerfrauen seien „sehr wollüstig" und würden „die Genitalien der Männer mit Drogen behandeln, damit sie anschwellen". Die Männer wiederum würden es mit allen treiben, auch mit Mutter und Schwester.

Die Europäer daheim verschlangen die deftigen Texte entsprechend gierig, Vespuccis Briefe wurden schnell vervielfältigt und kursierten bald in Übersetzungen auf dem ganzen alten Kontinent.

Einen dieser Texte bekam der junge Geograf Martin Waldseemüller aus Lothringen in die Finger. Und der las die Geschichte offenbar begeistert. Als Waldseemüller dann eine Weltkarte zusammen mit einer Neuauflage eines Ptolemäus-Buches auf den Markt brachte, schrieb er in einer Art Begleitwort dazu:

*Weil Americus Vesputius einen vierten Teil der Welt entdeckt hat, sehe ich nicht, warum irgendjemand dagegen Einspruch erheben sollte, dass dieser Teil nach Americus dem Entdecker benannt wird. Also Land des Americus oder America.*

Das war das entscheidende Missverständnis. Ein neuer Kontinent wurde benannt nach dem Laufburschen eines Sklavenhändlers.

Und da Waldseemüller so ungemein viel Spaß an seiner Idee hatte, da „America" so schön klang, trug er diesen Namen auch gleich auf seiner Karte ein, in Großbuchstaben.

Das Buch erschien 1507, Columbus war gerade seit einem Jahr tot.

Bald danach übernahmen die meisten anderen Kartografen Waldseemüllers Erfindung.

## Columbus' Opfer

Als Columbus auf den Bahamas zum ersten Mal den Boden der Neuen Welt betrat, lebten dort nach Schätzungen etwa 50 000 jener Arawak-Indianer, die Taínos genannt wurden. Viele von ihnen wurden umgebracht oder starben an den Krankheiten der Europäer, gegen die sie keine Immunstoffe hatten. Der Rest wurde von den Kolonialisten verschleppt, umgesiedelt: nach Spanien, nach Kuba oder auf die Insel Hispaniola, was Tausende nicht überlebten. Schon ein Jahrhundert nach Columbus waren die Taínos der Bahamas nahezu ausgerottet. Heute dürfte niemand mehr leben, der noch direkte Taíno-Vorfahren hat. Ähnlich erging es etwas später vielen indianischen Stämmen und Nationen Mittelamerikas, in deren Gebiet spanische Konquistadoren vordrangen.

Als letzten Satz hatte Columbus am Freitag, dem 15. März 1493, in sein Logbuch der ersten Entdeckungsreise geschrieben:

*Ich vertraue auf unseren Herrn und Heiland, dass diese Sache der Christenheit zur größten Ehre gereichen möge.*

Den Mönch Bartolomé de Las Casas peinigte in den Jahren danach nichts so sehr wie der Massenmord an den Indianern, den er mitansehen musste. Und als er Columbus' Logbuch kopierte und damit rettete, schrieb er noch eine eigene Anmerkung unter den letzten Satz des Entdeckers. In vielen Ausgaben des Bordbuchs fehlt dieser grimmige Schlusskommentar – im Originaltext, in der Madrider Nationalbibliothek, kann man ihn aber nachlesen:

*Doch die ignoranten Menschen wussten die Güter, mit denen der allmächtige Gott Spanien beschenkte, nicht zu schätzen. Spanien zeigte sich, abgesehen von einigen treuen Dienern des Herrn, vor lauter Ehrgeiz und Begierde dieser Güter nicht wert.*

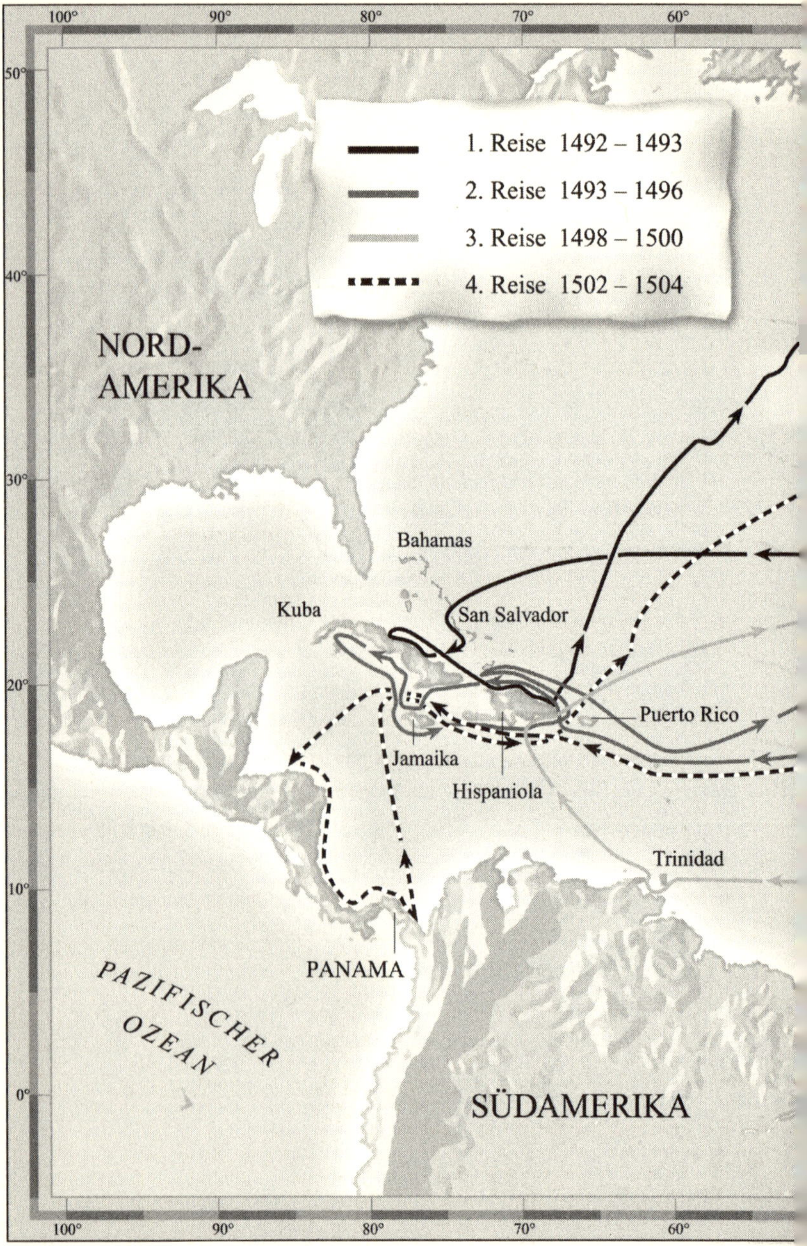

1. Reise 1492 – 1493
2. Reise 1493 – 1496
3. Reise 1498 – 1500
4. Reise 1502 – 1504
NORD-
AMERIKA
Bahamas
Kuba
San Salvador
Puerto Rico
Jamaika
Hispaniola
Trinidad
PANAMA
PAZIFISCHER
OZEAN
SÜDAMERIKA
100°
90°
80°
70°
60°
50°
40°
30°
20°
10°
0°

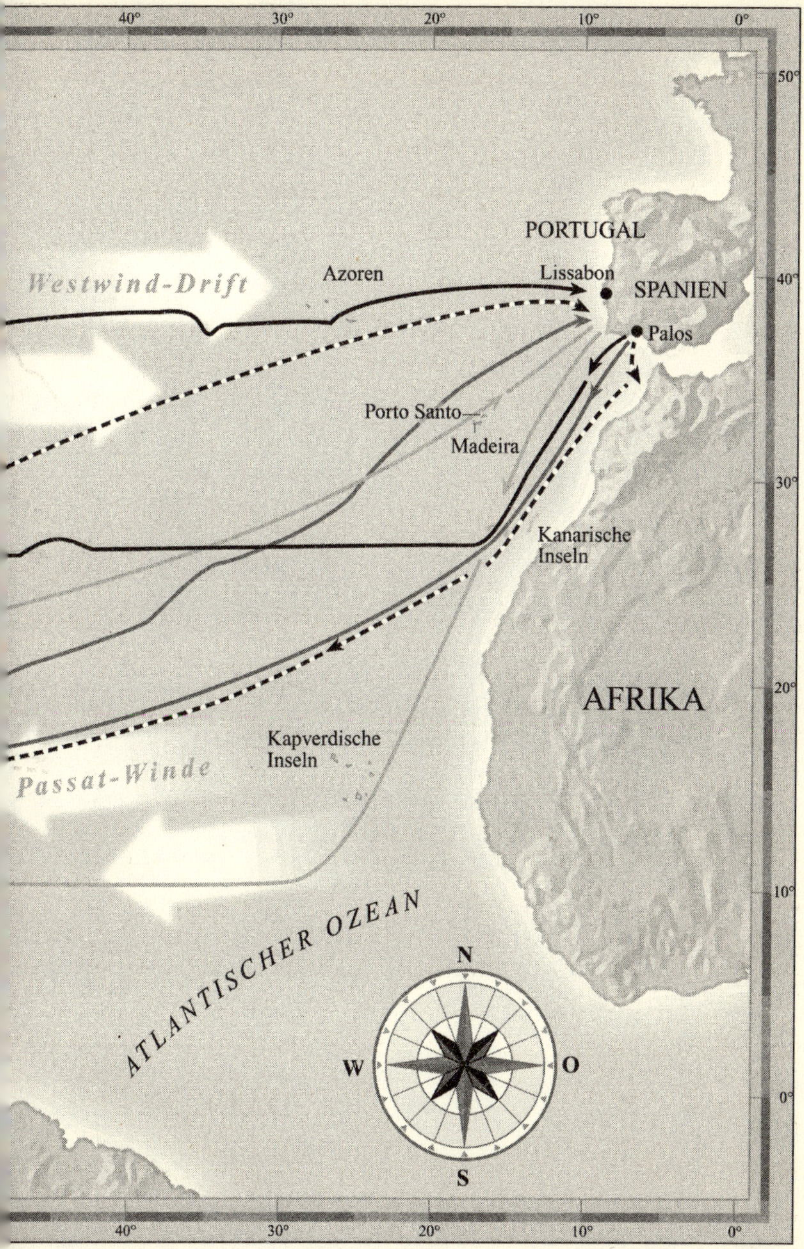
40°
30°
20°
10°
0°
50°
PORTUGAL
Westwind-Drift
Azoren
Lissabon
SPANIEN
40°
Palos
Porto Santo
Madeira
30°
Kanarische
Inseln
AFRIKA
20°
Kapverdische
Inseln
Passat-Winde
10°
ATLANTISCHER OZEAN
N
W
O
S
0°
40°
30°
20°
10°
0°

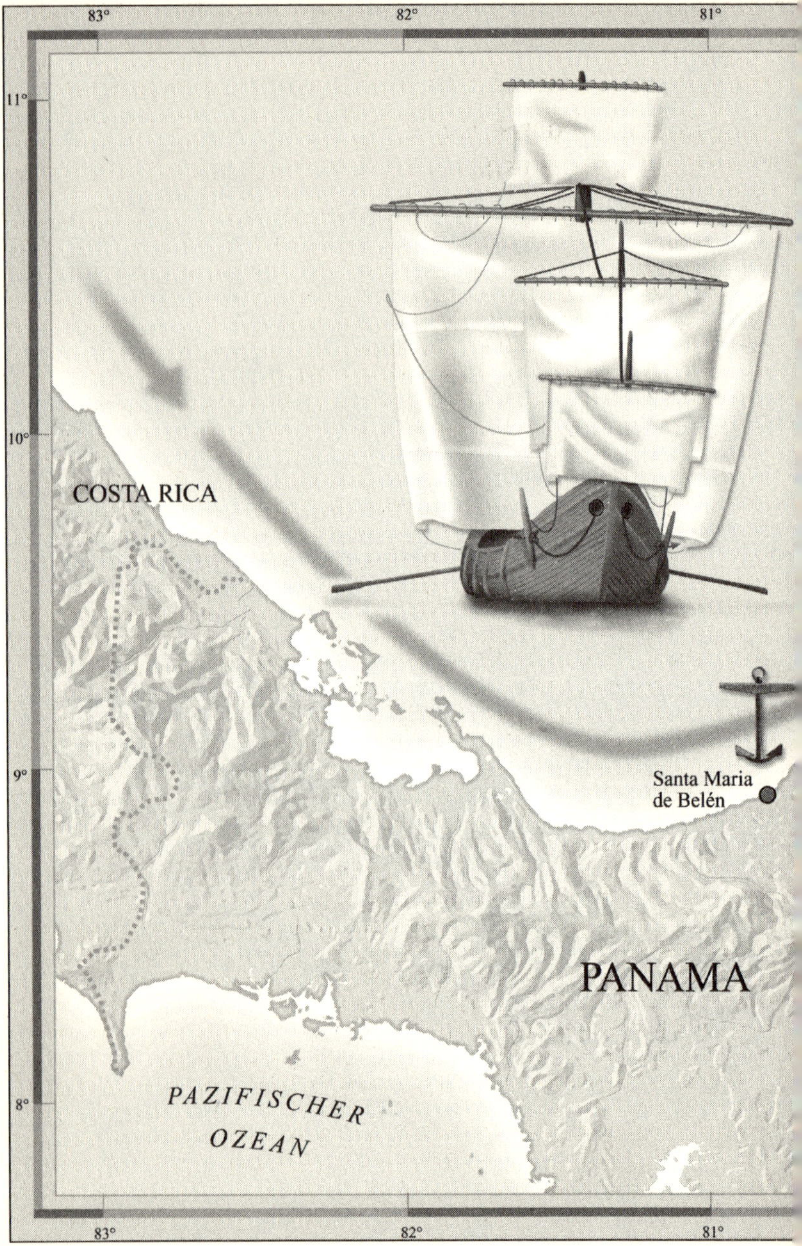
83°
82°
81°
11°
10°
9°
8°
COSTA RICA
Santa Maria
de Belén
PANAMA
PAZIFISCHER
OZEAN

80°
79°
Stationen der 4. Reise
1502 – 1504
KARIBISCHES MEER
Nombre de Dios
(Bastimentos)
Portobelo
Colón
(Panama-
kanal)
Panama City
GOLF VON PANAMA
10°
9°
8°
80°
79°

# Dank

Diese Arbeit war eine Teamarbeit, weil zur selben Zeit das Buch, eine SPIEGEL-Serie und ein Film entstanden. So vertrauensvoll wie in diesem Fall war selbst die in 16 Jahren gewachsene Zusammenarbeit von SPIEGEL und SPIEGEL TV vermutlich noch nie. Deshalb danken wir zuerst Marc Brasse, dem Autor des Films und Leiter der TV-Truppe, und seinem Rechercheur und Unterwasserkameramann Karl Vandenhole, aber nicht weniger dem Kameramann Bernd Zühlke, den Tonassistenten Pascal Capitolin und Philip Fleischer sowie Claudia Moroni, dem ZDF und Arte.

Wir danken dem Dokumentationsjournalisten Heinz Egleder und der Schlussredakteurin Katharina Lüken, ohne die das Buch voller Fehler wäre. Dank natürlich an die Wissenschaftler, die das Projekt von Anfang an begleitet und zu ihrem eigenen gemacht haben: Filipe Castro, Donny Hamilton, Consuelo Varela, Juan Gil, Stuart Schwartz, Roger Smith, Carlos Fitzgerald, Karl-Uwe Heußner und Pieter M. Grootes. Dank an Udo Ludwig, Ulrike von Bülow und Jürgen Dahlkamp und an unsere Lektorin Julia Hoffmann, die die ersten, kritischen Leser waren. Und Dank an Klaus Keppler, Björn Kraft und Warren White, Andrea Krüger und Kirsten Beitz, Christa von Holtzapfel und Ulrike Preuß, Margarete Hüttenberger, Renate Bohlmann und Heidi Miketta, Cornelia Pfauter, Bibiana Menniken, Reimer Nagel und Lutz Diedrichs, Brigitte Müller, Michael Neher, Matthias Schmolz und Sabine Krecker und an Cora für die vielen Fragen.

Außerdem danken wir den SPIEGEL-Kollegen Heiner Schimmöller, Alexander Jung, Olaf Ihlau, Hans Hoyng und Christian Neef für die Unterstützung in der Redaktion sowie dem Chefredakteur des SPIEGEL, Stefan Aust, seinen Stellvertretern Martin Doerry und Joachim Preuß und dem SPIEGEL-TV-Chefredakteur Cassian von Salomon, ohne deren Neugier Projekte wie dieses nicht möglich wären.

# Bibliografie

Athearn, Robert G.: The American Heritage New Illustrated History of the United States, Vol. 1: The New World, Dell Publishing, New York 1963

Axtell, James: After Columbus, Essays in the Ethnohistory of Colonial North America, Oxford University Press, New York und Oxford 1988

Bass, George F. (Hg.): Ships and Shipwrecks of the Americas. A History Based on Underwater Archaeology, Thames and Hudson, London 1988

ders.: Splendors of the Bronze Age, in: National Geographic, Vol. 172, No. 6, Dezember 1987, S. 693 ff.

Cedeño Cenci, Diógenes: The Panama Canal Strait Sought-after by Christopher Columbus in the Route of the Storms, Edición del Círculo de Lectura de la USMA, Panama 2001

Colón de Carvajal, Anunciada und Guadelupe Chocano: Cristobal Colón – Incógnitas de su muerte 1506–1902, Consejo Superior de Investigaciones Cientificas (CSIC), Madrid 1992

Colón, Fernando: The Life of the Admiral Christopher Columbus by his Son Ferdinand, Rutgers University Press, New Brunswick 1958

Colón, Hernando: Cuarto Viaje Colombino. La Ruta de los Huracanes 1502–1504, Edición de Luis Arranz Márquez, Dastin, Madrid 2002

Columbus, Christoph: Das Bordbuch 1492, herausgegeben von Robert Grün, Edition Erdmann im K. Thienemanns Verlag, Tübingen und Basel 1970 und 1983

Cornell, Jimmy: World Cruising Routes, International Marine, Adlard Coles, London 1987

Culver, Henry B.: A Contemporary Fifteenth-century Ship Model, in: The Mariner's Mirror, Vol. 15, 1929, No. 3, S. 213 ff.

Deagan, Kathleen und José María Cruxent: Columbus's Outpost among the Taínos, Spain and America at La Isabela, 1493–1498, Yale University Press, New Haven und London 2002

dies.: Archaeology at La Isabela, America's First European Town, Yale University Press, New Haven und London 2002

Edwards, Clinton R.: Design and Construction of Fifteenth-century Iberian Ships, in: The Mariner's Mirror, Vol. 78, 1992, No. 4, S. 419 ff.

Granzotto, Gianni: Christopher Columbus, Doubleday, Garden City 1985

Hapgood, Charles H.: Die Weltkarten der alten Seefahrer, Zweitausendeins, Frankfurt am Main 2002
Jane, Cecil (Hg.): The Four Voyages of Columbus. A History in Eight Documents, Dover Publications New York 1988
Kamen, Henry: Spain's Road to Empire. The Making of a World Power 1492–1763, Penguin Press, London 2002
Keith, Donald H. (mit Toni L. Carrell): The Hunt for the Gallega, in: Archeology, Januar/Februar 1991, S. 55–59
ders.: The Molasses Reef Wreck. A Dissertation, Texas A&M University 1987
Keegan, William F.: Riddles of Columbus, in: Archeology, Januar/Februar 1992, S. 59
Kolumbus, Christoph: Entdeckungsfahrten, Reiseberichte und Briefe von der zweiten, dritten und vierten Entdeckungsfahrt nach Amerika 1493–1506, Rascher-Verlag, Zürich und Leipzig 1943
ders.: Der erste Brief aus der Neuen Welt, Reclam, Stuttgart 2000
ders.: Schiffstagebuch, aus dem Spanischen von Roland Erb, Reclam, Leipzig 1980
Komroff, Manuel: The Travels of Marco Polo, Liverlight Publishing, New York 1953
Las Casas, Bartolomé de: Kurzgefasster Bericht von der Verwüstung der Westindischen Länder, herausgegeben von Hans Magnus Enzensberger, Insel-Verlag, Frankfurt am Main 1966
Morison, Samuel E.: Admiral of the Ocean Sea, Little, Brown and Company, Boston 1942
ders.: The European Discovery of America – the Northern Voyages, Oxford University Press, New York 1971
ders.: The European Discovery of America – the Southern Voyages, Oxford University Press, New York 1974
Peter, Karl H.: Wie Columbus navigierte, Koehlers Verlagsgesellschaft, Herford 1972
Phillips, William D. Jr. und Carla Rahn Phillips: The Worlds of Christopher Columbus, Cambridge University Press, Cambridge 1992
Pulak, Cemal: The Uluburun Shipwreck, in: The International Journal of Nautical Archaeology, 1998, S. 188–224
Sale, Kirkpatrick: Das verlorene Paradies. Christoph Kolumbus und die Folgen, List, München und Leipzig 1991

Seibert, Ingrit und Harald Irnberger: Der Admiral in seinem Labyrinth. Entdeckungsreisen an die Orte des Kolumbus, Grafit-Verlag, Dortmund 1992

Smith, Roger C.: Vanguard of Empire. Ships of Exploration in the Age of Columbus, Oxford University Press, New York 1993

Taviani, Paolo Emilio: Das wunderbare Abenteuer des Christoph Kolumbus, Koehler & Amelang, Berlin und Leipzig 1991

van Nouhuys, J. W.: The Model of a Spanish Caravel of the Beginning of the Fifteenth Century, in: The Mariner's Mirror, Vol. 17, 1931, No. 4, S. 327ff.

Varela, Consuelo (Hg.): Cristóbal Colón: Textos y documentos completos, Alianza, Madrid 1982

Vaughan, H. S.: The Nodal Caravels of 1618, in: The Mariner's Mirror, Vol. 3, No. 2, S. 171ff., 1913

Venzke, Andreas: Christoph Kolumbus, Rowohlt Taschenbuch-Verlag, Reinbek bei Hamburg 1992

Wassermann, Jakob: Christoph Columbus, der Don Quichote des Ozeans. Eine Biographie, dtv, München 1992, Erstauflage: S. Fischer, Berlin 1929

Wiesenthal, Simon: Segel der Hoffnung – die geheime Mission des Christoph Columbus, Walter Verlag, Olten 1972

Wilford, John Noble: The Mysterious History of Columbus, Knopf, New York 1991

Wilson, Samuel M.: Hispaniola. Caribbean Chiefdoms in the Age of Columbus, The University of Alabama Press, Tuscaloosa und London 1990

# Register